John Leslie Mackie

Das Wunder des Theismus

Argumente für und gegen die Existenz Gottes

Aus dem Englischen übersetzt
von Rudolf Ginters

Philipp Reclam jun. Stuttgart

Titel der englischen Originalausgabe:

The Miracle of Theism. Arguments for and against the Existence of God. Oxford: Clarendon Press, 1982.

Universal-Bibliothek Nr. 8075 [5]

Gesamtherstellung: Reclam, Ditzingen. Printed in Germany 1985
ISBN 3-15-008075-4 (kart.) ISBN 3-15-028075-3 (geb.)

Inhalt

Kapitel 5

Kapitel 6

Kapitel 7

Kapitel 8

Kapitel 14

Vorwort

In diesem Buch möchte ich die Argumente für und gegen die Existenz Gottes sorgfältig und einigermaßen ausführlich prüfen. Dabei berücksichtige ich sowohl den Begriff und die ›Beweise‹ zugunsten der Existenz Gottes, wie sie sich in der Tradition finden, als auch neuere Deutungen und Argumente. Da ich selbst Atheist bin, habe ich mich bemüht, die Gegenposition so umfassend und so fair wie möglich zu Wort kommen zu lassen. Insbesondere habe ich versucht, die philosophischen Argumente für den Theismus, wie sie jüngst Richard Swinburne in *The Existence of God* und in ganz anderer Form Hans Küng in *Existiert Gott?* entwickelt haben, darzustellen und darauf zu antworten.

Über viele Jahre habe ich mich in Vorlesungen und Seminaren mit dieser Frage beschäftigt; dennoch ist bisher kaum etwas von dem, was sich in diesem Buch findet, veröffentlicht worden. Kapitel 6 stellt eine erweiterte Fassung meines Aufsatzes »Die Ohnmacht moralischer Gottesbeweise« dar, der in *Glaube und Vernunft*, herausgegeben von Norbert Hoerster (München 1979 [jetzt Stuttgart 1985]), erschienen ist; in Kapitel 9 habe ich die Argumente meines Artikels »Evil and Omnipotence« (*Mind* 64, 1955) und meine Antwort auf einige Einwände eingearbeitet und weiterentwickelt. Ich danke den Herausgebern und Verlegern für ihr Einverständnis, diese Materialien erneut verwenden zu dürfen.

Mein Dank gilt besonders Norbert Hoerster, der das gesamte Manuskript gelesen und zahlreiche Verbesserungsvorschläge gemacht hat. Außerdem danke ich für eine Reihe von Korrekturen und Vorschlägen Michael Ayers, Robert Gay, John Lucas, Derek Parfit, Gerhard Streminger, Timothy Stroup und David Wiggins.

September 1981 *J. L. M.*

Einleitung

Thema dieses Buches ist der Theismus, die Lehre, daß es einen Gott gibt, speziell, daß es einen Gott von der Art gibt, wie es die Tradition der wichtigsten monotheistischen Religionen, einschließlich des Judentums, des Christentums und des Islam, behauptet. Ich bin überzeugt, daß die Frage, ob es einen Gott gibt oder nicht, vernünftig erörtert werden kann und sollte, und zwar in dem Sinn, daß klare Antworten möglich sind. Es handelt sich dabei um eine echte, sinnvolle und wichtige Frage. Sie ist zu wichtig, als daß wir zu ihr rein zufällig oder bloß willkürlich Stellung beziehen sollten. Weder die positive noch die negative Antwort versteht sich von selbst. Dennoch ist das Problem nicht so verworren, daß einschlägige Überlegungen und Argumente von vornherein verfehlt wären.

Die wichtigsten Aussagen des traditionellen Theismus faßt Richard Swinburne treffend zusammen: Gott existiert; »er ist eine körperlose Person (d. h. ein Geist), allgegenwärtig, der Schöpfer und Erhalter des Universums, ein frei handelndes Wesen, fähig, alles zu tun (d. h. allmächtig), allwissend, vollkommen gut, ein Grund für moralische Verpflichtung, unveränderlich, ewig, ein notwendig Seiendes, heilig und verehrungswürdig.«[1] Im allgemeinen werde ich Swinburne darin folgen, daß ich diese Beschreibungen ziemlich wörtlich verstehe; allerdings werde ich an einigen Punkten auch Modifikationen und unterschiedliche Deutungen berücksichtigen.

Manche bezweifeln, daß solche Beschreibungen im wörtlichen Sinn bedeutungsvoll sein *können*. Dennoch ist dies kein wirkliches Problem. Aufgrund unserer Vertrautheit mit

1 R. Swinburne, *The Coherence of Theism*, Oxford 1977, S. 2. Ich beziehe mich im folgenden entweder auf dieses Buch Swinburnes oder auf seine Arbeit *The Existence of God*, Oxford 1979.

uns selbst und anderen Menschen wissen wir, was eine Person ist – eine Person im gewöhnlichen modernen Sinn, wie Swinburne erklärt. Obwohl alle uns bekannten Personen einen Körper haben, läßt sich unschwer begreifen, was es heißen würde, daß eine körperlose Person existiert: Beispielsweise ist gut vorstellbar, daß man ohne Körper über den Tod hinaus weiterlebt; während wir im jetzigen Zustand tatsächlich nur durch Bewegung unserer Gliedmaßen oder durch Aktivierung unserer Sprechorgane handeln oder Wirkungen hervorrufen können, können wir uns doch *vorstellen,* daß sich unsere Absichten auch ohne solche physischen Hilfsmittel verwirklichen ließen. Da wir wissen, was es heißt, an einem Ort gegenwärtig zu sein, können wir uns auch den Begriff eines Geistes bilden, der überall gegenwärtig ist. In ähnlicher Weise läßt sich der Begriff bilden, daß etwas aus nichts erschaffen wird. Den Begriff, etwas werde in seiner Existenz erhalten, können wir mit Hilfe kausaler und konditionaler oder hypothetischer Aussagen erläutern. Von Gott sagt man, er erhalte das Universum in dem Sinn, daß es nur deswegen weiterexistiert, weil er es so will; wollte er es nicht mehr, würde es aufhören zu existieren. Der Begriff eines notwendig existierenden Wesens ist schwieriger zu fassen; wir werden in den Kapiteln 3 und 5 darauf zu sprechen kommen. In Kapitel 6 soll dann auch der Begriff eines Grundes für moralische Verpflichtung erläutert werden. Der Begriff der Heiligkeit mag ebenfalls als irgendwie dunkel erscheinen; doch läßt sich wohl sagen, daß wir etwas dann als heilig bezeichnen, wenn es ein angemessener Gegenstand von Gefühlen der Ehrfurcht oder Haltungen der Verehrung ist, welche wir aus introspektiver Erfahrung kennen.

Der Hauptgrund für die Annahme, die religiöse Ausdrucksweise sei nicht wörtlich zu verstehen, ist das strenge Verifikationsprinzip, das einige Philosophen, besonders die logischen Positivisten, anwenden. Danach ist die Bedeutung jeder Aussage mit der Methode oder den Methoden gegeben oder darin begründet, durch die sich die Aussage verifizieren oder bestätigen läßt. Es läßt sich nun gewiß nicht leicht angeben, auf welche Weise die Existenz eines Gottes mit den genannten Eigenschaften verifiziert oder bestätigt bzw. falsifiziert oder widerlegt werden könnte. Daher bezweifelt man, ob der Aussage, es existiere ein solcher Gott, überhaupt eine Bedeutung zukommt, oder man sucht nach einer anderen weniger wörtlichen Bedeutung. Doch leuchtet diese Bedeutungstheorie selbst kaum ein. Schon oft wurde darauf hingewiesen, daß ihre Annahme in ähnlicher Weise ernste Schwierigkeiten auch für die Bedeutung zahlreicher anderer alltäglicher Aussagen mit sich bringen würde; dazu gehören Aussagen über vergangene, historische Ereignisse oder über Geisteszustände, Gedanken und Gefühle anderer Menschen. Auch wenn wir diese Bedeutungstheorie ablehnen, können wir doch an einem empiristischen oder schwachen Verifikationsprinzip festhalten. Danach muß sich die Bedeutung aller von uns gebrauchten Ausdrücke aus ihrer Verwendung in *einigen* erfahrungsmäßig verifizierbaren oder erweisbaren Aussagen ergeben; solche Ausdrücke lassen sich dann zur Bildung weiterer Aussagen heranziehen, die vielleicht nicht direkt erfahrungsmäßig nachprüfbar sind. Sobald wir uns etwa des Ablaufs der Zeit bewußt sind und den Satz verstehen ›Jetzt regnet es‹, können wir aus diesem Material auch die Bedeutung des Satzes ›Vor einer Stunde regnete es‹ ableiten; seine Bedeutung ist dann völlig unabhängig davon, ob es irgendwelche Möglichkeiten oder Methoden gibt festzustellen, ob es vor einer Stunde geregnet *hat* oder nicht. Wenn ich weiß, was ich fühle, wenn ich Zahnschmerzen habe, kann ich dieses Gefühl in einer bedeutungsvollen Aussage auch einem anderen Menschen zuschreiben; dies trotz der Tatsache, daß die Art und Weise herauszufinden, ob er dieses Gefühl hat, völlig verschieden von der Art und Weise sein mag, wie ich Zahnschmerzen bei mir selbst feststelle.

Entsprechend könnte ein traditionell denkender Christ im wörtlichen Sinn an das Jüngste Gericht glauben. Dabei braucht er nicht anzunehmen, daß sich eine Szene abspielen wird, wie sie Michelangelo in der Sixtinischen Kapelle gemalt hat; dennoch könnte er glauben, daß jeder Mensch über den Tod hinaus weiterlebt oder nach seinem Tod wieder lebendig gemacht wird und daß für jeden (und vielleicht für alle zusammen) ein Zeitpunkt kommen wird, an dem er entsprechend seinem irdischen Verhalten der himmlischen Freuden teilhaftig oder zu einem weniger angenehmen Leben verdammt werden wird. Die Aussage, es werde ein Jüngstes Gericht geben, ist im Sinne dieser Beschreibung durchaus verständlich, ohne daß man auch behaupten müßte, man könne sich eine angemessene Vorstellung von den Freuden des Himmels oder den Qualen der Hölle machen. Ebenso läßt sich die oben angegebene allgemeine Beschreibung dessen, was traditionell mit ›Gott‹ gemeint ist, verstehen, ohne daß man auch behaupten müßte, man habe eine angemessene Vorstellung von Gott, d. h., man kenne sein vollständiges, als unendlich gedachtes Wesen.

Ich sage nur, die Rede von einem Jüngsten Gericht *lasse* sich wortwörtlich verstehen. Dabei räume ich ein, daß manche eine metaphorische Deutung vorziehen. Doch können sie in diesem Fall sicherlich die Metapher entschlüsseln und ausdrücklich angeben, was sie genau meinen. Ich habe dieses Beispiel bewußt aufgegriffen, weil es, wie wir in Kapitel 12 noch sehen werden, von einigen Theologen aufgegriffen wird, die daran zu zeigen versuchen, daß die religiöse Sprache nicht wortwörtlich, sondern in einer nicht-faktischen Weise verstanden werden muß oder sollte. Diese Ansicht wird dort noch weiter erörtert. Für meine Zwecke braucht hier nicht mehr über die Bedeutung der religiösen Sprache gesagt zu werden, zumal sich Swinburne in den Kapiteln 4 bis 6 seines Werkes *The Coherence of Theism* ausführlich und zufriedenstellend damit beschäftigt hat.

Man mag einwenden, selbst wenn es keine Bedeutungsprobleme gäbe, sei es altmodisch, überholt und ›irrelevant‹, sich noch mit den traditionellen Glaubenslehren im buchstäblichen Sinn auseinanderzusetzen. Besonders die moderne protestantische Theologie, schreibt Swinburne, neige sehr stark dazu, inhaltliche Glaubensaussagen, d. h. das ausdrückliche Bekenntnis zu solchen Lehren, herunterzuspielen und den Kern der Religion in der »persönlichen Beziehung zu Gott in Jesus Christus« zu sehen. Doch macht die Rede von einer persönlichen Beziehung wenig Sinn, solange nicht inhaltliche Aussagen wenigstens vorausgesetzt werden. Wenn Gott keine objektive Wirklichkeit, sondern nur einen intentionalen Gegenstand darstellt, wenn er also nur im Bewußtsein des Glaubenden existiert wie Gegenstände und Ereignisse von Traum und Phantasie, dann ist es irreführend, von einer Beziehung zu sprechen; noch irreführender ist es, diese Beziehung als ›Vertrauen‹, ›Zuversicht‹, ›Leitung‹ oder ›Hingabe‹ zu beschreiben. Wie könnte man vernünftigerweise einem Geschöpf der eigenen Phantasie vertrauen? Wer mit den Inhalten der überkommenen Bekenntnisse unzufrieden ist, mag sie neu fassen; er sollte aber nicht versuchen, ohne Glaubensaussagen auszukommen. Wenn der Bezugspunkt der religiösen Beziehung nicht mehr Gott im traditionellen Sinn ist, dann ist es zumindest höchst mißverständlich, weiterhin die traditionellen Namen und Beschreibungen, d. h. die gebräuchliche religiöse Sprache, zu verwenden; wichtiger noch, der Glaubende ist beständig versucht, zwischen den Ansichten, die er tatsächlich vertritt und zu verteidigen bereit ist, und den überkommenen Auffassungen und Inhalten der von ihm weiterhin verwendeten religiösen Sprache hin und her zu schwanken.

Hat man einmal zugestanden, daß den zentralen Aussagen des Theismus eine buchstäbliche Bedeutung zukommt, dann ist auch einzuräumen, daß sie nicht direkt verifiziert oder verifizierbar sind. Daraus folgt, daß alle Überlegungen hinsichtlich ihrer Wahrheit oder Falschheit Argumente beinhalten. Einige dieser Argumente könnten deduktiver Art sein. So behauptet man etwa von einigen Varianten des ontologischen Arguments zugunsten der Existenz Gottes (die in Kapitel 3 untersucht werden), sie seien deduktiv gültig; ihnen lägen entweder überhaupt keine empirischen oder synthetischen Prämissen zugrunde oder doch nur solche, die unbezweifelbar oder offensichtlich wahr seien. Demgegenüber wird das Problem des Übels (erörtert in Kapitel 9) manchmal als formal schlüssige Widerlegung der Aussagen des traditionellen Theismus gefaßt, d. h. als Beweis dafür, daß diese Aussagen einander widersprechen und daher nicht alle zugleich wahr sein können. Doch sind die meisten Argumente für und wider nicht von dieser Art: sie enthalten bedeutsame nicht-deduktive Elemente. Jedes geht von irgendeiner Erfahrungstatsache oder einer bestimmten Deutung unserer Erfahrung aus, und meist gehen die Schlußfolgerungen weit über das hinaus, was ausdrücklich oder unausdrücklich in den Prämissen des Arguments enthalten ist. Alle Argumente dieser Art beruhen auf demselben allgemeinen Prinzip, sind von grundlegend gleicher Form und verfolgen dasselbe Ziel: Es sind Argumente zugunsten der besten Erklärung. Die Erfahrungsdaten stützen die Schlußfolgerung, sagt man, weil unter der Voraussetzung ihrer Wahrheit – oder besser: unter der Voraussetzung, daß sie der Wahrheit wenigstens nahekommen – die Gesamtheit der betreffenden Erfahrungsdaten umfassender erklärt wird als durch jede andere mögliche Hypothese. Bekanntlich stützen sich wissenschaftliche Theorien und Hypothesen ausschließlich auf Überlegungen dieser allgemeinen Art; sie geben uns das Recht, ihnen Wahrheit oder Wahrscheinlichkeit zuzusprechen.

Dagegen ließe sich einwenden, wenn man sich auf nicht-deduktive Argumente hinsichtlich der Existenz Gottes von der beschriebenen Art stütze, zwinge man die Theologie in ein ›naturwissenschaftliches‹ Korsett oder man übernehme für sie unbesehen eine Argumentationsform oder ein Vernünftigkeitskriterium, das dem Zeitalter der modernen Wissenschaften eigentümlich sei. Das ist aber keineswegs der

Fall. Ganz im Gegenteil, diese Art zu denken ist uns auch aus ganz anderen, nicht-wissenschaftlichen Zusammenhängen vertraut. Wenn ein Detektiv im Roman oder in der Wirklichkeit zu Schlußfolgerungen gelangt, wie ein Verbrechen begangen wurde und von wem, dann stützt er sich dabei auf die Behauptung, seine Schlußfolgerung erkläre die gegebenen Tatsachen und Beweisgründe besser als jede andere. Wenn ein Historiker seine eigene bevorzugte Darstellung von dem vorträgt, was in der von ihm untersuchten Periode geschehen ist und weshalb oder wer was aus welchen Motiven getan hat, dann behauptet auch er, seine Darstellung erkläre alle vorhandenen Daten – Aufzeichnungen, Berichte, Erinnerungen, archäologischen Funde usw. – besser als jede konkurrierende Deutung. Juristische Erwägungen, mögen sie nun Tatsachen- oder Rechtsfragen betreffen, sind ebenfalls von dieser allgemeinen Art. Schon die frühesten griechischen Philosophen bedienten sich dieser Begründungsweise, ohne sie allerdings ausdrücklich zu formulieren. Alles spricht dafür, daß diese Art zu denken allen vernünftigen Menschen zu allen Zeiten und in allen Kulturen als angemessen einleuchtet.

Zweifellos hat es viele Menschen gegeben und gibt es auch heute noch viele, denen Argumente dieser Art weniger gewichtig erscheinen als uns. Dies aber nicht deswegen, weil sie ihnen unverständlich wären oder weil sie ihre Überzeugungskraft bezweifelten, sondern deswegen, weil sie meinen, sie hätten noch andere Informationsquellen, welche Argumente dieser Art überflüssig machten. Sie stützen sich auf Offenbarungen, intuitive Gewißheiten, autoritative Traditionen oder auf ›das, was jeder weiß‹; vielleicht stellen sie noch nicht einmal die *Frage* nach der Existenz Gottes. Doch sobald wir grundlegende Fragen in bezug auf die Religion haben, machen wir uns eines Zirkelschlusses schuldig, wenn wir sie unter Berufung auf die Autorität irgendeiner vermeintlichen Offenbarung, Tradition oder allgemeinen Gewißheit zu beantworten versuchen; denn deren Autorität selbst steht dann zur Diskussion. Daher besteht John Locke mit Recht darauf, daß die Tatsache der Offenbarung von der Vernunft abgesichert sein muß:

> »Die Vernunft muß unser oberster Richter und Führer in allen Dingen sein. Damit will ich nicht behaupten, daß wir die Vernunft zu Rate ziehen müßten, um zu untersuchen, ob ein Satz, der von Gott geoffenbart ist, sich durch natürliche Prinzipien ermitteln lasse, und daß wir ihn, wenn das nicht möglich ist, verwerfen dürfen. Wohl aber müssen wir die Vernunft zu Rate ziehen, um mit ihrer Hilfe zu prüfen, ob jener Satz von Gott *geoffenbart* sei oder nicht. Wenn die *Vernunft* dann findet, daß er von Gott geoffenbart sei, dann erklärt *sie* sich ebensosehr für ihn wie für irgendeine andere Wahrheit und macht ihn zu ihrer Richtschnur.«[2]

Auch Descartes macht auf diesen Punkt in seinem ironischen Widmungsschreiben der *Meditationen* an die Theologische Fakultät von Paris aufmerksam:

> »Es ist natürlich absolut wahr, daß man an das Dasein Gottes glauben muß, weil es so in den Heiligen Schriften gelehrt wird, und daß man umgekehrt auf die Heiligen Schriften vertrauen muß, weil sie von Gott stammen. [. . .] Doch damit darf man den Ungläubigen nicht kommen, da sie das als einen Zirkel ansehen würden.«[3]

Natürlich sind es nicht nur die Ungläubigen, sondern auch Descartes selbst und alle vernünftigen Menschen, die einsehen, daß diese Überlegung zirkulär ist und nicht zur Lösung der Frage herangezogen werden kann, ob ein Gott existiert oder nicht. Sobald diese Frage einmal gestellt ist, muß sie

2 J. Locke, *Essay concerning Human Understanding* (1690), dt. *Versuch über den menschlichen Verstand*, rev. Übers. von C. Winckler, Bd. 2, Hamburg [4]1981, Buch IV, Kap. XIX,14.

3 R. Descartes, *Meditationes de prima philosophia* (1641), dt. *Meditationen über die Erste Philosophie*, übers. und hrsg. von G. Schmidt, Stuttgart 1971 [u. ö.] (Reclams Universal-Bibliothek, 2887 [2]), S. 22.

entweder mit Hilfe deduktiver Überlegungen oder, wenn diese zu keiner Lösung führen, mit Hilfe von Argumenten zugunsten der besten Erklärung beantwortet werden; denn in solchem Zusammenhang kann nichts anderes zu einer in sich schlüssigen Lösung beitragen.
Diese Überlegungen untergraben alle Versuche, die bisher, besonders im letzten Jahrhundert, unternommen wurden, um die vernunftmäßige Erörterung theistischer Lehren durch das Vertrauen auf eine Offenbarung, etwa auf eine biblische Tradition, zu ersetzen. Das heißt nicht, es gäbe keinen Ort mehr für den Glauben. Anselm von Canterbury, der als erster das ontologische Argument vorgetragen hat, das bis heute die Philosophen faszinieren und vor Rätsel stellen sollte, sprach von der *»fides quaerens intellectum«*, vom Glauben auf der Suche nach Erkenntnis. Er ging aus vom Glauben an Gott, hoffte aber einen Vernunftgrund für diesen Glauben zu finden und meinte, ihn im ontologischen Argument gefunden zu haben. Dies ist ein durchaus anerkennenswertes Verfahren. Der amerikanische Empirist William James hat gezeigt, daß wir in jeder Wissenschaft auf diese Weise verfahren müssen. Wir alle gehen von natürlichen und überkommenen Überzeugungen aus, etwa von der der Existenz einer materiellen Welt, anderer Personen, der Richtigkeit bestimmter moralischer Prinzipien usw. Ohne solche Annahmen könnten wir kaum überleben. Doch darf man es nicht bei diesen natürlichen Überzeugungen belassen: als solche sind sie zahlreichen skeptischen Einwänden ausgesetzt. Zur Widerlegung des Skeptizismus muß der Glaube oder die natürliche Überzeugung nach Erkenntnis, nach Vernunftgründen suchen. In Kapitel 11 werden wir den Ort des Glaubens und seine Beziehung zur Vernunft unter Berücksichtigung des Werkes von James und Kierkegaard eingehender untersuchen.
Sollte sich herausstellen, daß deduktive Überlegungen, die ausschließlich von analytischen oder offensichtlich wahren Voraussetzungen ausgehen, die Frage nach der Existenz

Gottes weder positiv noch negativ zu beantworten vermögen und wir uns daher auf nicht-deduktive Argumente zu stützen haben, so zieht dies eine wichtige Folgerung nach sich, welche nicht immer richtig verstanden wird. Wenn verschiedene unterschiedliche Argumente zu der gleichen Lösung führen, können sie auch noch einen kumulativen Effekt haben. Es genügt dann nicht, jedes Argument für sich zu kritisieren und festzustellen, daß es die vorgebliche Lösung nicht strikt beweist, d. h., daß diese Schlußfolgerung nicht über jeden Zweifel erhaben ist. Dies ergibt sich ohnehin aus dem Zugeständnis, daß es sich dabei um ein nicht-deduktives Argument handelt. Es wäre absurd, unser Wissen und unsere Überzeugungen auf Dinge zu beschränken, die sich ausschließlich aus schlüssigen deduktiven Argumenten ergeben; eine in dieser Weise verschärfte Forderung nach Gewißheit muß unvermeidlich enttäuscht werden und überläßt dem Skeptizismus nahezu alle Wissensgebiete. Es genügt aber auch nicht zu sagen, jedes Argument lasse, für sich genommen, eine bestimmte Antwort als weniger wahrscheinlich erscheinen als ihr Gegenteil – obwohl dies durchaus richtig sein mag. Denn mehrere Argumente, von denen jedes einzelne, für sich genommen, die gegenteilige Schlußfolgerung eher nahelegt, können, zusammen genommen, dennoch die Schlußfolgerung als *wahrscheinlicher* erscheinen lassen. Deutlich wird dies an manchen Rechtsfällen: Eine Partei mag sich auf mehrere Beweisgründe zugleich berufen, von denen jeder einzelne zu schwach wäre, um ein Urteil zu ihren Gunsten zu rechtfertigen, die jedoch, zusammen genommen, ein solches Urteil hinlänglich begründen. Dies gilt auch für historische und naturwissenschaftliche Zusammenhänge. (Auf diesen Sachverhalt macht Swinburne in *The Existence of God* nachdrücklich aufmerksam.) Daraus ergibt sich, daß wir nach der gesonderten Untersuchung der einzelnen Argumente für und gegen die Existenz Gottes noch ihre kumulative Überzeugungskraft zu prüfen und festzustellen haben, welche Schlußfolgerung sich aus ihnen, zusammen genommen, nahelegt. Dies geschieht in Kapitel 14.

Dieser Umstand könnte sich eher zugunsten des Theismus auswirken; doch hängt damit ein anderer zusammen, der wohl stärker gegen ihn spricht. Eine wichtige antitheistische Überlegung findet sich im Titel eines von Humes Werken, *The Natural History of Religion.* Dieser Ausdruck unterstellt, daß es für die Gesamtheit religiöser Glaubensüberzeugungen und Praktiken eine angemessene natürliche Erklärung gibt, die selbst von einer näherungsweisen Wahrheit der theistischen Lehren völlig unabhängig ist. Als Erklärung könnte die Tatsache dienen, daß die Religion weitverbreitete psychische Bedürfnisse befriedigt oder irgendwelche soziale Funktionen erfüllt. Eine solche Erklärungsmöglichkeit böte als solche noch keinen Hinweis darauf, daß die theistischen Lehren falsch sind, doch würde sie alle Behauptungen ihrer Wahrheit untergraben, die sich auf ihre weite Verbreitung stützen. Auf allen Forschungsgebieten beginnen wir gewöhnlich damit, daß wir zunächst als gesicherte Überzeugungen das annehmen, was nahezu allgemein geglaubt wird, und nur sehr zögernd und erst, wenn sehr gewichtige Gründe vorliegen, sind wir bereit, solche allgemeinen Überzeugungen zu korrigieren oder ganz aufzugeben. Doch wenn sich zeigen läßt, daß eine bestimmte Überzeugung nahezu allgemein verbreitet wäre, selbst wenn sie unbegründet ist, dann kommt ihr kein so großes Gewicht mehr zu: Für keine Seite ergibt sich eine eindeutige Beweislast. In Kapitel 10 werden verschiedene natürliche Erklärungen der Religion vorgestellt. Hume meinte, die Religion entstamme »den unauslöschlichen Hoffnungen und Befürchtungen, die den menschlichen Geist antreiben«; daraus schloß er, daß die ersten Religionen polytheistisch waren, mit vielen Göttern, die die verschiedenen Kräfte darstellten, welche auf das Wohl und Wehe der Menschen Einfluß nehmen. Feuerbach verstand die Entstehung der Religion ganz anders, nämlich als eine Projektion menschlicher Gedanken, Ideale und

Beziehungen. Marx meinte, die Religion sei so weit verbreitet, weil sie bestimmte Funktionen in einer Klassengesellschaft erfülle; sie stärke die Autorität der herrschenden Klasse und nehme dem Klassenkampf etwas von seiner Schärfe, indem sie den unterdrückten und entfremdeten Klassen eine illusionäre Befriedigung und Entschädigung anbiete. Freud und andere Psychoanalytiker sehen in unseren unterdrückten und unbewußten Wünschen die Quelle der Religion. Beim ersten Hinsehen erscheinen diese Darstellungen als einander ausschließende, rivalisierende Erklärungsversuche. Doch zeigt weiteres Nachdenken, daß dies nicht zutrifft. Bei der Religion handelt es sich um eine vielgestaltige Erscheinung: Ihre verschiedenen Inhalte und mehr noch ihre verschiedenen Praktiken könnten sich durchaus aus dem Zusammenspiel einer ganzen Reihe kausaler Faktoren ergeben haben; auch könnten einige ihrer charakteristischen Eigentümlichkeiten, wie die Zuschreibung großer Machtfülle an ein oder an mehrere göttliche Wesen und das Gefühl der Ehrfurcht ihnen gegenüber, kausal überbetont sein. Eine umfassende Erklärung der Religion als eine natürliche Erscheinung könnte durchaus die verschiedenen Faktoren einschließen, die Hume und Feuerbach, Marx und Freud und vielleicht noch andere isoliert herausgearbeitet haben. Wir hätten am Ende die Angemessenheit einer umfassenden und vielleicht sehr komplexen natürlichen Geschichte der Religion sorgsam zu prüfen.
Seit Nietzsche ist es üblich geworden, das Grundproblem der Religionsphilosophie als Frage nach dem »Tod Gottes« zu formulieren. Doch selbst bei sehr abgeschwächter wörtlicher Deutung ist diese Frage noch schief gestellt. Beantwortet man sie mit ja, so könnte man damit höchstens sagen wollen, daß der Theismus als ein System von Glaubensüberzeugungen tot ist oder stirbt. Nur in diesem Sinn könnte Gott, der früher einmal gelebt hat, heute tot sein. Doch geht eine solche Antwort an der eigentlichen Frage vorbei. Sie lautet: Sind diese Überzeugungen *wahr* oder *falsch?* Sie

könnten wahr sein, selbst wenn sie weithin nicht mehr geglaubt würden; und sie könnten allgemein geglaubt werden, auch wenn sie falsch wären. Der Wandel von Glaubensüberzeugungen ist zunächst nur für Soziologen und Historiker von Interesse. Selbst wenn die religiösen Grundüberzeugungen falsch sind und jeder rationalen Grundlage entbehren, müßten wir doch erwarten, daß man ihnen weiterhin anhinge und daß sie nach Perioden des relativen Niedergangs wiederauflebten. Dies ergibt sich aus allen bisher vorgetragenen Varianten zur natürlichen Religionsgeschichte. Religion wird es wahrscheinlich so lange geben, wie es die sie stützenden psychologischen und soziologischen Kräfte gibt. Auch Humes Theorie bildet hier keine Ausnahme. Der wissenschaftliche Fortschritt mag alle übernatürlichen Erklärungen für Überschwemmungen und Dürre, für Erdbeben und Epidemien überflüssig machen; auch hat er uns so wirksame Mittel zur Ausrottung unserer Feinde zur Verfügung gestellt, daß es überflüssig erscheinen mag, für ihre Vernichtung auch noch zu beten. Dennoch hat die Wissenschaft in anderer Hinsicht unsere Unsicherheit und unser Bedürfnis nach Beistand gerade wachsen lassen. Sie hat uns die ungeheuren Weiten des interstellaren und intergalaktischen Raumes erschlossen, so daß wir gerne an einen universalen Geist und einen umfassenden Sinn glauben möchten, der uns das Gefühl der Geborgenheit läßt. Auch hat sie die Aufmerksamkeit auf neue Probleme gelenkt, die nach Erklärung verlangen, so auf die Frage nach dem Beginn des Lebens und des gesamten Universums oder nach der Existenz der Naturgesetze an sich. Selbst nach der zurückhaltend angewandten marxistischen Theorie kann man keineswegs mit einem schnellen und endgültigen Niedergang der Religion rechnen; denn selbst wenn Klassenkonflikte einmal beseitigt sein sollten, werden sie doch in neuer Form und Maske wiedererstehen.

Hume war sich des Beharrungsvermögens der Religion gegenüber der rationalen Kritik durchaus bewußt. In dem fingierten Dialog zwischen Charon und ihm selbst am Ufer des Styx sagt er:

> »Aber ich könnte noch auf ihn eindringen: ›Hab noch ein wenig Geduld, guter Charon. Ich habe mich bemüht, der Öffentlichkeit die Augen zu öffnen. Wenn ich noch einige Jahre länger lebe, könnte ich vielleicht mit Befriedigung den Niedergang einiger der vorherrschenden Systeme des Aberglaubens beobachten.‹ Charon aber würde in Zorn geraten und allen Anstand vergessen: ›Du herumstreunender Schurke, dazu braucht es viele hundert Jahre. Meinst du, ich werde dir eine so lange Frist einräumen? Steig sofort in mein Boot, du fauler, herumstreunender Schurke!‹«[4]

In diesem Buch werden nur wenige Fachausdrücke verwendet; die meisten der hier verwendeten erklären sich selbst. Doch sollte ich wohl meine Bezugnahme auf verschiedene Arten von Wahrscheinlichkeit erläutern. Unter ›statistischer Wahrscheinlichkeit‹ verstehe ich einfach die Häufigkeit in einer begrenzten Klasse oder die Grenzhäufigkeit in einer unbegrenzten Reihe – etwa in einer Reihe von Würfen einer bestimmten Münze; das Verhältnis des Fallens der Zahlseite wird immer mehr an 50 Prozent heranreichen; 50 Prozent wäre dann die Grenzhäufigkeit oder statistische Wahrscheinlichkeit des Fallens der Zahlseite in dieser Reihe. Unter ›physischer Wahrscheinlichkeit‹ verstehe ich das Maß für die Stärke der Tendenz, daß ein bestimmtes Ergebnis aus einer bestimmten Anordnung resultiert. Dies läßt sich an der Häufigkeit des Vorkommens dieses Ergebnisses bei einer entsprechenden Zahl von Versuchen ablesen; doch kann die physische Wahrscheinlichkeit jedem einzelnen Versuch zugeschrieben werden, während von ›Häufigkeit‹ nur in bezug auf eine ganze Klasse oder Reihe gesprochen werden

4 Brief von Adam Smith an William Strahan vom 9. November 1776; abgedr. im Anh. zu Humes *Dialogues concerning Natural Religion* (1779), hrsg. von N. K. Smith, London/Edinburgh ^{2}1947.

kann. Am meisten werden wir uns mit ›epistemischen Wahrscheinlichkeiten‹ zu befassen haben: Die epistemische Wahrscheinlichkeit einer bestimmten Aussage relativ zu einer bestimmten Anzahl von Informationen stellt den Maßstab für den Grad der Absicherung dar, die diese Informationen der Aussage verleihen, oder für den Grad der Zustimmung, die man vernünftigerweise dieser Aussage auf der Basis der betreffenden Informationen geben sollte. Wir sprechen häufig von großer oder geringer epistemischer Wahrscheinlichkeit, wenn wir ihr keinen genauen Zahlenwert beilegen können. Doch wenn die einzige relevante Information von der Art ist, daß der betreffende Sachverhalt Glied einer bestimmten Klasse oder Reihe von Ereignissen ist, dessen statistische Wahrscheinlichkeit wir kennen oder von dem wir wissen, daß es das Ergebnis einer bestimmten Anordnung ist, die bekanntermaßen mit bestimmter physischer Wahrscheinlichkeit diesen Sachverhalt hervorbringt, dann können wir aus der statistischen oder physischen Wahrscheinlichkeit eine gleich große epistemische Wahrscheinlichkeit ableiten. Fällt etwa beim Werfen dieser Münze mit 50 Prozent Wahrscheinlichkeit die Zahlseite und stellt dies unsere einzige Information vor dem nächsten Wurf dar, dann beträgt auch die epistemische Wahrscheinlichkeit, daß beim nächsten Wurf die Zahlseite fällt, genau 50 Prozent. In einigen Abschnitten verwende ich Formeln von der Art ›$P(x/y)$‹; sie sind zu lesen als ›die epistemische Wahrscheinlichkeit von x in Relation zu y‹, d. h. als Grad der Absicherung, den die Aussage, repräsentiert durch ›y‹, der Aussage, repräsentiert durch ›x‹, verleiht.

Da dieses Buch ziemlich umfangreich ist, möchte ich kurz seinen Aufbau darlegen. Die Kapitel 1 bis 8 befassen sich mit den traditionellen Argumenten zugunsten des Theismus und die Kapitel 10 bis 14 mit eher modernen Versuchen oder Teilversuchen, den Theismus gegen vorgebrachte Einwände zu verteidigen; in Kapitel 9 geht es um das Hauptproblem des Theismus, um das Problem des Übels. Im einzelnen nun stellen die Kapitel 1 und 2 so etwas wie Versuchsunternehmungen dar; im ersten werden die Begriffe und Methoden nicht-deduktiver Argumentationen eingeführt, im zweiten der Versuch gemacht, durch rationale, demonstrative und weitgehend apriorische Argumentation zu einer Lösung zu gelangen. In den Kapiteln 3, 5, 6, 7 und 8 werden verschiedene klassische und moderne Varianten der bekanntesten ›Gottesbeweise‹ erörtert, während Kapitel 4 Berkeleys Immaterialismus als ein eigenständiges Argument zugunsten der Existenz eines Gottes behandelt. In Kapitel 10 geht es um religiöse Erfahrung, sofern sie in sich von Wert ist und sofern sie sich möglicherweise auch als Basis für einen Gottesbeweis eignet, in Kapitel 11 um verschiedene Empfehlungen, sich für den Glauben ohne Absicherung durch epistemische Überlegungen oder Wahrscheinlichkeit frei zu entscheiden, und in Kapitel 12 um Versuche, die Religion so zu erklären, daß in ihr die in den vorangegangenen Kapiteln erörterten mehr oder weniger buchstäblich verstandenen Glaubensaussagen nicht mehr notwendigerweise vorkommen. In Kapitel 10 wird dann auch die Frage erörtert, ob sich die Religion, einschließlich religiöser und mystischer Erfahrungen, natürlich erklären läßt. Kapitel 13 befaßt sich mit der Ansicht, der Begriff eines objektiven in sich selbst und aus sich selbst schöpferischen Wertes könne den eines personalen Gottes ersetzen oder ergänzen. In Kapitel 14 steht der Versuch Hans Küngs zur Diskussion, den Theismus als ein notwendiges Bollwerk gegen die Bedrohung durch den Nihilismus zu verteidigen; viele der vorher erörterten Themen klingen in seinem Werk noch einmal an. Daher möchte ich in diesem Schlußkapitel dann auch die Wahrscheinlichkeiten für und gegen die Existenz eines Gottes abwägen und die gegensätzlichen moralischen Konsequenzen skizzieren, die sich aus einer theistischen und einer atheistischen Position ergeben.

Der Leser, der vor allem an spezifisch modernen Argumentationsversuchen interessiert ist, mag deswegen mit den

Kapiteln 10 bis 14 beginnen und sich erst danach den vorausgehenden Kapiteln zuwenden. Doch argumentiere ich in diesem Buch kontinuierlich, d.h., das in den späteren Kapiteln Gesagte basiert auf Ergebnissen in den vorausgehenden Kapiteln. Vor allem aber lassen sich Argumente, die bei Küng in ziemlich unsystematischer Weise erscheinen, am besten mit Hilfe der vorangegangenen klareren Darstellungen verstehen. Die Klarheit und Fairneß der meisten der in den früheren Kapiteln zu Wort kommenden Autoren (zu denen sowohl Swinburne als auch die Klassiker gehören) heben sich wohltuend ab von der Verschwommenheit und dem Schwanken zwischen miteinander nicht zu vereinbarenden Auffassungen, durch die einige moderne Theologen sich der Kritik zu entziehen suchen.

Ich hoffe, daß die Leser dieses Buches, die mit den klassischen Diskussionen, auf denen es basiert, noch nicht vertraut sind, ermutigt werden, sich den Originalschriften zuzuwenden. Für viele der bedeutendsten Philosophen – für Descartes, Berkeley, Hume oder Kant – war die Existenz eines Gottes ein zentrales Thema, und ihre Erörterungen dieses Problems gehören oft zu den zugänglichsten und unmittelbar verständlichen Abschnitten ihrer Werke. Einige der von mir angeführten Zitate werden zeigen, daß manche von ihnen uns nicht nur tiefe und faszinierende Gedankengänge zu bieten haben, sondern diese darüber hinaus auch beredt und anziehend präsentieren.

Die Auswahl der von mir diskutierten klassischen und modernen Autoren ist natürlich einigermaßen willkürlich. Meine Absicht ist es nicht gewesen, das Unmögliche möglich zu machen und jedem, der einen bedeutsamen Beitrag zu diesem Thema geleistet hat, gerecht zu werden, sondern ich wollte Formulierungen finden, die am besten dem Argumentationsverlauf dienen und wenigstens die wichtigsten Gedankengänge deutlich werden lassen.

Zum Schluß eine kurze Erklärung zum Titel dieses Buches. Das Wort ›Wunder‹ bedeutet ursprünglich nur etwas Überraschendes oder Erstaunliches; heute meint es jedoch gewöhnlich eine Verletzung der Naturgesetze durch den absichtsvollen Eingriff eines übernatürlichen Wesens; manchmal wird es auch ausgedehnt auf jedes übernatürliche Einwirken auf die natürliche Welt in dem Sinn, daß die Naturgesetze selbst oder die Existenz einer materiellen Welt als ein unaufhörliches Wunder erscheinen. In dieser letzten weiten Bedeutung behauptet der Theismus notwendigerweise ein andauerndes Wunder. Nach dem traditionellen Theismus gibt es darüber hinaus auch Wunder im zweiten Sinn, nämlich einzelne göttliche Eingriffe in die natürliche Ordnung, etwa die Menschwerdung Christi. Doch soll im Titel meines Buches auch Humes ironische Bemerkung anklingen, die christliche Religion könne von keinem vernünftigen Menschen geglaubt werden, ohne daß man darin ein Wunder sehen müßte. Das Vorkommen theistischer Überzeugungen im allgemeinen ist nichts Wunderbares, wenn es (wie in Kapitel 10 gezeigt wird) eine entsprechende natürliche Religionsgeschichte geben sollte. Doch möchte ich deutlich machen, daß ihre anhaltende geistige Macht über zahlreiche vernünftige Menschen so überraschend ist, daß sie als ein Wunder zumindest im ursprünglichen Sinn zu gelten hat.

Kapitel 1

Wunder und Zeugnis

(a) *Humes Argument – Darstellung*

Für den traditionellen Theismus, wie er in der Einleitung definiert wurde, besteht kein ausdrücklicher Gegensatz zwischen dem Natürlichen und dem Übernatürlichen. Dennoch findet sich in ihm ein gebräuchlicher, wenn auch nur vager und unentwickelter Begriff einer natürlichen Welt; im Gegensatz zu ihr behauptet die theistische Lehre die Existenz einer übernatürlichen Wirklichkeit. Die Frage, ob und wie sich für eine solche übernatürliche Wirklichkeit ein Beweis führen läßt, ist daher von zentraler Bedeutung. Ferner behaupten fast alle Religionen das Vorkommen übernatürlicher Ereignisse, von Wundern oder göttlichen Eingriffen, die den natürlichen Ablauf der Dinge unterbrechen: Religiöse Ansprüche werden oft durch angebliche Wunder untermauert. Dies gilt auch für das Christentum. Im Leben Jesu haben wir die jungfräuliche Geburt, die Verwandlung von Wasser in Wein, Jesu Wandeln über den See, seine Krankenheilungen, die Totenerweckung des Lazarus und natürlich seine eigene Auferstehung. Die römisch-katholische Kirche spricht niemanden heilig, wenn nicht wenigstens zwei Wunder vor oder nach seinem Tod auf seine Fürbitte hin geschehen sind.
Gewöhnlich sollen Wunderberichte die Autorität jener Personen absichern, die sie wirken oder an denen sie gewirkt werden; doch setzen solche Berichte, wenn sie in dieser Weise gedeutet werden sollen, die Wahrheit allgemeinerer religiöser Lehren voraus, etwa die der Existenz eines Gottes. Als einer der Beweise für den traditionellen Theismus kann daher das Wunderargument gelten: ein Argument, dessen

Hauptprämisse besagt, daß diese oder jene erstaunlichen Ereignisse geschehen sind, und dessen Schlußfolgerung lautet, daß ein Gott im traditionellen Verständnis sowohl existiert als auch von Zeit zu Zeit in den normalen Ablauf der Dinge eingreift.

Im zehnten Abschnitt von *An Enquiry concerning Human Understanding* (1758), »Über Wunder«, erhebt Hume jedoch den kühnen Anspruch, ein Argument entdeckt zu haben, das alle Wunderberichte widerlege.[1] »Ich schmeichle mir, ein gleichartiges Argument entdeckt zu haben, das, wenn es richtig ist, für die Wissenden und Gelehrten ein bleibendes Hindernis gegen jede Art abergläubischer Verblendung ist und somit von Nutzen sein wird, solange die Welt besteht; denn ich nehme an, daß so lange Berichte über Wunder und Unglaubliches in aller Geschichte, Heils- wie Weltgeschichte, zu finden sein werden« (S. 142). Bereits in diesem ziemlich frühen Werk erwartet Hume so wenig wie in seiner viel späteren, in der Einleitung zitierten Bemerkung, daß der volkstümliche Glaube an das Übernatürliche ausstirbt. Nur von den »Weisen und Gelehrten« sei zu erwarten, daß sie der rationalen Kritik genügend Gewicht einräumten. Doch wie schlüssig ist sein Argument, auf das er seine bescheidene Hoffnung gründete? Worin liegt seine Substanz?

Es ist zweckmäßig, zwischen dem von Hume entdeckten Hauptargument, das er im ersten Teil dieses Abschnitts darlegt, und verschiedenen sekundären Gründen zur Bezweiflung der Wunderberichte zu unterscheiden, die er im zweiten Teil anführt. Zunächst seien die sekundären Gründe genannt, dann soll das Hauptargument zu Wort kommen.

Erstens, schreibt Hume, gebe es keine gut bezeugten Wunder: Es findet sich keines, »das durch eine ausreichende Zahl

1 D. Hume, *Eine Untersuchung über den menschlichen Verstand*, übers. und hrsg. von H. Herring, Stuttgart 1967 [u. ö.] (Reclams Universal-Bibliothek, 5489 [3]). Die im Text mit Seitenangaben versehenen Zitate sind dieser Ausgabe entnommen.

von Menschen von so fraglosem gesundem Verstand, Erziehung und Bildung bezeugt wird, die nötig ist, uns gegen ihre Selbsttäuschungen zu schützen; von solcher unzweifelhaften Redlichkeit, die jeden Verdacht der Täuschung anderer von ihnen fernhält, von solcher Glaubwürdigkeit und solchem Ansehen in den Augen der Menschen, daß sie viel zu verlieren hätten, falls sie bei einer Lüge ertappt würden, deren Zeugnis zugleich solche Dinge betrifft, die sich so öffentlich und an einem so berühmten Ort der Welt zugetragen haben, daß die Entdeckung unvermeidlich gewesen wäre« (S. 150). Das sind hohe Maßstäbe. Doch sind sie zweifellos angemessen auf einem Gebiet, in dem Betrug, Selbsttäuschung und Irrtum so leicht vorkommen. Unglücklicherweise aber ist es umstritten, ob sie überhaupt jemals erfüllt werden konnten. Wenigstens aber verweisen Humes Bemerkungen hier auf Fragen, die wir stellen sollten, wenn wir Berichte von vorgeblichen Wundern zu beurteilen haben.

Zweitens weist Hume auf eine starke Neigung des menschlichen Geistes hin, das, was in extremem Grad seltsam und erstaunlich ist, um so williger zu glauben. »Der Affekt der *Überraschung* und der *Verwunderung*, der aus Wundern entsteht und eine angenehme Gemütserregung ist, erzeugt sichtlich den Hang zum Glauben an solche Ereignisse, aus denen er stammt« (S. 151). Die Bereitwilligkeit vieler Zeitgenossen, Berichte von fliegenden Untertassen und ihren Besatzungen zu glauben, mag diese Neigung illustrieren: Solche Berichte werden paradoxerweise von vielen gerade wegen ihres völligen Abweichens vom Gewöhnlichen, das sie tatsächlich desto unglaubwürdiger machen sollte, um so lieber geglaubt.

Drittens fänden sich Wunderberichte »hauptsächlich bei unwissenden und barbarischen Völkern«. Wo sie auch von zivilisierten Völkern geglaubt würden, zeige es sich, daß sie »von unwissenden und barbarischen Vorfahren übernommen« worden seien. Diese Berichte hätten die unerschütterliche Autorität gut verbürgter Meinungen schon erworben gehabt, bevor sich in diesen Völkern Kräfte der Kritik und Traditionen rationaler Nachprüfung hätten entwickeln können (S. 153).

Viertens würden die verschiedenen Religionen einander widersprechen: Ihre Ansprüche untergrüben und zerstörten sich daher gegenseitig. Die Wahrheit eines Wunderberichts zur Absicherung der religiösen Autorität Jesu Christi oder seiner Jünger würde die Falschheit jedes Wunderberichts zur Stützung der Autorität Mohammeds nach sich ziehen. So stünden die Wunderberichte jeder Religion einschlußweise oder tatsächlich in Widerspruch zu denjenigen vieler anderer Religionen. Es verhalte sich wie bei einem Prozeß, in dem etwa zwanzig Zeugen aufträten, von denen jeder einzelne von den neunzehn anderen als Lügner bezeichnet würde (S. 155 ff.).

Dieses Argument hat jedoch heute weniger Gewicht als zu Humes Zeiten. Angesichts einflußreicher atheistischer oder skeptischer Auffassungen haben die Anhänger verschiedener Religionen ihre Feindseligkeiten gegeneinander stark gemildert. Der Vertreter der einen Religion räumt heute häufig ein, daß andere Religionen wenigstens einige Wahrheitselemente enthalten können und daß ihnen vielleicht sogar ein gewisses Maß an göttlicher Autorisierung zuzugestehen ist. Heute sagt man kaum noch: ›Der Heide in seiner Blindheit . . .‹, sondern eher: ›Wir verehren denselben Gott, doch unter anderen Namen und in unterschiedlichen Formen.‹ Konsequent durchgeführt, würde diese moderne Tendenz die Auffassung zulassen, die christlichen Wunder würden den Glauben an die übernatürlichen Taten von Zauberern und Medizinmännern der Steinzeit eher stützen als untergraben und umgekehrt. Es ist, als habe jemand den Schlachtruf ausgegeben: ›Wundertäter aller Länder, vereinigt euch!‹

Fünftens sei die bloße Tatsache, daß ein Wunderbericht zur Einführung einer neuen Religion oder zur Abstützung einer schon existierenden herangezogen werde, ein zusätzlicher Grund zur Skepsis. Viele Menschen hätten ein starkes Verlangen nach religiösem Glauben, und die Erfahrung zeige, daß viele beständig durch solche Ansprüche getäuscht würden (S. 164 f.). Als solcher ist dieser Einwand schon sehr gewichtig. Doch sollte man noch hinzufügen, daß in vielen Religionen Leichtgläubigkeit oft als verdienstvoll, Zweifel und kritische Zurückhaltung dagegen als sündhaft gelten. Wenn folglich in einer in Kommunikation miteinander stehenden Gruppe von Menschen eine zunächst schwache Glaubensüberzeugung aufgekommen ist, birgt sie die Tendenz in sich, sich selbst zu verstärken und in eine unerschütterliche Glaubensgewißheit überzugehen. Zweifellos erscheint dies den Angehörigen dieser Gruppe als ein sehr schätzenswerter Vorgang; dennoch kann es nicht für sich beanspruchen, ein rationaler Prozeß zu sein.

Diese fünf Einwände haben also unterschiedliches Gewicht; gewiß aber begründen sie einen hohen Grad an anfänglicher Vorsicht und Skepsis gegenüber jedem vorgeblichen Wunder. Dennoch handelt es sich bei ihnen nach Humes Ansicht nur um sekundäre Überlegungen, die seinem Hauptargument untergeordnet sind und es ergänzen.

Dieses Hauptargument beruht auf einem Prinzip, das für die Glaubwürdigkeit von Zeugenaussagen über beliebige Gegenstände gilt. Wenn jemand uns etwas berichtet, sind wir im allgemeinen geneigt, ihm zu glauben. Aber warum? Weshalb sollten wir dem, was er sagt, überhaupt Glauben schenken? Grundlegend ist unsere Überzeugung, es sei unwahrscheinlich, daß er uns dieses berichten würde, wenn es nicht der Fall wäre. Unter der Voraussetzung, daß wir seinen Bericht richtig verstanden haben, könnte er nur unter zwei Bedingungen falsch sein: Entweder hat er sich geirrt oder er will uns täuschen. Ist es wahrscheinlich, daß er sich geirrt hat? Ist es wahrscheinlich, daß er unehrlich ist? Wenn beides unwahrscheinlich ist, dann wäre es auch unwahrscheinlich, daß er uns etwas berichtet, was nicht der Fall ist.

Da er es uns berichtet, ist es unwahrscheinlich, daß es sich nicht so verhält, d.h., sofern nur diese Überlegungen eine Rolle spielen, ist es wahrscheinlich, daß es sich so verhält. Doch sind dies nicht die einzigen relevanten Überlegungen: Wir müssen darüber hinaus auch die innere Wahrscheinlichkeit oder Unwahrscheinlichkeit dessen abwägen, was uns berichtet wird. Je weniger innere Wahrscheinlichkeit dem Berichteten zukommt, desto verläßlicher muß das Zeugnis sein, wenn ihm Glauben geschenkt werden soll. Die Frage, die beantwortet werden muß, lautet: ›Welches von beiden ist als ganzes unwahrscheinlicher: daß er uns dies berichtet, ohne daß es der Fall ist – daß er also irrt oder lügt –, oder daß er uns dies berichtet und es der Fall ist – daß es sich also mit dem berichteten Ereignis trotz aller möglicherweise entgegenstehenden inneren Unwahrscheinlichkeit dennoch so verhält?‹ Wenn also etwas in sich Unwahrscheinliches berichtet wird, lautet die entscheidende Frage: Ist es nicht vielleicht in sich noch unwahrscheinlicher, daß der Berichtende getäuscht wurde oder lügt? Ferner bemißt sich der Grad dieser Unwahrscheinlichkeiten am normalen Gang der Dinge, d.h. an den uns bisher bekannten Naturgesetzen. Wenn wir uns ein Urteil darüber bilden wollen, wie die Dinge weitergehen werden, können wir uns nur auf vergangene Erfahrung stützen: Wir müssen induktiv aus den bisherigen Beobachtungen schließen. Wenn es sich nun bei dem berichteten Ereignis um ein Wunder handelt, muß es buchstäblich in Gegensatz zu den Naturgesetzen stehen, es muß also der Schlußfolgerung einer Induktion von größter Überzeugungskraft widersprechen. Das heißt aber, es muß so unwahrscheinlich wie nur irgend etwas sonst sein. Die konkurrierende Unwahrscheinlichkeit, daß der Berichtende getäuscht wurde oder lügt, kann höchstens gleich groß, nicht jedoch größer sein. In Wahrheit meint Hume, sie werde niemals gleich groß sein, denn es stehe nicht in Gegensatz zu den Naturgesetzen, daß der Berichtende einen Fehler gemacht habe oder unehrlich sei. Doch selbst wenn beide Unwahrscheinlichkeiten gleich groß sind, gleichen sie nur einander aus: Bei vernünftigem Abwägen hätten wir keinen positiven Grund, den Wunderbericht zu glauben. Wenigstens soviel scheint Hume sagen zu wollen. Doch am Ende des ersten Teils dieses Abschnitts zögert er: Die einfache Folgerung lautet, »daß kein Zeugnis genügt, um ein Wunder zu konstatieren, es sei denn, das Zeugnis sei solcher Art, daß seine Falschheit wunderbarer wäre als die Tatsache, die es zu konstatieren trachtet. Doch selbst in solchem Falle gibt es eine gegenseitige Aufhebung der Begründungen, und das Überlegene gibt uns nur eine Sicherheit, die dem Grade der Kraft angemessen ist, die nach Abzug des Schwächeren bleibt« (S. 149). Mit diesem Kommentar scheint Hume einzuräumen, daß das Abwägen der Wahrscheinlichkeiten zugunsten der Annahme von Wunderberichten ausfallen könnte – allerdings bei einem nur geringen Grad von Glaubwürdigkeit. Hume scheint aber auch einen Gedanken nahezulegen, an den er selbst wohl nicht ausdrücklich gedacht hat: Wenn die Glaubwürdigkeit des Zeugnisses groß genug ist – wenn auch nicht so groß, es als vernünftig erscheinen zu lassen, ihm Glauben zu schenken –, wird es den Grad der Gewißheit mindern, mit der wir es zurückweisen.

Klarer gefaßt, lautet Humes Schlußfolgerung: Es sind drei Fälle denkbar. Erstens, die Unwahrscheinlichkeit, daß das Zeugnis falsch ist (entweder irrig oder unehrlich), ist geringer als die innere Unwahrscheinlichkeit, daß das Wunder tatsächlich geschehen ist: In diesem Fall müssen wir den Wunderbericht als unzuverlässig ablehnen, und zwar mit einem Grad von Gewißheit, der der Differenz zwischen diesen beiden Unwahrscheinlichkeiten entspricht. Zweitens, beide Unwahrscheinlichkeiten sind gleich groß: In diesem Fall müssen wir unser Urteil so lange in der Schwebe halten, bis irgendwelche neuen Gesichtspunkte zugunsten irgendeiner Seite den Ausschlag geben; doch bis dahin haben wir keinen vernünftigen Grund, den Wunderbericht zu glauben.

Drittens, daß das Wunder geschehen ist, ist in sich weniger unwahrscheinlich, als daß das Zeugnis falsch ist: In diesem Fall sollten wir vernünftigerweise dem Wunderbericht Glauben schenken, doch wieder mit einem Grad von Gewißheit, der der Differenz zwischen den beiden Unwahrscheinlichkeiten entspricht. Wegen der großen inneren Unwahrscheinlichkeit eines Wunders kann dieser Gewißheitsgrad nie sehr hoch sein. Wenn die Falschheit des Berichts selbst ein Wunder im Sinne einer Verletzung der Naturgesetze wäre, müßten wir nach Ansicht Humes »das eine Wunder gegen das andere abwägen« und »das größere Wunder verwerfen«. »Wäre die Falschheit seines Zeugnisses wunderbarer als das von ihm berichtete Ereignis, dann, und nur dann kann er meinen Glauben und meine Überzeugung beanspruchen« (S. 149).
In dieser klareren Fassung räumt Hume in seinem ersten Teil zweifellos die Möglichkeit ein, daß ein Wunder durch ein Zeugnis beglaubigt wird – allerdings nur sehr zurückhaltend und ohne deutliches Übergewicht der dafür sprechenden Vernunftgründe –, und darüber hinaus, daß es Fälle gibt, in denen wir unser Urteil in der Schwebe halten sollten. Doch wird nun die argumentative Funktion der sekundären Überlegungen, die Hume im zweiten Teil anstellt, besser verständlich. Sie sollen zeigen, daß diese beiden denkbaren Fälle tatsächlich niemals vorkommen. Die Unwahrscheinlichkeit, daß das zugunsten eines Wunders angeführte Zeugnis falsch ist, ist praktisch immer äußerst gering, immer geringer als die Unwahrscheinlichkeit, daß das Wunder tatsächlich geschehen ist.

(b) *Humes Argument – Diskussion*

Hume hat die Prinzipien dargelegt, die es als begründet erscheinen lassen, dem Zeugnis eines anderen zu vertrauen, die Regeln, die wir beachten sollten, wenn wir dem Bericht anderer Glauben schenken oder nicht. Aber die Regeln, nach denen wir tatsächlich vorgehen, wenn wir anderen glauben, sind davon doch sehr verschieden. Es fällt uns meist nicht schwer, Unehrlichkeit, Unaufrichtigkeit und mangelnde Glaubwürdigkeit bei einem Menschen festzustellen, und wir lehnen ohne weiteres Berichte von Menschen ab, die diese Züge aufweisen. Wir neigen aber sehr stark dazu, offensichtlich zuverlässigen und ernsthaften Behauptungen fraglos zu glauben. Hume würde sagen, eine feste Verknüpfung von Vorstellungen verbinde die ehrlich vorgebrachte Überzeugung eines anderen, daß *p*, und die Tatsache, daß *p*, so miteinander, daß wir ohne weiteres von der Wahrnehmung des einen zur Annahme des anderen übergehen. Er hätte auch sagen können: Aufgrund einer geistigen Sympathie, die der Sympathie im ursprünglichen Sinn, nämlich der Neigung, an den von uns wahrgenommenen Gefühlen eines anderen Anteil zu nehmen, ähnlich ist, neigen wir ohne weiteres dazu, die von uns festgestellten Überzeugungen eines anderen zu übernehmen. Im allgemeinen ist diese Neigung sehr nützlich. Die Überzeugungen anderer von alltäglichen Dingen sind häufiger richtig oder nahezu richtig als völlig verkehrt. Daher macht die geistige Sympathie die Weitergabe von ziemlich korrekten Informationen ungestörter möglich, als wenn wir gewohnheitsmäßig gegenüber den Berichten anderer sehr zurückhaltend wären und ihr Zeugnis beständig an den Prinzipien für eine rational begründete Annahme überprüften. Doch das, was im allgemeinen nützlich ist, kann manchmal in die Irre führen. Wunderberichte aber sind gewiß ein Sonderfall; bei ihnen sollten wir unsere spontane Bereitschaft, ehrlich Berichtetes zu glauben, zügeln und auf die grundlegenden Vernunftprinzipien zurückgehen, die uns angeben, ob eine Äußerung verläßlich ist oder nicht. Selbst wenn wir sehr vorsichtig sind und zögern, einer Aussage zu glauben, etwa einer Zeugenaussage vor Gericht, gehen wir doch oft nicht über die Frage hinaus: ›Wie glaubwürdig ist dieser Zeuge?‹ Oder im einzelnen: ›Scheint er ehrlich zu sein? Hätte er ein Motiv, uns zu täuschen? Ist er ein Mensch, der einleuchtende Lügen verbreiten würde? Oder ist er jemand, der sich unter den gegebenen Umständen getäuscht haben könnte?‹ Wenn wir uns hinsichtlich dieser möglichen Einwände beruhigen können, sind wir geneigt, dem Zeugen zu glauben, ohne ernsthaft noch die Frage zu stellen: ›Wie in sich unwahrscheinlich ist das von ihm Berichtete?‹ Doch Hume besteht zu Recht darauf, daß diese Frage im Fall der Wunder sehr wichtig ist. Die Art und Weise, wie er an das Problem der Annahme eines Zeugnisses herangeht, leuchtet ganz gewiß ein.

Humes Argument gegen Wunder ist erkenntnistheoretischer Art: Er will nicht zeigen, daß Wunder niemals geschehen oder niemals geschehen können, sondern nur, daß wir niemals gute Gründe haben anzunehmen, daß sie geschehen sind. Sein Argument ist klar von dem Einwand zu unterscheiden, der Begriff des Wunders sei in sich widersprüchlich. Dieser Einwand ließe sich folgendermaßen fassen: Bei einem Wunder handelt es sich definitionsgemäß um eine Verletzung der Naturgesetze und bei einem Naturgesetz definitionsgemäß um eine Regelmäßigkeit – oder um die Formulierung einer Regelmäßigkeit – hinsichtlich eines bestimmten Geschehens oder hinsichtlich der Art und Weise, wie sich die Dinge verhalten; folglich, wenn ein Ereignis tatsächlich geschieht, kann keine Regelmäßigkeit, die ihm entgegensteht (oder keine Regelmäßigkeitsformulierung, die es falsifizieren würde), tatsächlich ein Naturgesetz sein; gleichgültig, wie ungewöhnlich und überraschend dieses Ereignis auch sein mag, es kann sich bei ihm niemals um ein Wunder handeln. Aus beiden Definitionen zusammen folgt, daß nichts von dem, was sich ereignet, jemals ein Wunder sein kann, d. h., daß Wunder sich niemals ereignen. Es sei angemerkt, daß dies nicht Humes Argument ist. Wäre diese Argumentation richtig, würde sie Humes Argument überflüssig machen. Vor der Erörterung seines Arguments müssen wir also prüfen, ob es einen in sich stimmigen Wunderbegriff gibt, der nicht *a priori* das Vorkommen von Wundern ausschließt.

Wenn Wunder ihre traditionelle Funktion erfüllen sollen, religiöse Ansprüche – allgemeine theistische Behauptungen, die Autorität einer bestimmten Religion oder Sekte oder eines einzelnen religiösen Lehrers – in aufsehenerregender Weise abzusichern, darf der Begriff des Wunders nicht so stark ausgeweitet werden, daß schließlich alles und jedes, was als ungewöhnlich und außerordentlich erscheint, darunter fällt. In der Definition eines Wunders muß also der Begriff der Verletzung von Naturgesetzen beibehalten werden. Wenn dann aber ein Wunder überhaupt noch möglich sein soll, müssen wir die zugrundegelegte Definition eines Naturgesetzes modifizieren. Wir wollen einen möglichen göttlichen oder übernatürlichen Eingriff der Ordnung der Natur entgegensetzen. Die Naturgesetze, so müssen wir sagen, beschreiben die Art und Weise, wie sich die Dinge in der Welt, einschließlich natürlich der Menschen, verhalten, wenn sie sich selbst überlassen bleiben, wenn in sie also nicht eingegriffen wird. Ein Wunder ereignet sich demnach dann, wenn etwas von der natürlichen Ordnung Verschiedenes in diese eingreift.

Dieser Begriff von der Art und Weise, wie sich die Dinge verhalten, ist in sich stimmig und keineswegs dunkel. Wir wissen, wie sich Naturgesetze entdecken lassen: Wir stützen uns auf das Prinzip der Gleichförmigkeit der Naturabläufe – im wesentlichen auf die Annahme, daß sich Gesetzmäßigkeiten entdecken lassen – und stellen dazu zweckdienliche Beobachtungen und Experimente an, typischerweise verschiedene kontrollierte Versuche, denen die Logik von Mills »Methode des Unterschieds« zugrunde liegt. Innerhalb der so festgestellten Gesetzmäßigkeiten lassen sich dann grundlegende Gesetze von abgeleiteten unterscheiden, die nur in einem bestimmten Zusammenhang oder auf der Basis einer bestimmten Zusammensetzung gelten. Es ist ein abgeleitetes

Gesetz, daß eine einzelne Uhr oder eine einzelne Art von Uhren mit bestimmter Geschwindigkeit läuft, und zwar nur unter bestimmten Temperaturbedingungen usw. Doch leitet sich diese Gesetzmäßigkeit aus grundlegenderen ab, die das Verhalten bestimmter Materialien, aus denen die Uhr zusammengesetzt ist, beschreiben, und auch diese grundlegenderen Gesetze können wiederum aus noch grundlegenderen abgeleitet sein, die das Verhalten subatomarer Teilchen beschreiben, aus denen sich diese Materialien aufbauen. Je umfassender wir ein solches System von grundlegenden und abgeleiteten Gesetzen kennenlernen, desto besser verstehen wir die Art und Weise, wie sich die Dinge verhalten. Ähnlich wie es die von uns so genannten Kausalgesetze gibt, die sich charakteristischerweise auf Wechselwirkungen beziehen, gibt es auch Gesetze für die Art und Weise, wie bestimmte Dinge einfach zeitlich andauern und bestimmte Arten kontinuierlicher Prozesse verlaufen. Diese beiden Arten von Gesetzmäßigkeiten und besonders die grundlegenderen Gesetze dieser Art machen es uns möglich zu verstehen, wie sich die Dinge dieser Welt verhalten. Es gibt also verschiedene Arten grundlegender »Wirkgesetzmäßigkeiten«.[2] Für unsere Zwecke ist nicht einmal ein ungefähres Verständnis von der Art und Weise, wie sich die Dinge verhalten, notwendig; es genügt schon, wenn wir den Begriff solcher Wirkgesetzmäßigkeiten verstehen und prinzipiell wissen, was es heißt, sie zu entdecken. Dieser Begriff geht über die Definition des Naturgesetzes als der bloßen Feststellung dessen, was immer geschieht, hinaus. Wenn wir diesen Begriff und die Annahme, daß sich solche grundlegenden Wirkgesetzmäßigkeiten entdecken lassen, zugrunde legen, wird verständlich, wieso wir hoffen können, auch bei Berücksichtigung nur eines begrenzten Teils von Experimenten und Beobachtungen die tatsächlich wirkenden

2 Den Begriff grundlegender Wirkgesetzmäßigkeiten habe ich ausführlich in Kap. 9 und 10 meines Buches *The Cement of the Universe: A Study of Causation*, Oxford [2]1980, erörtert.

Gesetzmäßigkeiten doch zu erfassen. Dies macht es möglich festzustellen, daß irgend etwas eine grundlegende Wirkgesetzmäßigkeit natürlicher Dinge *ist*, aber, unabhängig davon, auch herauszufinden, daß sie bei bestimmter Gelegenheit verletzt wurde. Eine gelegentliche Verletzung widerlegt als solche nicht notwendigerweise die unabhängig davon gemachte Feststellung, daß es sich dabei tatsächlich um eine Wirkgesetzmäßigkeit *handelt*.

Auch der Begriff des Eingriffs ist nicht dunkel. Selbst in der natürlichen Welt verstehen wir sehr gut, wie für bestimmte Zeit ein geschlossenes System möglich ist, innerhalb dessen alles, was geschieht, aus Faktoren hervorgeht, die diesem System immanent sind und nach den dafür geltenden Gesetzen wirken, und wie dann Einwirkungen von außen her erfolgen, welche Veränderungen mit sich bringen, die das System nicht aus sich selbst heraus hervorgebracht hätte; nach dieser von außen kommenden Einwirkung verhält sich das System anders, als wenn es sich selbst überlassen geblieben wäre. Wir brauchen also nur die gesamte natürliche Welt als ein solches zeitweilig geschlossenes System zu betrachten; dann ist ohne weiteres ein übernatürlicher Eingriff denkbar, der von außerhalb in die natürliche Welt als ganze hineinwirkt.

Sind die Gesetze, nach denen die Dinge der natürlichen Welt ablaufen, deterministisch, dann ergibt sich ein völlig klarer Begriff ihrer Verletzung: Unter der Voraussetzung, daß die Welt ein geschlossenes System darstellt, welches sich in Einklang mit diesen Gesetzen verändert, und unter Voraussetzung eines früheren vollständigen Zustands dieser Welt, wäre sie ein Ereignis, das ohne sie überhaupt nicht hätte stattfinden können. Es wäre ein klarer Beweis dafür, daß entweder die angenommenen Gesetze dieses Systems nicht die tatsächlich wirkenden waren oder daß der vorhergehende Zustand von anderer Art war, als angenommen wurde, oder daß das System gar nicht abgeschlossen war. Sind aber die grundlegenden Wirkgesetze statistischer oder probabilistischer Art, so ist der Begriff ihrer Verletzung weniger klar. Wenn etwas geschieht, das unter der Voraussetzung der Geltung statistischer Gesetze und eines früheren vollständigen Zustands der Welt extrem unwahrscheinlich ist – im Sinne physischer Wahrscheinlichkeit, d. h., daß eine sehr starke Tendenz besteht, daß es *nicht* geschieht –, können wir nicht mit letzter Sicherheit sagen, die Gesetze seien verletzt worden: Gesetze dieser Art räumen ausdrücklich ein, daß extrem Unwahrscheinliches dennoch gelegentlich geschieht. Tatsächlich ist es sehr wahrscheinlich (sowohl physisch als auch epistemisch), daß einige Ereignisse, von denen jedes sehr unwahrscheinlich ist, sich dennoch in großen Abständen gelegentlich ereignen.[3] Würde nach einem statistischen Gesetz beim Wurf einer Münze mit 50 Prozent Wahrscheinlichkeit die Vorderseite fallen, so wäre es sehr unwahrscheinlich, daß zehnmal nacheinander die Vorderseite fiele; dennoch wäre es sehr wahrscheinlich, daß sich bei einer Million Würfen einmal eine solche Serie ergäbe. Dies macht aber den Gegensatz zwischen dem Wirken der natürlichen Welt als eines normalerweise abgeschlossenen Systems und einem Eingriff in sie keineswegs unbrauchbar. Die Tatsache, daß wir diesen Gegensatz nicht mit letzter Sicherheit anwenden können, läßt ihn weder verschwinden noch macht sie ihn unverständlich. Wir könnten ein Wunder immer noch als ein Ereignis definieren, das beim natürlichen Gang der Dinge nicht eingetreten wäre und nur aufgrund übernatürlicher Einwirkung eingetreten ist. Die Schwierigkeit liegt nur darin, daß wir jetzt nicht mit völliger Gewißheit, sondern nur unter Bezug auf die betreffenden Gesetze und den vorausgegangenen Zustand sagen können, daß ein Ereignis beim natürlichen Gang der Dinge nicht eingetreten wäre und nur durch einen übernatürlichen

3 Die Unterscheidung zwischen physischer und epistemischer Wahrscheinlichkeit wurde bereits in der Einleitung erläutert; die genaue Form statistischer Gesetze habe ich in Kap. 9 meines Buches *The Cement of the Universe* erörtert.

Eingriff erklärbar ist. Dennoch könnte es möglich sein zu sagen, es sei sehr wahrscheinlich – im Sinne einer epistemischen Wahrscheinlichkeit –, daß es sich natürlicherweise nicht ereignet hätte und daher auf einen solchen Eingriff zurückgeht. Denn wenn es nach den geltenden Gesetzen physisch unwahrscheinlich war, daß es eintreten würde, spricht dies zugunsten einer epistemischen Unwahrscheinlichkeit, daß es aufgrund dieser Gesetze eingetreten ist, wenn es noch auf andere nicht gleich unwahrscheinliche oder unwahrscheinlichere Weise eintreten konnte. Praktisch bedeutet diese Schwierigkeit kaum ein neues Problem. Denn selbst wenn wir von deterministischen Gesetzen und einem vorhergehenden Zustand ausgehen, die zusammen ein Ereignis beim natürlichen Gang der Dinge unmöglich gemacht hätten, ist es von unserem Standpunkt aus doch höchstens epistemisch wahrscheinlich, keineswegs gewiß, daß wir die Gesetze und die vorausgehende Situation richtig erfaßt haben.

Gleichgültig also, ob die Naturgesetze deterministisch oder statistisch zu verstehen sind, immer läßt sich ein Wunder in sich stimmig definieren als ein übernatürlicher Eingriff in ein normalerweise geschlossenes System, in dem diese Gesetze gelten. In beiden Fällen sind auch Ereignisse vorstellbar und möglicherweise angebbar, von denen sich mit hoher Wahrscheinlichkeit, jedoch nicht mit Gewißheit sagen läßt, sie würden dieser Definition genügen.

Nach dem vollen Begriff eines Wunders aber muß das Ereignis auch bewußt gewollt sein, d. h., es muß die Absichten eines Gottes oder eines anderen übernatürlichen Wesens erfüllen. Diese Beziehung läßt sich durch keine der gewöhnlichen Kausaltheorien absichern; sie setzt die Fähigkeit voraus, Absichten direkt, ohne physische Hilfsmittel zu verwirklichen. Da es nun sehr zweifelhaft ist (wie sich in den Kapiteln 5 und 7 zeigen wird), ob es eine solche Fähigkeit gibt, ist dieses Erfordernis eines Wunders besonders schwer nachweisbar. Andererseits ist aber auch anzumerken, daß eine erfolgreiche Prophezeiung als eine Art von Wunder gelten könnte, die prinzipiell gut beweisbar ist. Wenn von jemandem verläßlich berichtet wird, er habe zur Zeit t_1 ein Ereignis zur Zeit t_2 vorhergesagt, das sich zur Zeit t_1 natürlicherweise nicht vorhersagen ließ, und wenn dieses Ereignis zur Zeit t_2 tatsächlich geschieht, dann läßt sich möglicherweise zu einem späteren Zeitpunkt t_3 sowohl beweisen, daß die Prophezeiung zum Zeitpunkt t_1 gemacht wurde, als auch, daß sich ihre Richtigkeit weder kausal (etwa in der Form der Selbsterfüllung) noch als Zufall erklären läßt, daß sie also wahrscheinlich als ein Wunder zu gelten hat.

Es gibt demnach einen in sich stimmigen Wunderbegriff. Die Möglichkeit von Wundern läßt sich also nicht *a priori*, definitionsgemäß, ausschließen. Wir haben daher zu fragen, ob Humes Argument wirklich beweist, daß wir niemals gute Gründe haben anzunehmen, ein Wunder sei tatsächlich geschehen.

Humes allgemeines Prinzip für die Wertung eines Zeugenberichts ist im wesentlichen richtig: Wir haben die Unwahrscheinlichkeit des berichteten Ereignisses gegen die Unwahrscheinlichkeit, daß der Zeuge sich irrt oder lügt, abzuwägen. Dabei handelt es sich um eine Folgerung aus dem noch allgemeineren Prinzip, wir hätten jene Hypothese anzunehmen, die die beste umfassende Erklärung für alle vorhandenen und relevanten Beweisgründe liefert. Doch bleibt noch einiges anzumerken.

Erstens, epistemische Wahrscheinlichkeit oder Unwahrscheinlichkeit bezieht sich immer auf einen bestimmten Informationsstand und mag sich bei zusätzlichen Informationen ändern. Daher muß jedes anhand von Humes Prinzip gefällte Urteil provisorisch bleiben.

Zweitens, es ist eine Sache, sich ein Urteil darüber zu bilden, welche der sich jeweils anbietenden Hypothesen im Licht des vorliegenden Beweismaterials angenommen werden sollte; es ist aber eine ganz andere Sache, das Gewicht dieses Beweismaterials zu würdigen, d. h. anzugeben, wie gut begründet diese bevorzugte Hypothese ist und ob es wahrscheinlich ist, daß sie entweder durch zusätzliche Information oder durch Entwicklung weiterer Alternativen untergraben werden könnte. Die gegenwärtig bestbegründete Erklärung eines bestimmten Sachverhalts kann immer noch sehr unsicher sein, und vieles kann dafür sprechen, daß irgendwelche neuen Überlegungen sie hinfällig machen werden. Wenn beispielsweise das einzige uns zur Verfügung stehende Material zur Voraussage eines Wahlausgangs eine Meinungsumfrage darstellt, dann kann dieses Material eindeutig auf ein bestimmtes Ergebnis hindeuten; wenn aber nur wenige Wahlberechtigte befragt wurden oder wenn die Umfrage einige Zeit vor dem Wahltag stattgefunden hat, dann ist ihr Ergebnis nicht sehr verläßlich. Die epistemische, sich auf ein bestimmtes Beweismaterial stützende Verläßlichkeit wird noch von einer andersgearteten Verläßlichkeit überlagert.

Drittens, Humes Beschreibung der Beweisgründe für eine Vorhersage oder allgemein für ein Urteil über einen nicht beobachteten Sachverhalt, der unter eine bestimmte Generalisierung fällt, ist sehr unbefriedigend. Er scheint folgendes zu meinen: Wenn *alle* bisher beobachteten *A* sich als *B* erwiesen haben, dann läuft dies auf den ›Beweis‹ hinaus, daß auch ein nicht beobachtetes *A* ein *B* war, ist oder sein wird; wenn hingegen einige beobachtete *A* sich als *B* erwiesen haben, andere dagegen nicht, dann besteht nur eine ›Wahrscheinlichkeit‹, daß ein nicht beobachtetes *A* ein *B* war, ist oder sein wird (S. 142 ff.). Damit aber vermengt Hume Überlegungen, die *zu* einer Generalisierung führen, mit solchen, die sie *auf* einen bestimmten Fall *anwenden*. Es ist richtig, daß die Prämissen ›Alle *A* sind *B*‹ und ›Dies ist ein *A*‹ einen Beweis für die Folgerung darstellen ›Dies ist ein *B*‹; auch ist es richtig, daß aus den Prämissen ›*x* Prozent aller *A* sind *B*‹ und ›Dies ist ein *A*‹ – wenn keine anderen relevanten Informationen vorliegen – mit einer Wahrscheinlichkeit von *x* Prozent folgt, daß dies ein *B* ist: Sie machen die Folgerung in diesem Grad wahrscheinlich oder, anders gesagt, die

Wahrscheinlichkeit der Folgerung ›Dies ist ein *B*‹ beträgt relativ zu diesem Beweismaterial *x* Prozent. Doch das induktive Argument aus der Beobachtung ›Alle bisher beobachteten *A* haben sich als *B* erwiesen‹ zu der Generalisierung ›Alle *A* sind *B*‹ ist weit davon entfernt, gewiß zu sein; daher ist es höchst irreführend, dies einen Beweis zu nennen, und auch irreführend, den gesamten Schluß von ›Alle bisher beobachteten *A* sind *B*‹ zu der Folgerung ›Dieses bisher noch nicht beobachtete *A* ist ein *B*‹ als einen Beweis zu bezeichnen. Entsprechend ist das induktive Argument von ›*x* Prozent aller beobachteten *A* sind *B*‹ zu der statistischen Generalisierung ›*x* Prozent aller *A* sind *B*‹ weit davon entfernt, gewiß zu sein; daher läßt sich dann auch nicht sagen, ›*x* Prozent der beobachteten *A* sind *B*‹ mache die Folgerung ›Dieses bisher noch nicht beobachtete *A* ist ein *B*‹ mit *x* Prozent wahrscheinlich. In beiden Fällen ist eine Fülle weiterer Informationen und Hintergrundwissens notwendig, ehe die universale oder statistische Generalisierung als gut begründet gelten kann und ehe alles soweit abgeklärt ist, daß sich sagen läßt, eine Aussage über ein bisher nicht beobachtetes *A* sei bewiesen oder wahrscheinlich gemacht. Es ist schwieriger, als Hume einräumt, wenn man zu gut begründeten Generalisierungen beider Art über die Wirkungsweisen der Dinge kommen will.

Wegen dieser verschiedenen Modifikationen könnte das, was weithin und vernünftigerweise für ein Naturgesetz gehalten wurde, dennoch keines sein. Dies könnte in besonderer Weise bestimmte Arten von Wundern betreffen. Beispielsweise muß es nach dem heutigen Wissensstand über psychosomatische Erkrankungen nicht im Gegensatz zu den Naturgesetzen stehen, wenn jemand, der in seinen eigenen und in den Augen anderer seit Jahren gelähmt ist, plötzlich wieder seine Glieder gebrauchen kann. Andererseits können wir aber immer noch mit großer Sicherheit behaupten, daß es im Gegensatz zu den Naturgesetzen steht, wenn ein Mensch, dessen Herz unter normalen Umständen, d. h.

ohne Einsatz einer Herz-Lungen-Maschine oder dergleichen, seit achtundvierzig Stunden aufgehört hat zu schlagen, wieder lebendig wird oder wenn sich wirkliches Wasser ohne Beimischungen in guten Qualitätswein verwandelt.
Gleichgültig aber, wie groß die Probleme für die Feststellung von Naturgesetzen auch sein mögen, sie begünstigen oder benachteiligen doch keine der hier streitenden Parteien, weder diejenigen, die Hume folgen, noch jene, die an Wunder glauben; denn beide Parteien brauchen in gleicher Weise den Begriff eines gut begründeten Naturgesetzes. Wer Wunder befürwortet, braucht ihn, um sagen zu können, ein vorgebliches Ereignis sei ein Wunder gewesen, eine Verletzung der Naturgesetze durch übernatürlichen Eingriff; ebenso aber braucht ihn auch Hume, wenn er gegen die Annahme argumentiert, daß dieses Ereignis tatsächlich stattgefunden hat.
Wer ein Wunder verteidigen will, darf sich also nicht darauf beschränken, Zweifel anzumelden hinsichtlich der Sicherheit unseres Wissens über das Naturgesetz, das damit verletzt worden zu sein scheint; solche Zweifel sind vielleicht völlig berechtigt. Er muß vielmehr selbst nachweisen, daß es sich dabei um ein Naturgesetz handelt: andernfalls wäre das berichtete Ereignis kein Wunder. Er muß also Hume *zugestehen*, daß die vorausgehende Unwahrscheinlichkeit dieses Ereignisses so hoch wie nur möglich ist und daß folglich, abgesehen von dem Zeugnis, die bestmöglichen Gründe für die Annahme sprechen, daß das behauptete Ereignis gar nicht stattgefunden hat. Das Ereignis muß nach dem eigenen Zugeständnis des Befürworters eines Wunders im Gegensatz zu einem wirklichen, und nicht nur vermeintlichen Naturgesetz stehen, also im höchsten Maß unwahrscheinlich sein. Gerade diese größtmögliche Unwahrscheinlichkeit müßte vom Gewicht des Zeugnisses aufgewogen werden.
Noch in einem weiteren Punkt ist Humes Theorie des Zeugnisses zu verbessern. Bekanntlich ist das übereinstimmende Zeugnis von zwei (oder mehr) voneinander *unabhän-*

gigen Zeugen ein sehr gewichtiger Beweisgrund. Zwei unabhängige Zeugen sind mehr als nur zwei gleich gute Zeugen. Der Grund liegt auf der Hand. Wenn nur *ein* Zeuge behauptet, daß *p*, so ließe sich dies folgendermaßen erklären: Es war der Fall, daß *p*, und der Zeuge hat dies beobachtet, es behalten und gibt darüber nun ehrlich Auskunft. Doch sind noch viele andere Erklärungen möglich, etwa daß er anderes beobachtet hat und es irrtümlicherweise als *p* deutet oder daß er sich nicht mehr richtig erinnert oder daß er gar lügt. Wenn aber zwei Zeugen nachweislich unabhängig voneinander *p* behaupten, läßt sich dies einmal so erklären, daß jeder von ihnen *p* beobachtet hat, sich daran erinnert und es ehrlich berichtet; doch die anderen möglichen Erklärungen sind nun nicht mehr so leicht. Sie müssen jetzt nämlich die zusätzliche Frage beantworten: ›Wie ist es zu dieser *Übereinstimmung* in den Berichten gekommen, wenn *p* nicht geschehen ist? Wieso haben die Zeugen das Geschehene in gleicher Weise mißgedeutet? Wieso liegt bei ihnen derselbe Erinnerungsfehler vor? Oder wieso lügen sie in gleicher Weise?‹ Selbst für einen einzelnen Lügner ist es schwierig, sich bei seiner Lüge *nicht* immer mehr *zu widersprechen*. Wenn die Zeugen sich abgesprochen haben oder wenn der eine vom anderen direkt oder indirekt beeinflußt wurde oder wenn es für beide Berichte eine gemeinsame Quelle gibt, dann ist diese Frage natürlich leicht zu beantworten. Aus diesem Grund ist die Unabhängigkeit der Zeugen so wichtig. Das Prinzip der Unwahrscheinlichkeit des Zusammenkommens mehrerer fehlerhafter Berichte ist für das Problem der Wunder von zweifacher Bedeutung. Einerseits zeigt es, daß eine bestimmte Art von Zeugnis gewichtiger ist als Humes Erörterungen nahelegen. Andererseits bedeutet es, daß beim Vorliegen anscheinend mehrerer Berichte sorgsam zu prüfen ist, ob sie auch tatsächlich unabhängig voneinander sind. Die Schwierigkeit, diesem Erfordernis zu genügen, stellt eine wichtige Ergänzung der von Hume im zweiten Teil seiner Abhandlung angemeldeten Bedenken dar.

Die verschiedenen Teile unseres Arguments lassen sich nun zusammenordnen. Wenn ein zunächst glaubhaftes Zeugnis für ein Ereignis vorliegt, das ein Wunder zu sein scheint, so liegt eine doppelte Beweislast bei denjenigen, die es als Wunder annehmen: Sie müssen beweisen, sowohl daß das Ereignis stattgefunden hat als auch daß es die Naturgesetze verletzte. Dieser doppelten Beweislast zu genügen ist allerdings sehr schwierig. Denn alles, was darauf hinweist, daß es sich um eine Verletzung eines Naturgesetzes handelt, macht es aus eben diesem Grund auch äußerst unwahrscheinlich, daß es tatsächlich geschehen ist. Entsprechend können diejenigen, die das Vorliegen eines Wunders bestreiten, zwei Verteidigungsstrategien einschlagen. Nach der einen können sie zugestehen, daß das Ereignis tatsächlich stattgefunden hat, müssen dann aber behaupten, daß es in Einklang mit den Naturgesetzen geschah. Vielleicht gab es unbekannte Umstände, die es möglich machten; oder vielleicht handelte es sich bei dem, was als relevante Naturgesetze angesehen wurde, nicht um Naturgesetze im strengen Sinn; es könnten bislang unbekannte Arten natürlicher Verursachung gewesen sein, die dieses Ereignis hervorgebracht haben. Nach der anderen Strategie können sie zugestehen, daß das berichtete Ereignis tatsächlich die Naturgesetze verletzt hätte, müssen dann aber behaupten, daß aus eben diesem Grund eine sehr starke Vermutung dagegen spricht, daß es auch tatsächlich geschehen ist, und daß es höchst unwahrscheinlich ist, daß irgendein Zeugnis dies aufzuwiegen vermöchte. Gewöhnlich ist eine dieser Verteidigungsstrategien erfolgversprechender als die andere. Für viele angebliche Wunderheilungen wäre die erste Erklärung genauso wahrscheinlich wie die zweite. Doch für so wunderbare Großtaten wie Totenerweckungen wäre die zweite aussichtsreicher. Als solche aber stellt die Zweieralternative dieser beiden Erklärungsmöglichkeiten schon ein sehr gewichtiges Gegenargument gegen jede Behauptung dar, daß tatsächlich ein Wunder vorliegt.

Doch sollten wir noch zwei verschiedene Kontexte unterscheiden, in denen ein vorgebliches Wunder erörtert werden könnte. In dem einen möglichen Kontext wären sich die beiden streitenden Parteien bereits in einigen allgemeinen theistischen Lehren einig, und strittig wäre nur die Frage, ob ein Wunder geschehen ist, das die Autorität einer bestimmten religiösen Richtung oder eines religiösen Lehrers beglaubigt. In diesem Kontext werden übernatürliche Eingriffe – trotz ihrer *prima facie* Unwahrscheinlichkeit in jeder Einzelsituation – immerhin für möglich gehalten: Sie liegen für diese Parteien nicht völlig außerhalb des Bereichs vernünftiger Erwartungen. Da sie in dem Glauben an eine allmächtige Gottheit oder jedenfalls an ein oder mehrere übernatürliche Wesen übereinstimmen, kann für sie die Annahme nicht absurd sein, daß ein solches Wesen gelegentlich in den natürlichen Ablauf der Dinge eingreift und daß es sich bei dem vorliegenden Ereignis um eine solche Situation handeln *könnte*. Wenn beispielweise jemand schon Theist und Christ ist, wäre es für ihn nicht unvernünftig, ernsthaft zu prüfen, ob angebliche Wunder eher ein Zeichen der Gunst des Allmächtigen für die Jansenisten oder aber für die Jesuiten sind. Völlig anders aber verhält es sich in einem Kontext, in dem über die Wahrheit des Theismus selbst gestritten wird. Hier denkt eine der streitenden Parteien von vornherein wenigstens agnostizistisch und räumt nicht von vornherein ein, daß es überhaupt eine übernatürliche Macht gibt. Für denjenigen, der diesen Standpunkt vertritt, ist die innere Unwahrscheinlichkeit eines wirklichen Wunders im oben definierten Sinn sehr groß und ihm wird eine der beiden eben genannten Erklärungsmöglichkeiten zunächst immer als weitaus wahrscheinlicher erscheinen – d. h., entweder daß das Ereignis kein Wunder ist oder daß es gar nicht geschehen ist, daß das Zeugnis also auf irgendeine Weise falsch ist.

Es könnte daher sehr wohl unmöglich sein, daß überlieferte Wunderberichte ein gutes Argument zugunsten des Theismus für jene darstellen, die von vornherein dem Atheismus oder auch dem Agnostizismus zuneigen. Solche Berichte hätten dann keine große Bedeutung für das, was wir nach Thomas von Aquin eine *Summa contra gentiles* nennen oder nach Descartes als an die Ungläubigen adressiert beschreiben könnten. Solche Berichte sind nicht nur ungeeignet, eigenständig eine rationale Überzeugung von der Existenz eines Gottes zu vermitteln, sondern liefern auch nicht einmal einen unabhängigen Beitrag zu jener Art von Anhäufung von Argumenten, wie sie in der Einleitung erwähnt wurde. In dieser Hinsicht hat Hume recht, trotz der Ungenauigkeiten seiner Argumentation.

Noch ein Letztes sei angemerkt. Manchmal wird gesagt, Ereignisse, die nicht einmal *prima facie* Verletzungen von Naturgesetzen darstellen, sondern höchstens ungewöhnlich und unerwartet, doch sehr willkommen sind, seien Wunder nicht nur im übertragenen, sondern im eigentlichen Sinn, d. h., sie seien wirkliche übernatürliche Eingriffe in die natürliche Ordnung. So bezeichnet man manchmal das Zusammentreffen günstiger Wetterbedingungen, das 1940 der britischen Armee bei Dünkirchen die Flucht sehr erleichterte, weil es Schiffen aller Größenordnungen die Überquerung des Kanals leichter, die Einsätze der deutschen Luftwaffe jedoch weniger erfolgreich als gewöhnlich machte, als ein Wunder. Aber selbst wenn man den Theismus akzeptierte und vernünftigerweise annehmen könnte, daß eine wohlwollende Gottheit 1940 eher den Briten als den Deutschen günstig gesonnen war, so wäre diese Erklärung immer noch weit weniger wahrscheinlich als die Erklärung des bloßen Zusammenfallens günstiger meteorologischer Bedingungen: Solche Wetterbedingungen sind beim normalen Ablauf der Dinge durchaus möglich. Selbst im Kontext eines Streits zwischen Theisten ist die Deutung dieses Ereignisses als ein Wunder weitaus schwächer als die rivalisierende natürliche Erklärung. *A fortiori* ist der Verweis auf Beispiele dieser Art völlig wertlos im Kontext eines Streits um den Theismus selbst.

Eine Möglichkeit jedoch scheint Humes Argument außer Acht zu lassen – obwohl er sie, wie sich zeigen wird, nicht völlig übersieht. Sein Argument richtet sich gegen die Annehmbarkeit von Wundern aufgrund des Zeugnisses anderer. Was aber ist, möchte man einwenden, wenn man sich nicht auf das Zeugnis anderer verlassen muß, sondern selbst ein Wunder beobachtet hat? Es mag überraschen, doch macht diese Möglichkeit keinen großen Unterschied. Die erste der oben genannten Verteidigungsstrategien ist immer noch möglich: Es mag sein, daß das von einem selbst beobachtete Ereignis tatsächlich geschehen ist, jedoch in Übereinstimmung mit den Naturgesetzen; entweder sind die Umstände oder die hier wirksamen Naturgesetze nicht von der Art gewesen, wie man angenommen hat. Auch ist wenigstens ein Teil der zweiten Strategie noch möglich: Obwohl man sich nun nicht auf das Zeugnis anderer verlassen muß, ist es doch nicht unangemessen, vom Zeugnis der eigenen Sinne zu sprechen; die eigenen Beobachtungen sind aber derselben Art von Fragen ausgesetzt wie das Zeugnis anderer. Ich könnte bei meiner Beobachtung irregeführt worden sein, wie jeder weiß, der sich schon einmal von einem ›Zauberer‹ oder Geisterbeschwörer hat täuschen lassen. Obwohl weniger wahrscheinlich, ist es auch möglich, daß mich nach einiger Zeit meine Erinnerung trügt oder ich mich selbst täusche. Schließlich würde auch die Bestätigung durch einen oder mehrere unabhängige Zeugen wieder das Zeugnis anderer ins Spiel bringen, das dieser Einwand gerade ausklammern wollte. Dennoch hat zweifellos jeder, der so glücklich war und genau ein vorgebliches Wunder selbst beobachten und in der Erinnerung behalten konnte, einen sehr guten Grund, dieses Erlebnis sehr ernst zu nehmen; aber es bleibt dann auch für ihn immer noch wichtig, die Möglichkeit einer alternativen natürlichen Erklärung sorgsam zu erwägen.

Wie gesagt, Hume hat diese Möglichkeit nicht völlig übersehen. Die christliche Religion, so meint er, könne bis auf den heutigen Tag von keinem vernünftigen Menschen ohne die Annahme eines Wunders geglaubt werden. »Vernunft allein reicht nicht aus, uns von ihrer Wahrheit zu überzeugen; und wen der *Glaube* bewegt, ihr zuzustimmen, ist sich eines fortwährenden Wunders in seiner eigenen Person bewußt, das alle seine Verstandesprinzipien umkehrt [...]« (S. 167). Dies ist natürlich ironisch gemeint. Obwohl es sich bei dem, dessen sich der Glaubende in seiner eigenen Person bewußt ist, um eine Art des Denkens handeln mag, die »dem Gewohnten und der Erfahrung am meisten widerstreitet«, ist dies doch beileibe keine Verletzung des Naturgesetzes. Es läßt sich nur allzu leicht unmittelbar durch den zwangsläufigen Austausch in Glaubensdingen zwischen den Gläubigen, durch die vertrauten psychischen Prozesse der Wunscherfüllung und schließlich durch das, was Hume selbst später die »natürliche Geschichte der Religion« genannt hat, erklären.

Kapitel 2

Descartes und die Idee Gottes

(a) *Das Argument der dritten Meditation – Darstellung*

Trotz Humes ironischer Bemerkung, der religiöse Glaube beweise sich selbst, der Glaube selbst sei ein Wunder, das zu seiner Erklärung die Wahrheit des Geglaubten fordere, sind ähnliche Auffassungen von anderen Philosophen ernsthaft vertreten worden. Verschiedene Fassungen des ontologischen Arguments (die Gegenstand von Kapitel 3 sein werden) illustrieren eine Variante dieser Überlegungen; hier aber soll ein einfacheres und direkteres Argument zur Sprache kommen: Jeder, der die Idee Gottes oder die Vorstellung oder den Begriff von ihm besitzt, hat damit etwas, dessen Quelle nur Gott selbst sein kann; für jeden, der die Idee Gottes besitzt, ist daher kein weiterer Beweis für die Realität ihres Gegenstands erforderlich. In seiner dritten Meditation legt Descartes ein Argument dieser Art vor.[1] Außerdem findet sich bei ihm in seiner fünften Meditation noch ein ganz anderes Argument, das seiner Form nach einen ontologischen Beweis darstellt.

Gottes Existenz ist für Descartes keine Annahme, auf die er auch verzichten könnte: Sie spielt eine zentrale Rolle in seinem System des Wissens. Unzufrieden mit dem Status dessen, was zu seiner Zeit als Wissen angesehen wurde, suchte er jene Lehren, die sich zwar als Wissen ausgaben, doch auf diesen Titel keinen begründeten Anspruch erheben konnten, auszuschalten und wirkliches Wissen auf ein sicheres Fundament zu stellen. Zu diesem Zweck verfolgte er seine Methode des Zweifels und stellte zunächst alles in

1 Vgl. Descartes, *Meditationen über die Erste Philosophie*, S. 55 ff.

Frage und verwarf alles, was sich überhaupt bezweifeln läßt; er hoffte, schließlich auf eine Aussage zu stoßen, die gegen jeden skeptischen Einwand gefeit wäre. Diese fand er in seiner These des »*Cogito ergo sum*«: »Ich denke, also bin ich.« Auf dieser Grundlage baute er in verschiedener Weise weiter. Erstens zog er aus der Tatsache, daß er allein im Denken sich seiner eigenen Existenz vergewissert hatte und daß er zwar ohne Widerspruch die Existenz seines Körpers, nicht aber die seines Bewußtseins bezweifeln konnte, den Schluß, daß das, dessen Existenz er sich vergewissert hatte, im wesentlichen ein denkendes Ding sei und daß das Bewußtsein, das wesentlich im Denken besteht, radikal vom Körper oder von der Materie unterschieden sei. Zweitens meinte er, das, was das Prinzip des *cogito* selbst unbezweifelbar mache, sei die Tatsache, daß er ganz klar und deutlich seine Wahrheit erkenne; daraus schloß er, daß in allen Fällen eine klare und deutliche Vorstellung ein Kriterium für Wahrheit sei. Drittens argumentierte er (nun freilich nicht *aus* dem *cogito*), daß ein Gott existiert, der ein unendlich vollkommenes Wesen sei und daher nicht betrügen könne. Daraus schloß er, daß er sich schließlich doch auf seine Sinneswahrnehmungen verlassen könne, wenn er die Existenz materieller Dinge als begründet annahm; er mußte nur sorgsam zwischen jenen Elementen seiner Wahrnehmung unterscheiden, die er klar und deutlich als die Ursachen einiger seiner Ideen und zugleich als jenen materiellen Dingen zugehörig erfaßte, und jenen anderen Elementen seiner Wahrnehmung, die verwirrt und dunkel waren oder die sich erklären ließen nun nicht als ihm von Gott aufgezwungene Täuschungen, sondern als Fehler, die sich unvermeidlich aus dem physiologischen Mechanismus seiner Wahrnehmung ergaben. So stellt also der Beweis für die Existenz Gottes für Descartes einen wesentlichen Schritt auf dem Weg zu einer sicheren Rekonstruktion des menschlichen Wissens dar.

Man hat eingewandt, diese Argumentation weise eine entscheidende Schwäche auf: In seinen Beweisen für die Existenz eines Gottes scheint sich Descartes auf einige Dinge zu stützen, von denen er behauptet, er erfasse sie klar und deutlich; doch an anderer Stelle scheint er aus der Prämisse, daß es einen Gott gibt, der vollkommen ist und nicht täuschen kann, zugunsten der Verläßlichkeit seiner klaren und deutlichen Vorstellungen zu argumentieren. Diese beiden Argumente seien, zusammengenommen, genauso zirkulär wie der von Descartes kritisierte auf die Schrift gegründete Beweis der Theologen für die Existenz Gottes.[2]

Gegen diesen Vorwurf kann sich Descartes jedoch in mancher Hinsicht wehren. Seine Ausgangsposition in der dritten Meditation lautet: Da das *cogito*-Argument schlüssig ist, leuchtet ein, daß es seine Schlüssigkeit dem klaren und deutlichen Erfassen verdankt, das es mitbeinhaltet. Daraus leitet er die allgemeine Regel ab, alles sehr klar und deutlich Erfaßte sei wahr. Dann testet er diese Annahme: Sie wird nicht von der Möglichkeit von Sinnestäuschungen widerlegt, denn bei Sinneswahrnehmungen werde nur klar und deutlich erfaßt, daß man bestimmte Ideen habe; auch die Verläßlichkeit (sorgfältig geprüfter) mathematischer Urteile widerlegt sie nicht, sondern bestätigt sie sogar. Sie werde aber bedroht durch die Möglichkeit einer täuschenden Gottheit, die einen auch in Dingen irren lassen könnte, von denen man meine; sie in voller Klarheit zu erfassen. Daher muß Descartes zu allererst die mögliche Existenz eines Gottes prüfen als Bedrohung einer für ihn ansonsten verläßlichen Methode, Wissen zu erlangen. Da dem klaren und deutlichen Erfassen eine aus dem *cogito* abgeleitete, unabhängige Autorität zukommt, bedeutet es keinen Zirkel, wenn man sich bei der Prüfung der Frage, ob eine Gottheit existiere, und, wenn ja, von welcher Art sie sei, darauf stützt. Da nach Ansicht Descartes' diese Prüfung zu dem Ergebnis kommt, daß es eine solche nicht-täuschende Gottheit gibt, verflüchtigt sich diese Bedrohung; das klare und deutliche Erfassen ist we-

2 Vgl. das Zitat in der Einleitung (S. 16) aus Descartes' Widmungsschreiben.

nigstens durch den Nachweis bestätigt, daß es sich nicht selbst widerlegt. Dennoch ist seine unabhängige Autorität unvollständig, da es durch die Möglichkeit einer täuschenden Gottheit bedroht ist; diese Bedrohung aber wird nur durch ein Argument ausgeschlossen, das sich selbst wieder auf das Prinzip des klaren und deutlichen Erfassens stützt. Descartes' Auffassungen sind also nicht gegen jeden möglichen Skeptizismus abgesichert.

Doch lassen sich Descartes' Überlegungen noch aus anderen Gründen kritisieren. Das *cogito*-Argument wird in Wirklichkeit durch den Selbstwiderspruch der Annahme schlüssig, daß ich nicht denke, wenn ich denke; damit wird jeder Zweifel an meiner gegenwärtigen Existenz als einem denkenden Ding in sich widersprüchlich. Das aber ist etwas ganz anderes als jedes klare und deutliche Erfassen oder Begreifen etwa im Bereich der Mathematik oder, wie wir sehen werden, bei den Prinzipien, auf die sich Descartes bei seinem ersten Beweis für die Existenz Gottes beruft. Aus der Schlüssigkeit des *cogito*-Arguments läßt sich also nicht die Autorität des klaren und deutlichen Erfassens in dem Sinn, wie Descartes es fordert und anwendet, ableiten. Auch zeigt die Tatsache, daß ich zunächst mit Gewißheit nur meine eigene Existenz als eines denkenden und nicht auch als eines materiellen Dings beweisen kann, durchaus nicht, daß mein Geist oder Bewußtsein ein von meinem Körper verschiedenes Ding oder eine von ihm verschiedene Substanz ist: Was nur als denkend gewußt ist, muß deswegen nicht als nur denkend existieren. Die Argumente, mit denen Descartes von seinem *cogito* weiterschließt, entgehen daher nicht dem radikalen Zweifel, den er zum Ausgangspunkt seines *cogito*-Arguments gemacht hat. Sein Programm, das menschliche Wissen auf absolut unerschütterlicher Grundlage neu aufzubauen, ist folglich gescheitert. Doch nachdem dies geklärt ist, können wir immer noch fragen, ob vielleicht eines seiner Argumente etwas zu einem Projekt beitragen kann mit bescheidenerem, weniger anspruchsvollem Gewißheitsgrad.

Ich möchte nun das Argument der dritten Meditation für die Existenz eines Gottes skizzieren und seine Thesen wie Descartes in der ersten Person formulieren. Unter meinen Ideen befinden sich solche von materiellen Dingen und ihren Qualitäten, von Tieren, von anderen Menschen, von Engeln und auch die Idee von Gott. Dies ist eine empirische Prämisse; doch zusammen mit ihr verwendet Descartes eine weitere, von der er sagt, sie sei »durch das natürliche Licht offenkundig«, daß nämlich »in der vollständigen wirkenden Ursache mindestens ebensoviel Realität enthalten sein muß wie in dem von dieser Ursache Bewirkten. Denn woher [. . .] könnte die Wirkung sonst ihre Realität empfangen als von der Ursache? Und wie könnte die Ursache sie ihr geben, wenn sie sie nicht selbst hätte?« Dieses Prinzip gelte nicht nur für äußere reale Dinge: Es lasse sich in eigentümlicher Weise auch auf Ideen anwenden. Descartes verwendet hier die scholastische Terminologie und unterscheidet die »formale Realität« der Dinge außerhalb unseres Bewußtseins von der »objektiven Realität« einer Idee oder Vorstellung – d. h. seine Realität als eines Bewußtseinsgegenstands, als etwas »vor dem Geist« (S. 61). (Unglücklicher- und verwirrenderweise bedeutet ›objektive‹ Existenz hier das, was spätere Philosophen ›subjektive‹ Existenz genannt haben; ›objektiv‹ ist bei ihnen ›bewußtseinsunabhängig‹, was dem von Descartes mit ›formal‹ Bezeichneten nahekommt.) Woher empfängt nun eine Vorstellung ihre (in diesem Sinn) objektive Realität? Die objektive Realität einer Vorstellung mag aus der anderer stammen, indem neue Vorstellungen aus alten gebildet werden. Doch müsse ein solches Zurückgehen einmal an ein Ende gelangen: Es müsse Ideen geben, die ihre objektive Realität nicht von anderen empfangen. Eine solche Vorstellung, folgert Descartes, müsse ihre objektive Realität von der formalen Realität irgendeines Dinges außerhalb unseres Bewußtseins erhalten, und dieses Ding müsse wenigstens so viel formale Realität besitzen, wie die Idee, die sie entstehen lasse, an objektiver Realität besitze. Übersetzt aus der scholastischen Terminologie heißt das: Es muß real ein solches Ding existieren, von dem die Idee eine Vorstellung gibt und das seine geistige Repräsentation möglich macht.

Wenn ich nun dieses Prinzip auf den gesamten Bereich meiner Ideen anwende – auf mich selbst, auf andere Menschen, auf Tiere, auf leblose Dinge, auf Engel und auf Gott –, kann ich mir leicht die möglichen Quellen für alle diese Dinge vorstellen – mit Ausnahme des zuletzt genannten. Die Vorstellung materieller, lebloser Dinge verbindet Vorstellungen der Substanz – d. h. einer unabhängigen, in sich existierenden Realität, der Zahl und der Dauer sowie solcher primärer Qualitäten wie Größe und Gestalt mit Ideen von sekundären Qualitäten wie Farben, Tönen, Wärme und Kälte. Die Ideen von sekundären Qualitäten sind nach Descartes so dunkel und verworren und enthalten so wenig an Realität, daß sie vielleicht aus keiner anderen Quelle als mir selbst stammen. Die Ideen der Substanz, der Zahl und der Dauer könnten der Idee des eigenen Ich entnommen – ich bin eine (denkende) Substanz, ich bin jetzt und erinnere mich, daß ich früher war, ich kann einige meiner Ideen zählen – und auf anscheinend nicht-denkende Dinge übertragen worden sein. Qualitäten wie Gestalt und Größe sind zwar nicht »formal« in mir verwirklicht – als ein Ding, dessen Wesen das Denken ist, als Bewußtsein habe ich weder Gestalt noch Größe noch etwas dergleichen –, sie könnten in mir aber in einer »höheren Wirklichkeitsstufe« enthalten sein. (Damit scheint Descartes eine Ausnahme von dem eben aufgestellten Prinzip einzuräumen, daß die objektive Realität einer Idee letztlich von der formalen Realität des von ihr Vorgestellten stammen muß; wenn er sagt, Gestalt sei in mir nicht formal, sondern in einer höheren Wirklichkeitsstufe enthalten, so sagt er damit, ich hätte irgendeine höhere Art von Realität, die aus sich heraus die Idee der Gestalt hervorbringen könne. Doch ist daran zu erinnern, daß Descartes hier nicht *behauptet*, dies sei der

Ursprung unserer Ideen von primären Sinnesqualitäten; ganz im Gegenteil sucht er später gerade nachzuweisen, daß es tatsächlich materielle Substanzen gibt, die diese primären Qualitäten formal enthalten. Vielmehr *räumt* er hier nur *ein*, unsere Ideen von primären Qualitäten könnten möglicherweise aus unserem Bewußtsein stammen. Diese Ideen will er dann der Idee Gottes entgegensetzen, von der er meint, sie enthalte objektiv einen solchen Grad an Realität, daß wir ihn weder formal noch in einer höheren Wirklichkeitsstufe besitzen könnten.)

»Als Gott«, fährt Descartes fort, »bezeichne ich eine unendliche, unabhängige, allweise, allmächtige Substanz, von der Ich selbst und alles, was etwa noch außer mir existiert, geschaffen worden sind. Diese ganzen Vorzüge sind derartig, daß ich um so weniger mir denken kann, sie seien aus mir selbst hervorgegangen, je sorgfältiger ich sie ins Auge fasse. So ergibt sich denn [. . .], daß Gott notwendig existiere« (S. 66). Denn die Idee, die ich von ihm habe, nämlich die Idee einer unendlichen Substanz, könnte nicht aus meinem eigenen Bewußtsein stammen; weder formal noch in höherer Wirklichkeitsstufe ist in mir die Unendlichkeit enthalten, die in meine Idee von Gott eingeht.

Gegen dieses Argument läßt sich manches einwenden. Descartes sucht einige dieser Einwände zu entkräften. Vielleicht ist meine Idee von einem unendlichen Wesen nur negativ, nur durch Negation des Endlichen oder des Unvollkommenen, das ich an mir selbst finde, gewonnen. Er aber wendet dagegen ein, ich könnte überhaupt nicht meine eigene Unvollkommenheit erkennen, wenn ich sie nicht mit einer schon zuvor in mir existierenden Idee der Vollkommenheit vergliche. Unendlichkeit sei auch kein bloß negativer Begriff: Die Idee eines unendlichen Wesens enthält mehr Realität als irgendeine andere. Auch könnte man meinen, die Vorstellung von Gott stamme aus keiner anderen Quelle als aus mir selbst, wie Descartes es ja für die sekundären Qualitäten wie Wärme und Kälte angenommen hat. Dies aber sei deswegen ausgeschlossen, weil die Idee Gottes nicht wie die solcher sekundären Qualitäten dunkel und verworren, sondern äußerst klar und bestimmt sei und mehr objektive Realität enthalte als irgendeine andere. Damit will Descartes nun nicht behaupten, er hätte eine angemessene Vorstellung von Gott als einem unendlich vollkommenen Wesen; ein endlicher Geist kann das Unendliche nicht verstehen. »Es genügt mir, einzusehen und zu erkennen, daß alles, was ich klar auffasse und worin ich eine gewisse Vollkommenheit enthalten weiß, ebenso wie vielleicht noch unzähliges andere, von dem ich nichts weiß, in Gott gleichwirklich oder in höherem Seinsrang enthalten ist. Die Vorstellung, die ich von Gott habe, ist dann die wahrste, klarste und deutlichste aller meiner Vorstellungen« (S. 67). Schließlich ließe sich noch einwenden, mein eigenes Bewußtsein sei potentiell unendlich, da ich mir ja meines allmählichen Wissenszuwachses bewußt bin, und sei auf diese Weise die Quelle der Idee eines unendlichen Wesens. Diese allmählichen Fortschritte kämen jedoch niemals an das aktual Unendliche heran, das zu meiner Vorstellung von Gott gehöre; das bloß potentiell Unendliche könnte aus sich selbst nicht einmal die Idee des aktual Unendlichen hervorbringen, vielmehr müsse die objektive Realität dieser Idee von etwas stammen, dem ein ähnlicher Grad an Realität formal oder auf höherer Wirklichkeitsstufe zukomme.

Vieles mag einem hier dunkel und wenig überzeugend erscheinen: nicht nur die scholastische Terminologie von Sachverhalten, die ›objektiv‹, ›formal‹ oder ›in höherer Wirklichkeitsstufe‹ existieren, sondern auch der Begriff von Realitätsgraden oder -quantitäten und der eines Realitätsgrads eines Dinges, der von dem eines anderen herrührt. Noch einmal: Descartes' Prinzip ist, so wie er es darlegt, nicht von jener intuitiven Plausibilität, die ihm aufgrund seiner Berufung auf das »natürliche Licht« wenigstens zukommen müßte. Doch könnte sein Argument klarer und überzeugender klingen, wenn wir seine entscheidenden Schritte in vertrauterer Sprache formulieren.

Das allgemeine Prinzip, auf das sich Descartes hier stützt, lautet: Nichts existiert aus nichts, *ex nihilo nihil fit*. Alles, was existiert, muß eine Ursache haben, und zwar eine hinreichende. Obwohl wir gewöhnlich anerkennen, daß große Wirkungen aus kleinen Ursachen hervorgehen können, sind diese doch nur Teilursachen, nicht die vollständige Ursache der großen Wirkungen. Große Bäume können aus kleinen Samen heranwachsen, doch nur dadurch, daß sie eine Menge Nahrung während ihres Wachstums aufnehmen. Unscheinbare Ereignisse können großen Revolutionen vorausgehen, doch nur dann, wenn starke unterdrückte Kräfte darauf warten, ausgelöst oder entbunden zu werden. Wir gehen gewöhnlich davon aus, daß es Erhaltungsprinzipien gibt – Erhaltung von Masse und Energie oder von beiden, Erhaltung des Impulses –, die mögliche Prozesse, Verursachung, Produktion oder Wachstum beschränken. Descartes' Annahme, in der Gesamtursache müsse wenigstens ebensoviel Realität enthalten sein wie in ihren Wirkungen, läßt sich als einen Versuch verstehen, in allgemeiner Formel das zusammenzufassen, wofür diese Erhaltungsprinzipien spezifische Anwendungsfälle darstellen.

Natürlich weiß man dies nicht *a priori* und kann es auch nicht *a priori* wissen. Außer aufgrund von Erfahrung und aufgrund wissenschaftlicher Theorien, die auf der Basis solcher Erfahrung entwickelt und durch sie bestätigt wurden, gibt es keine Vernunftgarantie dafür, daß dies stimmt. Dennoch gehen wir beständig in fast apriorischer Weise von dieser Erwartung aus, die, zweifellos aufgrund ihres generellen Erfolgs, systematisch unser Denken beherrscht. Wie selbstverständlich lassen wir von ihr sowohl unsere Deutung des Beobachteten als auch unsere Voraussage dessen, was geschehen oder nicht geschehen wird, bestimmen. Diese Erwartung kann aber nicht das leisten, was sie nach Descartes leisten soll, nämlich in absolut sicherer Weise eine

Rekonstruktion menschlichen Wissens zu ermöglichen, da sie selbst nur durch eine Vielzahl interpretierter Beobachtungen abgesichert ist und ihr genauer Anwendungsbereich und ihre Implikationen ungewiß sind. Doch wenn wir nur nach einem Argument Ausschau halten, das auf dem aufbauen kann, was wir gewöhnlich und vernünftigerweise für Wissen oder wohlbegründete Annahme halten, so ist nicht zu sehen, weshalb wir nicht ein gewisses Maß an Vertrauen in dieses generelle Prinzip setzen sollten.

Descartes meint zu Recht, dieses generelle Prinzip sei in zwei unterschiedlichen Hinsichten auf eine Idee oder geistige Vorstellung anzuwenden. Hinsichtlich dieser Vorstellung als eines *Ereignisses* läßt sich fragen, was sie hervorgebracht hat oder wie es zu ihr kam; es läßt sich aber auch fragen, woher sich ihr *Inhalt* herleitet. Eine zufriedenstellende Erklärung muß beiden Aspekten genügen. Um nun den Inhalt einer Idee zu erklären, verwendet Descartes den Begriff der ›objektiven‹ Realität der Idee, die aus der ›formalen‹ Realität dessen, von dem sie die Idee ist, stammen soll. Damit generalisiert er nur eine Annahme, die in all unseren gewöhnlichen Wahrnehmungen enthalten ist: Normalerweise gehen wir fast selbstverständlich davon aus, daß es in der Außenwelt Dinge gibt, die wenigstens annähernd so beschaffen sind, wie unsere Wahrnehmungen sie darstellen, und daß unsere Wahrnehmungen in ihrer besonderen Art auf sie ursächlich zurückgehen. Natürlich räumen wir wie Descartes auch ein, daß eine Vorstellung sich aus anderen Vorstellungen ableiten kann: In unserem Denken können wir das Material unserer Wahrnehmungen neu zusammensetzen. Auch meint Descartes zu Recht, daß dieses Zurückgehen auf andere Vorstellungen einmal ein Ende haben muß, und zwar bei ›objektiven‹ Inhalten, für die wir berechtigterweise eine ›formale‹ Quelle suchen. Und wie Descartes räumen wir ein, daß es nicht gewiß oder noch nicht einmal vernünftig ist anzunehmen, alle Teile unserer geistigen Inhalte gingen in dieser Weise auf entsprechende äußere

Wirklichkeiten zurück: Unsere Vorstellungen sekundärer Qualitäten, etwa der Farben, so wie wir sie sehen, mögen durchaus aus uns selbst hervorgehen, vielleicht angeregt durch ganz andersgeartete äußere Qualitäten, welche noch nicht einmal annähernd in unseren Vorstellungen repräsentiert werden. Die Quelle dieser Inhaltselemente muß in irgendeiner Fähigkeit unseres Bewußtseins selbst liegen, d. h., diese Qualitäten sind in uns ›in höherer Wirklichkeitsstufe‹, nirgendwo ›formal‹ verwirklicht. Descartes will mit seinem Beweisgang ausdrücklich verhindern, daß er die Voraussetzungen, die er für seinen Gottesbeweis heranzieht, auf unser Verständnis der Wahrnehmung materieller Dinge stützen muß. Doch brauchen wir uns auf unserer Suche nach einer einleuchtenden Rekonstruktion seines Beweises eine solche Beschränkung nicht aufzuerlegen.

Meines Erachtens liegt den Formulierungen Descartes' im wesentlichen folgender Gedankengang zugrunde: Ich besitze von Gott den ungewöhnlichen Begriff von einem unendlich mächtigen, unendlich vollkommenen Wesen, das das gesamte Universum erschaffen hat und im Dasein erhält. Der Inhalt dieses Begriffs kann nicht aus anderen geistigen Inhalten gewonnen sein, noch kann er auf normalem Weg aus der Wahrnehmung materieller Dinge stammen oder aus meinem Selbstbewußtsein und meinen geistigen Operationen. Auch ist er völlig verschieden von den Vorstellungen der verschiedenen sekundären Qualitäten, für die plausibel angenommen werden kann, daß mein eigenes Bewußtsein in Verbindung mit meinen Sinnen sie in irgendeiner Weise selbst bildet. Aus welcher Quelle kann dann der Inhalt dieses Begriffs stammen? Bei ihr muß es sich um eine Wesenheit außerhalb meines Bewußtseins handeln, die tatsächlich jene Eigenschaften besitzt, welche in diesen Inhalten repräsentiert werden, d. h., es muß sich um ein tatsächlich existierendes unendlich vollkommenes Wesen handeln. Auf die Frage, *wie* sich dieser Inhalt von seinem Gegenstand herleitet, antwortet Descartes nicht, dies geschehe durch

einen der Sinneswahrnehmung ähnlichen Prozeß. Vielmehr müsse die Idee Gottes mir angeboren, von Gott meinem Geist eingepflanzt sein, so daß ich sein Abbild mit derselben Fähigkeit erfasse, mit der ich auch mich selbst begreife, d. h. durch vernünftiges Denken. Die Idee Gottes ist in mir als etwas, dem ich mich notwendigerweise gegenüberstelle. Ich bin mir einschlußweise der Existenz Gottes als eines vollkommenen Wesens bewußt, indem ich mir meiner selbst als eines unvollkommenen Wesens bewußt bin.
An anderer Stelle erklärt Descartes, in welchem Sinn wir angeborene Ideen hätten: Sie würden durch unser angeborenes Denkvermögen konstituiert; doch bedürfe es einer genaueren Beobachtung als der näheren Ursache oder des Anreizes, um sie ausdrücklich zu machen.[3] So braucht er nicht die absurde Behauptung aufzustellen, wir würden als Wesen geboren, die bereits ausdrücklich über ein unendlich vollkommenes Wesen nachdächten, oder ein solcher Gedanke würde sich mit unserer Entwicklung von selbst einstellen. Vielmehr meint er, Gott habe uns mit einem Denkvermögen ausgestattet, das uns befähige, Unvollkommenheiten als Unvollkommenheiten zu erkennen, und er glaubt, dieses Vermögen lasse sich nur unter der Annahme verstehen, eine reale Wesenheit, die alle Vollkommenheit in sich einschließe, habe es in uns hervorgebracht.

(b) *Das Argument der dritten Meditation – Diskussion*

Dieses Argument ist demnach keineswegs absurd, und seine Annahmen stehen in Zusammenhang mit ganz geläufigen und weithin verwendeten Interpretations- und Erklärungsprinzipien. Dennoch läßt es sich kritisieren. Des gewichtig-

3 »Bemerkungen René Descartes' über ein gewisses in den Niederlanden gegen Ende 1647 gedrucktes Programm«, in: R. Descartes: *Prinzipien der Philosophie* [*Principia philosophiae*, 1644], übers. und erl. von A. Buchenau, Hamburg [6]1955, hier zu Regius' 12. Artikel, S. 292 f.

sten Einwands ist sich Descartes, wie wir gesehen haben, bewußt, und er sucht ihn zu entkräften: Meine Idee der Vollkommenheit oder Unendlichkeit ist nicht angemessen. Ich kann das Unendliche nicht verstehen. In meinem Geist findet sich keine eigenständige Vorstellung von Vollkommenheit. Mein Verständnis dieses Begriffs ergibt sich aus meiner Fähigkeit, andere Dinge, einschließlich meiner selbst, als endlich und unvollkommen zu erkennen. Für diese nur relative Idee der Vollkommenheit gibt es aber eine natürliche Quelle. Descartes selbst weist in seiner Erörterung darauf hin, daß ich mir meines eigenen Wissens als in stetigem Wandel befindlich bewußt bin und auch weiß, daß ich manches, von dem ich meinte, ich wüßte es, nachher korrigieren und revidieren mußte. Eine solche Reihe vergangener Korrekturen und Erweiterungen kann ich nun leicht in die Zukunft projizieren: Ich sehe also meinen gegenwärtigen und jeden zukünftigen Wissensstand als immer noch fehlerhaft, teilweise irrig und gewiß unvollständig an. Auf diesem Weg gewinne ich ein *positives* Verständnis meiner eigenen Unvollkommenheit, aus dem ich mir dann den rein negativen Begriff eines Zustands vollkommenen Wissens bilden kann, eines Zustands ohne *alle* solche Mängel, an dem weitere Korrekturen oder Erweiterungen weder möglich noch nötig sind. Dieser negative Begriff ist tatsächlich die einzige mir zugängliche Vorstellung von Allwissenheit. Ähnliches ließe sich auch zu allen anderen Vorstellungen göttlicher Vollkommenheiten sagen. Descartes hat also unrecht, wenn er behauptet, »daß mithin in gewissem Sinne die Vorstellung des Unendlichen der des Endlichen [...] vorausgeht« (S. 66). Es ist noch nicht einmal notwendig, ein *besonderes* von Gott eingepflanztes Vermögen zur Erkenntnis des Unvollkommenen als solches zu fordern; diese Erkenntnis ergibt sich, wie wir gesehen haben, wenn man sein ganz gewöhnliches Denkvermögen gebraucht.

Auch fragt Descartes: »Wie könnte ich denn wissen, daß ich zweifle, daß ich begehre, d. h., daß mir etwas fehlt und daß ich unvollkommen bin, wenn in mir nicht die Vorstellung eines vollkommeneren Seienden wäre?« (S. 66 f.). Doch diese Frage läßt sich leicht beantworten. Der Begriff des Wunsches entsteht zugestandenermaßen zusammen mit dem der Befriedigung oder Erfüllung, allerdings gewöhnlicher Befriedigungen oder Erfüllungen, nicht irgendwelcher unendlicher oder vollkommener Varianten. Ebenso entwickelt sich der Begriff des Zweifels zusammen mit dem des Wissens, doch wiederum des gewöhnlichen unvollständigen Wissens, nicht der Allwissenheit. Die geforderten Gegensätze, um sich solcher Unvollkommenheiten bewußt zu werden, brauchen nicht durch irgendeinen vorhergehenden Begriff von Vollkommenheit bereitgestellt zu werden.

Dieser Einwand entspricht einem anderen, der für eines von Platons Argumenten tödlich ist. Platon geht davon aus, daß wir Vorstellungen von bestimmten mathematischen Wesenheiten haben – von einer vollkommenen Geraden, einem vollkommenen Kreis, völliger Gleichheit usw. Diese Vorstellungen könnten nicht aus der Sinneswahrnehmung stammen, da keine von den Sinnen wahrgenommene Strecke vollkommen gerade sei usw. Daher müßten sie aus der direkten nicht-sinnlichen Vertrautheit des Geistes mit den entsprechenden idealen Wesenheiten oder »Formen« stammen. Diese Vertrautheit könne von einer Existenz herrühren, bevor der Geist in den Körper gelangte und seine geistigen Wahrnehmungen durch Vermischung mit Sinneswahrnehmungen verdorben wurden.[4] Dagegen läßt sich einwenden, daß wir die Vorstellung von einer gekrümmten oder gebogenen Strecke und von mehr oder weniger scharfen Krümmungen oder Biegungen leicht über unsere Sinneswahrnehmungen gewinnen können. Folglich können wir uns auch denken, daß eine Strecke weniger gekrümmt oder gebogen ist als eine andere, und so ist es auch möglich, sich einen Begriff vom Grenzfall einer Strecke zu machen, deren

4 Vgl. Platon, *Phaidon* 65a–67a, 74a–76a; *Menon* 82a–86b.

Krümmungen oder Biegungen so weit reduziert sind, daß für keine weitere Reduktion mehr Platz bleibt. Oder wir können unter der Voraussetzung, daß uns die einfache Negation verständlich ist, die negative Beschreibung einer Strecke denken, die an keiner Stelle gekrümmt oder gebogen ist. Wer solche Beschreibungen versteht, hat einen negativen oder Grenzbegriff von einer vollkommen geraden Strecke. In diesem Fall spielt noch ein weiterer Faktor eine Rolle, für den es bei Descartes' Problem der Idee der Unendlichkeit oder Vollkommenheit keine Entsprechung gibt. Ich kann eine Sinneswahrnehmung von einer Strecke haben, die in Wirklichkeit nicht vollkommen gerade ist, die ich aber als vollkommen gerade sehe, da ich an ihr irrtümlicherweise keine Krümmungen oder Biegungen feststelle. In dieser Weise können gerade die Mängel der Sinneswahrnehmung einen positiven (obwohl irrtümlichen) Beitrag zu meiner Vorstellung von Geradheit leisten. Auf jeden Fall läßt sich die Vorstellung von einer vollkommenen Geraden hinsichtlich ihres Inhalts völlig vom Material der Sinneswahrnehmung und dem Verständnis der Negation her erklären. Zur Erklärung dieser oder irgendeiner anderen Vorstellung von mathematischer Vollkommenheit braucht man nicht, wie Platon meinte, eine direkte Vertrautheit mit den Formen anzunehmen.

Das Hauptargument der dritten Meditation ist also fehlschlüssig. Es läßt sich zeigen, daß seine Fehlschlüssigkeit unabhängig ist von irgendwelchen Zweifeln hinsichtlich des scholastischen Rahmens, innerhalb dessen Descartes es entwickelt, oder hinsichtlich der generellen Prinzipien, auf die er sich stützt. Wir können Descartes zugestehen, daß sich sinnvollerweise fragen läßt, was die Quelle des Inhalts der Idee Gottes als eines unendlich vollkommenen Wesens ist, doch können wir diese Frage mit Hilfe rein natürlichen Materials und ganz gewöhnlichen Denkens beantworten. Auch können wir einräumen, daß sich sinnvollerweise noch eine andere Frage stellen läßt, nämlich die nach den Ursachen für die Idee Gottes und des Glaubens an Gott als einem Ereignis, d.h. die Frage nach den Ursachen, die diesen geistigen Zustand bewirken, im Unterschied zu der Frage nach der Quelle seines Inhalts. Doch war dies nicht Descartes' Frage; wir werden sie in Kapitel 10 aufgreifen. Gegen Ende seiner dritten Meditation fügt Descartes noch ein weiteres Argument an; er fragt, »ob ich selbst, der ich jene Vorstellung habe, auch sein könnte, wenn es kein solches Seiendes gäbe« (S. 69). In dieser Erörterung verknüpft er die Frage, die wir bisher diskutiert haben, nämlich nach der Quelle des Inhalts meiner Idee Gottes, mit der Frage nach meinem eigenen Ursprung als einem denkenden Wesen. Descartes' Behandlung dieser Frage ist von seiner von uns bereits kritisierten Auffassung beeinflußt, er als ein denkendes Wesen sei eine geistige Substanz, die unabhängig von seinem Körper existiere. Sie bringt auch Überlegungen über den Ursprung unseres Bewußtseins und über die Notwendigkeit, einen *regressus in infinitum* zu vermeiden, ins Spiel, Überlegungen, die wir in den Kapiteln 7 und 5 aufgreifen werden.

Kapitel 3

Ontologische Argumente

Die ontologischen Gottesbeweise sind dem in Kapitel 2 erörterten Argument in einer Hinsicht ähnlich. Man sucht mit ihnen nachzuweisen, allein schon das Erwägen des rechten Gottesbegriffs mache es unmöglich, Gottes reale Existenz zu bestreiten. Doch wird weiter behauptet, die bloße logische Stimmigkeit fordere dies, kausale oder quasikausale Schlüsse seien überflüssig, um zu dieser Folgerung zu gelangen. Diese Argumente stellen daher sehr hohe Ansprüche an rationale Schlüssigkeit, welche den Streit endgültig so oder anders schlichten soll.

Die ontologischen Beweise standen zu manchen Zeiten in hohem Ansehen, zu anderen wieder nicht. Die früheste und in gewisser Weise subtilste und interessanteste Version stammt von Anselm von Canterbury aus dem 11. Jahrhundert; sie wurde zu seiner Zeit, dann aber auch im 13. Jahrhundert viel erörtert; Thomas von Aquin hat sie schließlich strikt abgelehnt. In den folgenden Jahrhunderten erregte sie kaum noch Aufmerksamkeit, bis Descartes sie wiederentdeckte und ihr in seiner fünften Meditation eine sehr klare und einfache Form gab. Kant kritisierte dann Descartes' Fassung dieses Beweises so eindrucksvoll, daß die meisten nachfolgenden Philosophen den ontologischen Beweis kaum noch beachteten. Erst Charles Hartshorne, Norman Malcolm und Alvin Plantinga haben seine Diskussion durch neue Versionen wiederbelebt. Heute wird er wieder sehr ernsthaft diskutiert. Im folgenden werde ich drei Varianten erörtern, diejenigen von Descartes, von Anselm und von Plantinga, dazu Kants Kritik.[1]

1 Descartes, *Meditationen über die Erste Philosophie* (s. Einl., Fußn. 3); Anselm von Canterbury, »Proslogion«, in: R. Allers (Hrsg.), *Anselm von*

(a) *Descartes' Beweis und Kants Kritik*

Wenn ich in meinem Geist die Vorstellung von einem vollkommensten Seienden finde, schreibt Descartes, dann weiß ich wenigstens mit derselben Klarheit und Deutlichkeit, wie ich jeden mathematischen Beweis begreife, daß ein solches Wesen tatsächlich und ewig existiert. Denn Existenz ist eine Vollkommenheit, so daß ein Wesen, das nicht existieren könnte, weniger als vollkommen wäre. Obwohl wir in allen anderen Dingen die Existenz von der Essenz oder dem Wesen unterscheiden können, d. h. die Frage, von welcher Natur ein tatsächliches oder mögliches Ding ist, von der Frage, ob es auch tatsächlich existiert, so zeigt sich doch klar, »daß die Existenz Gottes ebensowenig von seinem Wesen trennbar ist wie [. . .] von der Vorstellung des Berges die Vorstellung eines Tales. Es ist also ebenso widersprüchlich zu denken, Gott (also dem vollkommensten Seienden) fehle die Existenz (also eine Vollkommenheit), wie es widersprüchlich ist, einen Berg zu denken, zu dem das Tal fehlt« (S. 87).

Selbst jemand, der gerne Theist sein möchte, wird das Gefühl haben, daß dies zu schön ist, um wahr zu sein. So leicht sollte sich die Existenz eines Gottes doch nicht beweisen lassen. Aber ein solches instinktives Mißtrauen ist noch keine Kritik. Descartes selbst verweist auf einen begründeten Einwand: Selbst wenn es mir unmöglich ist, einen Gott anders als existierend zu denken, bedeutete dies doch nur einen Zwang für mein Denken. »Mein Denken« aber »erlegt ja den Dingen keinen Zwang auf.« Darauf antwortet er: »Wenn ich mir einen Berg nicht ohne ein Tal denken kann, so folgt daraus allerdings noch lange nicht, daß irgendwo

Canterbury. Leben, Lehre, Werke, Wien 1936; dieses Werk enthält auch »Es antwortet einer darauf für den Toren« sowie die »Antwort des Verfassers«; A. Plantinga, *The Nature of Necessity*, Oxford 1974, bes. Kap. 10; I. Kant, *Kritik der reinen Vernunft* (1781, ^{2}1787), hrsg. von I. Heidemann, Stuttgart 1966 [u. ö.] (Reclams Universal-Bibliothek, 6461 [10]), »Die transzendentale Dialektik«, Buch II, Hauptstück III, Abschn. 4.

Berg und Tal sind« (S. 87); daraus folgt nur, daß auch ein Tal existiert, *wenn* ein Berg existiert. Doch sei die Untrennbarkeit der Existenz von einem vollkommensten Seienden nicht in dieser Weise bedingt. Descartes behauptet vielmehr, weder in dem einen noch in dem anderen Fall zwinge mein Denken irgendeinem Ding eine Notwendigkeit auf. In meiner Unfähigkeit, mir einen Berg ohne ein Tal vorzustellen, zeige sich nur die wirkliche und (im modernen Sinn) objektive Notwendigkeit, ›Berg sein‹ und ›ein Tal haben‹ miteinander zu verbinden. Ähnlich zeige sich in meiner Unfähigkeit, einen Gott anders als existierend zu denken, die wirkliche und objektive Notwendigkeit, die Existenz mit der Essenz eines Gottes zu verknüpfen und sich damit zu vergewissern, daß ein Gott tatsächlich existiert.

Wir brauchen uns nicht lange mit Descartes' Illustration aufzuhalten und darauf hinzuweisen, daß sich ein Berg auch aus einer Ebene oder aus dem Meer erheben kann, er also kein Tal zu haben braucht. Es lohnt sich aber auf die Logik seiner Auffassung zu achten: Sein Argument scheint folgendermaßen zu lauten: Der Begriff ›Gott‹ enthält definitionsgemäß ›existierend‹ als Teil seiner Bedeutung, so daß ›Gott existiert nicht‹ bedeuten würde: ›Das existierende *x* existiert nicht.‹ Da der zweite Satz offenbar in sich widersprüchlich ist, ist es auch der erste. Wir müssen sie also beide verwerfen und daher den Satz ›Gott existiert nicht‹ bestreiten und dem Satz ›Gott existiert‹ zustimmen. Wäre dies aber alles, was es zu sagen gäbe, wäre das Argument fehlschlüssig; denn andernfalls könnte man leicht die Existenz von allem, was man sich einfallen ließe, beweisen. Wir kennen z. B. schon den Begriff ›Marsbewohner‹, definiert als ›ein intelligentes Wesen, das vom Planeten Mars stammt‹. Dennoch bezweifeln wir aus guten Gründen die Existenz solcher Wesen. Um solche Zweifel auszuräumen, wollen wir den Begriff ›Remarsbewohner‹ (als Kurzformel für ›realer Marsbewohner‹) so definieren, daß er die Existenz als Teil seiner Bedeutung einschließt und der andere Teil das meint, was wir bereits unter ›Marsbewoh-

ner‹ verstehen. In diesem Fall wäre der Satz ›Der Remarsbewohner existiert nicht‹ in sich widersprüchlich, wir müssen ihn also verwerfen und dem Satz zustimmen ›Der Remarsbewohner existiert‹ und daher folgern, daß es wenigstens ein intelligentes Wesen gibt, das vom Mars stammt.
In dieser Form also ist das Argument falsch; aber wir haben noch nicht seinen genauen Schwachpunkt entdeckt. Descartes würde jedoch versuchen, sein Argument von diesem offensichtlich fehlschlüssigen abzugrenzen: Der Begriff ›Remarsbewohner‹ sei künstlich, seine Bedeutungselemente seien willkürlich zusammengestellt; es bestehe keine notwendige Beziehung zwischen der Existenz und der in ›Marsbewohner‹ enthaltenen Beschreibung. Anders verhalte es sich mit dem Begriff ›Gott‹; hier liege eine solche Beziehung vor. Alle unendlichen Vollkommenheiten bildeten eine Einheit: Keine von ihnen und kein Teil von ihnen wäre ohne die übrigen verständlich oder könnte, isoliert von den anderen, überhaupt angemessen begriffen werden. Daher wäre es uns unmöglich, den Rest von Gottes unendlicher Vollkommenheit, getrennt von seiner Existenz, widerspruchslos zu denken.
Um diesem Einwand zu begegnen, ist Descartes also gezwungen, einige gewichtige Annahmen vorauszusetzen. Es genügt nun nicht, leichten Herzens zu sagen, die Vorstellung von Gott schließe das Element der Existenz mit ein. Dies ist zweifellos richtig; doch ist das nicht der entscheidende Punkt: Dies würde nur zu dem fehlschlüssigen Argument führen, für das der Beweis der Existenz von Remarsbewohnern ein Beispiel ist. Vielmehr muß Descartes behaupten, wer diesen Begriff von Gott habe, sei sich einer objektiven Notwendigkeit bewußt, die alle göttlichen Vollkommenheiten, einschließlich der Existenz, zu einer untrennbaren Einheit verbinde. Es ist dann aber durchaus möglich, ihn zu fragen, wie er sich dessen denn bewußt sein könne, zumal er selbst einräumt, er habe nur eine schwache Vorstellung von diesen Vollkommenheiten.

Kant meint nun, gegen den ontologischen Beweis ließen sich noch radikalere Einwände vorbringen. Er scheint eine ganze Reihe unterschiedlicher Gegenargumente im Sinn zu haben. Zunächst schreibt er: »Wenn ich das Prädikat in einem identischen Urteile aufhebe und behalte das Subjekt, so entspringt ein Widerspruch. [. . .] Hebe ich aber das Subjekt zusamt dem Prädikate auf, so entspringt kein Widerspruch; denn es ist nichts mehr, welchem widersprochen werden könnte. Einen Triangel setzen und doch die drei Winkel desselben aufheben, ist widersprechend; aber den Triangel samt seinen drei Winkeln aufheben, ist kein Widerspruch. Gerade ebenso ist es mit dem Begriffe eines absolut notwendigen Wesens bewandt. [. . .] Gott ist allmächtig; das ist ein notwendiges Urteil. Die Allmacht kann nicht aufgehoben werden, wenn ihr eine Gottheit, d.i. ein unendliches Wesen, setzt, mit dessen Begriff jener identisch ist. Wenn ihr aber sagt: Gott ist nicht, so ist weder die Allmacht, noch irgendein anderes seiner Prädikate gegeben; denn sie sind alle zusamt dem Subjekte aufgehoben, und es zeigt sich in diesem Gedanken nicht der mindeste Widerspruch« (A 594 f.).

Dies ist eine zwar anschauliche, doch etwas dunkle Redeweise. Kant meint, obwohl der Satz ›Gott ist nicht-existierend‹ in sich widersprüchlich sein mag, sei das Urteil ›Es gibt keinen Gott‹ es nicht und könne es nicht sein. Warum dies so ist, läßt sich leicht sehen: ›Gott ist nicht-existierend‹ ist von der Art unseres Satzes ›Der Remarsbewohner existiert nicht‹; doch muß irgend etwas falsch laufen, wenn man seine innere Widersprüchlichkeit heranzieht, um zu zeigen, daß es einen Remarsbewohner gibt. Dieser Satz muß sich also von dem Satz ›Es gibt einen Remarsbewohner‹ unterscheiden. Dies zugestanden, können wir aber immer noch fragen, wieso Kant so sicher sein kann, daß keine negative Existenzaussage, kein Urteil von der Form ›Es gibt kein *X*‹, in sich widersprüchlich und daß keine positive Existenzaussage von der Form ›Es gibt ein *X*‹

analytisch sein kann. Zugestandenermaßen sollte das ontologische Argument gerade die These beweisen, daß es »ein absolut notwendiges Wesen« gibt; daher kann diese These es nicht ohne Zirkelschluß schon voraussetzen. Wenn aber Kant nur das zeigen wollte, würde er seinem Gegner, der einen ontologischen Beweis zu führen gedächte, nur die Last eines weiteren positiven Beweisschritts aufbürden. Er würde damit aber nicht zeigen, daß ein ontologischer Beweis unmöglich ist; doch dies behauptet Kant gerade, wenn er seinen Abschnitt überschreibt: »Von der Unmöglichkeit eines ontologischen Beweises vom Dasein Gottes«.

Kants zweite Behauptung lautet: »Ihr habt schon einen Widerspruch begangen, wenn ihr in den Begriff eines Dinges, welches ihr lediglich seiner Möglichkeit nach denken wolltet, es sei unter welchem versteckten Namen, schon den Begriff seiner Existenz hinein brachtet« (A 597). Der angebliche Widerspruch soll darin bestehen, daß man zwar behauptet, man halte sich geistig offen für die Antwort auf die Frage, ob es einen Gott gibt oder nicht, daß man aber dennoch den Begriff der Existenz unter der Maske des Ausdrucks ›unendlich vollkommen‹ bereits in die Beschreibung dessen, was ›Gott‹ bedeutet, hineinlegt. Diese Kritik aber ist unfair. Wer wie Descartes einen solchen Beweis führt, behauptet zwar tatsächlich, daß die Beschreibung des mit ›Gott‹ Gemeinten die Existenz eines Gottes verbürgt, er gibt aber nicht vor, er sei geistig offen hinsichtlich der Antwort. Vielmehr sagt er mit völliger Gewißheit, allein der Begriff eines Gottes verbürge seine Existenz. Doch wer in dieser Weise nicht offen für die Antwort ist, setzt damit nicht das zu Beweisende als bereits bewiesen voraus: Er nennt seinem Gegner nur das *Argument*, das zeigen soll, weshalb er nicht offen sein kann, nämlich den ontologischen Beweis selbst. Kant würde vielleicht sagen, da die Verwendung dieses Begriffs implizit voraussetze, daß ein Gott existiert, sollte man ihn erst dann einführen, wenn man zuvor unabhängig von ihm bewiesen habe, daß es einen Gott gibt. Doch würde Descartes, wie wir gesehen haben, wohl darauf antworten, dieser Begriff sei ihm als ein in sich geschlossenes Ganzes aufgezwungen: Schon mit dem Beginn der Erörterung besäße er diesen Begriff eines vollkommensten Wesens; dieser sei nicht künstlich konstruiert wie etwa unser Begriff des ›Remarsbewohners‹.

Kants dritter Einwand ist radikaler und beruht auf seiner eigenen klaren Unterscheidung zwischen analytischen und synthetischen Urteilen: »Gesteht ihr dagegen, wie es billigermaßen jeder Vernünftige gestehen muß, daß ein jeder Existenzialsatz synthetisch sei, wie wollt ihr dann behaupten, daß das Prädikat der Existenz sich ohne Widerspruch nicht aufheben lasse? da dieser Vorzug nur den analytischen, als deren Charakter eben darauf beruht, eigentümlich zukommt« (A 598). Nun aber setzt Kant das zu Beweisende als bereits bewiesen voraus; denn jeder, der den ontologischen Beweis für schlüssig hält, behauptet eindeutig, daß es wenigstens *eine* analytisch wahre Existenzaussage gibt, nämlich daß ein Gott existiert. Nebenher bemerkt, gibt es analytisch wahre arithmetische Existenzaussagen – beispielsweise daß es eine Primzahl zwischen 90 und 100 gibt –, und viele Philosophen, von denen es wenigstens scheint, daß sie zu den Vernünftigen zählen, haben gemeint, alle Wahrheiten der einfachen Arithmetik seien analytisch. Solche Beispiele würden Kant jedoch nicht beunruhigen, da er selbst der Auffassung war, solche Wahrheiten seien synthetisch, allerdings *a priori*. Doch genügen sie, um zu zeigen, daß die Behauptung, es gebe keine analytischen Existenzaussagen, nicht einfach offensichtlich und unumstritten ist.

Allerdings stellt Kant die von mir als zweiten und dritten Einwand bezeichneten Gegenargumente als die beiden Seiten eines Dilemmas dar: Wenn die Aussage ›Gott existiert‹ synthetisch ist, dann ist der für sie geführte angeblich rein logische Beweis unmöglich; wenn sie aber analytisch ist, dann ist die Folgerung bereits in der bloßen Verwendung des Begriffs ›Gott‹ oder des Begriffs, der für ihn steht, vorausgesetzt. Diese zweite Seite des Dilemmas muß Descartes akzeptieren; doch könnte er sie akzeptieren und dennoch darauf bestehen, daß seine Verwendung dieses Begriffs legitim ist.

Mit seinem vierten und einflußreichsten Diskussionsbeitrag greift Kant diesen Teil von Descartes' Position an: »›Sein‹ ist offenbar kein reales Prädikat, d.i. ein Begriff von irgend etwas, was zu dem Begriffe eines Dinges hinzukommen könne. Es ist bloß die Position eines Dinges, oder gewisser Bestimmungen an sich selbst. Im logischen Gebrauche ist es lediglich die Copula eines Urteils. Der Satz: ›Gott ist allmächtig‹ enthält zwei Begriffe, die ihre Objekte haben: Gott und Allmacht; das Wörtchen ›ist‹ ist nicht noch ein Prädikat obenein, sondern nur das, was das Prädikat *beziehungsweise* aufs Subjekt setzt. Nehme ich nun das Subjekt (Gott) mit allen seinen Prädikaten (worunter auch die Allmacht gehört) zusammen, und sage: ›Gott ist‹ oder es ist ein Gott, so setze ich kein neues Prädikat zum Begriffe von Gott, sondern nur das Subjekt an sich selbst mit allen seinen Prädikaten, und zwar den *Gegenstand* in Beziehung auf meinen *Begriff*« (A 598 f.).

Die verzwickten Probleme des ontologischen Beweises haben Kant veranlaßt, die Bedeutung und Logik von Existenzaussagen genauer zu untersuchen. Doch ist seine Formulierung noch unbefriedigend. Interessanterweise deutet er eine Beziehung zwischen dem ›ist‹ der Prädikation und dem ›ist‹ der Existenz an; doch wird keineswegs deutlich, warum ein Wort, das in der einen Verwendung dazu dient, ein Prädikat in Beziehung zu einem Subjekt zu setzen, bei Tilgung des Prädikats stattdessen dazu dienen kann, das Subjekt zu setzen. Dies ist aber nur ein linguistisches Problem. Der wichtige Gedanke, der Kants Hinweis zugrunde liegt, ist folgender: Obwohl ›existieren‹ in dem Satz ›Dieser Baum existiert‹ oder ›Gott existiert‹ oder ›Körperlose Geister existieren‹ grammatisch ein Prädikat ist – wie ›ist grün‹ oder ›ist allmächtig‹ in ›Dieser Baum ist grün‹ oder ›Gott ist allmächtig‹ –, spielt es eine ganz andere Rolle als diese Prädikate. Während ›ist grün‹ einen Baum beschreibt und ›ist allmächtig‹ entweder eine vermeintliche Person beschreibt, auf die angeblich der Name ›Gott‹ zu beziehen ist, oder vielleicht wie ›hat ein Horn‹ in ›Ein Einhorn hat ein Horn‹ eine Beschreibung festlegt, der ein Wesen zu genügen hat, wenn es als Gott gelten soll, beschreibt ›existieren‹ nichts, sondern rückt den betreffenden Gegenstand nur ins Bild.

Aber müssen wir noch darüber hinausgehen? Wenn ›existieren‹, wie Kant sagt, in Wahrheit kein Prädikat ist, was ist es dann? Seit Frege ist eine klare Antwort möglich und seither weithin akzeptiert. Es ist in Wahrheit der Existenzquantor. Was mit ›Körperlose Geister existieren‹ gemeint ist, läßt sich klarer formulieren als ›Es gibt körperlose Geister‹ oder symbolisieren als E*x* (*Gx* & *Kx*). Um einen wohlgeformten Satz zu ergeben, muß dieser Quantor ›E*x*‹ – oder ›Es gibt . . .‹ – einem Prädikatsausdruck oder einer generellen Beschreibung zugeordnet werden. Der ganze Satz besagt dann, das Gesamt der durch den Prädikatsausdruck angezeigten Eigenschaften ist realisiert oder instantiiert.[2]

Diese Analyse wäre für Descartes' ontologischen Beweis tatsächlich tödlich. Wenn Existenz schlicht das ist, was der Existenzquantor ausdrückt, gehört sie nicht im strengen Sinn zu dem, was ein Einzelding ausmacht. Sie kann dann keine Art von Vollkommenheit sein, die ein Einzelding besitzen oder nicht besitzen kann, kein Teil seines Wesens oder kein Teil dessen, was ein Ding gerade zu dieser Art von Ding macht. Diese Analyse würde die Antwort Descartes' auf den Einwand, sein Denken könne den Dingen keinen Zwang auferlegen, ausschließen; wir hatten ihm diese Antwort auch auf den Versuch einer *reductio ad absurdum* seines Beweises mit Hilfe des Begriffs eines ›Remarsbewoh-

2 Vgl. etwa W. C. Kneale, »Is Existence a Predicate?«, in: *Aristotelian Society* Suppl. 15 (1936), wiederabgedr. in: H. Feigl / W. Sellars (Hrsg.), *Readings in Philosophical Analysis*, New York 1949.

ners‹ in den Mund gelegt. Seine Antwort darauf lautete: Sein Denken zeige ihm eine objektive Notwendigkeit, die alle Vollkommenheiten unter Einschluß der Existenz im unteilbaren Wesen Gottes miteinander verbinde; sein Begriff sei daher keine künstliche Verknüpfung von Eigenschaften wie unser erfundener Begriff des ›Remarsbewohners‹. Aus der Existenzquantor-Analyse folgt, daß Existenz einer eigenen Kategorie angehört und daher mit Vollkommenheiten weder notwendig noch künstlich verbunden werden kann; denn sie stellt überhaupt keine Eigenschaft dar, die ein Einzelding oder ein Subjekt auszeichnen könnte. (Aus dieser Analyse folgt jedoch nicht, daß alle Existenzaussagen, wie Kant behauptet, synthetisch sind. Aus ihr ergibt sich nur, daß eine Existenzaussage nicht in der Weise analytisch sein kann, wie Descartes annimmt, nämlich aufgrund des ausdrücklichen oder unausdrücklichen Einschlusses der Existenz in dem Wesens- oder Subjektbegriff; sie läßt aber die Möglichkeit von Existenzaussagen offen, die, wie man von arithmetischen Aussagen gemeint hat, aus anderen Gründen analytisch sind.)
Allerdings ist diese Quantoren-Analyse umstritten. Sie schließt ein, daß es keine wohlformulierten Aussagen gibt, die direkt durch solche Sätze ausgedrückt werden wie ›Dies ist ein Baum‹, ›Gott existiert‹ oder ›Ich existiere‹ im Unterschied zu Sätzen wie ›Ein Baum existiert‹, ›Ein Gott existiert‹ oder ›Ein denkendes Wesen existiert‹, welche sich leicht in die Form eines Quantors plus eines Prädikatsausdrucks übersetzen lassen. Dennoch ist jeder der drei zuerst genannten Sätze grammatisch völlig einwandfrei; auch scheint er direkt etwas auszudrücken: Sowohl in unserem Denken als auch in der Oberflächenform unserer Sprache scheint ›existieren‹ wie ein Prädikat von Einzeldingen gebraucht zu werden. Es hat jedenfalls den Anschein, als sei existieren etwas, was Dinge tun und wodurch sie die Realisierung aller auf sie zutreffenden Beschreibungen oder die Instantiierung aller ihnen zukommenden generellen Eigen-

schaften sicherstellen.[3] Obwohl also Kants Ausspruch, »›Sein‹ ist [. . .] kein Prädikat«, erweitert und erhellt zur These, Existenz komme den Einzeldingen nicht im eigentlichen Sinn als Eigenschaft zu, sondern gehe in die Existenzquantifizierung von Prädikatsausdrücken ein, Descartes' ontologisches Argument ein für allemal erledigen würde, sind noch weitere sorgfältige Analysen notwendig, ehe feststeht, ob dieses Dictum selbst akzeptabel ist oder nicht. Für den Augenblick können wir vielleicht dieses Problem ausklammern und uns mit einer weniger gründlichen Überlegung begnügen.

Wie wir gesehen haben, räumt Descartes ein, daß in allen Dingen außer Gott Wesen und Existenz unterschieden sind, behauptet aber, Gott stelle die einzige Ausnahme von dieser Regel dar. Demgegenüber würde die Quantoren-Analyse der Existenz zeigen, daß keine Ausnahme von ihr möglich ist. Wenn wir uns aber nicht auf diese Analyse stützen wollen, müssen wir diese Ausnahme zunächst einmal als möglich einräumen. Obwohl die Behauptung, etwas existiere, diese Sache nicht in dem Sinn beschreibt, daß sich mit ihrer Hilfe feststellen ließe, um welche Art von Ding es sich dabei handelt, ist es doch denkbar, daß es eine Art von Ding gibt, für die Existenz ein Erfordernis darstellt. Zweifellos ist demjenigen, der einen ontologischen Beweis führt, eine schwere Beweislast aufgebürdet: er muß ausdrücklich zeigen, wieso dies der Fall ist. Descartes hat das jedenfalls nicht getan. Er hat – ohne weitere Erklärung – nur behauptet, die anderen Vollkommenheiten forderten die Existenz. Doch wenn wir uns Kants Vorhaben anschließen und zeigen wollen, daß ein ontologischer Beweis nicht geführt werden kann, können wir uns nicht auf diese *ad hominem*-Kritik stützen. Angenommen also, es gebe einen Allgemeinbegriff ›*X*‹ von der Art, daß *X*heit ausdrücklich oder unausdrücklich Existenz fordert. Zur Vermeidung einer *reductio ad*

3 Vgl. meinen Artikel »The Riddle of Existence«, in: *Aristotelian Society* Suppl. 50 (1976).

absurdum vom Typus des ›Remarsbewohners‹ sei Descartes zugestanden, es bestehe eine objektiv notwendige Einheit, die die Existenz mit den anderen Gehalten der *X*heit verbinde. Nun bedenke man den Satz: ›Das *X* existiert nicht‹. Bei natürlichster Deutung bedeutet dies einen doppelten Widerspruch. Denn der Ausdruck ›das *X*‹ setzt wenigstens voraus, daß genau ein X existiert, und das Prädikat ›existiert nicht‹ bestreitet dies; weiterhin behauptet man – gemäß unserer Voraussetzung – einschlußweise, wenn man etwas ein *X* nennt, daß es existiert. Aber die so begründete Ablehnung dieses Satzes zwingt uns nicht, auch die Aussage zurückzuweisen ›Es ist nicht der Fall, daß es ein *X* gibt‹ oder die sprachlich glattere Formulierung ›Es gibt keine *X*‹. Das in diesen beiden Sätzen Ausgedrückte ist in sich stimmig, obwohl es sich nicht widerspruchslos in dem Satz ausdrükken läßt ›Das *X* existiert nicht‹. Damit stützen wir uns auf die Tatsache, daß wir den Existenzquantor oder seine umgangssprachliche Entsprechung ›Es gibt . . .‹ besitzen; doch können wir uns darauf berufen, ohne den umstrittenen Schritt zu tun, nämlich zu bestreiten, daß ›existieren‹ *auch* ein wirkliches Prädikat von Einzeldingen sein kann. Wir können dies als möglich einräumen. Für welche Beschreibung der Begriff ›*X*‹ auch stehen mag, es bleibt eine offene Frage, ob es ein *X* gibt oder nicht; doch wenn es etwa genau ein *X* gibt, dann existiert dieses Einzelding, das *X*: *es* ist da. Man bedenke auch noch den Satz: ›Ein *X* existiert notwendig‹. Wenigstens drei Deutungen sind möglich. Als Aussage über den Gehalt des Begriffs eines *X* – ähnlich dem Satz ›Ein Drache spuckt notwendig Feuer‹ – ist er definitionsgemäß wahr. Bedeutet er, ein bestimmtes *X* habe die Eigenschaft, notwendig zu existieren, so ist zweifelhaft, ob er wahr ist, selbst wenn es ein *X* gibt; er ist aber gewiß falsch, wenn es kein *X* gibt. Entscheidend aber ist die Lesart: ›Es ist notwendig wahr, daß es ein *X* gibt‹. Dies aber ist einfachhin falsch. Eine solche Notwendigkeit ergibt sich noch nicht einmal aus unserer Annahme, *X*heit schließe Existenz mit ein.

Das heißt nun: So wie aus der Widersprüchlichkeit des Satzes ›Der Remarsbewohner existiert nicht‹ weder die Falschheit der Aussage ›Es gibt keine Remarsbewohner‹ noch die Wahrheit der Behauptung ›Es gibt einen Remarsbewohner‹ folgt, so ergibt sich auch aus der Widersprüchlichkeit des Satzes ›Das *X* existiert nicht‹ weder die Falschheit der Aussage ›Es gibt keine *X*‹ noch die Wahrheit der Behauptung ›Es gibt ein *X*‹. Selbst wenn man um des Arguments willen einräumt, Existenz sei notwendig mit den anderen Aspekten der *X*heit verknüpft, gilt dies um keinen Deut weniger als im Fall, daß Existenz künstlich mit der Eigenschaft, Marsbewohner zu sein, verbunden wird, um den Begriff eines ›Remarsbewohners‹ zu bilden.

Kant faßt sein Argument in dem Satz zusammen: »Unser Begriff von einem Gegenstande mag also enthalten, was und wie viel er wolle, so müssen wir doch aus ihm herausgehen, um diesem die Existenz zu erteilen« (A 601). Das ist völlig richtig. Es ist eine klare Neuformulierung seiner ersten, zunächst dunklen These, es ergebe sich kein Widerspruch, wenn man das Subjekt zusammen mit dem Prädikat aufhebt. Unser Argument hat diese These noch bekräftigt: Selbst wenn unser Begriff eines Gegenstands Existenz einschlösse – was Kant nicht zugestehen würde –, und sogar unablösbar einschlösse – wie Descartes fordert –, müßten wir immer noch aus diesem Begriff »herausgehen, um ihm die Existenz zu erteilen«. Selbst wenn *X*heit Existenz in genau der Weise einschlösse, wie Descartes voraussetzt, bliebe immer noch die Frage offen, ob es ein *X* gibt oder nicht; denn das Urteil, es gebe keine *X*, würde selbst unter dieser Voraussetzung keinen Widerspruch enthalten. Darauf also gründet sich die Unmöglichkeit eines ontologischen Beweises. Bei diesem Nachweis haben wir uns auf die Möglichkeit existentiell quantifizierter Aussagen gestützt; dies aber ist unbestritten. Wir haben uns dabei aber nicht auf die immer noch umstrittene These berufen, ›existieren‹ sei, richtig verstanden, niemals ein Prädikat eines Einzeldings, Existenz könne man immer vollständig in den Existenzquantor aufgehen lassen.

(b) *Anselms ontologischer Beweis und Gaunilos Antwort*

Anders als gelegentlich behauptet wird, hat Anselm sein Argument ausdrücklich als einen Beweis für die Existenz eines Gottes verstanden. Sein persönlicher Glaube hing natürlich nicht von diesem Beweis ab, sondern ging ihm voraus; ebenso glaubte sein erster Kritiker, der Mönch Gaunilo an Gott, obwohl er Anselms Beweis ablehnte. Dennoch ist dieses Argument nicht nur für diejenigen bestimmt, die bereits aus anderen Gründen glauben, sondern dazu gedacht, einen Menschen zu überzeugen, der noch unsicher ist oder überhaupt noch nicht glaubt; es soll zeigen, daß sich solcher Unglaube nicht widerspruchslos aufrechterhalten läßt. Anselm schließt die erste Darlegung seines Arguments mit den Worten: »Dank sei Dir, Herr, Dank sei Dir, dafür, daß ich durch Dich erleuchtet erkenne, was ich früher durch Dich beschenkt schon geglaubt habe; wollte ich auch an Dein Dasein nicht glauben, so wäre ich doch außerstande, es nicht zu erkennen« (S. 359)[4].

Das Argument hat die Form einer *reductio ad absurdum.* Anselms angenommener atheistischer Gegner ist »der Tor«, der nach Psalm 14 »in seinem Herzen spricht: es ist kein Gott« (S. 356). Zunächst legt Anselm durch Definition fest, daß Gott ein Wesen ist, »worüber hinaus Größeres nicht gedacht werden kann« (S. 357). Es würde keinen Unterschied machen, wenn wir dies exakter als Definition ›eines Gottes‹ statt ›des Gottes‹ verstünden. Anselm will also zeigen, daß es ein Wesen *gibt*, über das hinaus Größeres nicht gedacht werden kann. Eine weitere Frage lautete dann,

4 Dieses und die folgenden, mit Seitenangaben versehenen Zitate sind dem Band *Anselm von Canterbury* (s. Fußn. 1) entnommen.

ob es nur ein einziges Wesen dieser Art gibt, falls es überhaupt ein solches Wesen gibt; und wenn diese Frage zu bejahen wäre, bliebe noch zu fragen, ob dieses einzige Wesen, über das hinaus Größeres nicht gedacht werden kann, die verschiedenen Eigenschaften besitzen muß, die der Theismus traditionell Gott zuschreibt, und so ›Gott‹ genannt und mit dem traditionellen Gegenstand der Verehrung identifiziert werden kann. Doch sind diese weiteren Fragen von geringerer Bedeutung. Man kann Anselm nicht ernsthaft mit dem Hinweis kritisieren, er neige dazu, eine positive Antwort auf diese weiteren Fragen stillschweigend für erwiesen zu halten. Entscheidend ist, ob er schlüssig gezeigt hat, daß es ein Wesen gibt, über das hinaus Größeres nicht gedacht werden kann.

Anselm besteht zunächst darauf, daß auch der Tor den Ausdruck ›ein Wesen, über das hinaus Größeres nicht gedacht werden kann‹ versteht. Ist dies der Fall, so existiert dieses Wesen wenigstens im Bewußtsein oder im Denken des Toren, nämlich als ein Bewußtseinsgegenstand. Der Tor, so fährt Anselm fort, werde dies zugeben, werde jedoch einwenden, ein solches Wesen existiere nur in seinem (oder in anderer Menschen) Bewußtsein, so wie ein Bild, das sich ein Maler ausgedacht, doch noch nicht gemalt habe, nur in dessen Bewußtsein existiere. Dann aber, argumentiert Anselm weiter, könne man von einem solchen Wesen denken, daß es nicht nur im Bewußtsein, sondern auch in Wirklichkeit existiert; ein solches auch in der Realität existierendes Wesen wäre aber größer als ein Wesen, das nur im Bewußtsein existiert. Der Tor widerspreche sich daher selbst: Einerseits behauptet er, er denke ein Wesen, über das hinaus Größeres nicht gedacht werden kann, andererseits muß er, wenn er sagt, dieses Wesen existiere nur im Bewußtsein, einräumen, daß Größeres als dieses Wesen gedacht werden kann, nämlich ein entsprechendes Wesen, das auch in Wirklichkeit existiert. Folglich könne der Tor nicht widerspruchslos behaupten, ein solches Wesen existiere nur in seinem Bewußtsein und nicht in der Realität; da er jedoch nicht bestreiten könne, daß es wenigstens in seinem Bewußtsein existiert (weil er ja den Ausdruck versteht), müsse er auch zugeben, daß ein Wesen, über das hinaus Größeres nicht gedacht werden kann, auch in der Realität existiert und nicht nur im Bewußtsein. Anselms Identifizierung des Atheisten mit dem Toren ist demnach kein unbegründeter Mißbrauch der Worte des Psalmisten: Wer zu dumm ist, dieses Argument zu begreifen, und fortfährt, etwas zu behaupten, was widerspruchslos noch nicht einmal gedacht werden kann, muß tatsächlich ein Tor sein. Ist dies aber fair? Ist Anselms eigenes Argument schlüssig?

In seiner Argumentation wechselt Anselm von der unbestimmten Beschreibung »etwas, worüber hinaus Größeres nicht gedacht werden kann« über zu der bestimmten Beschreibung »das, worüber hinaus Größeres nicht gedacht werden kann«. Diesen Wechsel hat Jonathan Barnes als einen Fehler bezeichnet.[5] Meines Erachtens aber ist dieser Übergang für das Argument von geringer Bedeutung. Daher habe ich ihn aus meiner Darstellung ganz getilgt; ich wollte zeigen, daß Anselm seine *reductio* auch dann noch durchführen kann, wenn er durchgängig bei der unbestimmten Beschreibung bleibt. Sobald der Tor zugesteht, daß *ein* Wesen, über das hinaus Größeres nicht gedacht werden kann, in seinem Bewußtsein existiert, doch sagt, es existiere nur dort, kann Anselm natürlich auf *diesen* Bewußtseinsgegenstand verweisen und behaupten, Größeres als *er* könne gedacht werden.

Doch scheint noch ein weiterer Übergang vorzuliegen, der ernster zu nehmen ist, nämlich von ›Der Tor versteht den Ausdruck: ein Wesen, über das hinaus Größeres nicht gedacht werden kann‹ über ›Der Tor denkt (oder stellt sich vor) ein Wesen, über das hinaus Größeres nicht gedacht

5 Vgl. J. Barnes, *The Ontological Argument*, London 1972, S. 4 f.

werden kann‹ zu ›Es gibt im Bewußtsein des Toren, als Bewußtseinsgegenstand, ein Wesen, über das hinaus Größeres nicht gedacht werden kann‹. Mit diesem Wechsel setzt Anselm eine bestimmte Deutung dessen voraus, was es heißt, einen sprachlichen Ausdruck zu verstehen und ihn zu denken. Doch sei dieser Übergang Anselm zunächst einmal zugestanden. Er sagt dann, der Tor müsse sich in einen Widerspruch verstricken; denn er behaupte, in seinem Bewußtsein habe er ein Wesen, über das hinaus Größeres nicht gedacht werden kann, müsse aber zugleich einräumen, daß ein größeres Wesen als dieses gedacht werden kann, nämlich ein Wesen wie dieses, das jedoch auch in der Realität existiert. Aber muß nicht auch Anselm sich in diesen Widerspruch verstricken, wenn es sich dabei überhaupt um einen Widerspruch handeln sollte? Denn auch er sagt, ein Wesen, über das hinaus Größeres nicht gedacht werden kann, existiere im Bewußtsein des Toren, gleichzeitig aber behauptet er, daß etwas Größeres als dieses gedacht werden kann. Dies ist ebenfalls ein Widerspruch, ob man nun sagt, dieses größere Wesen existiere tatsächlich oder nicht.

Will Anselm es vermeiden, so in seiner eigenen Falle gefangen zu werden, muß er entweder die Redeweise, dieses Wesen existiere im Bewußtsein des Toren, ganz aufgeben oder sie als das, was sie offensichtlich ist, anerkennen, nämlich als eine bloße sprachliche Variante des Satzes ›Der Tor denkt (oder stellt sich vor) ein Wesen, über das hinaus Größeres nicht gedacht werden kann‹. Anselm sollte daher diesen Verbesserungsvorschlag annehmen und sein Argument wie folgt neu fassen: ›Der Tor denkt ein Wesen, über das hinaus Größeres nicht gedacht werden kann, doch er denkt es als bloßen Bewußtseinsgegenstand, als bloßen Inhalt seines eigenen Denkens; das aber ist in sich widersprüchlich; denn es als bloßen Bewußtseinsgegenstand denken bedeutet es als ein Wesen denken, über das hinaus Größeres gedacht werden kann, nämlich ein solches Wesen, das auch in der Realität existiert.‹ Der Widerspruch liegt nun ganz und gar im Denken des Toren, ohne daß Anselm selbst ihm erliegen müßte.

Wenn nun der Tor ein *nicht-in-Wirklichkeit-existierendes Wesen, über das hinaus Größeres nicht gedacht werden kann* – wobei der gesamte kursiv gesetzte Ausdruck den Inhalt seines Denkens repräsentiert – dächte, wäre dieser Gedanke tatsächlich in sich widersprüchlich, falls er Anselms Voraussetzung teilte, daß Existenz zur Größe beiträgt: Der Tor würde etwas als existierend denken, das über alles groß ist und dem zugleich etwas fehlt, was er als einen Bestandteil von Größe oder als ein Erfordernis maximaler Größe anerkennt. Doch braucht sich der Tor nicht in diese Falle hineinzubegeben. Sein Denken eines Wesens, über das hinaus Größeres nicht gedacht werden kann, ist genau das: Er denkt nichts anderes, als in seinem Verständnis des Ausdrucks enthalten ist, ein Verständnis, das er mit Anselm und jedem anderen vernünftigen Menschen teilt. Er braucht nicht die Nicht-Existenz in seinen Begriff aufzunehmen und wird es vermutlich auch nicht tun. Doch unabhängig davon denkt und sagt er, daß es ein solches Wesen nicht gibt, daß ein solcher Begriff nicht realisiert oder instantiiert ist. Das Urteil des Toren, dieser Begriff sei nicht realisiert, zwingt ihn nicht, Nicht-Existenz in den Gehalt seines Begriffs aufzunehmen; dies aber wäre notwendig, wenn man ihm einen Widerspruch nachweisen wollte.

Dies ist meines Erachtens der wahre Grund, weshalb Anselms Argument scheitert. Mit dieser Kritik wird ihm kein spitzfindiger logischer Fehler nachgewiesen – etwa der des Wechsels von einer unbestimmten zu einer bestimmten Beschreibung –; auch wird damit seine Annahme, Existenz trage mit zur Größe bei und sei ein Erfordernis maximaler Größe – eine Voraussetzung, die natürlich der Annahme Descartes' ähnlich ist, Existenz sei eine Vollkommenheit –, nicht in Frage gestellt. Vielmehr verweist auch diese Kritik auf die entscheidende Schwäche jedes ontologischen Beweises, auf die Unmöglichkeit, aufgrund einer bloßen Definition oder eines bloßen Begriffs irgendeine konkrete Realität nachzuweisen, dies auch nicht mit Hilfe der bescheidenen empirischen Tatsache, daß jemand, etwa der Tor, tatsächlich diesen Begriff hat. In Humes Worten wäre die reale Existenz eines Wesens, über das hinaus Größeres nicht gedacht werden kann, ein eigenes Ereignis, das sich von jedem beliebigen Bewußtseinszustand des Toren unterschiede; daher könne die reale Existenz durch keinen Bewußtseinszustand logisch gefordert sein. Trotz vordergründiger Unterschiede besteht zwischen Anselms und Descartes' Argument eine große sachliche Ähnlichkeit und entsprechend zwischen den entscheidenden gegen sie erhobenen Einwänden: Gäbe es einen Allgemeinbegriff ›ein *X*‹ von der Art, daß *X*heit ausdrücklich oder unausdrücklich Existenz einschließt (ob nun untrennbar oder durch künstliche Verbindung wie im Fall unseres ›Remarsbewohners‹), könnten wir nicht widerspruchslos sagen: ›Das *X* existiert nicht‹. Anselms Begriff ›eines Wesens, über das hinaus Größeres nicht gedacht werden kann‹ ist unter der Voraussetzung, daß Existenz zur Größe beiträgt, von eben dieser Art. So wie wir nicht widerspruchslos sagen könnten ›Das *X* existiert nicht‹, so kann auch der Tor nicht widerspruchslos ein nicht-in-Wirklichkeit-existierendes Wesen, über das hinaus Größeres nicht gedacht werden kann, denken. Doch so wie wir widerspruchslos sagen können ›Es ist nicht der Fall, daß es ein *X* gibt‹, so kann auch der Tor, der ein Wesen denkt, über das hinaus Größeres nicht gedacht werden kann, immer noch widerspruchslos denken, daß es ein solches Wesen nicht gibt.

Diese Ähnlichkeit reicht noch weiter. Als Anselms Beweis bekannt wurde, wurde er sofort von Gaunilo, der »für den Toren« antwortete, kritisiert. Einige Punkte seiner Kritik sind dunkel und vielleicht verworren; einer aber ist klar und deutlich: Wenn Anselms Beweis richtig wäre, könnten wir auch schlüssig die Existenz einer nur vorgestellten »verlorenen Insel« irgendwo im Weltmeer beweisen, die »an unermeßlicher Herrlichkeit alle anderen bewohnten Länder übertreffe«; denn tatsächliche Existenz sei ein wesentliches Element solcher überragenden Herrlichkeit. Dies ist ein vernichtender Einwand, denn Anselm würde natürlich nicht zugeben, daß sich die Existenz der verlorenen Insel so beweisen läßt. Dieser Einwand zeigt aber nur, daß irgend etwas mit Anselms ursprünglicher Argumentation nicht stimmen kann; er zeigt nicht, worin der Irrtum genau besteht. Auch die übrigen Einwände Gaunilos machen den Fehler nicht dingfest: Einige stellen nur heraus – was Anselm schon zugegeben hat –, daß generell etwas gedacht werden kann, das dennoch nicht in Wirklichkeit existiert, andere betonen, daß wir Gott nicht wirklich begreifen können, d. h. ihn nicht voll verstehen können oder keine angemessene Vorstellung von Gott haben. Aber auch das räumt Anselm ein; sein Beweis wird deswegen jedoch nicht hinfällig.[6]

Gegen diesen Einwand beharrt Anselm darauf, daß zwischen seinem eigenen Beweis und Gaunilos Beweis der verlorenen Insel ein entscheidender Unterschied besteht. Daher ließen sich Gaunilos Überlegungen nicht auf seinen Fall anwenden. Diese Antwort ähnelt der Descartes' auf einen ähnlichen Einwand, die wir dann zu seinen Gunsten auf die Vorstellung von einem ›Remarsbewohner‹ angewendet haben. Anselms Erklärung aber ist klarer und besser als Descartes'; sie scheint von einem Nachtrag zu seinem ursprünglichen Argument abzuhängen[7], den wir jedoch bisher noch nicht berücksichtigt haben.

Es sei möglich, so schreibt Anselm, ein Wesen zu denken, von dem nicht gedacht werden kann, daß es nicht existiert – in unserer Sprache: ein Wesen, dessen Existenz begrifflich notwendig ist –, und ein solches Wesen sei größer als ein anderes, von dem gedacht werden kann, daß es nicht exi-

6 Gaunilo, »Es antwortet einer darauf für den Toren«, und Anselm, »Antwort des Verfassers«, in: Allers (Hrsg.), *Anselm von Canterbury*, S. 381–400.

7 Anselm, *Proslogion*, Kap. 3.

stiert. Daraus folge, daß ein Wesen, über das hinaus Größeres nicht gedacht werden kann, *nicht* als nicht-existierend gedacht werden *kann*; denn wäre dies möglich, so wäre es weniger groß als etwas anderes, das gedacht werden kann. Anselm wiederholt dieses Argument in seiner Antwort auf Gaunilo unmittelbar, nachdem er das Beispiel der verlorenen Insel erwähnt hat. Meines Erachtens läßt sich daraus schließen – obwohl er dies nicht ausdrücklich sagt –, daß seine Antwort auf das Argument der verlorenen Insel darin besteht, daß Gott oder ein Wesen, über das hinaus Größeres nicht gedacht werden kann, nicht als nicht-existierend gedacht werden kann, wohingegen diese Insel als nicht-existierend gedacht werden kann. Dies wäre eine treffliche Antwort und verwiese auf einen realen Unterschied, falls Anselm mit seiner Behauptung recht hat, es sei möglich, ein Wesen zu denken, das nicht als nicht-existierend gedacht werden kann.

Aber hat nicht unsere vorangegangene Kritik eben dieser These die Grundlage entzogen? Wir haben gezeigt, daß der Hauptteil des ursprünglichen Arguments *nicht* bewiesen hat, daß der Begriff eines Wesens, über das hinaus Größeres nicht gedacht werden kann, der Begriff eines Wesens ist, welches nicht als nicht-existierend gedacht werden kann. Vielleicht aber könnte Anselm erneut ansetzen und sagen: »Natürlich ist es möglich, ein Wesen zu denken, das nicht als nicht-existierend gedacht werden kann: Eben in diesem Moment denke ich es. Darüber hinaus kannst auch Du (der Tor oder Gaunilo oder der moderne Leser) es denken, da Du ja den Ausdruck ›ein Wesen, das nicht als nicht-existierend gedacht werden kann‹ ohne weiteres verstehst.«

Dies sei eingeräumt. Zugestanden sei, daß es einen Begriff von *einem Wesen* gibt, *über das hinaus Größeres nicht gedacht werden kann und das nicht als nicht-existierend gedacht werden kann.* Doch dann wiederholt sich die Diskussion nur auf einer höheren Ebene. Es ist wiederum zu fragen, ob *dieser* Begriff realisiert oder instantiiert ist. Wenn wir sagen, er sei nicht realisiert, widersprechen wir uns nicht. Wir behaupten ja nicht, ein Wesen, das nicht als nicht-existierend gedacht werden kann, könne als nicht-existierend gedacht werden; wir ziehen ›kann als nicht-existierend gedacht werden‹ nicht in den Begriff hinein, wo es im Widerspruch zu den anderen Teilen dieses Begriffs stünde. Wir sagen nur, es *gibt kein* Wesen, das nicht als nicht-existierend gedacht werden kann. Auch Gaunilo kann diese Möglichkeit einräumen (obwohl er dies als Theist nicht *behaupten* kann): Er kann denken, daß es kein solches Wesen gibt, das nicht als nicht-existierend gedacht werden kann. Dies erweckt den Anschein eines Streits um Worte; doch wird eine sorgfältige Prüfung der Konstruktion dieser Aussage zeigen, daß hier kein Widerspruch vorliegt. Zu Recht berufen wir uns immer noch auf Kants Schlußbemerkung – und suchen sie zu erläutern: »Unser Begriff von einem Gegenstande mag also enthalten, was und wie viel er wolle, so müssen wir doch aus ihm herausgehen, um diesem die Existenz zu erteilen.«

(c) *Plantingas ontologischer Beweis*

Soeben habe ich von dem Nachtrag zu Anselms Argument gesprochen und gesagt, in ihm werde ein modaler Begriff eingeführt, nämlich der eines Wesens, dessen Existenz begrifflich notwendig ist. Auch einige moderne Versionen des ontologischen Gottesbeweises, wie sie Charles Hartshorne, Norman Malcolm und Alvin Plantinga vorgelegt haben, bedienen sich modaler Termini; allerdings ist bei ihnen von metaphysischer, nicht nur von begrifflicher Möglichkeit und Notwendigkeit die Rede.[8] Besonders Plantinga

8 C. Hartshorne, *The Logic of Perfection*, La Salle (Ill.) 1962; N. Malcolm, »Anselm's Ontological Arguments«, in: *Philosophical Review* 69 (1960); A. Plantinga, *The Nature of Necessity*, Oxford 1974. Die im Text angeführten Zitate sind dieser Ausgabe entnommen.

stützt sich auf moderne, weit vorangetriebene Entwicklungen innerhalb der modalen Logik. Mit Hilfe eines Systems von möglichen, jedoch nicht wirklichen Welten wird den Aussagen über Möglichkeit und Notwendigkeit eine angemessene semantische Bedeutung gegeben; der Wahrheitswert einer jeden Aussage dieser Art ist durch das, was in verschiedenen möglichen Welten gilt, festgelegt.
Eine gewisse Kenntnis von Plantingas Argument und von der allgemeinen Behauptung, die modale Logik könne möglicherweise die philosophische Theologie vor der Kritik Humes und Kants in Schutz nehmen, ist bereits über den Bereich der rein philosophischen Diskussion hinaus in eine breitere Öffentlichkeit gelangt.[9] So wird vielleicht einmal St. Alvin seinen Platz an der Seite von St. Anselm einnehmen; zumindest wäre es für ihn nicht schwierig, nach dem Erfolg, den er (in Humes Worten) bei der Umkehrung aller Prinzipien des Verstandes so vieler vernünftiger Leser gehabt hat, dem Erfordernis der Wunderwirkung für eine Heiligsprechung zu genügen.
Ein entscheidendes Merkmal von Plantingas System der Modalität und der möglichen Welten ist die Anerkennung von »welt-gekennzeichneten« [*world-indexed*] Eigenschaften. Wenn beispielsweise der Name ›α‹ für unsere tatsächlich existierende Welt steht und wenn Sokrates tatsächlich stupsnasig war, dann hat Sokrates nicht nur in α die Eigenschaft der Stupsnasigkeit, sondern hat auch, wenn er in irgendwelchen anderen möglichen, doch nicht tatsächlichen Welten lebt, in jeder, in der er lebt, die ›welt-gekennzeichnete‹ Eigenschaft der Stupsnasigkeit-in-α (S. 62 f.). Dies erweckt zunächst den Eindruck einer harmlosen Kleinigkeitskrämerei; tatsächlich aber spielt dieses Merkmal eine entscheidende Rolle in Plantingas Argumentation.
Plantinga führt weiterhin zwei Spezialausdrücke ein, den der »maximalen Vortrefflichkeit« und den der »maximalen

9 Vgl. etwa *Times* vom 7. April 1980, S. 66.

Größe«. »*Maximale Vortrefflichkeit*«, so legt er fest, »umfaßt *Allwissenheit, Allmacht* und *moralische Vollkommenheit*« – also alle Vollkommenheiten, die Descartes für die entscheidenden Bestimmungen des Wesens Gottes gehalten hat. »Die Eigenschaft *maximaler Größe* umfaßt« hingegen »die Eigenschaft *maximaler Vortrefflichkeit in jeder möglichen Welt*« (S. 214). Diese Definitionen besagen folgendes: Etwas mag maximale Vortrefflichkeit in einer möglichen Welt W_1 besitzen, doch in einer anderen Welt W_2 existieren, ohne in W_2 maximal vortrefflich zu sein, und es mag in einer dritten möglichen Welt W_3 ganz fehlen. In diesem Fall wäre es in W_1 zwar maximal vortrefflich, nicht aber maximal groß. Wäre es aber in W_1 maximal groß, so folgte daraus, daß es auch in jeder möglichen Welt existierte und in jeder maximal vortrefflich und zugleich maximal groß wäre.

Sobald diese Ausdrücke mit ihren Einschlüssen einmal festgelegt sind, ist die tatsächliche Argumentation im wesentlichen sehr einfach. Doch zunächst bietet Plantinga eine kompliziertere Fassung und behält sich die einfachere und direktere für später vor. »*Maximale Größe*«, so schreibt er, »ist möglicherweise exemplifiziert.« Daraus folge: »Es gibt eine Welt W^* und eine Essenz [Wesenheit] E^* von der Art, daß E^* in W^* exemplifiziert ist, und E^* schließt *maximale Größe in* W^* ein.« Wenn nun W^* tatsächlich existiert hätte, hätte E^* für jede Welt W die Eigenschaft *maximaler Vortrefflichkeit in* W^* in sich eingeschlossen, d. h., »E^* hätte die Eigenschaft *maximaler Vortrefflichkeit in jeder möglichen Welt* in sich eingeschlossen«. Mit anderen Worten: Wenn W^* tatsächlich existiert hätte, wäre die Aussage notwendig wahr: »Für jeden Gegenstand x gilt: Wenn x die Essenz E^* exemplifiziert, dann exemplifiziert x die Eigenschaft *maximaler Vortrefflichkeit in jeder möglichen Welt*.« Doch meint Plantinga, »was notwendig wahr ist, variiert nicht von Welt zu Welt«, daher *sei* diese Aussage notwendig wahr. Folglich »schließt E^* die Eigenschaft *maximaler Vortrefflichkeit in* *jeder möglichen Welt* ein.« Daraus folge: Wenn *W** tatsächlich existiert hätte, wäre *E** durch etwas exemplifiziert worden, das in jeder möglichen Welt existiert und *E** exemplifiziert hätte. Folglich »wäre es unmöglich gewesen, daß *E** nicht exemplifiziert gewesen wäre, wenn *W** tatsächlich existiert hätte«. Nun kommt der entscheidende Schritt: »Was unmöglich ist, variiert nicht von Welt zu Welt; daher ist es *tatsächlich* unmöglich, daß *E** nicht exemplifiziert ist; daher ist *E** exemplifiziert; daher [. . .] existiert ein Wesen, das in jeder Welt maximale Vortrefflichkeit besitzt.« Das bedeute einmal, daß es tatsächlich ein Wesen gibt, das die traditionellen theistischen Vollkommenheiten in sich vereinigt, dann aber auch, daß dieses Wesen sowohl notwendig existiert als auch notwendig vollkommen ist, da es in jeder möglichen Welt maximale Vortrefflichkeit besitze (S. 214–216).

Der von mir als entscheidend bezeichnete Schritt mag uns verdächtig vorkommen. Ist es so offensichtlich, daß das, was unmöglich *gewesen wäre*, wenn *W** tatsächlich existiert hätte, auch *tatsächlich* unmöglich *ist*? Zweifellos könnten wir ein System von möglichen Welten konstruieren, für das dies nicht gelten würde. Wir könnten von jeder möglichen Welt denken, daß sie ihre eigene Menge von möglicherweise möglichen Welten mit sich brächte, usw.: Wir könnten ganze ›Nester‹ von Mengen möglicher Welten ineinanderbauen. Dann könnten wir sagen: Wenn *W** tatsächlich existiert hätte, wäre *E** in allen tatsächlich möglichen Welten exemplifiziert gewesen; wenn jedoch *W** nur möglich, nicht aber tatsächlich ist, ist *E** in allen möglicherweise möglichen Welten, die mit *W** verknüpft oder von *W** her ›zugänglich‹ sind, exemplifiziert, vielleicht aber nicht in anderen möglichen Welten oder in der tatsächlich existierenden. Mit anderen Worten: Aus der Tatsache, daß maximale Größe *möglicherweise* exemplifiziert ist, würde nur folgen, daß es *möglich* ist, daß es etwas von maximaler Vortrefflichkeit in jeder möglichen Welt gibt. Die Existenz eines Dinges, dem

die Essenz E^* zukommt, wäre nicht notwendig, sondern nur möglicherweise notwendig.
Doch ist dieses denkbare System möglicher Welten nicht das System Plantingas. Es läßt aufeinanderfolgende Modalitäten zu – Aussagen von der Form ›Es ist möglich, daß es notwendig ist, daß es möglich ist, daß *p*‹, die ihre Komplexität beibehalten. Doch in Plantingas System fallen solche Aufeinanderfolgen in sich zusammen und führen zu einfachen modalen Aussagen. Wenn ›*L*‹ für ›es ist notwendig, daß‹ und ›*M*‹ für ›es ist möglich, daß‹ steht, dann ist der Ausdruck ›*MLMp*‹ gleichbedeutend mit dem einfachen Ausdruck ›*Mp*‹ und ›*MMMLp*‹ mit ›*Lp*‹ usw. Alle vorausgehenden ›*L*‹ und ›*M*‹ fallen weg; es bleiben nur der letzte modale Operator und die nicht-modale Aussage, auf die er einwirkt, erhalten. Die Wahl zwischen solchen Systemen liegt keineswegs auf der Hand und ist nicht über alle Zweifel erhaben.[10] Es gibt durchaus achtbare Systeme der modalen Logik, die solche unterschiedlichen Strukturen möglicher Welten zulassen. Es ist richtig, daß S_5, die modale Logik, in der alle aufeinanderfolgenden Modalitäten schließlich in den letzten modalen Operator aufgehen, das angemessene System für unser Verständnis *logischer* Möglichkeit und Notwendigkeit zu sein scheint. Doch ist für Plantingas System, wie wir noch sehen werden, ein Merkmal charakteristisch, das es unmöglich macht, alles, was für logische Möglichkeiten gilt, in sein System zu übertragen; daher kann man sich nicht auf diese Gründe berufen und behaupten, S_5 sei das richtige System der modalen Logik für die Art von Möglichkeiten, an die er denkt.
Dieser entscheidende Schritt ließe sich also mit einem Fragezeichen versehen. Doch da ein offensichtlicherer und grundlegenderer Einwand gegen Plantingas Argumentation spricht, soll hier darauf nicht weiter eingegangen werden. Wir wollen also einräumen, daß *mit der Struktur möglicher Welten, die er für angemessen hält*, unter der Vorausset-

10 Vgl. A. N. Prior, *Formal Logic*, Oxford 1962, T. 3, Kap. 1.

zung, daß es wenigstens eine *mögliche* Welt gibt, in der maximale Größe exemplifiziert ist, es etwas gibt, das maximale Vortrefflichkeit in jeder möglichen Welt, einschließlich der tatsächlich existierenden, besitzt.

Wie schon erwähnt, bietet Plantinga auch eine einfachere Version seines Arguments, an der sein wesentlicher Charakter deutlicher zutage tritt. Er definiert ›unüberbietbare Größe‹ als gleichbedeutend mit ›maximaler Vortrefflichkeit in jeder möglichen Welt‹. Dann sagt er: Es gibt eine mögliche Welt, in der unüberbietbare Größe exemplifiziert ist. Die Eigenschaft unüberbietbarer Größe oder maximaler Vortrefflichkeit in jeder möglichen Welt ist von der Art, daß sie entweder in jeder oder aber in keiner möglichen Welt realisiert ist. Daher *ist* sie in jeder möglichen Welt, einschließlich der tatsächlich existierenden, realisiert. Wieder beruht der entscheidende Schritt auf dem Prinzip, daß das, was notwendig oder unmöglich ist, nicht von Welt zu Welt variiert. Dies läuft auf die Ablehnung sinnvoller, sich nicht aufhebender, aufeinanderfolgender Modalitäten und des Systems ineinandergebauter ›Nester‹ von Mengen möglicher Welten hinaus und damit auf die Annahme von S_5. Obwohl, wie gesagt, dieser Punkt umstritten ist, sei er hier einmal zugestanden.

Bei Annahme des von Plantinga gewählten Systems möglicher Welten ist sein Argument sowohl in der einfacheren als auch in der komplizierteren Form schlüssig. Die Folgerung behauptet die tatsächliche und notwendige Existenz eines maximal vortrefflichen Wesens, d. h. eines Gottes mit den traditionellen oder kartesischen Vollkommenheiten. Doch werfen diese Wahrheiten nur um so entschiedener zwei Fragen auf, die die entscheidende nicht-definitorische Prämisse, die Aussage, maximale oder unüberbietbare Größe sei möglicherweise exemplifiziert, betreffen: Ist sie wahr? Und hat jemand, der nicht bereits unabhängig davon von der Wahrheit des traditionellen Theismus überzeugt ist, irgendeinen Grund, sie zu akzeptieren?

Plantingas Antwort auf die zweite Frage ist zwiespältig. Einerseits sagt er, sein Argument »sei kein gelungener Beitrag zur natürlichen Theologie«. Die natürliche Theologie »entnehme charakteristischerweise ihre Prämissen jenen Aussagen, die von beinahe jedem verständigen oder vielleicht von nahezu jedem vernünftigen Menschen akzeptiert werden«. Die entscheidende Prämisse seines Beweises sei aber nicht von dieser Art: »ein verständiger und vernünftiger Mensch, der sie überdenkt und versteht, könnte sie dennoch ablehnen«. Andererseits meint er, seine entscheidende Prämisse ähnele Leibniz' Gesetz: Wenn wir sie sorgfältig überdenken und die gegen sie erhobenen Einwände und ihre Beziehungen zu anderen Aussagen abwägen, »haben wir guten Grund, sie zu akzeptieren«. Obwohl sich demnach von diesen neuen Fassungen des ontologischen Arguments »vielleicht nicht sagen läßt, sie *bewiesen* ihre Folgerung [...], ist es doch vernünftig, ihre zentrale Prämisse zu akzeptieren; sie zeigen dann, daß es vernünftig ist, diese Folgerung zu *akzeptieren*« (S. 220 f.). Die Gründe für diese zwiespältige Antwort sind noch eingehender zu prüfen, ehe deutlich werden kann, wie das Argument selbst abschließend zu beurteilen ist.

Welche Gründe könnten einen also veranlassen, die entscheidende Prämisse entweder zu akzeptieren oder abzulehnen? Meines Erachtens ist der einzige Grund zu akzeptieren oder anzunehmen, daß maximale Größe möglicherweise exemplifiziert ist, darin zu sehen, daß im Begriff maximaler oder unüberbietbarer Größe ein Widerspruch weder offen noch versteckt enthalten ist. Was nicht in sich widersprüchlich ist, ist logisch möglich. Folgt daraus aber nicht, daß es in diesem Sinn möglich ist zu folgern, daß es eine mögliche Welt gibt, in der es etwas gibt, das maximal oder unüberbietbar groß ist? Weshalb sollte dies nicht daraus folgen? Weshalb sollte nicht die Menge aller möglichen Welten den vollen Bereich der (komplexen) logischen Möglichkeiten abdecken? Leider aber gibt es einen guten Grund, weshalb

dies nicht der Fall sein kann; Plantinga selbst erwähnt ihn in einer seiner Erörterungen.
Plantinga definiert einen anderen Begriff: »Nicht-Maximalität«. Darunter versteht er die Eigenschaft, daß es kein maximal großes Wesen gibt. Jemand könne dann folgendermaßen argumentieren: Nicht-Maximalität ist möglicherweise exemplifiziert, d. h., es gibt eine mögliche Welt, in der Nicht-Maximalität exemplifiziert und daher maximale Größe nicht exemplifiziert ist; wenn aber maximale Größe nicht in jeder möglichen Welt exemplifiziert ist, ist sie überhaupt nicht exemplifiziert; daher kann es keine mögliche Welt geben, in der maximale Größe exemplifiziert ist, d. h., maximale Größe ist nicht möglich. Da wir aus der Prämisse, maximale Größe sei in irgendeiner möglichen Welt exemplifiziert, folgern konnten, daß Nicht-Maximalität in keiner Weise exemplifiziert ist, können wir in gleicher Weise auch schlüssig aus der Prämisse, Nicht-Maximalität sei in irgendeiner möglichen Welt exemplifiziert, folgern, daß maximale Größe in keiner Weise exemplifiziert ist (S. 218 f.).
Folglich können die beiden Prämissen ›Nicht-Maximalität ist möglicherweise exemplifiziert‹ in dem Sinn, daß es eine mögliche Welt gibt, in der sie exemplifiziert *ist*, und ›Maximale Größe ist möglicherweise exemplifiziert‹ im entsprechenden Sinn nicht beide zugleich wahr sein. Dennoch gilt der oben genannte Grund für die Annahme der entscheidenden Prämisse von Plantingas ontologischem Argument, daß im Begriff maximaler oder unüberbietbarer Größe kein Widerspruch vorliegt, in gleicher Weise auch für die Annahme der Prämisse des Gegenarguments: Auch im Begriff der Nicht-Maximalität findet sich weder ein offener noch ein verborgener Widerspruch. Wenn wir aus dem Fehlen eines logischen Widerspruchs in dem einen Fall auf die Möglichkeit und von dort auf die Existenz einer möglichen Welt, in der diese Möglichkeit realisiert ist, schließen konnten, müßten wir dies mit gleichem Recht auch in dem

anderen Fall können. Da jedoch ein solcher Schluß in beiden Fällen zugleich ohne Selbstwiderspruch nicht möglich ist, folgt daraus, daß wir weder in dem einen noch in dem anderen Fall vernünftigerweise so schließen können. Wie gesagt scheint es aber keinen anderen Grund zu geben, weshalb jemand, der nicht schon im vorhinein von der Wahrheit des Theismus überzeugt ist, die Prämisse akzeptieren sollte, daß maximale oder unüberbietbare Größe möglicherweise exemplifiziert ist. Daher ist Plantingas Argument, wie er selbst zugibt, kein gelungener Beitrag zur natürlichen Theologie.

Wo aber liegt genau der Fehler? Wenn wir uns entschließen, überhaupt mögliche Welten in unsere Betrachtung einzubeziehen – gleichgültig, ob wir dabei eine realistische Auffassung vertreten oder nicht[11] –, nehmen wir gewöhnlich an, daß es für jede logisch mögliche Aussage oder Aussagenverbindung wenigstens eine mögliche Welt gibt, in der sie realisiert ist. Das heißt, gewöhnlich gehen wir davon aus, daß sich von Widerspruchslosigkeit auf Möglichkeit und von daher auf eine mögliche Welt schließen läßt. Diese Schlußform ist jedoch in Plantingas System durch die Einführung von »welt-gekennzeichneten« Eigenschaften ausgeschlossen. Denn durch sie werden Merkmale der einen Welt teilweise abhängig von Merkmalen aller anderen möglichen Welten. Wenn jede mögliche Welt unabhängig von jeder anderen Welt wäre, dann könnten wir für jede Höchstmenge widerspruchsloser Sätze die Existenz einer möglichen Welt einräumen und von daher sagen, jede logische Möglichkeit sei in wenigstens einer möglichen Welt realisiert. Wenn aber mögliche Welten als voneinander abhängig gedacht werden, kann die Existenz einer möglichen Welt, in der die eine widerspruchslose Aussage realisiert ist, unvereinbar mit der Existenz einer anderen möglichen Welt sein, die eine andere widerspruchslose Aussage exemplifiziert. Das Prinzip, man

11 Zur Verteidigung eines solchen Realismus vgl. D. Lewis, *Counterfactuals*, Oxford 1973, S. 84–91.

könne immer von der Widerspruchslosigkeit auf eine mögliche Welt schließen, läßt sich nicht *zugleich* mit dem Prinzip, »welt-gekennzeichnete« Eigenschaften könnten ohne Beschränkung eingeführt werden, aufrechterhalten.

Da Plantinga »welt-gekennzeichnete« Eigenschaften unbeschränkt einführt und damit die eine mögliche Welt von der anderen abhängig macht, deckt sein System möglicher Welten nicht den vollen Bereich logischer Möglichkeiten ab und kann ihn nicht abdecken. Aus diesem Grund läßt sich aus der Tatsache, daß S_5 die angemessene modale Logik für logische Möglichkeiten und Notwendigkeiten ist, nicht schließen, sie sei auch für Welten mit »welt-gekennzeichneten« Eigenschaften angemessen. Daher bleibt es zweifelhaft, ob eine Aufeinanderfolge von Modalitäten tatsächlich in dem Sinn in ihrem letzten Glied aufgeht, wie es für den entscheidenden Schritt in Plantingas ontologischem Beweis erforderlich ist. Dieser Schritt beruht, wie wir gesehen haben, auf dem Prinzip, daß alles, was möglicherweise notwendig ist, einfachhin notwendig ist.

Wir haben also Grund, auf unserem schon früher geäußerten Zweifel hinsichtlich des entscheidenden Schritts zu bestehen. Das wichtigere Ergebnis aber lautet, daß wir keinen Grund haben, die entscheidende Prämisse von Plantingas Argument statt der Prämisse des Gegenarguments mit der »Nicht-Maximalität« zu akzeptieren. Die Einführung »welt-gekennzeichneter« Eigenschaften, die *ebenfalls* für Plantingas Version des ontologischen Beweises wesentlich ist, untergräbt *sowohl* das, was ich den entscheidenden Schritt genannt habe, *als auch* seine entscheidende Prämisse.

Darauf könnte er antworten: Unter der Voraussetzung seines Systems von möglichen Welten, müsse *eines* der beiden Argumente, sein ontologisches oder das Argument der »Nicht-Maximalität«, gut begründet sein: Jedes sei schlüssig, und so, wie beide entscheidenden Prämissen nicht zugleich wahr sein könnten, könnten sie auch nicht zugleich falsch sein. Sollten wir also die eine akzeptieren, obwohl für die Wahrheit der anderen genauso viel spricht? Mehr kann Plantinga jedenfalls nicht meinen, wenn er am Ende seines Kapitels sagt, es sei »vernünftig«, die zentrale Prämisse seines Arguments zu akzeptieren, und daher »vernünftig«, seiner Folgerung zuzustimmen (S. 221). Es ist vernünftig in dem Sinn, wie es vernünftig ist, eines von zwei Dingen zu tun, wenn man wählen muß, doch keinen Grund hat, das eine dem anderen vorzuziehen. Wenn er aber nur das meint, hat er sich höchst irreführend ausgedrückt. Seine Worte sind gewiß geeignet, dem etwas unvorsichtigen oder dem zum Theismus neigenden Leser zu verstehen zu geben, Plantinga habe gezeigt, es sei *vernünftiger*, dem Theismus zuzustimmen als ihn abzulehnen – dies vor allem auch deswegen, weil er diesem Abschnitt den Titel gegeben hat: »Eine siegreiche modale Version«.

Doch er hat noch nicht einmal recht mit der Behauptung, die Wahl gleiche dem Werfen einer Münze. Denn zum einen hat man noch eine dritte Möglichkeit, nämlich sich des Urteils zu enthalten, d. h., weder die Prämisse des ontologischen noch die seines Gegenarguments zu akzeptieren. Zum andern hätten wir, wenn wir nur zwischen diesen beiden Prämissen wählen könnten, uns immer noch zu fragen, welche von ihnen angesichts des Fehlens irgendeines Vorzugsgrundes die einfachere und welche die ausgefallenere ist, d. h., welche mehr als notwendig die Wesenheiten vervielfältigt. Zweifellos ist jene ausgefallener, die die Realisierung maximaler Größe in einer möglichen Welt behauptet. Denn sie zieht die Folgerung nach sich, daß ein maximal vortreffliches, ja sogar ein maximal großes Wesen in jeder möglichen Welt existiert, während die konkurrierende Prämisse, daß »Nicht-Maximalität« in irgendeiner möglichen Welt realisiert ist, zwar noch die Möglichkeit der Realisierung maximaler Vortrefflichkeit in einigen möglichen Welten einräumt, nicht jedoch in anderen. Die zweite Prämisse ist also weniger restriktiv und ausgefallen und daher aufgrund sehr genereller Erwägungen eher annehmbar.

Es ist Plantinga zugute zu halten, daß er auf das Gegenargument der »Nicht-Maximalität« ausdrücklich aufmerksam macht; denn wenn wir es übersähen, wäre sein ontologisches Argument auf hinterhältige Art anziehend. Die Prämisse, daß es etwas unüberbietbar Großes gebe, sei eben *möglich*, erscheint unverdächtig. Gewöhnlich sind wir ohne weiteres bereit einzuräumen, daß noch so Ausgefallenes wenigstens möglich ist, und wir konzentrieren unsere kritische Prüfung auf die Frage, ob das, was eben möglich ist, auch tatsächlich existiert. Aber die unüberbietbare Größe ist unter der Voraussetzung der in seiner Definition enthaltenen »welt-gekennzeichneten« Eigenschaften und des Beharrens auf S_5, nach dem das, was möglicherweise notwendig ist, notwendig *ist*, ein trojanisches Pferd, keine nur unschuldige Möglichkeit. Es ist ein Geschenk, das wir mit großem Argwohn betrachten sollten. Jeder, der nicht schon aufgrund anderer unabhängiger Überlegungen von der Wahrheit des traditionellen Theismus überzeugt ist, hat allen Grund, die entscheidende Prämisse von Plantingas Argument abzulehnen: Ihre Wahl gleicht noch nicht einmal dem Werfen einer Münze.

Dieses Argument ist also nicht nur »kein gelungener Beitrag zur natürlichen Theologie«, sondern ist noch nicht einmal »siegreich«: Es gibt keine konkurrierenden Überlegungen, über die es den Sieg davontragen würde. Tatsächlich wird ein einleuchtendes System der modalen Logik und möglicher Welten entweder die »welt-gekennzeichneten« Eigenschaften fallen lassen oder ineinandergebaute ›Nester‹ möglicher Welten zulassen und damit das Aufgehen aufeinanderfolgender Modalitäten in ihrem letzten Glied vermeiden. Beide Verbesserungen ließen Plantingas Argument keine Chance. Doch selbst wenn wir das einigermaßen willkürlich gewählte modale System, das es schlüssig macht, akzeptierten, hätten wir bessere Gründe, seine entscheidende Prämisse abzulehnen als anzunehmen. Als Stütze für den Theismus ist das Argument also wertlos und nur interessant als eine logische Kuriosität. Es stellt eine weitaus weniger ernste

Herausforderung für den theologischen Skeptiker dar als Anselms Version. Die heute manchmal auch populär-wissenschaftlich verbreitete Ansicht, die Fortschritte der modalen Logik erlaubten die Konstruktion von Argumenten, die atheistische oder agnostizistische Philosophen aufschrecken, theistischen aber zum Trost gereichen müßten, ist einfach falsch und völlig unbegründet.

Plantingas Überlegungen werfen auch ein wenig Licht auf Leibniz' Verteidigung des ontologischen Beweises. Leibniz meint, Descartes' (und auch Anselms) Version sei nicht falsch, doch unvollständig. Sie zeige, daß, wenn Gott als ein Wesen von größter Erhabenheit und Vollkommenheit möglich sei, er auch wirklich sei. Zur Vervollständigung dieses Beweises habe man noch zu zeigen, daß ein solches Wesen möglich ist. Leibniz versuchte dies, indem er nachwies, daß es zwischen verschiedenen Vollkommenheiten keine Unvereinbarkeit geben könne.[12] Er mag nun recht mit seiner Behauptung haben, in der vorgeschlagenen Definition finde sich keine logische Unmöglichkeit verborgen; doch aus Gründen, die hier schon genannt wurden, hat er unrecht, wenn er meint, sobald dies einmal zugestanden sei, sei Descartes' Beweis schlüssig. Andererseits hat Plantinga die Definition eines Gottes als eines Wesens von maximaler Größe in dem von ihm erklärten Sinn und eine Deutung von Möglichkeit gefunden, die zusammen die Behauptung wahr machen, daß, wenn ein solches Wesen möglich ist, es auch tatsächlich und sogar notwendig existiert. Gleichzeitig aber bringt sein Verständnis von Möglichkeit es mit sich, daß der Nachweis, in der vorschlagenen Definition eines Gottes finde sich keine Unmöglichkeit, nicht mehr ausreicht, um zu zeigen, daß ein solches Wesen im geforderten Sinn möglich ist. Was auf der einen Seite gewonnen wurde, ging auf der anderen verloren.

12 G. W. Leibniz, *Nouveaux essais sur l'entendement humain* (1704), dt. *Neue Abhandlungen über den menschlichen Verstand*, übers. und erl. von E. Cassirer, Leipzig ^{3}1915, Nachdr. Hamburg 1971, Buch IV, Kap. X.

Wir konnten nicht alle bisher vorgetragenen Varianten des ontologischen Arguments prüfen, und zweifellos werden noch weitere ersonnen werden. Meines Erachtens aber haben wir genug gesehen, um vernünftigerweise annehmen zu können, daß sich kein Beweis dieser Art letztlich als ein »gelungener Beitrag zur natürlichen Theologie« erweisen wird: Wenn jemand ausschließlich Prämissen und Prinzipien verwendet, die nahezu jeder vernünftige Mensch akzeptieren muß, wird er nicht beweisen können, daß es einen Gott im traditionellen Sinn gibt.

Kapitel 4

Berkeleys Gott und immaterieller Realismus

(a) *Berkeleys Theismus – Darstellung*

Berkeleys immaterialistische Philosophie spielt unter den zugunsten des religiösen Glaubens vorgebrachten weithin akzeptierten Gründen eine viel geringere Rolle als jede Form des ontologischen Arguments. Dennoch verdient sie als philosophische Theorie ernst genommen zu werden. Als eine Form des Theismus hat sie den Vorzug, daß sie der traditionellen Lehre, Gott habe die Welt nicht nur erschaffen, sondern erhalte sie auch beständig im Dasein, und unser endlicher Geist mit den meisten seiner Erkenntnisinhalte hänge unmittelbar vom unendlichen Geist Gottes ab, eine sehr klare Deutung gibt. Wir sollten diese Theorie nicht leichthin nur deswegen abtun, weil sie dem gesunden Menschenverstand widerspricht – was tatsächlich stimmt, obwohl Berkeley dies energisch bestritten hat –, sondern seine Argumente prüfen und seine Folgerungen nur dann verwerfen, wenn sich seine Argumente als nicht zwingend erweisen.

Die Grundzüge von Berkeleys Theorie sind bekannt: Alles, was existiert, sind Geist und Ideen; Ideen sind Wesenheiten, deren *esse est percipi*, d. h., die im und durch das Perzipiertwerden existieren. Die Dinge der Außenwelt, die wir gemeinhin für materiell halten, sind in Wahrheit nichts als Gruppen von Ideen. Ideen sind völlig passiv: Zwar begleiten sie in bestimmter Regelmäßigkeit einander oder folgen aufeinander, doch ist in Wirklichkeit keine Idee die Ursache irgendeiner anderen – bringt keine irgend etwas hervor. Alle eigentliche Aktivität und Ursächlichkeit kommt nur Geist und Willen zu. Sowohl der menschliche als auch der göttliche Geist sind aktiv; doch ist der göttliche Geist weitaus mächtiger als der unsere. Gegen den Einwand, seine Theorie reduziere den gesamten Bereich der gewöhnlichen materiellen Dinge auf eine Täuschung der Phantasie, beharrt Berkeley darauf, daß die Unterscheidung zwischen Täuschung und Realität aus zwei Gründen beibehalten werden muß. Vom Standpunkt des Wahrnehmenden aus stellen die von uns so genannten wirklichen Dinge eine Unterklasse von Ideen dar, die von einer anderen Unterklasse, zu der verschiedene Arten von »Chimären und Täuschungen der Phantasie« gehören, durch drei Merkmale unterschieden ist: Die ersteren (»sinnliche Ideen«) sind unabhängig vom Willen des Wahrnehmenden, die letzteren nicht; die ersteren sind »kräftiger, geordneter, zusammenhängender« als die letzteren; und schließlich haben die ersteren »eine gewisse Beständigkeit, Ordnung und Zusammenhang«, d. h., sie erscheinen in Übereinstimmung mit den festen Regeln, die wir als Naturgesetze bezeichnen. Diese unmittelbar einleuchtenden Unterschiede aber spiegeln und bezeugen, daß die sinnlichen Ideen durch den Willen eines mächtigeren Geistes, nämlich den Gottes, in unserem Geist hervorgebracht werden. Auch brauchen diese Ideen, die die »Wirklichkeit« ausmachen, nicht immer wieder neu zu werden und zu vergehen, je nachdem ob ein menschlicher Geist anfängt oder aufhört, sie wahrzunehmen, sondern sie können dadurch, daß Gottes Geist sie beständig perzipiert, existent bleiben, unabhängig davon, ob ein menschlicher Geist sie wahrnimmt oder nicht.[1]

Innerhalb dieser allgemeinen Theorie ist jedoch ein Punkt, über den Berkeleys Ansichten dunkel bleiben und zu dem er sich an verschiedenen Stellen unterschiedlich äußert. Wenn

1 G. Berkeley, *A Treatise concerning the Principles of Human Knowledge* (1710), dt. *Eine Abhandlung über die Prinzipien der menschlichen Erkenntnis*, nach der Übers. von F. Ueberweg neu hrsg. von A. Klemmt, Hamburg 1979, §§ 1–33. Die im Text angeführten Zitate sind dieser Ausgabe entnommen.

eine Idee nur in und durch das Perzipiertwerden existiert, scheint es sich bei ihr einfach um einen geistigen Inhalt oder um einen Bewußtseinsgegenstand zu handeln; dann aber ist es unmöglich, daß mehr als ein Geist genau dieselbe Idee wahrnehmen könnte. Jeder Geist hätte seine eigenen Ideen, die durch den Wahrnehmungs- oder Bewußtseinszustand dieses Geistes konstituiert würden. Unterschiedliche Geister könnten zwar systematisch ähnliche oder genau gleiche Inhalte haben, doch wäre die Tatsache, daß der eine Geist einen solchen Inhalt hat oder sich in einem bestimmten Bewußtseinszustand befindet, numerisch verschieden von der Tatsache, daß ein anderer Geist einen genau gleichen Inhalt hat. Daraus würde aber folgen, daß der Baum, den ich sehe, welcher nur meine eigene Idee ist, tatsächlich *aufhört* zu existieren, wenn ich aufhöre, ihn zu sehen, selbst wenn eine sehr ähnliche Baumidee weiterexistiert, weil ein anderer oder weil Gott sie wahrnimmt. Dies ist eine mögliche Deutung. Nach einer anderen Deutung wären Ideen in ihrer Existenz zwar *kausal* abhängig von perzipierenden Geistern, würden aber nicht durch das Perzipiertwerden *konstituiert* und wären mehr als geistige Inhalte oder Bewußtseinszustände. Nach diesem Verständnis wären »wirkliche Dinge« unmittelbar von Gottes Willen hervorgebrachte Ideen; der Baum, den ich sehe, hätte eine von *meinem* Geist völlig unabhängige Existenz, sein *esse* wäre gewiß kein *percipi* durch mich: Er wäre nicht etwas, das in meinem Geist durch Gott *hervorgebracht* würde, sondern würde unabhängig von meinem Geist durch Gott ins Dasein gebracht und im Dasein erhalten und von mir als ein realer, von meinem Wahrnehmen unterschiedener Gegenstand wahrgenommen. Einiges, was Berkeley in seinen *Prinzipien der menschlichen Erkenntnis* sagt, spricht zugunsten der einen, anderes zugunsten der anderen Deutung; daher müssen wir beide gelten lassen. Doch insgesamt scheint die erste die in sich stimmigere und interessantere Position zu sein. (Diese Interpretation ist deutlich von Samuel Johnson in seinem ersten und zweiten Brief an Berkeley dargelegt worden, und dieser scheint ihr in seiner zweiten Antwort auch zugestimmt zu haben.[2])

Welche Deutung man auch annimmt, immer läßt sich Berkeleys Theorie als immaterieller Realismus beschreiben. ›Immateriell‹, weil er nicht nur die Existenz von ›Materie‹ als ›Substrat‹ bestreitet, sondern darüber hinaus auch, weil es nach ihm unabhängig vom Geist materielle Dinge in Raum und Zeit gibt. ›Realismus‹, weil es nach Berkeley vom Standpunkt jedes einzelnen Wahrnehmenden aus eine Welt gibt, die nicht durch seine eigenen Wahrnehmungen konstituiert wird, sondern aus anderen Geistern und aus Ideen besteht, die nicht seine eigenen sind, besonders aus den göttlichen Ideen, die die ›Wirklichkeit‹ konstituieren, welche wir den Täuschungen der Phantasie und bloßen Vorstellungsinhalten entgegensetzen.

Für unsere gegenwärtigen Zwecke ist diese Philosophie deswegen von Interesse, weil sie Thesen umfaßt, die den Lehren des traditionellen Theismus ähnlich sind, obwohl sie in mancher Hinsicht über sie hinausgehen, in anderer dagegen hinter ihnen zurückbleiben. Nach Berkeleys allgemeiner Theorie gibt es einen Gott, der zwar sehr mächtig, doch nicht notwendigerweise allmächtig ist; denn obwohl die »wirklichen Dinge« vollständig von seinem Willen abhängen, könnte dem menschlichen Geist doch ein gewisses Maß an Unabhängigkeit zukommen. Und obwohl seine »Weisheit und Güte« durch die bewunderungswürdige Ordnung der »wirklichen Welt« bezeugt werden, muß er deswegen doch nicht *all*gütig sein. Allerdings wendet Berkeley gegen diejenigen, die auf das Problem des Übels verweisen, ein, wenn wir die gesamte »wirkliche Welt« zureichend überblicken könnten, würden wir sie als ganz und gar gut erkennen und könnten daher auch ihrem Schöpfer vollkom-

2 Vgl. den philosophischen Briefwechsel zwischen Berkeley und Samuel Johnson, in: G. Berkeley, *The Works*, hrsg. von A. A. Luce und T. E. Jessop, Bd. 2, London 1949, S. 271–294.

mene Güte zusprechen. Gewöhnlich behauptet ein Theist, die gesamte physische Welt hänge von Gott ab, sie sei nicht nur von ihm erschaffen, sondern werde in ihrer Existenz auch beständig von ihm erhalten; doch bleibt diese Beziehung dunkel und unerklärt. Demgegenüber bietet Berkeleys Theorie eine klare und verständliche Deutung der Abhängigkeit der »physischen Welt« von Gott; denn diese besteht einfach aus Ideen, die primär im göttlichen Geist existieren, und vielleicht noch aus anderen, doch ähnlichen Ideen in unserem Geist, welche dort durch seinen Willen hervorgebracht werden. Berkeley schrieb seine *Prinzipien* und seine *Drei Dialoge* ausdrücklich gegen »Skeptizismus, Atheismus und Religionslosigkeit«, von denen er vielleicht zu Recht meinte, sie seien die letzten Konsequenzen aus Lockes Philosophie und aus dem naturwissenschaftlichen Ansatz, den sie formuliert und reflektiert. Seine Hauptargumente lassen sich durchaus als ein ungewöhnlicher Versuch verstehen, die Existenz Gottes im Sinne des traditionellen Theismus zu beweisen.

Berkeley sah sich zu seiner Philosophie durch die Lockes veranlaßt, und er hat sie in der Kritik an Locke entwickelt. Spätere Philosophen haben sie oft nur als eine *reductio ad absurdum* von Lockes Theorien herangezogen – und sie als solche begrüßt. Doch ob sie sich in dieser Weise zu Recht verwenden läßt oder nicht, ist für unseren gegenwärtigen Zweck unerheblich. Wenn wir Berkeleys Auffassungen als ein Argument für die Existenz eines Gottes prüfen, müssen wir fragen, ob sie sich als direkte Argumente, nicht als *reductiones ad absurdum* verteidigen lassen. Wenn es ihm gelingen soll, zu den gewünschten Folgerungen als positiven Lehren zu gelangen, haben wir seine Lockeschen Ausgangspunkte zu verteidigen, nicht zu verwerfen.

In einem ersten Schritt sagt Berkeley, nicht nur Gedanken, Gefühle und »Einbildungsvorstellungen« könnten nur in einem Geist existieren, sondern auch die »den Sinnen eingeprägten Ideen«, die er mit den »sinnlichen Dingen« gleichsetzt. Selbst in dem, was wir als Sinneswahrnehmungen bezeichnen, perzipierten wir immer unsere eigenen Ideen, die nur im und durch das Perzipiertwerden existierten. Da auch Locke genau dies von der direkten Wahrnehmung behauptet, wäre diese Prämisse, falls wir nur nach einem *ad hominem* Argument gegen Locke suchten, genügend gesichert. Aber läßt sie sich auch in sich selbst verteidigen? Kann sie der, wie Berkeley zugibt, gewöhnlichen Auffassung standhalten, daß Häuser, Berge und Flüsse auch unabhängig von ihrem Perzipiertwerden existieren? Berkeley meint, diese gewöhnliche Ansicht enthalte eine unmögliche Art von Abstraktion: Es sei mir unmöglich, »irgend ein sinnlich wahrnehmbares Ding oder Objekt gesondert von seiner sinnlichen Wahrnehmung oder Perzeption zu denken« (§ 5).

Meines Erachtens laufen in seiner Argumentation zwei verschiedene Beweisgänge ineinander, von denen der eine einleuchtet, der andere dagegen falsch ist. Der irrige (von dem Berkeley unklugerweise zweimal sagt, er wolle seine gesamte Theorie darauf gründen) lautet, es bestehe ein »Widerspruch« in der Vorstellung, daß ein Baum oder ein Haus für sich selbst existiert, unabhängig von irgendeinem Geist und ohne daß dieser Gegenstand von ihm wahrgenommen wird. Da jeder, der behauptet, sich dies vorzustellen, sich das Haus vorstelle, könne es nicht vollständig unvorgestellt oder von jedem Geist unabhängig sein (§ 23). Doch während es tatsächlich in sich widersprüchlich wäre zu behaupten: ›Ich stelle mir ein Haus vor, das niemand sich vorstellt‹, ist es nicht widersprüchlich zu sagen: ›Ich stelle mir vor, daß es ein Haus gibt, das niemand sich vorstellt oder perzipiert‹: Sich vorstellen, daß es (irgendwo) ein Haus gibt, bedeutet nicht, daß es ein Haus gibt, das sich jemand vorstellt. Dies genügt dem Realisten, wenn er über Häuser redet; das Argument in § 23 widerlegt ihn nicht. Berkeleys Argument weist aber noch zwei weitere Mängel auf. Erstens würde es, wenn es richtig wäre, nur beweisen, daß wir nicht widerspruchslos annehmen können, daß es Häuser usw. gibt, die nicht *sowohl* existieren *als auch* darüber hinaus perzipiert oder vorgestellt werden. Es würde aber noch nicht einmal dem Ansatz nach zeigen, daß Häuser usw. im und durch das Perzipiert- oder Vorgestelltwerden existieren; das aber wollte Berkeley nachweisen. Zweitens würde das Argument, wenn es richtig wäre, zuviel beweisen. Obwohl er es in Hinblick auf »sinnliche Objekte« wie Häuser und Bücher formuliert, spielt doch deren spezifische Eigenschaft, Sinnesobjekte zu sein, im Argument keine Rolle. Wenn es also gültig wäre, würde es in gleicher Weise auch gegen die Annahme sprechen, daß ich mir vorstellen kann, es gebe Geister, die ich mir nicht vorstelle oder die unabhängig von meiner Vorstellung existieren. Es wäre demnach ein Argument zugunsten des Solipsismus, nach dem die Existenz nicht nur materieller Dinge, sondern auch die anderer Geister einschließlich des göttlichen Geistes nur insofern vorstellbar ist, als ich sie mir denke. Diese Beweisführung ist also nicht nur irrig, sondern weist auch in zweierlei Hinsicht in die falsche Richtung.

Der andere Beweisgang richtet sich auf die »sinnlichen Dinge«, »die Dinge, die wir sehen und fühlen«, oder auf das, was in der Sinneswahrnehmung unmittelbar bewußt wird. Unsere Wahrnehmungszustände haben, so würde ich lieber sagen, einen Inhalt; dieser Inhalt ist aber nicht einmal gedanklich von seinem Wahrgenommenwerden ablösbar. Dasselbe läßt sich auch so ausdrücken, daß wir Ideen als intentionale Objekte zu verstehen haben. Schließlich könnten wir dies auch in einer ›adverbialen‹ Analyse zum Ausdruck bringen: Wenn ich sage, ich sehe etwas Rotes, dann gehört die gesehene Röte nicht zu einem Gegenstand außerhalb von mir oder in mir, sondern zu der Art und Weise, *wie ich wahrnehme*; wir könnten sagen, ich nehme in roter Weise wahr. Doch gleichgültig, wie man diesen Aspekt der Sinneswahrnehmung auch beschreiben mag, er ist jedenfalls unbestreitbar. Viele Aussagen Berkeleys sind zweifellos für diese Art von Ideen gültig: Ihr *esse* ist *percipi*, und es ist noch nicht einmal möglich, sie gedanklich von ihrem Perzipiert- oder Wahrgenommenwerden zu trennen. Einige Philosophen scheinen die Gegebenheit von Ideen in diesem Sinn zu bestreiten; doch zu ihren Gunsten sollte man ihnen nicht unterstellen, sie würden damit den Versuch machen, Unbestreitbares zu bestreiten, sondern sie statt dessen so deuten, daß sie damit sagen wollen, die Wichtigkeit von Ideen dieser Art sei übertrieben oder mißverstanden worden oder es sei irreführend, von solchen Inhalten zu sagen, sie seien ›direkte‹ oder ›unmittelbare‹ Wahrnehmungsgegenstände, während man treffender sagen könnte, unabhängig existierende materielle Dinge würden nur ›indirekt‹ wahrgenommen, und es sei auch irreführend, eine Theorie der Sinneswahrnehmung, die ausdrücklich diese Inhalte berücksichtigt, als ›Repräsentationstheorie‹ zu bezeichnen. Die entscheidende Frage lautet: Wenn diese Inhalte oder intentionalen Objekte einmal anerkannt sind, was ist dann von der gewöhnlichen Überzeugung zu halten, daß wir Häuser, Berge und ganz allgemein eine materielle Welt wahrnehmen und wissen, daß ihre Existenz von ihrem Wahrgenommenwerden unterscheidbar und unabhängig ist?

Der erste und entscheidende Punkt ist, daß diese Anerkennung eine Bresche schlägt, die einem Skeptizismus hinsichtlich der materiellen Welt, wie wir sie uns gewöhnlich vorstellen, zunächst Tür und Tor öffnet. Schon Descartes hatte darauf hingewiesen, es sei widerspruchslos denkbar, daß ich in Hinblick auf meinen inneren Erfahrungszustand als solchen so bin, wie ich bin, und daß es dennoch keine materielle Welt gibt. Unsere Alltagssprache verschleiert diese Tatsache. Wir beschreiben den Erfahrungszustand eines Menschen, indem wir sagen: ›Er sieht einen Fluß mit einem Berg im Hintergrund‹; damit wollen wir etwas zu verstehen geben, das falsch wäre, wenn es diesen Fluß und diesen Berg sowie diesen Menschen in dem entsprechenden Wahrnehmungszustand nicht gäbe und wenn keine angemessene kausale Beziehung zwischen Fluß und Berg einerseits und dem Wahrnehmungszustand andererseits bestünde. Doch lassen sich die verschiedenen Aspekte, die in dieser gewöhnlichen Beschreibung zusammengefaßt sind, auch voneinander trennen. Obwohl dieser Mensch *diesen Fluß* nicht *sehen* würde (im gewöhnlichen Sinn), wenn es den Fluß nicht gäbe, so könnte er sich doch, falls es ihn nicht gäbe, in demselben inneren Zustand befinden, in dem er sich jetzt befindet, obwohl wir dann sagen müßten: ›Es ist mit ihm, als ob er einen Fluß sähe‹, usw. Gegen diese Möglichkeit des Skeptizismus kann man nicht einwenden, die zweite Beschreibung sei nur möglich in Anlehnung an die gewöhnliche Sprache, die dazu gedacht sei, eine unabhängig existierende materielle Welt zu beschreiben. Tatsächlich müßte jede angemessene Beschreibung des Erfahrungszustands eines gewöhnlichen Wahrnehmenden die Überzeugungen und Deutungen in sich aufnehmen, die eng mit seinem rein sinnlichen Zustand verknüpft sind – er sieht das *als* einen Fluß usw.; dies legt *uns* aber nicht darauf fest, mit dieser Art, den Zustand zu beschreiben, auch die damit verbundenen Überzeugungen und Deutungen oder gar die allgemeinen Kategorien, in denen sie ausgedrückt werden, zu übernehmen.

Berkeley will nun aber nicht den Skeptizismus verteidigen, sondern ihn gerade abwehren. Deswegen sucht er nachzuweisen, daß sich die Annahme einer unabhängig existierenden materiellen Welt, die aufgrund der Unterscheidung zwischen Inhalten oder intentionalen Objekten der Wahrnehmung und unabhängigen Gegenständen bezweifelbar ist, noch nicht einmal widerspruchslos formulieren läßt. Dazu nennt er eine ganze Reihe von Argumenten, die sich jedoch knapp zusammenfassen lassen.

Erstens bestehe Einigkeit darüber, daß Ideen (oder Inhalte oder intentionale Objekte) nur im Geist existieren. Daher sei zu fragen, ob es Dinge außerhalb des Geistes geben kann, die ihnen ähnlich oder deren Kopien sie sind. Berkeley antwortet darauf, eine Idee könne nur einer Idee ähnlich sein (§ 8).

Zweitens bringt er ein *argumentum ad hominem* gegen Locke und dessen Anhänger vor: Sie erkennen an, daß die Ideen von sekundären Qualitäten wie Farben, Töne, Wärme und Kälte, wie wir sie wahrnehmen, »nicht die Ebenbilder von irgend etwas sind, das außerhalb des Geistes oder unperzipiert existiert«. Doch nennen sie keine Gründe für die Annahme, daß es sich mit den primären Qualitäten wie Gestalt, Ausdehnung und Bewegung anders verhält. Auch lasse sich noch nicht einmal widerspruchslos die Idee eines Körpers mit nur primären, doch ohne sekundäre Qualitäten bilden (§§ 9–10).

Drittens seien spezifische oder bestimmte Werte solcher primärer Qualitäten wie Entfernung und Geschwindigkeit immer nur relative Größen; dies zeige, daß sie »nur in unserem Geist« existieren. Die entsprechenden allgemeinen Bestimmungen oder Merkmale – Entfernung, Bewegung usw. im allgemeinen – seien Abstraktionen, die mit seiner Kritik an der Theorie der abstrakten allgemeinen Ideen (in der Einführung zu seinen *Prinzipien*) erledigt seien (§ 11).

Viertens sei die Materie oder die materielle Substanz als Substrat, das angeblich die primären Qualitäten in der Außenwelt tragen solle, ein unbekanntes Etwas; selbst Locke gebe zu, daß er mit dem Ausdruck ›materielle Substanz‹ nicht mehr verbinde als den relativen Begriff des Tragens von Qualitäten. Das Wort ›Tragen‹ sei hier aber nichts als eine unerklärte Metapher; weder dem Substrat selbst noch seiner Relation zu den primären Qualitäten habe man bisher eine bestimmte Deutung gegeben noch könne man sie geben (§§ 16–17).

Fünftens könnten wir niemals *wissen*, daß es eine materielle Welt gibt, selbst wenn wir sie uns widerspruchslos *vorstellen* könnten. Auch die Anhänger Lockes räumten ein, daß materielle Dinge nicht direkt wahrgenommen werden; außerdem gibt es keine notwendigen Beziehungen zwischen ihnen und unseren Ideen und daher keine apriorischen Prinzipien, mit deren Hilfe wir sie aus unseren Ideen schlußfolgern könnten. Wie gesagt wäre ein Skeptizismus hinsichtlich einer materiellen Welt immer möglich (§ 18).

Sechstens ließen sich unsere Ideen selbst bei Annahme einer materiellen Welt damit nicht erklären, da es zugestandenermaßen unerklärlich sei, wie materielle Körper auf unseren Geist einwirken könnten, um Ideen hervorzubringen (§ 19).

Siebtens seien Ideen passiv, kausal wirkungslos; wenn es also Qualitäten wie Ausdehnung und Bewegung gäbe, welche unseren Ideen (wie die Anhänger Lockes annehmen) ähnlich seien, wären auch sie passiv und könnten nicht die Ursachen unserer Ideen oder die von irgend etwas anderem sein (§ 25).

Man könnte erwarten, daß jemand, den diese Argumente überzeugt hätten, sich der Theorie des Phänomenalismus oder gar des Solipsismus zuwenden und folgern würde, es gebe keine guten Gründe, hinter unseren Geist und seine intentionalen Objekte zurückzugehen. Denkbar wäre auch, daß derjenige, der diese Folgerung für unannehmbar hielte, das gesamte Argument als eine *reductio ad absurdum* verstehen und folglich die Annahme von intentionalen Objekten, von der es ausgeht, verwerfen würde. Berkeley aber tut weder das eine noch das andere. Er meint, obwohl wir keine *Ideen* von Geistern oder ihren Tätigkeiten, wie er sagen würde, hätten, seien wir uns doch unseres eigenen Geistes und seines Vermögens, willkürlich Ideen in uns hervorzurufen, bewußt. Wir könnten daher widerspruchslos einen mächtigeren Geist als Ursache jener unserer Ideen, die unserer Willkür entzogen sind, annehmen, wohingegen wir nicht widerspruchslos annehmen könnten, daß es materielle oder allgemein: nicht-geistige Ursachen dieser Ideen gibt. Die Ordnung, die wir in den Ideen unserer Sinneswahrnehmung fänden, rechtfertige die Annahme, daß *etwas* Systematisches hinter ihnen steht, und folglich die Annahme *irgendeiner*

Art von Realismus im Gegensatz zu einem reinen Phänomenalismus. Doch aus den genannten Gründen könne dieses realistisch zu verstehende Etwas keine materielle Welt, sondern nur ein höchster Geist sein. So führt also die Ablehnung des Materialismus nicht zu einem Phänomenalismus, Solipsismus oder Skeptizismus noch zu Zweifeln an der Lehre von den Ideen oder intentionalen Objekten, die den Ausgangspunkt von Berkeleys Argumentation bildet, sondern zum Theismus. Die einzige verteidigenswerte Deutung der Welt und unserer Erfahrung erweist sie als das unmittelbare Produkt eines höchsten Geistes. Das also ist Berkeleys Gottesbeweis (§§ 26–30).

(b) *Berkeleys Theismus – Diskussion*

Eine mögliche Antwort auf Berkeleys Argument wird dem Leser sogleich in den Sinn kommen: Weshalb sollten wir gerade auf einen einzigen göttlichen Geist und nicht auf eine Vielzahl von Geistern schließen, wenn wir materielle Ursachen ablehnen und nach geistigen Ursachen für die Ideen der Sinneswahrnehmung suchen? Weshalb Theismus und nicht Panpsychismus. Meines Erachtens hat Berkeley auf diesen Einwand keine plausible Antwort; vielmehr hielt er es für selbstverständlich, daß als ernsthafter Kandidat gegen eine materielle Welt nur ein einziger allmächtiger göttlicher Geist in Frage kommen könne. Hätte man auf einer Begründung bestanden, so hätte er gewiß auf die Ordnung, die wir in unseren sinnlichen Ideen finden, als Beweis für eine einzige Ursache verwiesen. Doch da der Materialist diese Daten durch eine Vielzahl aufeinander wirkender Körper erklären kann, muß es auch möglich sein, sie durch eine Vielzahl aufeinander wirkender Geister zu erklären.

Wichtiger aber sind die Fragen, ob ein bestimmter Immaterialismus, wie Berkeley meinte, den Materialismus und ein bestimmter Realismus – materialistischer oder immaterialistischer Art – den Phänomenalismus aus dem Feld schlagen kann.

Ich habe gesagt, Berkeleys Ausgangspunkt, die Deutung von ›Ideen‹ als intentionalen Objekten, sei richtig. Auch meine ich, daß ein reiner Phänomenalismus unannehmbar ist. Der Grund dafür ist aber nicht bloß die Tatsache, daß die Ideen der Sinneswahrnehmung vom Willen des Wahrnehmenden unabhängig sind. Schließlich sind auch Träume, Gesichte und Halluzinationen von unserem Willen unabhängig, ebenso die schweifenden Ideen, die uns durch Gedankenverbindungen oder ohne ersichtliche Ursachen in den Sinn kommen. Dennoch sind wir davon überzeugt, daß sie durch etwas in dem betreffenden Bewußtsein verursacht werden, und oft haben wir auch gute Gründe, dies anzunehmen. Auch ist es nicht ganz so, wie Berkeley meint, daß der Grund darin zu sehen ist, daß wir ein solches Maß an Ordnung in den Ideen unserer Sinneswahrnehmung, wie wir sie tatsächlich erleben, feststellen, das entschieden nach Erklärung verlangt. Vielmehr ist es so, wie Hume sagt, daß sich innerhalb der Ideen unserer Sinneswahrnehmung zwar ein gewisses Maß an Ordnung findet, daß diese aber Bruchstücke eines weitaus geordneteren Systems von Dingen zu sein oder zu repräsentieren scheinen: Sie fordern uns auf, sie durch die Postulierung weiterer Einzelheiten zu ergänzen, und erst mit diesen Ergänzungen gelangen wir zu einer wirklich geordneten Welt.[3] Daß darin der Grund zu sehen *ist*, hat entscheidende Bedeutung für unsere endgültige Wahl zwischen konkurrierenden Erklärungen. Es sind immer noch alternative Erklärungen möglich. Wir können diese notwendigen Ergänzungen dadurch vornehmen, daß wir annehmen, es gebe materielle Dinge, die in unseren geistigen Inhalten mehr oder weniger genau repräsentiert und in unserer Wahrnehmung aus einer viel umfassenderen Welt

3 D. Hume, *A Treatise of Human Nature* (1739–40), dt. *Ein Traktat über die menschliche Natur*, übers. und hrsg. von Th. Lipps, 2 Bde., Hamburg 1978, Buch I, T. 4, Abschn. 2.

ziemlich gleichbleibender, doch auch regelmäßig sich ändernder und in Wechselwirkung zueinander stehender Dinge ausgewählt werden, oder daß wir annehmen, für unsere geistigen Inhalte gebe es Urbilder im göttlichen Geist, die sie mehr oder weniger genau repräsentieren, und ihre einzelnen Urbilder seien nur Gesprengsel aus einem ebenso umfassenden in sich stimmigen System göttlicher Ideen. Welcher dieser beiden Erklärungsmöglichkeiten sollten wir zustimmen? Begründen die oben zusammengefaßten Argumente Berkeleys tatsächlich den Immaterialismus?

Das erste dieser Argumente, daß eine Idee nur einer Idee ähnlich sein könne, fällt in sich zusammen, wenn geklärt ist, welche Art von Ähnlichkeit nach materialistischer Ansicht gefordert ist. Wenn ich z. B. den Inhalt meiner Wahrnehmung beschreibe und sage, ich hätte den Eindruck, ich sähe etwas Quadratisches, dann sollte es etwas geben, das (in etwa) quadratisch *ist.* Oder wenn mir ist, als sähe ich zwei Gegenstände von ähnlicher Größe und Gestalt, etwa zwei Billardkugeln, dann sollten sich tatsächlich zwei ähnlich große und geformte Gegenstände in meinem Gesichtsfeld befinden. Die geforderte Ähnlichkeit ist von der Art, daß, wenn der Inhalt der eines *X* ist, die Realität (in etwa) ein *X* sein sollte. Es ist keineswegs *a priori* unmöglich oder gar unplausibel, daß etwas anderes als eine Idee einer Idee in diesem Sinn ähnlich ist.

Das zweite Argument, das, was Lockes Anhänger über sekundäre Qualitäten sagten, müsse auch für primäre gelten, läßt sich durch folgende Klarstellung entkräften: Locke stützt sich für seine Deutung sekundärer Qualitäten nicht auf die Tatsache, daß sie Sinnestäuschungen unterliegen können – dies trifft zugestandenermaßen auch auf primäre Qualitäten zu –, sondern daß eine annehmbare Erklärung für Sehen, Berühren, Hören usw. als Ausgangspunkt Gegenstände voraussetzt, die räumlich ausgedehnt und lokalisiert sind und in der Zeit verharren und sich bewegen –

d. h. Gegenstände mit primären Qualitäten, die wenigstens in etwa (im gerade erklärten Sinn) den Ideen, die wir von ihnen haben, entsprechen –, daß aber eine solche Erklärung keiner entsprechenden Ähnlichkeit mit unseren Ideen von sekundären Qualitäten bedarf und dafür auch keinen Raum läßt. Es ist richtig, daß eine solche Erklärungshypothese wenigstens eine räumliche Eigenschaft aufnehmen muß, daß Festigkeit diesem Erfordernis nicht genügt und daß auch keine der anderen von Locke genannten primären Qualitäten von dieser Art ist; doch da sich eine solche Hypothese nicht auf die Qualitäten beschränken muß, die den gewöhnlichen Inhalten der Sinneswahrnehmung entsprechen, braucht sie auch nicht auf sekundäre Qualitäten zur Erfüllung dieses Erfordernisses zurückzugreifen und muß daher auch nicht, wie Berkeley meint, den primären Qualitäten denselben Status zuschreiben wie den sekundären.[4]

Das dritte Argument überzeugt überhaupt nicht. Selbst wenn wir der Ansicht Berkeleys zustimmen, Länge, Größe, Bewegung usw. seien relative Größen, spricht doch nichts für die Annahme, solche relativen Raumgrößen seien nicht objektiver Art: Relativität schließt nicht Geist-Abhängigkeit in sich. Jedenfalls gibt es gewichtige Argumente – die hier nicht näher ausgeführt werden können – zugunsten einer eher absolutistischen Auffassung raum-zeitlicher Eigenschaften irgendwelcher Art, die möglicherweise nicht die Lockes oder Newtons sind.[5]

Die Möglichkeit, räumliche Eigenschaften anzunehmen, denen kein ihnen ähnlicher geistiger Inhalt entspricht, wie sie als Entgegnung auf Berkeleys zweites Argument genannt wurde, widerlegt auch sein viertes: Es bleibt wenigstens die Möglichkeit, das »Substrat« als irgend etwas anzusehen, das sich räumlich ausdehnt; dann aber ist der Sinn, in dem es

4 Vgl. meine Arbeit *Problems from Locke*, Oxford 1976, S. 24–26.

5 Vgl. meinen Aufsatz »Three Steps towards Absolutism«, in: R. Swinburne (Hrsg.), *Space, Time, and Causality*, Den Haag 1983, S. 3–22.

primäre Qualitäten »trägt«, klar: Dadurch, daß sich ein Teil dieses Stoffes, worum es sich dabei auch handeln mag, in der Zeit in einer bestimmten Weise räumlich ausdehnt, hat er eine bestimmte (vielleicht veränderbare) Gestalt, Größe, Bewegung usw.

Berkeleys fünftes Argument bringt das Problem des Schleiers der Wahrnehmung ins Spiel, von dem man oft gemeint hat, es sei für jede Form von Repräsentationstheorie vernichtend. Das ist nicht richtig; denn vorausgesetzt, es ließe sich eine Theorie über eine geist-unabhängige Realität sinnvoll und widerspruchslos formulieren, so könnte sie dadurch bestätigt werden, daß sie eine bessere Erklärung unserer tatsächlichen Sinnesdaten, nämlich jener geistigen Zustände, liefert als jede andere Theorie.[6] Doch genügt es hier zu bemerken, daß dieses Argument, wenn es gültig wäre, in gleicher Weise gegen jede Art von repräsentativem Realismus sprechen würde, also (unter anderem) auch gegen Berkeleys eigene Ansicht, unseren Ideen entsprächen Ideen im göttlichen Geist als ihren Urbildern. Dieses Argument ist für Berkeley wertlos, da es sich nicht spezifisch gegen den Materialismus im Unterschied zum immateriellen Realismus wendet. Wenn es gültig wäre, würde es entweder zugunsten des Phänomenalismus oder zugunsten irgendeiner Art von direktem Realismus sprechen, welche das Problem des Schleiers der Wahrnehmung dadurch umgehen, daß sie sich weigern, die Inhalte sinnlicher Wahrnehmung von unabhängig davon existierenden Gegenständen zu unterscheiden. Doch – aus anderen Gründen – läßt sich keine dieser Theorien verteidigen; auch will Berkeley gerade sie aus dem Feld schlagen.

Das sechste Argument, das sich auf die Unerklärbarkeit stützt, wie materielle Dinge auf den Geist einwirken können, um Ideen hervorzubringen, verweist meines Erachtens zu Recht auf eine ernste Schwierigkeit für jede materialisti-

6 Vgl. *Problems from Locke*, Kap. 2.

sche Theorie. Doch handelt es sich dabei nur um eine Schwierigkeit: sie beweist nicht die Unhaltbarkeit dieser Theorie.

Das siebte Argument, in dem Berkeley sich auf die Passivität der Ideen beruft, ist angesichts unserer Antwort auf das erste Argument haltlos. In dieser Antwort habe ich dargelegt, *wie* materielle Dinge ›Ideen ähnlich‹ sein können, nämlich dadurch, daß sie wenigstens näherungs- und teilweise die Merkmale der Inhalte unserer sinnlichen Wahrnehmung realisieren. Geistige Inhalte sind passiv, da sie weder reale Dinge sind noch Qualitäten; wenn wir von ihnen reden, beschreiben wir nur unseren geistigen Zustand ›adverbial‹, wir sagen, wie wir wahrzunehmen scheinen. Daraus folgt aber nicht, daß Dinge oder Qualitäten, welche Ideen in dem Sinn ähnlich sind, daß sie jene Inhalte realisieren – d. h., daß sie näherungsweise und in bestimmter Hinsicht so *sind*, wie uns scheint, daß Dinge sind –, ebenfalls passiv sein oder ihnen kausale Eigenschaften oder Kräfte fehlen müssen.

Keines von Berkeleys Argumenten gegen den Materialismus ist daher gültig. Der Materialismus bleibt also wenigstens eine konkurrierende Theorie zu Berkeleys Theismus, eine alternative Erklärung unserer grundlegenden Situation, daß wir Erfahrungen mit einem bestimmten Inhalt haben. Es ist zu fragen, welche dieser beiden rivalisierenden Theorien die bessere Erklärung bietet.

Zur Beantwortung dieser Frage müssen wir einige Einzelheiten der Hypothese, daß es eine materielle Welt gibt, in Betracht ziehen. Natürlich ist ein beachtlicher Teil dieser Hypothese mit den Sinneserfahrungen fast jedes Menschen verbunden: Zu diesen Erfahrungen gehört das Sehen physischer Gegenstände, von denen wir jetzt ohne weiteres annehmen, daß sie im allgemeinen auch dann noch weiterexistieren und sich in einem dreidimensionalen Raum befinden, wenn wir sie nicht mehr wahrnehmen; dazu gehören das Berühren und Bewegen eben der Dinge, die wir sehen, desgleichen, daß wir sie hören, schmecken und riechen.

Doch obwohl diese Deutung jetzt in dieser Weise Teil unserer Erfahrung ist, möchte ich sie doch für unseren gegenwärtigen Zweck *als eine Deutung* ansehen, die einigen grundlegenderen Daten gegeben und mit ihnen verknüpft worden ist. Gewöhnlich lösen wir diese nicht ausdrücklich aus unseren Erfahrungen heraus und identifizieren sie nicht als Daten; doch lassen sie sich rekonstruieren, indem wir unsere Sinneseindrücke ohne die gewöhnliche völlig selbstverständliche Deutung eigens bedenken.

Betrachten wir unsere Sinneseindrücke in dieser Weise, so muß uns erstens überraschen, daß unsere verschiedenen visuellen Wahrnehmungen, die selbst zweidimensional sind – oder genauer, wie schon Thomas Reid bemerkt hat,[7] geometrisch den Ausschnitt der Innenseite einer Kugel, in deren Zentrum sich unser Auge befindet, darzustellen scheinen –, so gut aufeinander abgestimmt sind, daß sie als Abbildungen einer dreidimensionalen weitgehend euklidischen Welt ziemlich beständiger und im ganzen relativ ortsfester Gegenstände gelten können. Zweitens ist bemerkenswert, daß die miteinander verbundenen Daten des Tast- und Bewegungssinns, welche als solche (worauf Berkeley besteht) ihrer Art nach völlig verschieden von den visuellen Daten sind, sich dennoch in solcher Weise auf die visuellen Daten beziehen lassen, daß wir den Eindruck haben, wir betasteten genau die Dinge, die wir sehen, und bewegten uns unter ihnen. Drittens lassen sich die Daten des Gehör-, Geschmack- und Geruchsinns so deuten, als gehörten sie zu eben diesem System – ein Klang kommt von einer Glocke her, die wir sehen, berühren und so bewegen können, daß sie läutet; die Kirsche, die süß schmeckt, wenn wir sie in den Mund nehmen, kann man sehen und betasten; ziemlich oft gelingt es uns, einen Geruch bis zur Blume, zum Käse oder zur toten Ratte zurückzuverfolgen. Viertens ist es, besonders durch die Entwicklung der Naturwissenschaften in den

7 Th. Reid, *An Inquiry into the Human Mind*, Edinburgh [5]1801, Kap. VI, Abschn. 9.

letzten vier Jahrhunderten, möglich geworden, das Verhalten der vorausgesetzten physischen Gegenstände in dieser dreidimensionalen Welt vor allem durch die Annahme von Mikrostrukturen und verschiedenen anderen Eigenschaften, die unseren Sinnen niemals direkt zugänglich sind, näher zu erklären. Und fünftens hat man auch die zu Sinneswahrnehmungen führenden Vorgänge selbst nachgezeichnet und so die Sinnesempfindungen durch Entdeckung der verschiedenen Sinnesorgane und der von ihnen zum Gehirn führenden Nerven teilweise erklärt – am bekanntesten sind die verschiedenen Teile des Auges, die Abbildungen auf der Netzhaut und die Verbindung zwischen Netzhaut und Sehnerv. Dies alles bildet ein bemerkenswert erfolgreiches System detaillierter Erklärungen unserer Sinneseindrücke, der Sinnesdaten im Unterschied zu ihrer Interpretation. Gewöhnlich fällt uns gar nicht auf, wie überraschend dies sein muß; denn wir nehmen es als selbstverständlich, weil wir diese Interpretation ohne weiteres in die Daten selbst zurückverlegen. Es ist richtig, daß Teile dieses Erklärungssystems verändert worden sind: Beispielsweise besitzen nach vorwissenschaftlicher Auffassung dreidimensionale Gegenstände genau jene Färbung, die wir an ihnen sehen; demgegenüber vertritt die Naturwissenschaft seit dem 17. Jahrhundert eine Auffassung, die in etwa Lockes Deutung der sekundären Qualitäten entspricht. Die Naturwissenschaft des 20. Jahrhunderts hat die euklidische Raumvorstellung durch eine vierdimensionale Raum-Zeit ersetzt; ein nur annähernd euklidischer dreidimensionaler Raum stellt einen in gewisser Weise willkürlichen Querschnitt davon dar. Doch sind dies nur geringfügige Änderungen innerhalb einer im wesentlichen beständigen Grundtheorie, die, als solche unverändert, durch eine Menge von Details immer mehr ergänzt wird.

Dies ist für die konkurrierende theistische Theorie zumindest ein Problem. Wie deutet sie die Tatsache, daß unsere Sinnesdaten – d. h. nach dieser Ansicht die von Gott in

unserem Geist erzeugten Ideen – so ohne weiteres dieser Art von Interpretation und Erklärung offenstehen?
Die theistische Theorie selbst läßt sich in zweifacher Weise deuten, woraus sich unterschiedliche Antworten auf diese Frage ergeben. Nach der ersten Deutung treffen die eben genannten Einzelheiten unserer gewöhnlichen und naturwissenschaftlichen Auffassungen von der Welt – einer dreidimensionalen Welt überdauernder Gegenstände mit nicht wahrgenommener Innenstruktur, mit Mikrostruktur und mit Eigenschaften wie elektrischer Ladung, die wir nicht direkt wahrnehmen können – nicht im eigentlichen Sinn zu. Weder gelten sie für eine materielle Welt noch für die Ideen Gottes. In Wahrheit gebe Gott unserem Geist Ideen ein, die zufällig einer solchen Interpretation Raum lassen: Die Sinnesdaten, die für uns eine Wirklichkeit im Gegensatz zu Illusion und Einbildung konstituieren, treten in solchen Verbindungen und Aufeinanderfolgen auf, *als ob* sie einer solchen Welt sehr vielgestaltiger Gegenstände entstammten. Welche weiteren Ideen Gott selbst haben mag, bleibe uns verborgen. Nach der anderen Deutung sind Gottes Ideen selbst so vielgestaltig und systematisch sowie von gleicher Art, wie sich die physische Welt nach materialistischer Auffassung darstellt. Das heißt, Gott perzipiere eine dreidimensionale euklidische oder wahrscheinlicher eine vierdimensionale Einsteinsche Welt mit Mikrostruktur, mit elektrischer Ladung, die für ihn in irgendeiner Weise einen Wahrnehmungsgegenstand bildet, usw. Jede unserer Ansicht nach richtige Beschreibung der physischen Welt und jeder wissenschaftliche Fortschritt stellen, falls die Beschreibung zutrifft und es sich um einen wirklichen Fortschritt handelt, entweder eine korrekte Beschreibung einiger der göttlichen Ideen dar oder doch wenigstens eine Annäherung an ihre korrekte Beschreibung.
Sofern es irgendeine in sich widerspruchslose physikalische Welttheorie gibt, mit der sich arbeiten läßt, ist die erste der beiden Deutungen der theistischen Theorie äußerst unplau-

sibel. Es ist kaum einsichtig zu machen, wie Gott uns Daten von einer Art eingeben könnte, als ob sie eine Welt bis in alle Einzelheiten repräsentierten, wenn er selbst nicht wenigstens eine ziemlich vollständige Vorstellung von dieser Welt hätte, die diese Daten zu repräsentieren scheinen. Zugunsten dieser Deutung könnten höchstens Daten sprechen, die sich in keine widerspruchsfreie physikalische Theorie einordnen ließen. Wenn wir etwa tatsächlich manche Verhaltensweisen des Lichts nur mit Hilfe einer Wellentheorie, andere dagegen nur mit Hilfe einer Teilchentheorie erklären könnten und sich keine widerspruchsfreie Theorie entwickeln ließe, in der beide Aspekte berücksichtigt würden, dann hätten wir einigen Grund anzunehmen, daß es so etwas wie wirkliches Licht noch nicht einmal als System göttlicher Ideen gibt und daß die Wahrheit einfach lautet, Gott wolle, daß unsere Sinneswahrnehmungen unter bestimmten Bedingungen so aufeinander folgten, *als ob* es Lichtwellen, und unter anderen, *als ob* es Lichtteilchen gäbe. Gott würde sich dann eher wie ein typischer lügnerischer Zeuge verhalten, der, weil er die verbürgte Widerspruchslosigkeit der Wahrheit preisgegeben hat, zwei unterschiedliche Aussagen macht, die sich nicht miteinander in Einklang bringen lassen. In ähnlicher Weise würde Gott zwei miteinander unvereinbare *Als ob*-Deutungen miteinander verbinden, ohne daß dahinter wenigstens die Realität des Systems seiner eigenen Ideen stünde, in dem beide Deutungen sich miteinander in Einklang befänden. Natürlich wäre Gott dann in Wirklichkeit in diesem Punkt nicht betrügerischer als in jedem anderen von Berkeleys Theorie.

Allgemein heißt das: Wenn es bei der Konstruktion einer widerspruchsfreien Theorie einer physischen Welt eine ernsthafte Schwierigkeit gäbe, würde dies für die Richtigkeit einer davon völlig verschiedenen metaphysischen Theorie sprechen – möglicherweise für die des Phänomenalismus oder die der ersten Deutung der theistischen Hypothese. Es ist aber keineswegs klar, daß wir überhaupt vor solch einer

Schwierigkeit stehen. Andererseits ordnet sich eine Unmenge an Material überraschend gut in die Theorie einer physischen Welt ein. Dessen innere Stimmigkeit ließe sich mit der ersten Deutung des Theismus nicht erklären.
Die zweite Deutung klingt plausibler. Da nach ihr Gottes Ideen so genau die Welt spiegeln, wie sie sich dem gesunden Menschenverstand und der Wissenschaft darstellt, weist auch sie einige der Vorzüge der materialistischen Theorie auf. Dennoch ergeben sich auch für diese Deutung von Berkeleys Theismus wenigstens vier ernsthafte Schwierigkeiten. Die erste bezieht sich auf die fünfte der oben genannten bemerkenswerten Tatsachen: Unzweifelhaft gehören zur physischen Welt und daher nach Berkeley auch zum System göttlicher Ideen, das diese ersetzen soll, die Anatomie und die Physiologie der Sinneswahrnehmung selbst. Beispielsweise gibt es den Vorgang, daß auf einen Gegenstand fallende Lichtstrahlen über die Linse unseres Auges, die Netzhaut, den Sehnerv und das Sehzentrum zu einer visuellen Empfindung führen, die in mancher Hinsicht diesen Gegenstand in uns ziemlich genau darstellt. Nach der theistischen Theorie sind jedoch alle früheren Schritte dieses Vorgangs vollkommen bedeutungslos für den letzten; denn die Sinnesempfindung soll ja eine Idee sein, die Gott direkt in unserem Geist hervorruft, und die augenscheinlichen kausalen Beziehungen zwischen der Sinnesempfindung und den verschiedenen vorausgehenden Veränderungen in diesem Gesamtvorgang wären für sie völlig überflüssig. Danach wäre es höchst merkwürdig, daß es all diese anatomischen und physiologischen Details gibt. So schreibt schon Berkeleys Briefpartner Samuel Johnson: »Es ist für viele schockierend annehmen zu sollen, daß die ganze Kunstfertigkeit und der Erfindungsreichtum, wie sie sich in der Struktur (etwa) des menschlichen Körpers und besonders der Sinnesorgane finden, eine bloße Schau sein sollen. Was könnte die wunderbare Struktur des Auges mehr bedeuten als eine herrliche Schau, wenn es zwischen ihr und der visuellen Empfindung

keine engere Verknüpfung gibt, als Sie zugestehen?«[8] Berkeley hat auf diesen Einwand, der sich speziell auf Sinnesorgane und Sinnesempfindungen bezog, weder in seinen Briefen noch im Text der *Prinzipien*, auf den er Johnson verwies, eine direkte Antwort gegeben. Der Vorgang der Sinneswahrnehmung stellt also nicht nur für die materialistische, sondern auch für die theistische Theorie ein Problem dar. Berkeleys sechstes Argument gegen den Materialismus, die auffällige kausale Beziehung zwischen Zuständen des Gehirns und Sinneswahrnehmungen sei unerklärlich, stellt, wie ich eingeräumt habe, eine Schwierigkeit für den Materialismus dar. Größer aber ist die Schwierigkeit für die theistische Theorie, wenn sie bestreitet, daß es hier überhaupt kausale Beziehungen gibt. Der letzte Schritt im augenscheinlichen Vorgang der Sinneswahrnehmung liegt tatsächlich im Dunkeln; doch blieben die Details der früheren Schritte und ihre Verknüpfung mit diesem letzten Schritt völlig rätselhaft, wenn die konkurrierende theistische Theorie richtig wäre.

Eine zweite große Schwierigkeit betrifft menschliche Willenshandlungen. Da es uns möglich zu sein scheint, Veränderungen in der physischen Welt zu bewirken, müßten wir nach Berkeleys Theorie in entsprechender Weise auch Veränderungen in Gottes Ideen bewirken können, da diese nach Berkeley ja ein nahezu vollkommenes Abbild der angenommenen physischen Welt darstellen. Obwohl Gott alle sinnlichen Ideen in meinem Geist hervorrufen soll, müßten doch einige von der Art sein, daß ich sie zuerst oder gleichzeitig in seinem Geist hervorrufe. Wenn ich meine Hand bewege, verändere ich dadurch einige von Gottes Ideen, und zwar ändere ich sie direkt durch Einwirkung meines Geistes auf seinen Geist, nicht durch Bewegung eines neutralen physischen Gegenstands, von dem er weiß. Berkeley könnte so sagen, doch würde er vielleicht zögern. Wenn er stattdessen

8 Berkeley, *The Works*, Bd. 2, S. 273.

annähme, mein Geist würde nicht in dieser Weise direkt auf Gottes Geist einwirken, hätte seine Theorie ähnlich unhaltbare Konsequenzen wie einige Versionen des extremen Materialismus, nach denen geistige Vorgänge wie unsere inneren Entschlüsse nur Epiphänomene darstellen und keine wirklichen Veränderungen in der materiellen Welt bewirken.

Die dritte Schwierigkeit ist hintergründiger. Im Verlauf der Erörterung der ersten Deutung der theistischen Theorie habe ich gesagt, es würde für ihre Richtigkeit sprechen, wenn es offensichtlich unmöglich wäre, eine widerspruchslose physikalische Theorie aufzustellen: Wenn Gott tatsächlich nur wollte, daß wir Sinnesempfindungen hätten, *als ob* dies oder das der Fall wäre, bräuchten die einzelnen Sachverhalte, die diesem ›als ob‹ unterlägen, nicht miteinander in Einklang zu stehen. Nach der zweiten Deutung der theistischen Theorie gehört zur Realität ein System göttlicher Ideen, von dem man erwarten sollte, daß es widerspruchsfrei ist. Doch obwohl nach dieser Auffassung das, was wir fälschlicherweise als eine physische Welt deuten, in sich *widerspruchsfrei* sein muß, muß es doch nicht *vollständig* oder durchgängig *bestimmt* sein. Gottes Ideen hätten den Status intentionaler Objekte, und daher würde für sie vermutlich auch die für solche Gegenstände charakteristische Logik gelten. So wie ich an einen Gegenstand, etwa an ein Buch, das sich auf einem bestimmten Regal befindet, denken kann, ohne von ihm auch zu denken, daß es an einem bestimmten Platz auf diesem Regal steht, so könnte vermutlich auch Gott irgendwie unbestimmte Ideen haben. Wenn wir uns das raum-zeitliche Ganze der Einfachheit halber als in numerierte Kammern aufgeteilt denken, könnte es einige Kammern geben, in bezug auf die Gott weder Ideen hat, daß sie Gegenstände bestimmter Art enthalten, noch Ideen, daß sie leer sind. In dieser Hinsicht könnte man einen Unterschied zwischen einer tatsächlichen objektiven physischen Welt und ihrem aus göttlichen Ideen bestehenden Gegenstück erwarten. Doch scheinen unsere Sinnesdaten aufs Ganze gesehen – vielleicht mit einigem Vorbehalt aufgrund noch umstrittener Deutungen der Quantentheorie – eine vollständig bestimmte (obwohl nicht notwendigerweise deterministische) physische Welt widerzuspiegeln, wie wir es erwarten müßten, wenn es eine solche Welt gäbe, nicht aber eine unbestimmte oder unvollständige Welt, wie sie wenigstens möglich wäre, wenn die entsprechende Wirklichkeit in diesen oder jenen göttlichen Ideen als intentionalen Objekten bestünde. Dies ist allerdings kein entscheidendes Argument zugunsten des Materialismus und gegen die zweite Deutung von Berkeleys Theismus; denn der Theist könnte die Ansicht vertreten, es sei eine charakteristische Vollkommenheit Gottes, daß *sein* System intentionaler Objekte sowohl vollständig als auch in sich widerspruchsfrei ist, obwohl die Logik intentionaler Objekte als solche dies nicht erfordere. Ähnlich besagt ja auch die gewöhnliche Form des Theismus, daß Gottes Wissen von der Welt, welche in gewissem Maß unabhängig von ihm existiert, bis in die letzte Einzelheit hinein vollständig ist.[9]

Gegen diese Deutung von Berkeleys Theismus spricht weiterhin ein vager, doch wichtiger Einwand. Die Fülle der Einzelheiten und die Vielgestaltigkeit, die wir der materiellen Welt zuzuschreiben geneigt sind, wären ganz natürlich, wenn es tatsächlich eine objektive materielle Welt gäbe, doch wirken sie befremdend im Hinblick auf intentionale Objekte eines göttlichen Geistes. An einigen Bemerkungen Berkeleys wird dies deutlich: »Wir werden, sagen sie [d. h. die Anhänger Lockes], auf eine klägliche Weise von unseren Sinnen irregeführt und getäuscht mit der bloßen Außenseite und Erscheinung der Dinge. Das wirkliche Wesen, die

9 So schreibt z. B. Samuel Clarke: »Dieses göttliche Wissen ist ein *vollkommenes* Erfassen von allem und jedem, in jeder möglichen Hinsicht *zugleich* und unter allen möglichen Umständen *zusammen* [. . .], ein klares, bestimmtes und bis ins einzelne gehendes Wissen selbst von dem winzigsten Ding oder Umstand« (*Works of Samuel Clarke*, Bd. 1, London 1738, S. 71).

inneren Eigenschaften und die Einrichtung eines jeden, auch des geringsten Objekts ist demzufolge unserem Blick verborgen; ihrer Ansicht nach ist etwas in jedem Wassertropfen, in jedem Sandkorn, das zu ergründen oder zu begreifen die Kraft des menschlichen Verstandes übersteigt« (§ 101). Demgegenüber meint er, seine Theorie würde solche Schwierigkeiten vermeiden: »Ich brauche nicht zu sagen, wie viele Hypothesen und Spekulationen durch diese Lehre wegfallen, und wie sehr das Naturstudium durch sie vereinfacht wird« (§ 102). Das sollte man in der Tat von der theistischen Theorie erwarten, und aus der ersten Deutung, der Berkeley hier zuneigt, würde dies auch folgen. Doch, wie wir gesehen haben, würde diese Deutung die Theorie aus anderen Gründen äußerst unplausibel machen. Bei der hier zur Diskussion stehenden zweiten Deutung ergibt sich dies nicht; vielmehr müssen alle Einzelheiten, die ein Physiker geneigt ist, der physischen Welt zuzuschreiben, jetzt den göttlichen Ideen zugeschrieben werden, allerdings mit geringer Plausibilität, weil eine wesentlich geistige Welt nicht eigentlich der Ort für solche Details ist.

Eine weitere seltsame Folgerung aus dieser Theorie, die Berkeley gewiß nicht gewünscht hat, wäre, daß Gottes Ideen wohl nicht die sekundären Qualitäten umfassen würden, die wir wahrnehmen. Gottes Ideen würden, wenigstens soweit wir das beurteilen können, nur Entsprechungen jener Eigenschaften beinhalten, die die beste physikalische Theorie den materiellen Dingen zuschreibt, obwohl er, wie gesagt, noch weitere Ideen haben könnte, von denen wir nichts wissen. Vielleicht sieht dann Gott selbst die Dinge nicht farbig und hört nicht die Töne, wie wir sie hören, während wir sie gerade deshalb so sehen und hören, weil wir solchen Täuschungen erliegen können. Doch da Gott wüßte, wie wir die Dinge sehen und hören, könnte er dennoch Farben durch unsere Augen sehen und Musik durch unsere Ohren hören, obwohl er sie nicht aus eigenem Vermögen so sehen und hören könnte. Ein treuherziger

Theist mag dies noch als Begründung für Gottes ansonsten rätselhafte Entscheidung, den Menschen zu schaffen, anführen.
Zusammenfassend läßt sich also sagen: Wenn wir die erfolgreiche detaillierte Entwicklung der materialistischen Theorie gegen die Schwierigkeiten abwägen, die die konkurrierende theistische Hypothese in beiden möglichen Deutungen damit hat, jene Merkmale der Sinnesdaten, auf die jener Erfolg zurückzuführen ist, theoretisch zu bewältigen, müssen wir zu dem Schluß kommen, daß die materialistische Theorie den Vorzug verdient, selbst wenn wir Berkeleys theistischer Theorie eine faire Chance geben und alle anfänglichen Vorurteile gegen sie außer acht lassen.

Kapitel 5

Kosmologische Argumente

Die Ablehnung von Berkeleys Form des Theismus hat zur Folge, daß, wenn überhaupt ein Gott angenommen werden soll, er als eine Ergänzung zur materiellen Welt und nicht als ein Ersatz für sie gedacht werden muß. Aus der Ablehnung aller Formen des ontologischen Arguments folgt, daß der Theist von der Welt (oder von einem Teil oder einem Aspekt unserer Erfahrung) auf einen Gott schließen muß. Damit kommen wir zum kosmologischen Argument, das das philosophische Argument zugunsten des Theismus *par excellence* ist. Man hat es in den verschiedensten Formen vorgetragen; in dieser oder jener Fassung findet es sich bei den griechischen, arabischen, jüdischen und christlichen Philosophen und Theologen. Zu ihnen gehören Platon, Aristoteles, Al Farabi, Al Ghassali, Ibn Ruschd (Averroes), Maimonides, Thomas von Aquin, Spinoza und Leibniz.[1] Den zahlreichen Fassungen dieses Arguments ist gemeinsam, daß sie alle von der bloßen Tatsache ausgehen, daß es eine Welt gibt, bzw. von solch allgemeinen Merkmalen wie Veränderung, Bewegung oder Verursachung – und nicht wie das Bewußtseins- oder das teleologische Argument von besonderen Merkmalen innerhalb dieser Welt oder in ihrer Struktur – und von daher auf einen Gott als unverursachte Ursache der Welt bzw. jener allgemeinen Merkmale oder als ihren Schöpfer oder als den Grund ihrer Existenz schließen. Es ist mir unmöglich, alle bisher vorgetragenen Varianten dieses Arguments zu untersuchen; daher werde ich mich auf drei deduktive und einen induktiven, probabilistischen Ansatz beschränken. Obwohl

1 W. L. Craig, *The Cosmological Argument from Plato to Leibniz*, London 1980. Die Zitate von Al Farabi und Al Ghassali sind diesem Werk entnommen.

Argumente, in denen auf eine Erstursache oder einen Schöpfer geschlossen wird, zunächst eher ansprechen und auch in der Geschichte der Philosophie früher sind als jene Argumente, die aus der Kontingenz der Welt auf ein notwendiges Wesen schließen, sind die letzteren doch in mancher Hinsicht einfacher und vielleicht grundlegender. Daher werde ich mit einem dieser Argumente beginnen.

(a) *Kontingenz und zureichender Grund*

Bei Leibniz findet sich ein im wesentlichen gleichartiger Beweis in leicht veränderten Fassungen an verschiedenen Stellen seiner Werke; sein Grundgedanke läßt sich wie folgt zusammenfassen:[2] Leibniz setzt den *Satz vom zureichenden Grund* voraus, daß nichts ohne zureichenden Grund, weshalb es so und nicht anders ist, geschieht. Es muß daher einen zureichenden Grund für die Welt als ganze geben, einen Grund dafür, daß etwas existiert und nicht nicht existiert. Jedes Ding in der Welt ist kontingent, kausal determiniert durch andere Dinge: Es wäre nicht so, wie es ist, wenn die anderen Dinge anders wären. Die Welt als ganze ist die Summe solcher Dinge und daher selbst kontingent. Die Reihe der Dinge und Ereignisse mit ihren Ursachen und den Ursachen ihrer Ursachen usw. kann zeitlich unbegrenzt sein. Wenn sie aber unbegrenzt ist, dann mögen wir noch so weit zurückgehen – oder wir könnten sie auch als ganze betrachten: immer ist sie kontingent und bedarf daher eines zureichenden Grundes außerhalb ihrer selbst. Das heißt, es muß einen zureichenden Grund *für* die Welt geben, der etwas *anderes sein* muß *als* die Welt. Dieser muß ein notwendiges Wesen sein, das den zureichenden Grund

2 Die klarste Darstellung findet sich in der Schrift »De rerum originatione radicali« (1697), dt. »Über den letzten Ursprung der Dinge«, in: G. W. Leibniz, *Kleinere philosophische Schriften*, hrsg. von R. Habs, Leipzig 1883 (Reclams Universal-Bibliothek, 1898–1900), S. 215–226.

seiner eigenen Existenz in sich enthält. Kurz: Alle Dinge brauchen einen zureichenden Grund für ihre Existenz, und dieser muß letztlich in einem notwendigen Wesen gefunden werden. Es muß etwas geben, das frei vom Mangel der Kontingenz ist, einem Mangel, der alles in der Welt und die Welt als ganze betrifft, selbst wenn sie in die Vergangenheit hinein unbegrenzt sein sollte.

Dieses Argument läßt sich in zweifacher Hinsicht kritisieren. Die entscheidenden Fragen lauten: ›Woher wissen wir, daß alles einen zureichenden Grund haben muß?‹ ›Wie kann es ein notwendiges Wesen geben, das sich selbst zureichender Grund ist?‹ Beide Einwände sind miteinander verknüpft: Wenn sich die zweite Frage nicht zureichend beantworten läßt, folgt daraus nicht nur, daß wir nicht wissen, daß die Dinge insgesamt einen zureichenden Grund haben müssen, sondern auch, daß sie keinen haben können.

Kants Kritik des Leibnizschen Arguments bezieht sich auf den zweiten Einwand; er behauptet, der kosmologische Beweis hänge vom bereits kritisierten ontologischen Argument ab.[3] Dieses gehe vom Begriff eines absolut notwendigen Seienden, eines *ens realissimum*, eines Seienden, dessen Wesen die Existenz in sich enthält, aus und suche allein aus diesem Begriff die Tatsache abzuleiten, daß es ein solches Wesen gibt. »Der kosmologische Beweis [. . .] behält die Verknüpfung der absoluten Notwendigkeit mit der höchsten Realität bei, aber anstatt [. . .] von der höchsten Realität auf die Notwendigkeit im Dasein zu schließen, schließt er vielmehr von der zum voraus gegebenen unbedingten Notwendigkeit irgendeines Wesens, auf dessen unbegrenzte Realität« (A 604). Doch ist Kants Behauptung, der kosmologische Beweis »beruhe« auf dem ontologischen oder »hänge« von ihm ab, es sei also »eigentlich nur der ontologische Beweis aus lauter Begriffen, der in dem sogenannten kosmologischen alle Beweiskraft enthält« (A 607), zumin-

3 Kant, *Kritik der reinen Vernunft*, »Die transzendentale Dialektik«, Buch II, Hauptstück III, Abschn. 5.

dest irreführend. Richtig ist vielmehr: Das kosmologische Argument will, ausgehend von der Kontingenz der Welt, in Verbindung mit dem Satz vom zureichenden Grund zeigen, daß es etwas anderes geben muß, das nicht kontingent ist, das notwendig existiert, das sein eigener zureichender Grund ist oder ihn enthält. Wenn wir dann fragen, wie es ein solches Wesen geben könne, wird man verwiesen auf den Begriff eines *ens realissimum*, dessen Wesen die Existenz in sich einschließt. Dieser Begriff diente als Ausgangspunkt von Descartes' Form des ontologischen Beweises. Doch wird er in beiden Fällen völlig unterschiedlich gebraucht. Folgt nun aus dieser Beziehung, daß eine erfolgreiche Kritik des ontologischen Beweises zugleich den kosmologischen untergräbt? Das hängt von der Art der erfolgreichen Kritik ab. Wenn sie darin besteht, daß allein schon der Begriff eines Seienden, dessen Wesen die Existenz einschließt, unzulässig ist – was vielleicht mit Kants Behauptung, Existenz sei kein Prädikat, oder ganz allgemein mit der Quantorenanalyse der Existenz nachgewiesen wäre, wenn die eine oder andere als richtig und unumstritten gelten könnte –, dann wird zumindest der letzte Schritt des kosmologischen Arguments unmöglich gemacht; Leibniz müßte dann entweder eine andere Erklärung dafür finden, wie etwas notwendig existieren und sich selbst zureichender Grund sein kann, oder auch den ersten Schritt seines Beweises und die Suche nach einem zureichenden Grund für die Welt als ganze aufgeben. Wenn aber eine erfolgreiche Kritik des ontologischen Beweises nur darin besteht, daß man nicht gültig aus einem bloßen Begriff die tatsächliche Existenz ableiten kann – wenn man also einräumt, daß es an dem Begriff eines Seienden, dessen Wesen die Existenz in sich schließt, nichts auszusetzen gibt, und man nur darauf besteht, daß, gleichgültig was ein Begriff auch enthalten mag, immer noch gefragt werden kann, ob es auch etwas gibt, das ihn realisiert, dann bleibt das kosmologische Argument von dieser Kritik unberührt. Denn es verweist auf etwas, das unabhängig vom ontologischen Argument diese weitere Frage, nämlich den ersten Schritt, beantworten soll, und diese Antwort besteht in der Behauptung, die Kontingenz der Welt beweise, daß es ein notwendiges Wesen gibt. Nun war allerdings unsere abschließende Kritik nicht nur an Descartes', sondern auch an Anselms und Plantingas Version des ontologischen Beweises von dieser zweiten Art. Ich habe gesagt, die Ansicht, die Existenz gehe völlig in dem Existenzquantor auf, sei umstritten, und habe daher auf der ersten Art der Kritik nicht beharrt. Folglich ist das kosmologische Argument mit der so begründeten Schwäche des ontologischen Beweises noch nicht erledigt. Da Kant jedoch meinte, er habe diesen Beweis durch eine Kritik der ersten Art hinfällig gemacht, bedeutete es für ihn keinen Widerspruch zu sagen, das kosmologische Argument werde durch diese Kritik wenigstens ernsthaft bedroht, und es sei an Leibniz, auf andere Weise zu zeigen, wie es ein notwendiges Wesen geben könne.

Vielleicht bleibt uns aber immer noch eine Kritik, die der Kants ähnlich ist, selbst wenn wir uns nur auf eine solche der zweiten Art stützen. Da immer die weitere Frage gestellt werden muß, ob ein Begriff auch realisiert ist oder nicht, gleichgültig wieviel er enthält, wäre auch die Existenz selbst eines Seienden, dessen Wesen die Existenz einschließt, nicht schon aus sich selbst heraus klar: Es könnte nämlich sein, daß es ein solches Wesen nicht gibt. Dieses ›könnte‹ drückt wenigstens eine begriffliche Möglichkeit aus. Würde man behaupten, dieses Wesen existiere aufgrund einer metaphysischen Notwendigkeit, so dürften wir immer noch eine Erklärung dieser Art von Notwendigkeit erwarten. Die Existenz eines solchen Wesens ist nicht logisch notwendig; es existiert nicht in allen logisch möglichen Welten. In welcher Weise existiert es dann aber notwendig in dieser Welt und genügt es der Forderung nach einem zureichenden Grund?

Die Antwort könnte lauten: Wir wissen, was es heißt, daß

etwas kontingent existiert, nämlich daß es nicht existieren würde, wenn anderes anders gewesen wäre: Notwendig existieren heißt dann existieren, und zwar in diesem Sinn nicht-kontingent existieren. Bei dieser Deutung aber müßte die Prämisse, die Welt als ganze sei kontingent, fallengelassen werden: Obwohl einiges für die Annahme spricht, daß jeder Teil oder jeder endliche Zeitabschnitt der Welt kontingent in diesem Sinn in bezug auf etwas anderes ist, spricht doch nichts für die Annahme, daß die Welt als ganze nicht existieren würde, wenn anderes anders gewesen wäre. Der Schluß von der Kontingenz jedes Teils auf die Kontingenz (*in diesem Sinn*) des Ganzen ist ungültig. Stattdessen aber könnte man auch antworten, etwas existiere genau dann kontingent, wenn es auch nicht existieren könnte, und umgekehrt existiere etwas genau dann notwendig, wenn es existiert und nicht nicht existieren könnte. In diesem Sinn könnte man dann aus der Kontingenz jedes Teils auf die Kontingenz des Ganzen schließen. Doch sobald man einmal aus den eben genannten Gründen eingeräumt hat, daß es nicht logisch unmöglich ist, daß das behauptete notwendige Wesen auch nicht existieren könnte, bleibt es unverständlich, wie man dann zu Recht von diesem Wesen sagen könnte, es sei nicht der Fall, daß es nicht existieren könnte. Uns ist bisher kein Grund für die Annahme begegnet, daß es überhaupt möglich ist, daß etwas in dem hier geforderten Sinn notwendig existiert.

Diese Kritik wird noch verstärkt durch den anderen Einwand: ›Woher wissen wir, daß alles einen zureichenden Grund haben muß?‹ Ich wüßte nicht, wie der Satz vom zureichenden Grund *a priori* wahr sein sollte. Leibniz hat gemeint, wir würden uns implizit auf dieses Prinzip stützen, wenn wir sowohl über naturwissenschaftliche Dinge als auch über menschliches Verhalten nachdächten. Beispielsweise habe Archimedes gesagt, wenn bei einem symmetrischen Gleichgewicht gleiche Gewichte auf beiden Seiten aufgelegt würden, würde sich keine senken, denn es gebe keinen Grund, weshalb sich die eine und nicht die andere senken sollte; auch könne ein rationales Wesen nicht ohne ein Motiv handeln.[4] Doch Archimedes wendet hier nur die Regel an, daß gleiche Ursachen gleiche Wirkungen haben. Diese Regel und allgemein die Suche nach Ursachen, Regelmäßigkeiten und Gründen sowie deren Erwartung kennzeichnen in der Tat die Forschung auf vielen Gebieten. Doch sind die Prinzipien nicht *a priori* bekannt; auch hat Samuel Clarke auf eine Schwierigkeit hingewiesen, wenn man sie auf menschliches Verhalten anwendet: Jemand, der einen guten Grund hat, entweder *A* oder *B* zu tun, doch keinen, das eine dem anderen vorzuziehen, wird dennoch willkürlich eines von beiden tun, statt beides zu unterlassen.[5] Selbst wenn es uns angeboren ist – was möglich wäre –, daß wir nach solchen Symmetrien, Stetigkeiten und Regelmäßigkeiten Ausschau halten und sie erwarten, so haben wir deswegen doch keine Garantie *a priori*, daß es sie auch immer gibt. In dem Maß, wie es erkenntnistheoretisch gerechtfertigt ist, sich auf solche Prinzipien zu stützen, ist es *a posteriori* gerechtfertigt aufgrund des großen Erfolgs, den wir mit ihrer Hilfe bei der Erklärung der Welt bisher gehabt haben. Auf jeden Fall beziehen sich diese Prinzipien der Kausalität, der Symmetrie usw. auf die Art und Weise, wie sich die Dinge innerhalb der Welt verhalten; wir gehen weit über deren insofern nützliche Anwendung hinaus, wenn wir den Satz vom zureichenden Grund annehmen und ihn auf die Welt als ganze anwenden. Selbst wenn innerhalb der Welt alles einen zureichenden Grund hätte, d. h. eine Ursache in Übereinstimmung mit einer Regel, nach der gleiche Ursachen gleiche Wirkungen hervorbringen, wäre dies doch nicht Grund genug zu erwarten, daß auch die Welt als ganze oder ihre grundlegenden Kausalgesetze selbst einen zureichenden Grund von anderer Art haben müßten.

4 Vgl. H. G. Alexander (Hrsg.), *The Leibniz–Clarke Correspondence*, Manchester 1956, [2]1976, Leibniz' zweites Schreiben.

5 Vgl. ebd., Clarkes dritte und fünfte Antwort.

Im Prinzip vom zureichenden Grund drückt sich die Forderung aus, die Dinge sollten *durch und durch* verstehbar sein. Die einfache Antwort auf das darauf gestützte Argument lautet: Nichts rechtfertigt diese Forderung, und nichts spricht zugunsten der Annahme, daß sie wenigstens im Prinzip erfüllbar ist. Schon bei der Erörterung des anderen Haupteinwands gegen Leibniz' Argument haben wir bemerkt, daß schwerlich zu sehen ist, wie es überhaupt etwas geben könnte, das sie erfüllen würde. Wer diese Forderung ablehnt, muß deswegen nicht behaupten, die Dinge seien völlig unverständlich. Die Art der Verstehbarkeit, zu der man durch erfolgreiche Ursachensuche und wissenschaftliche Erklärung gelangt, wird nicht durch die Unmöglichkeit untergraben, die Dinge durch und durch verstehbar zu machen. Jede Einzelerklärung beginnt mit Prämissen, in denen ›nackte Tatsachen‹ festgestellt werden, und obwohl der Ausgangspunkt der nackten Tatsachen der einen Erklärung selbst wieder durch eine andere erklärt sein mag, muß doch die letztere wieder von etwas ausgehen, das sie nicht erklärt – *wir mögen damit so weit zurückgehen, wie wir wollen*. Nichts aber zwingt uns, dies für unbefriedigend zu halten.

Unter einem zureichenden Grund versteht man manchmal auch eine Zielursache oder einen Zweck. In der Tat, wenn wir von jedem Ereignis in der Geschichte der Welt meinen, es sei (prinzipiell) aus vorhergehenden Ursachen zu erklären, dennoch aber nach einer weiteren Erklärung für die gesamte Abfolge von Ereignissen suchen, dann müssen wir zu einer anderen Art von Erklärung übergehen. Die beiden Möglichkeiten, an die wir dann noch denken könnten, sind zwei Arten teleologischer Erklärungen. Die Dinge sind, wie sie sind, sagt Platon, weil es *besser* ist, daß sie so sind, wie sie sind.[6] Dies kann einmal so verstanden werden, daß (objektiver) Wert in sich selbst schöpferisch ist – ein Gedanke, der in

6 Platon, *Phaidon*, 97a–99c.

Kapitel 13 aufgegriffen werden soll –, oder auch so, daß ein intelligentes Wesen sieht, was besser wäre, dieses wählt und dann schafft. Doch weshalb sollten wir überhaupt nach einem zureichenden Grund einer der beiden genannten Arten Ausschau halten? Der Satz vom zureichenden Grund im teleologischen Sinn drückt die Forderung nach einer Art absoluter Zweckmäßigkeit aus. Wenn wir aber eine solche Forderung ablehnen, sagen wir damit keineswegs, »Mensch und Universum seien letztlich sinnlos«.[7] Den Menschen werden weiterhin die Ziele gesetzt sein, die ihnen gesetzt sind; von ihnen werden sie einige auch erfüllen können, selbst wenn es auf die Frage ›Was ist das Ziel der Welt als ganzer?‹ keine positive Antwort gibt.

Der Satz vom zureichenden Grund reicht also weiter als das Prinzip, daß jedes Ereignis eine vorausgehende zureichende Ursache hat: Diesem Prinzip, nicht aber jenem Satz wäre Genüge getan durch eine unbegrenzt in die Vergangenheit zurückgehende Abfolge von Dingen und Ereignissen, von denen jedes durch ein früheres bestimmt wäre, ohne daß jedoch eine weitere Erklärung für die Abfolge als ganze gegeben würde. In einer solchen Abfolge fände sich nur das, was Leibniz »physische« oder »hypothetische« Notwendigkeit genannt hat, wohingegen die Forderung nach einem zureichenden Grund für die Gesamtheit aller kontingenten Dinge, Ereignisse und Gesetze nach etwas sucht, das ›absolut‹ oder ›metaphysisch‹ notwendig ist. Doch selbst das schwächere, deterministische Prinzip ist nicht *a priori* wahr, möglicherweise sogar falsch; noch viel weniger läßt sich dies vom Satz vom zureichenden Grund behaupten. Vielleicht drückt sich darin nur eine willkürliche Forderung unseres Verstandes aus. Die Annahme, es gebe objektiv eine Erklärung für die Gesamtheit aller Dinge, mag intellektuell befriedigen, selbst wenn sich nur Vermutungen darüber anstellen lassen, worin denn diese Erklärung bestehen sollte. Doch

7 Craig, *The Cosmological Argument*, S. 287.

haben wir nicht das Recht anzunehmen, daß sich das Universum nach unseren intellektuellen Vorlieben richtet. Oder aber es handelt sich beim Satz vom zureichenden Grund um eine unberechtigte Ausweitung des deterministischen Prinzips, das, soweit es überhaupt begründet ist, empirisch begründet ist, d. h. durch die tatsächlichen Erfolge bei der Ursachensuche; er kann dann höchstens als provisorisch, nicht jedoch als *a priori* wahr gelten. Daher ist jene Form des kosmologischen Arguments, die sich auf den Satz vom zureichenden Grund stützt, als deduktiver Beweis zum Scheitern verurteilt.

(b) *Das Zurückgehen in der Ursachenkette*

Es gibt eine populäre Überlegung, die man als das Argument der ersten Ursache bezeichnen könnte. Sie verläuft folgendermaßen: Alle Dinge müssen eine Ursache haben; ihre Ursachen sind andere Dinge, die wiederum Ursachen haben müssen usw. Doch kann die Ursachenkette nicht endlos zurückgehen. Daher muß sie in einer ersten Ursache enden, die Gott ist. Bei dieser Argumentation stellt man sich ein zeitliches Zurückgehen in der Reihe der Ursachen vor Augen, sagt dann aber (anders als Leibniz und viele andere), dieses Zurückgehen müsse irgendwo enden. Obwohl dieses Argument zunächst plausibel klingt, ist es auch mit offensichtlichen Schwierigkeiten behaftet. Weshalb muß das Zurückgehen irgendwo ein Ende finden? Weshalb muß es, wenn es enden sollte, zu einem einzigen Endpunkt, zu einer einzigen ersten Ursache führen, nicht aber zu einer ganzen Reihe – vielleicht sogar zu einer unbegrenzten Zahl – verschiedener unverursachter Ursachen? Und wenn es nur eine einzige erste Ursache geben sollte, weshalb muß sie dann mit Gott gleichgesetzt werden? Ich werde auf dieses Argument zurückkommen und verschiedene Antworten auf diese Einwände prüfen. Doch möchte ich zuvor ein komplizierteres

philosophisches Argument erörtern, das diesem in mancher, wenn auch nicht in vielerlei Hinsicht ähnlich ist.
Von den ›fünf Wegen‹ des Thomas von Aquin stellen die ersten drei unverkennbar Varianten des kosmologischen Beweises dar; alle drei beinhalten irgendeine Art von begrenztem Zurückgehen in der Ursachenkette.[8] Doch unterscheiden sie sich deutlich von unserem Argument der ersten Ursache. Der erste Weg argumentiert auf einen ersten Beweger hin und verwendet zur Veranschaulichung das Bild, daß etwas nur dann von einem Stock bewegt wird, wenn dieser von einer Hand bewegt wird; die verschiedenen Bewegungen geschehen gleichzeitig, wir brauchen also nicht zeitlich in der Ursachenkette zurückzugehen. Ähnlich verhält es sich mit den ›Wirkursachen‹ des zweiten Weges; auch sie wirken gleichzeitig. Beide Argumente hängen, wie Kenny gezeigt hat, zu sehr von veralteten physikalischen Theorien ab, als daß sie heute noch von großem Interesse sein könnten. Der dritte Weg ist weitaus bedeutsamer. Er verläuft in zwei Stufen und läßt sich, etwas gekürzt, so zusammenfassen:

Erste Stufe: Wenn jedes Ding auch nicht sein könnte, hätte es zu irgendeiner Zeit nichts gegeben (denn was auch nicht sein kann, ist zu irgendeiner Zeit nicht); es gäbe dann auch jetzt nichts (denn was nicht existiert, kann nicht zu existieren anfangen, es sei denn durch etwas, das existiert). Es ist aber offensichtlich falsch, daß es jetzt nichts gibt; daher ist es auch falsch, daß alles auch nicht sein könnte. Das heißt, es muß wenigstens ein Ding geben, das notwendig ist.

Zweite Stufe: Alles, was notwendig ist, hat entweder eine Ursache seiner Notwendigkeit außerhalb seiner selbst oder nicht. Es ist aber unmöglich, in einer Reihe notwendiger Dinge, von denen jedes die Ursache seiner Notwen-

8 A. Kenny, *The Five Ways*, London 1969.

digkeit außerhalb seiner selbst hat, endlos zurückzugehen; dies ähnelt dem, was bereits hinsichtlich der Wirkursachen bewiesen wurde. Daher müssen wir etwas annehmen, das durch sich selbst notwendig ist, das die Ursache seiner Notwendigkeit nicht außerhalb seiner selbst hat, sondern die Ursache der Notwendigkeit aller anderen Dinge ist; und das nennen alle Menschen Gott.

Dieses Argument ist von ganz anderer Art als unser Argument der ersten Ursache oder Leibniz' Argument aus der Kontingenz. Obwohl es den Gegensatz verwendet zwischen Dingen, die auch nicht sein können (und daher kontingent sind), und solchen, die notwendig sind, gibt es sich nicht mit der Folgerung zufrieden, daß es etwas Notwendiges gibt; es räumt ein, daß es viele notwendige Dinge geben könnte, und gelangt erst am Ende der zweiten Stufe zu Gott als dem, was seine Notwendigkeit durch sich selbst (»*per se*«) hat. Offensichtlich bedeutet ›notwendig‹ bei Thomas nicht dasselbe wie bei Leibniz. Was damit gemeint ist, wird deutlicher, wenn wir den Gedankengang genauer prüfen.

Auf der ersten Stufe scheint die Prämisse ›Was auch nicht sein kann, ist zu irgendeiner Zeit nicht‹ zweifelhaft. Weshalb sollte etwas, das nicht sein *kann*, nicht dennoch einmal zufällig immer sein? Vielleicht aber meint Thomas mit ›Dingen, die auch nicht sein können‹ (»*possibilia non esse*«) so etwas wie ›vergängliche Dinge‹, so daß seine Prämisse analytisch ist. Doch auch in diesem Fall folgt daraus nicht seine Behauptung, wenn alles von dieser Art wäre, hätte es zu irgendeiner Zeit nichts gegeben: Denn möglicherweise hat es einige vergängliche Dinge während der gesamten Vergangenheit gegeben, und sie werden ihre Vergänglichkeit erst erweisen, wenn sie irgendwann einmal in der Zukunft vergehen. Vielleicht aber wird Thomas' Überlegung verständlicher, wenn wir uns anschauen, was Maimonides ausdrücklich sagt, von dem Thomas hier beeinflußt zu sein scheint.[9]

9 Vgl. Craig, *The Cosmological Argument*, Kap. 4.

In dem entsprechenden Beweis scheint er davon auszugehen, daß die Vergangenheit endlich gewesen ist – und zwar vernünftigerweise, denn wenn die Vergangenheit endlich war, scheint es leichter zu sein, einen göttlichen Schöpfer zu beweisen, wie wir später noch sehen werden. Thomas will dann vielleicht sagen, daß es vergänglichen Dingen unmöglich gewesen wäre, zeitlich unbegrenzt zu existieren, und daß sie daher bereits vergangen sein müßten.

Doch ließe sich immer noch einwenden, es könne eine Abfolge von Dingen geben, von denen jedes vergänglich gewesen sei und nach einiger Zeit auch tatsächlich vergangen wäre, deren zeitliche Existenz sich jedoch so überlappt hätte, daß es niemals eine Zeit gegeben habe, in der nichts existiert hätte. Es wäre dann ein eindeutiger logischer Fehlschluß (den auch einige Kommentatoren Thomas vorgeworfen haben), aus: ›Jedes Ding ist zu irgendeiner Zeit nicht‹ zu schließen: ›Zu irgendeiner Zeit hat es nichts gegeben‹. Doch könnten wir Thomas auf zweierlei Art verteidigen. Erstens: Wenn jedes Ding vergänglich wäre, bedeutete es einen höchst unwahrscheinlichen Glücksfall, wenn sich die überlappende Abfolge zeitlich unbegrenzt durchhielte. Zweitens: Auch wenn es diesen unwahrscheinlichen Glücksfall gäbe, könnten wir die gesamte Abfolge der einander zeitlich überlappenden Dinge selbst als ein Ding betrachten, das bereits zeitlich unbegrenzt dauert und daher nicht vergänglich sein könnte. Wenn es eine solche niemals abreißende Folge gäbe, könnte sie ein Hinweis darauf sein, daß es eine *unvergängliche* Urmaterie gibt, aus der die vergänglichen Dinge bestehen und in die sie sich wieder auflösen, um so zur Entstehung anderer Dinge beizutragen.

Ein dritter Einwand bezieht sich auf die Prämisse ›Was nicht existiert, kann nicht zu existieren anfangen, es sei denn durch etwas, das existiert‹. Dabei handelt es sich natürlich um eine Variante des Prinzips, daß nichts aus nichts entsteht. Der Grundgedanke ist dann: Wenn die Abfolge vergänglicher Dinge einmal unterbrochen worden wäre, hätte sie nach diesem Bruch niemals mehr fortgesetzt werden können. Ist dies aber *a priori* wahr? Hume hat darauf aufmerksam gemacht, daß wir zweifellos den Begriff eines unverursachten Existenzbeginns von irgend etwas bilden könnten; wenn dann das, was wir uns so vorstellen könnten, dennoch irgendwie unmöglich sei, müsse dies erst noch bewiesen werden.[10] Doch spricht vieles zugunsten der Richtigkeit dieses Prinzips: Es wird beständig durch unsere Erfahrung bestätigt (und vernünftigerweise auch zu ihrer Deutung herangezogen).

Insgesamt stellt zwar die erste Stufe von Thomas' Argument keinen hieb- und stichfesten Beweis dar, doch verleiht sie der Folgerung immerhin noch ein erhebliches Maß an Plausibilität; diese lautet, daß es wenigstens ein notwendiges Ding in dem Sinn gibt – wie nun klar geworden ist –, daß es unvergänglich ist, so daß *mit einigem Recht* behauptet werden kann, es könne nicht nicht sein.

Der zweiten Stufe dient diese Folgerung als Ausgangspunkt. Es wird zunächst eingeräumt, daß die Unvergänglichkeit eines Dinges durch ein anderes Ding verursacht sein könnte, so daß es immer im Dasein erhalten würde. Doch könne man in der Reihe solcher Dinge nicht endlos zurückgehen. Weshalb nicht? Thomas von Aquin verweist uns auf seinen früheren Beweis im zweiten der Fünf Wege bezüglich der Wirkursachen. Dort heißt es:

> »Es ist aber [. . .] unmöglich, in der Über- und Unterordnung von Wirkursachen ins Unendliche zu gehen, sowohl nach oben als nach unten. Denn in dieser Ordnung von Wirkursachen ist das Erste die Ursache des Mittleren und das Mittlere die Ursache des Letzten, ob nun viele Zwischenglieder sind oder nur eines. Mit der Ursache aber fällt auch die Wirkung. Gibt es also kein Erstes in dieser Ordnung, dann kann es auch kein Letztes oder Mittleres

10 Vgl. Hume, *Ein Traktat über die menschliche Natur*, Buch I, T. 3, Abschn. 3; vgl. dagegen Kenny, *The Five Ways*, S. 67.

> geben. Lassen wir die Reihe der Ursachen aber ins Unendliche gehen, dann kommen wir nie an eine erste Ursache und so werden wir weder eine letzte Wirkung noch Mittel-Ursachen haben [...]«[11]

Leider ist dieses Argument nicht schlüssig. Obwohl in einer endlichen Ordnung von Ursachen die mittlere (oder die erste der mittleren) durch die erste verursacht ist, gilt dies doch nicht, wenn die Ordnung der Ursachen unendlich wäre. In einer unendlichen Ordnung ist jede Ursache durch eine vorhergehende verursacht. Die Art und Weise, in der die erste Ursache »fällt«, wenn wir von einer endlichen zu einer unendlichen Ordnung übergehen, schließt nicht das »Fallen« der nachfolgenden Ursachen ein. Tatsächlich setzt Thomas (sowohl hier als auch im Ersten Weg) das zu Beweisende, nämlich die Unmöglichkeit eines unbegrenzten Zurückgehens in der Ursachenkette, als bereits bewiesen voraus. Handelt es sich dabei aber um einen bloßen Denkfehler, oder liegt ihm nicht vielleicht doch ein in sich schlüssiger Gedanke zugrunde? Einige Beispiele (von denen Thomas einige nicht hätte nennen können, obwohl er ähnliche gekannt haben mag) legen die zweite Vermutung nahe. Wenn man uns sagte, es gebe eine gehende Uhr ohne Triebfeder, würden wir uns kaum mit der Auskunft zufriedengeben, sie hätte allerdings unendlich viele Antriebsräder. Auch würden wir nicht erwarten, daß ein Eisenbahnzug mit unendlich vielen Waggons, von denen der letzte vom vorletzten, der vorletzte vom drittletzten usw. gezogen würde, ohne Lokomotive auskäme. Oder wir sehen eine aus vielen Gliedern bestehende Kette an einem Haken hängen; wir wären verwundert zu hören, es gebe eine ganz ähnliche Kette ohne Aufhängehaken, doch mit unendlich vielen Gliedern, von denen jedes vom höheren gehalten würde. In diesen Beispielen und in der Kette der Wirkursachen oder

11 Thomas von Aquin, *Summa theologica* I, q. 2 a. 3, in: *Die Deutsche Thomas-Ausgabe*, Bd. 1, Graz/Wien/Köln 1982.

der notwendigen Dinge geht man von der Annahme aus, daß hier eine Beziehung der *Abhängigkeit* – oder in umgekehrte Richtung eine solche des *Haltens oder Tragens* – vorliegt. Wenn nun die Kette unendlich wäre, gäbe es schließlich nichts, von dem die Wirkung abhinge, oder nichts, das sie hielte oder trüge. Dies würde auch dann gelten, wenn es sich nicht um ein Zurückgehen ins Unendliche, sondern um einen zirkulären Prozeß handelte.

Thomas beruft sich hier einschlußweise auf folgendes allgemeine Prinzip: Wo eine Ordnung von Abhängigkeitsbeziehungen vorliegt, muß das Zurückgehen irgendwo enden; eine solche Ordnung kann weder aus unendlich vielen Gliedern bestehen noch kann sie zirkulär sein. Vielleicht hatte Al Farabi dies im Sinn, als er meinte: »Doch eine Reihe kontingenter Dinge, die einander hervorbringen, kann nicht ins Unendliche gehen oder sich in einem Kreis bewegen« (S. 83). Dieses Prinzip ist, wie unsere Beispiele zeigen, zumindest sehr plausibel; das Problem liegt nur darin, ob sich feststellen läßt, wann eine solche Abhängigkeitsbeziehung vorliegt.

Der zentrale Gedanke auf der zweiten Stufe von Thomas' Argument lautet also: Entweder hängt jedes notwendige – d. h. unvergängliche – Ding in seiner Unvergänglichkeit von etwas anderem ab oder es ist *»per se necessarium«* in einer Bedeutung, die nur auf Gott zutreffen kann. Der vorliegende Text des Dritten Weges läßt Thomas' Gedanken nicht deutlich werden. Doch legt der Vergleich mit anderen Stellen seiner Schriften und mit Maimonides' Beweis es nahe, daß Thomas implizit annimmt, daß etwas, dessen Wesen nicht die Existenz einschließt, selbst wenn es unvergänglich ist, in seiner Existenz von anderem abhängen muß.[12] Unter dieser Voraussetzung ergibt sich eine Abhängigkeit, die es erforderlich machte, das Zurückgehen in der Ursachenkette zu beenden, und die auch sicherstellte, daß nur ein Seiendes,

12 Vgl. Craig, *The Cosmological Argument*, S. 142 f., 146–148.

dessen Wesen die Existenz einschließt, es beenden könnte. So erklärte sich auch die Behauptung, was »*per se necessarium*« sei, würden alle Menschen Gott nennen.
Entscheidend spricht dann gegen dieses Argument, daß wir keinen Grund haben, diese implizite Annahme zu akzeptieren. Weshalb sollte es z. B. keine unvergängliche Urmaterie geben, deren Wesen zwar nicht die Existenz einschließt, die jedoch ihre Existenz von nichts anderem herleitet?
Wie ich schon früher gesagt habe, unterscheidet sich Thomas' Dritter Weg ganz offensichtlich von Leibniz' kosmologischem Beweis. Dennoch neigte man dazu, den einen dem anderen anzugleichen.[13] Dies ist verständlich, insofern Thomas so etwas wie den Satz vom zureichenden Grund heranziehen müßte, um das, was ich seine implizite Annahme genannt habe, gegen unseren entscheidenden Einwand abzusichern: Beispielsweise wäre eine unvergängliche Urmaterie einfach eine nackte Tatsache, die keinen zureichenden Grund hätte, während etwas, dessen Wesen die Existenz einschlösse, in sich oder *per se* einen zureichenden Grund für seine Unvergänglichkeit zu haben scheint. Doch aufgrund unserer Kritik an Leibniz' Argument vermag keine Anleihe daran Thomas' Beweis zu retten.
Wie aber steht es mit dem populären Argument der ersten Ursache? Lassen sich vielleicht unsere früheren Fragen jetzt beantworten? Weshalb muß das zeitliche Zurückgehen in der Ursachenkette einmal ein Ende haben? Weil Dinge, Zustände und Ereignisse von ihren vorhergehenden Ursachen *abhängen.* Weshalb muß das Zurückgehen zu einer einzigen ersten Ursache, nicht aber zu einer Vielzahl unverursachter Ursachen führen, und weshalb muß diese eine Ursache dann Gott sein? Weil alles außer Gott etwas anderes bräuchte, von dem es kausal abhinge. Darüber hinaus ist die für dieses Argument benötigte Voraussetzung plausibler als die für Leibniz' oder Thomas' Beweis erforderliche. Daß

13 Vgl. ebd., S. 283.

alles eines zureichenden Grundes bedarf, ist ebenso eine metaphysische Forderung wie, daß alles Unvergängliche für seine Unvergänglichkeit von etwas anderem abhängen muß, es sei denn, sein Wesen schließe die Existenz ein. Daß aber eine Wirkung von einer zeitlich vorhergehenden Ursache *abhängt,* gehört zu unserem normalen Verständnis der Verursachung: Wir alle haben einen gewissen Begriff von dieser Asymmetrie zwischen Ursache und Wirkung, wenn es auch schwierig sein mag, sie genau zu analysieren.[14]

Dennoch ist dieses Argument nicht zwingend. Obwohl wir verstehen, daß das, was eine zeitlich vorhergehende Ursache hat, irgendwie von ihr abhängt, folgt daraus doch nicht, daß alles (außer Gott) etwas anderes *braucht*, von dem es in dieser Weise abhängt. Auch mag das, was wir Al Farabis Prinzip nennen könnten, daß in einer Ordnung von Abhängigkeitsbeziehungen das Zurückgehen irgendwo ein Ende haben muß und daß sie weder unendlich noch zirkulär sein kann, zwar plausibel, muß aber nicht wirklich über jede Kritik erhaben sein. Die größte Schwäche dieses ansonsten anziehenden Arguments liegt jedoch darin, daß begründet werden müßte, weshalb Gott die einzige Ausnahme von dem angenommenen Erfordernis, daß alles von anderem abhängt, sein sollte: Weshalb hätte gerade Gott, und nicht irgend etwas anderes als die einzig zufriedenstellende Beendigung des Zurückgehens in der Ursachenkette zu gelten? Wollten wir dies nicht als ein bloßes Mysterium hinnehmen (womit wir jede rationale Theologie aufgäben und unsere Zuflucht beim Glauben nähmen), müßten wir es in der Art und Weise, wie die Metaphysiker es vorgeschlagen haben, verteidigen. Dann aber lädt man diesem populären Argument genau die Lasten auf, die seine mehr philosophischen Entsprechungen zusammenbrechen ließen.

14 Vgl. Kap. 7 meiner Arbeit *The Cement of the Universe.*

(c) *Endliche Vergangenheit und Schöpfung*

Craig hat darauf aufmerksam gemacht, daß es noch ein besonderes kosmologisches Argument gibt, in dem – anders als bei Thomas von Aquin, Leibniz und vielen anderen – vorausgesetzt oder argumentiert wird, die Welt habe eine endliche Vergangenheit.[15] Dieses von Craig nach seinem arabischen Namen benannte *Kalam*-Argument ist von islamischen Gelehrten bevorzugt worden, denen die scharfsinnigen philosophischen Unterscheidungen verdächtig schienen und die daher mehr auf die Offenbarung als auf die Vernunft setzten. Dennoch verstanden sie dieses Argument als einen Vernunftbeweis für die Existenz Gottes. Einige führten von Zeno hergeleitete oder Cantor vorwegnehmende mathematische Paradoxien an, um zu zeigen, daß es ein aktual Unendliches – speziell eine unbegrenzte Vergangenheit – nicht geben könne. Dazu zwei Beispiele: Wenn die Vergangenheit unbegrenzt wäre, hätte bis zur Gegenwart aktual eine unendliche Strecke durchlaufen werden müssen; dies aber hielt man für unmöglich. Bei Al Ghassali findet sich ein höchst geistreiches Argument: Der Planet Jupiter umläuft die Sonne einmal in etwa 12 Jahren, der Planet Saturn einmal in etwa 30 Jahren; Jupiter muß bisher also mehr als zweieinhalbmal so viele Umläufe vollendet haben. Wenn aber die Vergangenheit unbegrenzt wäre, hätten beide gleich viele (nämlich unendlich viele) Umläufe vollendet. Dies wäre jedoch widersprüchlich (S. 101 f.). In der ersten dieser Paradoxien (die auch Kant in der These seiner ersten Antinomie verwendet) drückt sich nur ein Vorurteil gegen eine aktuale Unendlichkeit aus. Man setzt hier voraus, daß es auch bei unbegrenzter Vergangenheit noch einen zeitlichen Ausgangspunkt gibt, so daß von dort bis zur Gegenwart eine aktuale Unendlichkeit hätte durchschritten werden müssen. Nimmt man jedoch die Unendlichkeitshypothese

15 Vgl. Craig, *The Cosmological Argument*, Kap. 3.

ernst, so muß man annehmen, daß es keinen Ausgangspunkt, auch nicht einen unendlich weit entfernten, gibt und daß von jedem einzelnen Punkt der Vergangenheit bis zur Gegenwart hin immer nur eine endlich lange Strecke durchschritten zu werden braucht. In Al Ghassalis Argument wird eine von Cantors Paradoxien verwendet. In einer unendlichen Menge kann eine Teilmenge tatsächlich der Gesamtmenge gleich sein: Beispielsweise gibt es genau so viele gerade Zahlen (2, 4, 6 usw.) wie ganze Zahlen (1, 2, 3 usw.), da sich diese Mengen eineindeutig einander zuordnen lassen. Liegt hier aber nicht ein Widerspruch vor? Ist nicht die Menge der geraden Zahlen sowohl der der ganzen Zahlen gleich (da sich jede gerade Zahl einer ganzen Zahl zuordnen läßt) als auch kleiner als diese (da sie eine wirkliche Teilmenge von ihr darstellt, die die ungeraden Zahlen nicht umfaßt)? Daran aber zeigt sich nur, daß wir normalerweise ein Kriterium dafür haben und anwenden, daß eine Menge kleiner ist als eine andere – daß sie sich nämlich eineindeutig einer wirklichen Teilmenge der anderen Menge zuordnen läßt –, und ein Kriterium dafür, daß zwei Mengen gleich viele Elemente haben – daß sie sich nämlich eineindeutig einander zuordnen lassen; so wird sichergestellt, daß *kleiner als* und *gleich viel* einander in bezug auf zwei endliche Mengen ausschließen, nicht aber in bezug auf zwei unendliche Mengen. Ist diese Beziehung zwischen den beiden Kriterien einmal erkannt, so leuchtet ein, daß hier kein wirklicher Widerspruch vorliegt.

Kurz, es scheint unmöglich, die Möglichkeit einer unbegrenzten Vergangenheit *a priori* auszuschließen. Nichtsdestoweniger hegen auch heute noch wie in der Vergangenheit viele Menschen Zweifel hinsichtlich eines aktual Unendlichen in der realen Welt, selbst wenn sie es gerne den Mathematikern überlassen, ihre Cantorschen Spiele zu betreiben – die natürlich nicht von allen Mathematikern oder allen Philosophen der Mathematik gespielt werden. Auch hat die Kosmologie als Zweig der Astronomie in den letzten

Jahren zahlreiches Material zugunsten der Annahme zusammengetragen, daß das *Universum*, unabhängig von unserer Auffassung von der *Zeit*, eine endliche Vergangenheit hat. Welche Erfolgsaussichten hat also ein Gottesbeweis, wenn wir von der wie auch immer begründeten Prämisse ausgehen könnten, die Welt habe eine endliche Vergangenheit und daher einen zeitlichen Anfang, gleichgültig ob dieser auch als Beginn der Zeit gelten kann oder nicht. Al Ghassali nennt die entscheidende Voraussetzung: »Vernunftnotwendig wissen wir, daß nichts, was innerhalb der Zeit entsteht, aus sich selbst entsteht und daß alles daher eines Schöpfers bedarf« (S. 102). Wissen wir das wirklich vernunftnotwendig? Offensichtlich ist die hier erforderliche Voraussetzung dieselbe wie die – dort allerdings anders verwendete – im Argument der ersten Ursache, daß nämlich alles außer Gott einer Ursache oder eines Schöpfers bedarf, von dem es abhängt. *A priori* ist aber nicht zu sehen, weshalb es unannehmbar sein sollte, daß Dinge, durch nichts verursacht, einfach entstehen, während die Existenz eines Gottes mit der Macht, etwas aus nichts zu schaffen, akzeptabel sein soll.

Ein solcher Gottesbegriff wirft schwierige Probleme auf. Ist Gott innerhalb der Zeit einfach entstanden? Dies wäre genauso rätselhaft wie das einfache Entstehen einer materiellen Welt. Oder hat Gott schon immer in einer unendlichen Zeit existiert? Damit aber stünden wir wieder vor dem Problem des aktual Unendlichen. Um beiden Schwierigkeiten zu entgehen, müßten wir annehmen, daß Gottes eigene Existenz nicht-zeitlich ist; das aber wäre ein vollkommenes Mysterium.

Statt dessen könnte jemand Al Ghassalis Bedenken hinsichtlich eines aktual Unendlichen beiseite schieben und sich auf ein empirisches Argument stützen – etwa auf die modernen Argumente zugunsten eines ›Urknalls‹ –, um zu zeigen, daß die materielle Welt einen zeitlichen Anfang hat. Für ihn wäre dann Gottes Existenz in einer unendlichen Zeit unproblematisch. Doch auch er müßte noch die entscheidende Voraussetzung machen, daß Gottes Existenz und schöpferische Macht sich selbst erklären, während die unerklärte Entstehung einer materiellen Welt unverständlich und daher unannehmbar wäre. Gegen die erste Voraussetzung aber spricht der in Abschnitt (a) genannte Kritikpunkt. Der dem ontologischen Argument zugrundeliegende Begriff eines Wesens, dessen Existenz sich selbst erklärt, weil es unmöglich ist, daß es nicht existiert haben könnte, läßt sich *nicht* verteidigen. Daher können wir ihn hier nicht heranziehen, um mit seiner Hilfe irgendeine Form des kosmologischen Arguments zu vervollständigen. Die zweite Voraussetzung ist ebenfalls zweifelhaft. Wir haben keinen Grund, *a priori* gewiß zu sein, daß es keinen unerklärten Anfang der Dinge gegeben haben kann. Aber in dem Maß, wie uns dies als unwahrscheinlich erscheint, müßte es die Deutung des ›Urknalls‹ als eines absoluten Anfangs des materiellen Universums zweifelhaft machen; vielmehr sollte man daraus schließen, daß auch diesem Anfang irgend etwas Physisches vorausliegt, selbst wenn der ›Urknall‹ als eine so radikale Diskontinuität erscheint, daß er sich nicht erklären läßt, weil wir keine Gesetzmäßigkeiten erkennen können, die hinter diese Diskontinuität zurückreichen würden.

Kurz, der Begriff der Schöpfung scheint nur deshalb akzeptabler zu sein als jede andere Erklärung, um aus dem kosmologischen Labyrinth herauszukommen, weil wir ihn nicht genau analysieren oder weil wir nicht auf die menschlichen Erfahrungen, Dinge zu machen, schauen, auf denen er aufbaut. Er bietet eine nur vage und nur scheinbar zufriedenstellende Erklärung; dieser Anschein aber verflüchtigt sich, sobald man sich daranmacht, diesen Deutungsversuch genau zu analysieren.

(d) *Swinburnes induktives kosmologisches Argument*

Manche mögen schon von Anfang an das Ergebnis geahnt haben, zu dem die Diskussion in diesem Kapitel mit so viel Mühe gelangt ist. Es gibt keine allgemeinen Gründe zu erwarten, daß sich mit Hilfe deduktiv schlüssiger Argumente und mit Gewißheit erkannter Prämissen Folgerungen beweisen lassen, die weit über die empirischen Daten, die ihnen zugrunde liegen, hinausgehen. Besonders seit Hume und Kant sind die Philosophen hinsichtlich einer solchen Möglichkeit im allgemeinen sehr skeptisch. Andererseits sprechen gute Gründe für die Annahme, daß es möglich ist, Hypothesen, die weit über die beobachteten Daten, auf denen sie gründen, hinausgehen, zwar provisorisch, doch manchmal mit hohem Gewißheitsgrad zu bestätigen, und zwar in einem Sinn, der es vernünftig erscheinen läßt, sich für praktische Zwecke darauf zu verlassen, daß sie entweder wahr sind oder doch der Wahrheit ziemlich nahekommen. Der Erfolg der empirischen Wissenschaften in den letzten 400 Jahren rechtfertigt eine solche allgemeine Erwartung, unabhängig von den noch bestehenden Problemen, wie sich eine zufriedenstellende Theorie über die Bestätigung von Hypothesen oder die Rechtfertigung induktiver Beweise entwickeln läßt. Obwohl die früheren Theologen weit mehr erwarteten, wären viele moderne Theisten schon damit zufrieden, wenn der Theismus so gut bewiesen wäre wie irgendeine der besser begründeten wissenschaftlichen Theorien. Daher scheint es angebracht, auch die Frage zu prüfen, ob es nicht eine gute induktive Variante des kosmologischen Arguments gibt, die sich im Sinne einer Hypothese bestätigen läßt. Swinburne hat versucht, eine solche Variante zu entwickeln.[16]

Seiner Erörterung der Existenz eines Gottes setzt Swinburne eine allgemeine Theorie induktiver Beweisführung voran.

16 Vgl. Swinburne, *The Existence of God*, Kap. 7. Die im Text mit Seitenangaben versehenen Zitate sind dieser Ausgabe entnommen.

Die Aussage, eine Hypothese werde durch ein bestimmtes Beweismaterial »bestätigt«, sei mehrdeutig: Damit kann gemeint sein, daß das Beweismaterial die Wahrscheinlichkeit der Hypothese im Vergleich zu der Wahrscheinlichkeit, die ihr unabhängig von diesem Material zukam oder zugekommen wäre, erhöht hat; damit kann aber auch gemeint sein, daß das Beweismaterial es wahrscheinlicher macht, daß die Hypothese wahr als daß sie falsch ist. Swinburne spricht von einem »guten *C*-induktiven Argument«, wenn die Prämissen oder die Beweismaterialien die Folgerung oder Hypothese im ersten Sinn, und von einem »guten *P*-induktiven Argument«, wenn sie sie im zweiten Sinn erhärten. Er meint, es sei schwieriger, ein gutes *P*-induktives Argument zu liefern als ein gutes *C*-induktives. In beiden Fällen aber handle es sich um *Argumentation*: Wir haben es mit Beziehungen nicht-deduktiver Beweisführung zu tun zwischen einem bestimmten Beweismaterial, das im Licht oder auf dem Hintergrund bestimmter Annahmen oder Erkenntnisse gewürdigt wird, und einer Hypothese oder Folgerung. Jedes von uns vernünftigerweise gefällte Urteil bleibe insofern provisorisch, als weiteres Beweismaterial oder eine Veränderung des Hintergrundwissens oder der Hintergrundannahmen den Grad der Bestätigung oder das Verhältnis der Wahrscheinlichkeiten zueinander ändern könne. Eine wichtige Art der Veränderung des Hintergrunds sei die Einführung weiterer konkurrierender möglicher Erklärungshypothesen oder eine Wandlung der ursprünglichen Wahrscheinlichkeit solcher Hypothesen.
Ein wichtiges Prinzip dient Swinburne als Kriterium für ein gutes *C*-induktives Argument. Eine Hypothese wird genau dann durch einen bestimmten Beweisgrund bestätigt, wenn (unabhängig davon, daß dieser Beweisgrund beobachtet wird, oder vorgängig dazu) die Hinzufügung der Hypothese zum Hintergrundwissen oder zur Hintergrundannahme es als wahrscheinlicher erscheinen läßt, daß dieser Beweisgrund sich einstellt, als ohne diese Zufügung allein aufgrund

des Hintergrundwissens. Wenn ›*h*‹ für Hypothese, ›*b*‹ für Beweisgrund, ›*w*‹ für Hintergrundwissen oder Hintergrundannahme und ›$P(x/y)$‹ für die Wahrscheinlichkeit von x in Vergleich zu y steht, dann ist h genau dann durch b bestätigt – in dem Sinn, daß ihre Wahrscheinlichkeit größer geworden ist –, wenn $P(b/h\&w) > P(b/w)$. Oder anders gesagt: Eine Hypothese ist durch einen Beweisgrund genau dann in diesem Sinn bestätigt, wenn dieser Beweisgrund mit größerer Wahrscheinlichkeit aufgetreten wäre, wenn die Hypothese wahr als wenn sie falsch gewesen wäre: h ist genau dann durch b bestätigt, wenn $P(b/h\&w) > P(b/{\sim}h\&w)$. Mit anderen Worten, der Beweisgrund erhöht die Wahrscheinlichkeit der Hypothese genau dann, wenn die Hinzufügung der Hypothese die vorausgehende Wahrscheinlichkeit des Beweisgrunds erhöht. Dies gilt unter der Voraussetzung, daß die anfängliche Wahrscheinlichkeit der Hypothese in Beziehung zum Hintergrundwissen oder zur Hintergrundannahme nicht gleich Null ist.

Dieses Prinzip läßt sich an einer einfachen Kriminalgeschichte veranschaulichen. Die Entdeckung von Schuhabdrücken im getrockneten Schlamm eines Weges, die nach Form, Größe und Verschleißgrad Freds Schuhen gleichen und deren Entfernung voneinander seiner normalen Schrittlänge entspricht, macht es wahrscheinlicher, daß Fred beim letzten Regen diesen Weg gegangen ist, als wenn diese Spur nicht gefunden worden wäre. Weshalb? Weil dann die Hypothese, daß Fred dort gegangen ist, die Wahrscheinlichkeit erhöht, daß sich jetzt dort genau solche Schuhabdrücke finden, im Vergleich zur Wahrscheinlichkeit, wenn es diese Hypothese nicht gäbe oder angenommen würde, daß er zu dieser Zeit dort nicht gegangen ist. Wenn unsere Hintergrundinformation es sehr wahrscheinlich machte, daß sich dort solche Abdrücke fänden, auch wenn Fred dort nicht gegangen wäre – wenn beispielsweise Fred einen Zwillingsbruder hätte, der sich häufig Freds Schuhe ausliehe und diesen Weg regelmäßig benutzte –, dann würde die Hinzufügung der Hypothese, daß Fred dort gegangen wäre, die vorausgehende Wahrscheinlichkeit, daß sich dort solche Schuhabdrücke fänden, nicht allzu sehr erhöhen (da sie auch ohne diese Hypothese und selbst bei ihrer Bestreitung schon ziemlich hoch war); die Entdeckung der Abdrücke wäre keine besonders gute Bestätigung der Hypothese, daß Fred dort gewesen ist. Und wenn unser Hintergrundwissen (selbst wenn Fred keinen Zwillingsbruder hätte) es unmöglich machte, daß Fred beim letzten Regen diesen Weg gegangen ist – wenn er beispielsweise zu diesem Zeitpunkt bereits tot war –, dann kann dieses Beweismaterial, obwohl die Hinzufügung der Hypothese die vorausgehende Wahrscheinlichkeit, daß sich dort Abdrücke finden, erhöhen würde, dennoch diese Hypothese nicht erhärten: Ihre Ausgangswahrscheinlichkeit von Null läßt sich nicht erhöhen.

Dieses Prinzip bezieht sich auf *C*-induktive Argumente, auf die Bedingungen, die die Wahrscheinlichkeit einer Hypothese durch Einführung neuen Beweismaterials erhöhen. Wenden wir uns dann den *P*-induktiven Argumenten zu, also der Frage, ob das Beweismaterial die Hypothese eher wahrscheinlich als unwahrscheinlich macht, so kommt der Ausgangswahrscheinlichkeit der Hypothese eine sehr große Bedeutung zu. Selbst wenn das Beweismaterial die Wahrscheinlichkeit der Hypothese im Vergleich zu ihrer anfänglichen Wahrscheinlichkeit *erhöht*, muß sie sie deswegen doch nicht eher wahrscheinlich als unwahrscheinlich machen; die Ausgangswahrscheinlichkeit könnte nämlich sehr gering gewesen sein. Deutlich wurde dies bei der Erörterung der Wunderfrage: Da die Ausgangswahrscheinlichkeit für das Vorkommen eines Wunders sehr gering ist, bräuchte es sehr gute Beweisgründe, wenn es als eher wahrscheinlich als unwahrscheinlich erscheinen sollte, daß sich tatsächlich ein Wunder ereignet hat. Selbst Beweisgründe, die zwar das Vorkommen eines Wunders erklären und wahrscheinlich machen würden, die jedoch ohne das Wunder mit großer

Wahrscheinlichkeit nicht eingetreten wären, reichen möglicherweise nicht aus, um die vorhergehende Unwahrscheinlichkeit des Wunders aufzuwiegen und es jetzt als eher wahrscheinlich als unwahrscheinlich erscheinen zu lassen, daß es geschehen ist.[17]

Diese Prinzipien können als allgemein anerkannte Regeln induktiver Beweisführung gelten; das Problem besteht in ihrer Anwendung auf das kosmologische Argument. Swinburne bezieht sich zunächst auf eine der Überlegungen von Leibniz: Selbst wenn das Universum eine unendliche Geschichte hat, in der jedes Ereignis durch vorhergehende Ereignisse in Verbindung mit den geltenden Naturgesetzen erklärt ist, so ist damit doch nicht die gesamte Geschichte erklärt. Sie hätte völlig anders verlaufen können – entweder wenn andere Naturgesetze gegolten hätten oder wenn zwar die Gesetze dieselben gewesen wären, aber die besonderen Umstände andere –, oder es hätte auch gar nichts geben können; es gibt keine Erklärung dafür, daß keine dieser beiden Möglichkeiten eingetroffen ist. Swinburne meint dann zweitens, die Hypothese, es gebe einen Gott, würde in einem gewissen Maß die Existenz und die tatsächliche Geschichte des Universums erklären. Es gebe eine von der Kausalerklärung völlig verschiedene Art von Erklärung, die wir heranzögen, wenn wir etwas als vorsätzliche Handlung eines Vernunftwesens erklärten. Swinburne spricht hier von »personaler Erklärung«. Unter der Voraussetzung, daß es einen Gott von der Art gibt, wie der traditionelle Theismus behauptet, ergebe sich, daß dieser Gott ein physisches Universum schaffen könnte, wenn er wollte, und daß er Gründe gehabt haben könnte, es auch zu tun. Swinburne sagt nun nicht, die Hypothese (*h*), daß es einen solchen Gott gibt, würde es sehr wahrscheinlich machen, daß es (*b*) dieses existierende Universum gibt:

17 Vgl. Kap. 1.

> »Ich behaupte jedoch nicht, daß *P*(*b*/*h.w*) besonders hoch anzusetzen ist. *P*(*b*/*h.w*) gibt die Wahrscheinlichkeit dafür an, daß es ein physisches Universum gibt, wenn es einen Gott gibt. Die Wahl, die Gott zwischen möglichen Welten hat, umfaßt auch eine Welt, in der es nur Gott gibt, eine Welt, in der es nur einen oder mehrere endliche nicht-physische Gegenstände (z. B. körperlose Geister) gibt, eine Welt, die nur aus einem einfachen physischen Universum besteht (z. B. aus einer einzigen Stahlkugel), und eine Welt, die ein komplexes physisches Universum darstellt. Es gibt gute Gründe dafür, daß Gott ein komplexes physisches Universum schafft. Denn ein solches Universum kann schön sein, und das ist gut; auch kann es der Lebensraum für endliche handelnde Wesen sein, die es entwickeln und nach ihren Wünschen gestalten. [. . .] Doch sehe ich nicht, wie Gott einen klaren und eindeutigen Vorzugsgrund haben könnte, gerade ein solches Universum zu schaffen. [. . .] Auch sehe ich nicht, wie er einen solchen Grund haben könnte, irgendeine andere Welt zu schaffen oder nicht zu schaffen« (S. 130 f.).

Swinburne sagt also nicht, diese Welt sei offensichtlich die beste aller möglichen Welten; daher ist die Wahrscheinlichkeit *P*(*b*/*h*&*w*) nicht hoch. Andererseits, meint er, sei die Wahrscheinlichkeit *P*(*b*/*w*) immer noch geringer: »Es ist sehr unwahrscheinlich, daß ohne Gottes Handeln ein komplexes physisches Universum entsteht.« Folglich ergibt sich: *P*(*b*/*h*&*w*) > *P*(*b*/*w*); daher gibt es ein gutes C-induktives Argument, in dem von der Existenz eines komplexen physischen Universums auf die Existenz eines Gottes im Sinne des traditionellen Theismus geschlossen wird.

Wie wir gesehen haben, gilt dies nur, wenn *P(h/w)*, die Ausgangswahrscheinlichkeit für die Existenz eines solchen Gottes, nicht gleich Null ist. Dies sei einmal zugestanden. Dann aber wird nur gesagt, daß die Existenz eines komplexen physischen Universums die Wahrscheinlichkeit der Existenz eines Gottes *erhöht*, sie wahrscheinlicher macht, als sie sonst wäre, d. h., als sie wäre, wenn es ein solches Universum nicht gäbe. Doch ist nicht zu sehen, wieso uns das helfen kann. Wie ließe sich überhaupt irgendeine Ausgangswahrscheinlichkeit dafür angeben, daß es einen Gott gibt, falls es ein solches Universum nicht gäbe? Vielleicht haben wir an eine solche Ausgangswahrscheinlichkeit in bezug auf ausschließlich tautologische Informationen zu denken; diese könnte, wenn das ontologische Argument bereits widerlegt ist, nur sehr gering sein. Doch ist die Ähnlichkeit mit Freds Fall hier nur sehr gering; in diesem Fall könnte es, abgesehen von der Entdeckung der Schuhabdrücke, sehr wenig wahrscheinlich gewesen sein, daß Fred diesen Weg benutzt hätte, während ihre Entdeckung dies dann sehr viel wahrscheinlicher gemacht haben könnte. Das Problem besteht in folgendem: Wenn der Beweisgrund *b* in der Existenz einer komplexen physischen Welt bestehen soll, dann muß das Hintergrundwissen oder die Hintergrundannahme dies ausschließen und kann daher nur logische und mathematische Wahrheiten beinhalten. Aber welche Wahrscheinlichkeit könnte der Gotteshypothese in bezug auf solche Wahrheiten zukommen?

Vielleicht aber stellen wir die falsche Frage, wenn wir fragen, ob sich auf der Basis der bloßen Existenz eines komplexen physischen Universums ein gutes *C*-induktives Argument zugunsten der Existenz eines Gottes führen läßt. Swinburne sieht das Problem in seiner Zusammenfassung anders:

> »Es besteht die Möglichkeit, daß, wenn es einen Gott gibt, er etwas von der Endlichkeit und Komplexität eines Universums schafft. Es ist sehr unwahrscheinlich, daß ein Universum unverursacht existiert; dagegen ist es um einiges wahrscheinlicher, daß Gott unverursacht existiert. Die Existenz eines Universums ist sonderbar und verwunderlich. Sie wird verständlich, wenn wir annehmen, daß Gott ihre Ursache ist. Diese Annahme postuliert einen einfa-

cheren Erklärungsbeginn als die Annahme eines unverursachten Universums; dies genügt, die erste Annahme für wahr zu halten« (S. 131 f.).

Wir haben also die beiden konkurrierenden Hypothesen miteinander zu vergleichen – die eine, daß es keine weitere Ursache oder Erklärung für das komplexe physische Universum gibt, die andere, daß es einen Gott gibt, der es geschaffen hat. Gemeinsam gehen beide Hypothesen davon aus, daß es dieses Universum gibt. Swinburne sagt dann, daß in bezug auf unser Hintergrundwissen – das nun alles, was wir normalerweise von uns selbst und von unserer Welt wissen, einschließen kann, aber jede spezifisch religiöse Annahme ausschließen muß – es wahrscheinlicher ist, daß es einen unverursachten Gott gibt, der die Welt geschaffen hat, als daß es einfach ein unverursachtes Universum gibt, d. h. ein Universum mit inneren kausalen Beziehungen, doch ohne weitere Ursache dafür, daß es gerade die Naturgesetze gibt, die es gibt, oder daß es überhaupt welche gibt. Als Vergleich bietet sich die Überlegung an, daß wir eine gemeinsame Urschrift für eine Gruppe ähnlicher Handschriften aus dem Grund annehmen, weil sich ihre andernfalls unerklärten und daher unwahrscheinlichen Ähnlichkeiten in dem Sinn erklären lassen, daß die verschiedenen Handschriften direkt oder indirekt von dieser Urschrift abgeschrieben wurden; die Hypothese, daß die überkommenen Handschriften auf eine gemeinsame Urschrift zurückgehen, ist wahrscheinlicher als die Hypothese, daß ihnen keine gemeinsame Quelle zugrunde liegt.
Doch jetzt rechtfertigt die Tatsache, daß das unverursachte Universum definitionsgemäß nicht weiter erklärt werden kann, nicht die Behauptung, daß es »sonderbar und verwunderlich« oder »sehr unwahrscheinlich« ist. Die bloße Tatsache, daß es sich um ein komplexes physisches Universum handelt, bedeutet nicht, daß es irgend etwas einschließt, das den Ähnlichkeiten zwischen unseren Handschriften ver-

gleichbar wäre, die uns tatsächlich verwundern müßten, wenn es dafür keine weitere Erklärung gäbe. (Die Annahme, einige besondere Merkmale des Universums seien in diesem Sinn verwunderlich, soll in den Kapiteln 7 und 8 in unserer Erörterung des Arguments aus dem Bewußtsein und des teleologischen Arguments diskutiert werden.) Andererseits *ist* jedoch die Hypothese einer göttlichen Schöpfung sehr unwahrscheinlich. *Wenn* es allerdings einen Gott mit den traditionellen Attributen und Vermögen gäbe, wäre er auch fähig und vielleicht willens, ein solches Universum, wie wir es kennen, zu erschaffen; doch haben wir die Wahrscheinlichkeit oder Unwahrscheinlichkeit, *daß* es einen Gott mit diesen Attributen und Vermögen gibt, abzuwägen.

Das entscheidende Vermögen, das in Swinburnes »personaler Erklärung« eine Rolle spielt, ist die Fähigkeit, Vorsätze oder Absichten *direkt*, d. h. ohne physische oder kausale Vermittlung, ohne Materialien oder Instrumente zu verwirklichen. Doch macht nichts in unserem Hintergrundwissen verständlich oder gar wahrscheinlich, daß irgend etwas diese Fähigkeit besitzt. Alles, was wir über die Verwirklichung von Absichten wissen, bezieht sich auf *verleiblichte* Absichten, die *indirekt* durch auf das beabsichtigte Ergebnis gerichtete Körperbewegungen oder leibliche Veränderungen verwirklicht werden; und auch die Fähigkeit, Absichten in dieser Weise zu verwirklichen, hat selbst eine *kausale Geschichte* – entweder ist es die eines Entwicklungs- oder die eines Lernprozesses oder die beider. Nur wenn man solche entscheidenden Merkmale außer acht läßt, kann man auf eine Analogie zum vorgeblichen göttlichen Handeln verweisen.

Doch auch davon abgesehen, halte ich die Behauptung, es sei »um einiges wahrscheinlicher, daß Gott unverursacht existiert«, für wenig plausibel. Swinburne führt zu ihrer Begründung an, daß »die Annahme, es gebe einen Gott, äußerst einfach ist; die Postulierung eines Gottes mit unendlicher Macht, unendlichem Wissen und unendlicher Freiheit bedeutet die Annahme der einfachsten Art von Person, die sich denken läßt«, während »es eine solche Komplexität, Vereinzelung und Endlichkeit im Universum gibt, die nach Erklärung geradezu schreit« (S. 130). (Ironischerweise scheint Gott für Swinburne sich gerade deswegen relativ selbst zu erklären, weil er ganz einfach ist, während er für Anselm und viele andere sich selbst zu erklären schien, weil er etwas darstellt, über das hinaus Größeres nicht gedacht werden kann.) Doch erstens ist die »Einfachheit«, zu der man gelangt, indem man alles ins Unendliche auszieht, erkauft auf Kosten der Behauptung einer ganzen Reihe von aktual Unendlichem; wie gesagt, haben dagegen zahlreiche Philosophen, u. a. auch Al Ghassali, ihre Bedenken angemeldet. Zweitens ist die Vereinzelung nicht beseitigt, sondern nur verdeckt: Wir müßten z. B. besondere Vorlieben in Gott annehmen, um zu erklären, weshalb er gerade dieses spezielle Universum ausgewählt hat, das zu erschaffen er sich tatsächlich entschloß. Und schließlich ist auch der Begriff eines körperlosen Geistes, ganz abgesehen einmal von dem eines unendlichen, in bezug auf unser Hintergrundwissen in sich unwahrscheinlich, insofern uns nichts von dieser Art in unserer Erfahrung gegeben ist.

Einige der bei der Erörterung der älteren Formen des kosmologischen Arguments genannten Themen tauchen hier wieder auf. Wie Leibniz sucht auch Swinburne nach Erklärung und Verstehbarkeit. Anders als Leibniz fordert er keine vollständige Erklärung, keinen zureichenden Grund für alles und keine durchgängige Verstehbarkeit; doch sucht er den unerklärten Teil unseres Gesamtbilds zu vermindern. Ohne Einführung des Begriffs von etwas, das sich selbst zureichender Grund ist oder dessen Wesen die Existenz einschließt – so unbefriedigend diese Begriffe letztlich auch bleiben –, hat er jedoch nichts, um seine Behauptung abzusichern, daß wir durch Hinzufügung der Hypothese eines Gottes zu unserer Welt ihr unerklärtes Element tatsächlich *vermindern*. Obwohl sein Ausgangspunkt dem von Leibniz gleicht, ähnelt seine Folgerung der des *Kalam*-Arguments, insofern er die Schöpfung durch eine Person als den einzigen zufriedenstellenden Anfang aller Dinge ansieht. Doch bei genauerem Zusehen erweist sich eine solche »personale Erklärung« keineswegs als ein zufriedenstellender Anfang und gewiß nicht als ein Anfang, dem aufgrund unseres gewöhnlichen Wissens, d. h. aufgrund unserer Hintergrundinformation, irgendeine Anfangswahrscheinlichkeit zukäme.

Die Aussichten für eine induktive, probabilistische oder eine Hypothese bestätigende Variante des kosmologischen Arguments sind daher keineswegs besser als die für eine deduktive Variante. Doch richtete sich unsere Kritik besonders gegen ein *kosmologisches* Argument im zu Anfang dieses Kapitels erklärten Sinn, d. h. gegen ein Argument, dessen empirische Daten sich entweder auf die bloße Tatsache, daß es überhaupt eine Welt gibt, oder auf so allgemeine Tatsachen beschränken, daß es in ihr Wandel, Bewegung oder Verursachung gibt. Diese Kritik läßt die Möglichkeit offen, daß sich die Hypothese, es gebe einen Gott, dennoch durch ein Beweismaterial detaillierterer und spezifischerer Art bestätigen läßt, etwa durch die Existenz von Lebewesen mit Bewußtsein oder durch das Gegebensein dessen, was man »die Anzeichen für einen Plan« genannt hat. Diese Möglichkeit wird in den Kapiteln 7 und 8 untersucht werden; doch soll zuvor in Kapitel 6 noch ein Beweisgrund anderer Art zur Sprache kommen.

Kapitel 6

Moralische Argumente zugunsten der Existenz Gottes

(a) *Ein geläufiger Gedankengang*

Häufig meint man, die Moral mache die Religion erforderlich oder setze sie voraus; moralisches Denken begründe daher den theistischen Glauben. Eine vertraute und weitverbreitete Überlegung verläuft etwa folgendermaßen: Moralische Prinzipien sagen uns, was wir zu tun haben – ohne Rücksicht darauf, ob es uns gefällt oder nicht. Sie stellen also Gebote dar, hinter denen ein Gebieter stehen muß. Doch gehen die Forderungen der Moral über das hinaus, was menschliche Autorität von uns verlangt, und manchmal gebieten sie uns sogar, uns aller menschlichen Autorität zu widersetzen. Moralische Gebote gehen über das hinaus und stehen manchmal dem entgegen, was das Gesetz, was der Staat, was unser Freundeskreis, was eine Kirche oder was die öffentliche Meinung einer Gesellschaft oder sogar der ganzen Welt von uns fordert. Sie müssen folglich die Befehle irgendeiner übermenschlichen und daher übernatürlichen Autorität darstellen. Und wenn diese Forderungen allen anderen Erwägungen überlegen sein sollen – was sie von sich behaupten –, dann brauchen wir auch ein angemessenes Motiv, damit wir sie auch dann erfüllen können, wenn Drohungen und Versuchungen uns zum Ungehorsam drängen. Ein solches Motiv aber kann es nur dann geben, wenn wir wissen, daß es ein Wesen gibt, das zugleich den Willen und die Macht hat, in einer solchen Weise zu belohnen und zu bestrafen, daß alle irdischen Verluste und Gewinne dadurch aufgewogen werden. Die Moral bedarf also eines Gottes, der sowohl die höchste Quelle ihrer Forderungen ist als auch der allmächtige Belohner und Bestrafer, der ihre Forderungen einschärft. Darüber hinaus enthält das moralische Denken ein unauslöschliches Verlangen nach Gerechtigkeit, die Zuversicht, daß Ungerechtigkeit und Unfairneß am Ende nicht siegen werden. Die Gerechtigkeit aber fordert, daß es eine Macht gibt, die in irgendeiner Weise Glück und Verdienst aufeinander abstimmt.

Ein solches Argument hat wahrscheinlich selten den religiösen Glauben ursprünglich begründet; doch schien es vielen eine wirksame Verstärkung ihres Glaubens zu sein, besonders aber ein überzeugender Grund dafür, auch dann noch am Glauben festzuhalten, wenn er in anderer Weise bedroht schien. Man hat den Eindruck, wenn der religiöse Glaube aufgegeben werde, verlören moralische Überzeugungen ihr wesentliches Element, ihre Wirksamkeit und auch ihre Geltung. So also werden ins Wanken geratene religiöse Überzeugungen erneut gefestigt durch das Gefühl, daß die Moral weder aufgegeben noch ohne religiöse Absicherung gelassen werden kann.

Ich will später auf diese geläufigen Überlegungen zurückkommen. Zuvor möchte ich verschiedene, sogar miteinander unvereinbare philosophische Fassungen dieses moralischen Arguments prüfen. Jede von ihnen läßt sich als Weiterentwicklung oder Verfeinerung einiger Elemente des geläufigen Gedankengangs verstehen. Während John Henry Newman und Kant ihre Fassungen als eigentliche Argumente vorgetragen haben, hat H. Sidgwick nur vorsichtige Überlegungen angestellt, ohne diesen letztlich zuzustimmen.

(b) *Newman: Das Gewissen als das schöpferische Prinzip der Religion*

In *A Grammar of Assent* geht Newman von der Annahme aus, »daß das Gewissen einen legitimen Platz unter unseren geistigen Akten hat«; er vergleicht es unter dieser Rücksicht mit dem Gedächtnis, dem folgerichtigen Denken, dem Einbildungsvermögen und dem Sinn für das Schöne. Er will dann zeigen, »daß in diesem besonderen Gefühl, das auf das sogenannte Recht- oder Unrechttun folgt, die Materie für die reale Erfassung eines göttlichen Herrn und Richters liegt«. Newman unterscheidet zwei Aspekte des Gewissens. Einerseits ist es »ein Sinn für das Sittliche«, der uns »mit den Elementen der Moral versieht«, mit Einzelurteilen über das, was wir tun und nicht tun sollen, »die vom Intellekt in einem ethischen System entwickelt werden können«. Andererseits ist es »ein Sinn für Pflicht«, der diese Einzelurteile einschärft. Newman bezieht sich auf diesen zweiten Aspekt, auf das Gewissen »als Billigung rechten Verhaltens«. Diese Seite des Gewissens, sagt er, »ruht nicht in sich selbst, sondern reicht in vager Weise vor zu etwas jenseits seiner selbst und erkennt undeutlich eine Billigung seiner Entscheidung, die höher ist als es selbst und bewiesen ist in jenem scharfen Sinn für Verpflichtung und Verantwortung, der sie trägt«. In dieser Hinsicht unterscheide es sich völlig vom »Geschmack« – d. h. vom ästhetischen Vermögen, vom Sinn für das Schöne –; dieser »ist sich selbst Beweis und appelliert an nichts jenseits seines eigenen Sinnes für das Schöne oder Häßliche und erfreut sich an den Beispielen des Schönen nur um ihrer selbst willen«. Diesen Gegensatz verfolgt Newman weiter, wenn er feststellt, das Gewissen habe »eine innige Beziehung zu unseren Gefühlen und Gemütsbewegungen«. Wer anerkenne, daß seine Haltung nicht schön gewesen ist, empfinde keine Furcht. Wer aber sein eigenes Verhalten als unmoralisch anerkenne, der habe »ein lebhaftes Gefühl der Verantwortlichkeit und Schuld, wiewohl die Handlung kein Vergehen gegen die Gesellschaft zu sein braucht, von Qual und Furcht, wiewohl sie sogar von augenblicklichem Nutzen für ihn sein kann, von Verwirrung in Gesicht und Mienen, wiewohl sie keine Zeugen zu haben braucht«. Solche Gemütsbewegungen stünden immer »in Wechselbeziehung zu Personen«. »Wenn wir, wie es ja der Fall ist, uns verantwortlich fühlen, beschämt sind, erschreckt sind bei einer Verfehlung gegen die Stimme des Gewissens, so schließt das ein, daß hier Einer ist, dem wir verantwortlich sind; vor dem wir beschämt sind; dessen Ansprüche auf uns wir fürchten.« In gleicher Weise schließe die Freude eines guten Gewissens eine Person ein, über deren Lob wir glücklich seien. »Diese Gefühle in uns sind derart, daß sie als erregende Ursache ein intelligentes Wesen erfordern.« Dennoch gebe es keine irdische Person, die dieser Rolle voll gerecht würde. Das Gewissen müsse daher auf eine übernatürliche und göttliche Person bezogen sein: »So ist also das Phänomen des Gewissens als das eines Befehls dazu geeignet, dem Geist das Bild eines höchsten Herrschers einzuprägen, eines Richters, heilig, gerecht, mächtig, allsehend, vergeltend. Es ist das schöpferische Prinzip der Religion, wie der Sinn für das Sittliche das Prinzip der Ethik ist.«[1]

Ich habe oben gesagt, das geläufige moralische Argument begründe nur selten den religiösen Glauben ursprünglich. Newman bestreitet dies hier nicht, sondern behauptet vielmehr, nicht das Argument, sondern die tatsächliche Erfahrung des Gewissens begründe den Glauben ursprünglich, der Sinn für Pflicht und Verantwortlichkeit sei in ähnlicher Weise Prinzip der religiösen Überzeugungen wie der andere Aspekt des Gewissens, der Sinn für das Sittliche, Prinzip der ethischen Überzeugungen sei. Doch stellt er damit nicht nur eine genetische Behauptung auf: Er sagt auch, das Phänomen des Gewissens sei ein guter Grund für die Richtigkeit theistischer Überzeugungen. So verstanden, beruht sein Argument auf drei Prämissen: daß das Gewissen legitim oder autoritativ gebietet; daß es über den Handelnden selbst hinausweist auf eine weitere gebieterische und höhere Sanktionierung; und daß diese von einer Person, einem intelli-

1 J. H. Newman, *A Grammar of Assent*, London 1870, dt. *Entwurf einer Zustimmungslehre*, hrsg. und übers. von W. Becker [u.a.], Mainz 1962 (*Ausgewählte Werke*, Bd. 7), Kap. 5.

genten Wesen, herrühren muß, wenn sie eben jene mächtigen Gefühle in genau der Färbung wecken soll, wie sie sich im moralischen Bewußtsein finden.

Wer nun allen drei Prämissen zustimmt, muß zugeben, daß das Argument schlüssig ist, obwohl dem so aufgewiesenen Gott nicht die Unendlichkeitsattribute von Descartes' oder Anselms Gott zuzukommen brauchen. Aber muß man allen drei Prämissen zustimmen? Tatsächlich steht dieses Argument vor einem Dilemma. Wenn wir das Gewissen einfach so nehmen, wie es sich darstellt, und seinen Spruch als wirklich gültig verstehen, müssen wir sagen, daß es bestimmte Arten von Handlungen aufgrund der ihnen eigenen Qualität als vernünftig vorschreibt: Die Tatsache, daß sie von dieser oder jener Art sind, ist Grund genug, sie zu tun oder zu unterlassen. *In der Art der Handlung selbst* ist ein Tun- oder Unterlassen-Sollen eingeschlossen. Dann aber braucht man nicht jenseits des Gewissens nach einer übernatürlichen Person zu suchen, die eine solche Handlung befiehlt oder verbietet. Entsprechend sind Bedauern, Schuldgefühl, Scham und Furcht, die gewöhnlich mit dem Bewußtsein, falsch gehandelt zu haben, einhergehen, in diesem besonderen Fall natürlich und angemessen, obwohl solche Gefühle normalerweise nur in Beziehung zu Personen aufkommen: Das Gewissen – wenn wir es einfach so nehmen, wie es sich selbst darstellt – sagt uns, daß wir angesichts einer verkehrten Handlung als solcher so empfinden sollen. Das heißt, wenn wir Newmans erster Prämisse voll und ganz zustimmen, müssen wir seine zweite und dritte ablehnen. Wenn wir dagegen das Gewissen nicht einfach so nehmen, wie es uns erscheint, sondern es kritisch zu verstehen suchen und fragen, wie es entstanden ist und wieso es gerade die Funktionen ausübt, die wir an ihm bemerken, dann treffen wir im Hintergrund tatsächlich auf Personen, allerdings auf menschliche, nicht auf eine göttliche. Wenn wir die Erfahrung des Gewissens aus einem gewissen Abstand betrachten, drängt sich die Deutung geradezu auf, es als Verinnerlichung der Forderungen anderer Menschen in jedem einzelnen Individuum zu verstehen – zunächst vielleicht der Gebote der Eltern und der nächsten Freunde, letztlich aber der Forderungen der Traditionen und Institutionen der Gesellschaft, in der der einzelne aufgewachsen ist, oder desjenigen Teils der Gesellschaft, der ihn am meisten geprägt hat. Bei dieser Deutung suchen wir tatsächlich nach etwas jenseits des Gewissens und des Handelnden, doch suchen wir nach einer natürlichen, menschlichen Quelle, nicht nach einem Gott. Jetzt akzeptieren wir in gewisser Weise Newmans zweite und dritte Prämisse, modifizieren aber die erste. Es ist nicht leicht, allen zugleich zuzustimmen. Newmans Argumentation gleicht einem Drahtseilakt: Er gesteht dem Gewissen, dessen Anspruch entsprechend, eine von allen menschlichen Gefühlen und Forderungen unabhängige Autorität und Quelle zu, bestätigt dann aber nicht dessen Anspruch auf völlige Eigenständigkeit. Gerade nur diesen Grad an kritischer Neuinterpretation – nicht mehr und nicht weniger – zuzulassen bedeutet aber Willkür.

Vielleicht bezieht sich Newman hier nicht auf das Gewissen im allgemeinen als eine unter Menschen nahezu universal vorkommende Denkungsart, sondern auf die besondere Form des Gewissens, in der moralische Überzeugungen bereits an den Glauben an einen Gott gebunden sind. Wenn wir diese besondere Form wiederum einfach so nehmen, wie sie erscheint, dann können wir tatsächlich allen drei Prämissen zustimmen; dann überzeugt dieses Argument aber nur diejenigen, die bereits vorgängig dazu Newmans Folgerung zugestimmt haben. Würde es sich dagegen an einen weiteren Zuhörerkreis oder an Menschen richten, die noch nicht auf den Glauben festgelegt sind, so ergäbe sich das hoffnungslos schwache Argument, es müsse einen Gott geben, weil einige Menschen glauben, daß es ihn gibt, und diesen Glauben in ihr moralisches Denken aufgenommen haben. Es brauchte gewiß einiges mehr, um zu zeigen, daß diese besondere

Form moralischen Denkens schlüssig ist; dazu bedürfte es eines unabhängigen Arguments für die Existenz eines Gottes gerade von dieser besonderen Art.

Diese Kritik läßt sich auch so fassen, daß eine Hypothese dadurch untergraben wird, daß man für ihren Beweisgrund eine bessere Erklärung vorlegt. Das Phänomen des Gewissens, auf das Newman aufmerksam macht, ließe sich tatsächlich durch die Hypothese erklären, daß es eine übernatürliche Person mit den traditionellen theistischen oder mit ähnlichen Attributen gibt, deren Gegenwart, Forderungen, Haltungen und Macht sich jeder im moralischen Denken zumindest undeutlich bewußt ist. Doch würden wenigstens zwei konkurrierende Hypothesen diese Phänomene ebensogut erklären: einerseits der ethische Objektivismus oder Intuitionismus und andererseits die naturalistische, psychologische Deutung des Ursprungs des Gewissens.[2] Da es diese alternativen Erklärungsmöglichkeiten gibt, von denen wenigstens die zweite anspruchsloser und metaphysisch weniger unwahrscheinlich ist als die theistische, wird diese nicht in bedeutsamer Weise durch jene Phänomene bestätigt, die zugestandenermaßen tatsächlich durch sie erklärt würden.

(c) *Kant: Gott als Voraussetzung der Moral*

In der *Kritik der reinen Vernunft* argumentiert Kant, es gebe keinen schlüssigen spekulativen Beweis für die Existenz eines Gottes. Wir haben uns bereits seine Kritik des ontologischen und des kosmologischen Arguments vor Augen geführt; seine Argumente gegen den teleologischen Beweis werden in Kapitel 8 zur Sprache kommen. Doch in der *Kritik der praktischen Vernunft* meint Kant, mit moralischen Überlegungen ließe sich das erreichen, was der speku-

2 Vgl. meine Arbeit *Hume's Moral Theory*, London 1980, bes. S. 145–150.

lativen Vernunft unerreichbar sei. Die Existenz eines Gottes und auch positive Antworten auf die anderen großen metaphysischen Fragen, auf die Frage nach der Unsterblichkeit der Seele und die nach der Willensfreiheit, ließen sich als notwendige Voraussetzungen des moralischen Bewußtseins verteidigen.[3]

Kants Auffassung liegt der geläufigen Überlegung, mit der wir begonnen haben, viel ferner als die Newmans. Er hebt die Autonomie der Moral hervor, auf der ich bei der ersten Alternative des Dilemmas angespielt habe, um Newmans Argument zu kritisieren. Das moralisch Richtige und Verpflichtende sei in sich selbst richtig und verpflichtend und könne als solches kraft der Vernunft erkannt werden. Jedes Vernunftwesen als solches sei fähig und berechtigt, das moralische Gesetz selbst zu erkennen und sich die moralischen Gebote selbst zu geben; es brauche daher keinen Gott, der ihm befehle – auch keinen, so scheint es, der ihm rate. »Auch wird hierunter nicht verstanden, daß die Annehmung des Daseins Gottes, *als eines Grundes aller Verbindlichkeit überhaupt,* notwendig sei (denn dieser beruht [. . .] lediglich auf der Autonomie der Vernunft selbst)« (A 226). Moralisch Handelnde oder Vernunftwesen seien Bürger einer idealen Welt, die sich und anderen allgemeine Gesetze auferlegten. Die Moral werde verdorben, würde man sie aus Klugheit und Eigeninteresse ableiten: Göttliche Belohnung und Bestrafung seien daher nicht nur kein notwendiges Motiv für moralisches Handeln, sondern würden sogar zu einer heteronomen Moral führen, indem sie das einzige wirklich wertvolle Motiv, die Achtung vor dem moralischen Gesetz, durch ein der Moral fremdes und moralisch wertloses ersetzten.

Kant findet jedoch einen anderen angemessenen Platz für einen Gott in der moralischen Welt. Sein positives Argu-

3 I. Kant, *Kritik der praktischen Vernunft* (1788), hrsg. von J. Kopper, Stuttgart 1961 [u. ö.] (Reclams Universal-Bibliothek, 1111[3]), bes. T. I, Buch II, Hauptstück II; I. K., *Die Metaphysik der Sitten* (1797), hrsg. von K. Vorländer, Hamburg 1966.

ment geht von dem Begriff des *summum bonum*, des höchsten Guts aus, der nicht nur das Element der Sittlichkeit, sondern auch das der Glückseligkeit in sich enthält. Sittlichkeit und Glückseligkeit zusammen stellten das höchste Gut für eine Person dar und die genaue Übereinstimmung der Glückseligkeit mit der Sittlichkeit das höchste Gut für eine mögliche Welt. Während die Epikureer den Fehler gemacht hätten, die Moral auf das Streben nach Glückseligkeit zu reduzieren, hätten die Stoiker den gegenteiligen Fehler begangen und entweder die Glückseligkeit ganz aus ihrem Begriff des höchsten Guts gestrichen oder – was auf dasselbe hinausgelaufen sei – die Glückseligkeit einfach mit dem Bewußtsein der Tugendhaftigkeit gleichgesetzt. Da nun aber die beiden Elemente des höchsten Guts voneinander unabhängig seien, brauchten sie nicht logisch notwendig zusammenzutreffen. Daher gebe es *a priori* keine Garantie dafür, daß die Verwirklichung des höchsten Guts überhaupt möglich ist. Ebensowenig gebe es dafür eine natürliche, kausale Garantie. Die Glückseligkeit (in diesem Leben) hänge weithin von dem Geschehen in der natürlichen Welt ab; doch habe das moralische Handeln vernünftiger Wesen auf sie nur geringen Einfluß: All unser moralisches Bemühen könne nicht sicherstellen, daß der moralisch denkende und handelnde Mensch auch glücklich sein wird. Auch richte sich die Natur als solche nicht nach moralischen Maßstäben. Dennoch, schreibt Kant, fordere die Moral von uns, daß wir uns das höchste Gut zum obersten Ziel setzen: »Wir sollen das höchste Gut (welches also doch möglich sein muß) zu befördern suchen.« Daraus folgert er, daß »das Dasein einer von der Natur unterschiedenen Ursache der gesamten Natur, welche den Grund dieses Zusammenhangs, nämlich der genauen Übereinstimmung der Glückseligkeit mit der Sittlichkeit, enthalte, *postuliert*« wird. »Also ist das höchste Gut in der Welt nur möglich, so fern eine oberste (Ursache) der Natur angenommen wird, die eine der moralischen Gesinnung gemäße Kausalität hat« – d. h., sofern ein Gott angenommen wird. »Nun war es Pflicht für uns, das höchste Gut zu befördern, mithin nicht allein Befugnis, sondern auch mit der Pflicht als Bedürfnis verbundene Notwendigkeit, die Möglichkeit dieses höchsten Guts vorauszusetzen, welches, da es nur unter der Bedingung des Daseins Gottes stattfindet, die Voraussetzung desselben mit der Pflicht unzertrennlich verbindet, d. i. es ist moralisch notwendig, das Dasein Gottes anzunehmen.« Doch da die Glückseligkeit in diesem Leben ganz offensichtlich nicht in Übereinstimmung mit der Moralität eines Menschen steht, sei es auch notwendig, daß sein Leben über den Tod hinausreiche. Bereits zuvor hatte Kant, unabhängig von dieser Überlegung, zugunsten der Unsterblichkeit als Voraussetzung der Moral argumentiert; diese sei notwendig, damit ein unendlicher Fortschritt zum ersten Element des höchsten Guts möglich sei, d. h. zur Vollkommenheit oder Heiligkeit oder zur »völligen Angemessenheit der Gesinnungen zum moralischen Gesetz« (A 220–226).

Es ist nicht leicht auszumachen, wie Kant diese Folgerungen gedeutet wissen wollte. Einerseits plädiert er für einen »Primat der reinen praktischen Vernunft in ihrer Verbindung mit der spekulativen«: Sobald gewisse Sätze »*unabtrennlich zum praktischen Interesse* der reinen Vernunft gehören«, muß die theoretische Vernunft sie annehmen »und sie, mit allem, was sie als spekulative Vernunft in ihrer Macht hat, zu vergleichen und zu verknüpfen suchen« (A 218). Unverkennbar ist dies im Hinblick auf Sätze gesagt, die die Unsterblichkeit der Seele, die Existenz Gottes und die Willensfreiheit behaupten. Andererseits aber fragt er, ob »unsere Erkenntnis auf solche Art durch reine praktische Vernunft wirklich erweitert« wird und ob »das, was für die spekulative *transzendent* war, in der praktischen *immanent*« ist. Kant antwortet: »Allerdings, aber *nur in praktischer Absicht*« – womit er das, was zugestanden wird, sogleich wieder wegzunehmen scheint. »Denn wir erkennen [. . .] dadurch weder unserer Seele Natur [. . .] noch das höchste

Wesen, nach dem, was sie in sich selbst sind.« Die theoretische Vernunft werde vielmehr »genötigt [. . .], *daß es solche Gegenstände gebe*, einzuräumen, ohne sie jedoch näher bestimmen [. . .] zu können«; diese Erkenntnis sei ihr »aus praktischem Grunde, und auch nur zum praktischen Gebrauche, gegeben worden«. Die spekulative Vernunft werde nur »negativ, d. i. nicht erweiternd, sondern läuternd, mit jenen Ideen zu Werke gehen, um einerseits den *Anthropomorphism* als Quell der *Superstition*, oder scheinbare Erweiterung jener Begriffe durch vermeinte Erfahrung, andererseits den *Fanatism*, der sie durch übersinnliche Anschauung oder dergleichen Gefühle verspricht, abzuhalten« (A 240–244). Kant scheint sagen zu wollen, daß sich die Existenz Gottes und die Unsterblichkeit der Seele als Tatsachen durch die Argumente aus der Moral erweisen lassen, allerdings nur in sehr unbestimmter Form. Doch finden sich bei ihm auch Hinweise auf eine skeptischere Position, daß sich nämlich die Existenz Gottes und die Unsterblichkeit der Seele auch nicht durch Überlegungen auf der Basis des moralischen Bewußtseins als Tatsachen beweisen lassen, sondern nur als notwendige Voraussetzungen für dieses Bewußtsein oder als Einschlüsse seines Gehalts. Mit anderen Worten: Als Vernunftwesen können wir nicht anders als moralisch denken; wenn wir aber unser moralisches Denken voll und in sich stimmig entwikkeln, können wir nicht anders als annehmen, daß es einen Gott gibt; ob es ihn aber tatsächlich gibt, bleibt eine offene Frage. Nach Kant »darf der Rechtschaffene wohl sagen: *ich will*, daß ein Gott, daß mein Dasein in dieser Welt, auch außer der Naturverknüpfung, noch ein Dasein in einer reinen Verstandeswelt, endlich auch daß meine Dauer endlos sei, ich beharre darauf und lasse mir diesen Glauben nicht nehmen; denn dieses ist das einzige, wo mein Interesse, weil ich von demselben nichts nachlassen *darf*, mein Urteil unvermeidlich bestimmt«; Kant spricht hier von einem *reinen praktischen Vernunftglauben* – einem Begriff, der zugestandenermaßen ungewöhnlich sei (A 258–263).

Unabhängig davon, wie man die Folgerung Kants zu interpretieren hat, ist doch seine gesamte Argumentation fragwürdig. Die auffälligste Schwäche liegt in dem Schritt von dem Satz: »wir sollen das höchste Gut zu befördern suchen« zu der Behauptung: es muß »also doch möglich sein«. Selbst wenn ›Sollen‹ ein entsprechendes ›Können‹ voraussetzt, wie Kant an anderer Stelle zu zeigen versucht, schließt doch die These, daß wir das höchste Gut zu befördern suchen sollen, nur ein, daß wir es *zu befördern suchen* können und vielleicht, da vernünftiges Suchen nicht völlig vergeblich sein darf, daß wir es tatsächlich auch in einem gewissen Maß *befördern* können. Erforderlich ist aber nicht, daß auch die volle Verwirklichung des höchsten Guts möglich sein muß. Beispielsweise ist es durch und durch vernünftig, daß man die Grundbedingungen menschlichen Lebens zu verbessern sucht, falls nur sichergestellt ist, daß gewisse Verbesserungen möglich sind; man braucht dabei keine leeren Hoffnungen auf eine vollkommene Welt zu hegen. Und selbst für die Möglichkeit einer vollkommenen Welt wäre nur die mögliche Existenz eines vollkommen guten und allmächtigen Lenkers der Welt gefordert; die tatsächliche Existenz eines solchen Weltenlenkers würde nicht nur die Möglichkeit, sondern auch die Tatsächlichkeit des höchsten Gutes gewährleisten. Kant könnte sagen, daß wir nach der höchsten Verwirklichung des höchsten Gutes streben sollten und daß eine *Hoffnung* auf eine solche höchste Verwirklichung notwendig im moralischen Denken eingeschlossen ist. Er kann aber nicht behaupten, daß selbst ihre mögliche Verwirklichung eine notwendige Voraussetzung moralischen Denkens im allgemeinen darstellt; sie ist noch nicht einmal eine notwendige Voraussetzung jener besonderen von Kant entwickelten moralischen Theorie. Wenn Vernunftwesen allgemeine Gesetze für alle Vernunftwesen wollen, so könnte dieses Wollen als solches immer noch eine streng autonome Aktivität sein.

Tatsächlich gerät Kants Theismus immer wieder in Spannung zu seiner Betonung der Autonomie der Moral. In klarem Gegensatz zur populären und zu Newmans Ansicht behauptet Kant, weder unsere Erkenntnis Gottes und seines Willens noch dieser Wille selbst sei Geltungsgrund des moralischen Gesetzes. Da wir jedoch einen Gott postulieren müßten, der ebenso wie jeder andere freie und vernünftige Wille diese Gesetze wolle, bezeichnet er sie dennoch als »Gebote des höchsten Wesens« – allerdings in einem Sinn, der nur noch schwach widerspiegelt, was die meisten Theologen mit diesem Ausdruck sagen wollen. Auch meint er, »die eigentliche Triebfeder zu Befolgung« dieser Gesetze bestehe »nicht in den gewünschten Folgen«, vielmehr bleibe »alles uneigennützig und bloß auf Pflicht gegründet; ohne daß Furcht oder Hoffnung als Triebfedern zum Grunde gelegt werden dürften, die, wenn sie zu Prinzipien werden, den ganzen moralischen Wert der Handlungen vernichten« (A 232 f.). Dennoch scheint sein Glaube, daß es eine *Entsprechung* der Würdigkeit zwischen Sittlichkeit und Glückseligkeit – eine Art von Vergeltung – gibt, noch schwach die geläufige Hoffnung auf Lohn und Strafe widerzuspiegeln. Gilt dies nicht auch für seine letztlich doch starke Betonung der Glückseligkeit, deren Verbindung mit der Sittlichkeit im höchsten Gut keine bloß berechtigte Hoffnung, sondern ein *Postulat* der Moral sein soll? Müßte nicht eine konsequente Anerkennung der Autonomie der Moral eher zur stoischen Ansicht führen, daß die Moral keiner anderen Glückseligkeit bedürfe als allein des Bewußtseins der Rechtschaffenheit selbst?

Kant selbst scheint sich dieser Schwierigkeiten bewußt gewesen zu sein; in einem Abschnitt der *Metaphysik der Sitten* deutet er einen ganz anderen Beweis für die Existenz Gottes an – einen Beweis, der Newmans Gewissensargument vorwegnimmt.

»Diese ursprüngliche intellektuelle und [. . .] moralische Anlage, *Gewissen* genannt, hat nun das Besondere in sich, daß, ob zwar dieses sein Geschäfte ein Geschäfte des Menschen mit sich selbst ist, dieser sich doch durch seine Vernunft genötigt sieht, es als auf das Geheiß *einer anderen Person* zu treiben. [...] Also wird sich das Gewissen des Menschen bei allen Pflichten einen *anderen* (als den Menschen überhaupt), d. i. als sich selbst zum Richter seiner Handlungen denken müssen. [...] Diese andere mag nun eine wirkliche, oder bloß idealistische Person sein, welche die Vernunft sich selbst schafft. Eine solche idealistische Person [...] muß ein Herzenskündiger sein; [...] zugleich muß er aber auch *allverpflichtend*, d. i. eine solche Person sein, oder als eine solche gedacht werden, in Verhältnis auf welche alle Pflichten überhaupt auch als ihre Gebote anzusehen sind. [...] Da nun ein solches moralisches Wesen zugleich alle Gewalt (im Himmel und auf Erden) haben muß, weil es sonst nicht (was doch zum Richteramt notwendig gehört) seinen Gesetzen den ihnen angemessenen Effekt verschaffen könnte, ein solches über alles machthabende Wesen aber *Gott* heißt: so wird das Gewissen als subjektives Prinzip einer vor Gott seiner Taten wegen zu leistenden Verantwortung gedacht werden müssen; ja es wird der letztere Begriff (wenn gleich nur auf dunkele Art) in jenem moralischen Selbstbewußtsein jederzeit enthalten sein« (A 100–102).

Hier schwankt Kant hin und her zwischen der Anerkennung des rein psychischen Phänomens der Aufrichtung eines idealen Beobachters (Adam Smiths »Menschen in der Brust«[4]) und der Annahme, moralisches Denken müsse die reale Existenz einer äußeren Autorität wenigstens postulieren. Wie schwach aber ist der von ihm angeführte Grund, daß dieses moralische Wesen mit Allmacht ausgestattet sein müsse! Wie dem auch sei, insofern dieses Argument Newmans Beweis vorwegnimmt, ist es derselben Kritik ausgesetzt.

4 A. Smith, *The Theory of Moral Sentiments*, Edinburgh 1808, T. III, Kap. 2, S. 308.

Wir brauchen auf diese inneren Spannungen und Schwankungen nicht weiter einzugehen. Wichtig ist, daß selbst wenn das moralische Denken von der Art sein sollte, wie Kant es beschreibt, daraus nicht folgt, daß wir die Existenz eines Gottes postulieren müßten. Noch weniger ließe sich aus dem Charakter dieses Denkens die reale Existenz eines Gottes schlußfolgern.

(d) *Sidgwick: Die Dualität der praktischen Vernunft*

Eine weitere Variante des moralischen Gottesbeweises findet sich klar gefaßt bei Sidgwick, der diesem Argument jedoch letztlich nicht zustimmt.[5] Es geht von der »Dualität der praktischen Vernunft« aus, von der Tatsache, daß sowohl die Ansprüche des aufgeklärten Egoismus als auch die Forderungen des Gewissens ohne jede Einschränkung praktisch vernünftig sind, daß sie jedoch, wenn es weder Gott noch etwas wie Gott gibt, nicht immer zusammenfallen. Seine Prämissen lauten:

1. Für mich ist es das Vernünftigste, immer das zu tun, was auf lange Sicht meinem eigenen Glück am förderlichsten ist.
2. Für mich ist es das Vernünftigste, immer das zu tun, was die Moral von mir fordert.
3. Wenn es keine moralische Lenkung des Universums gibt, ist das, was meinem eigenen Glück am förderlichsten ist, nicht immer das, was die Moral von mir fordert.

Aus den ersten beiden Prämissen würde tatsächlich folgen, daß die Forderungen des aufgeklärten Egoismus und die der Moral immer zusammenfallen; wenn sie nämlich in derselben Situation unterschiedliche Entschlüsse von mir forderten, ließe sich von diesen Entschlüssen nicht in gleicher Weise sagen, daß sie das Vernünftigste seien, wozu ich mich

5 H. Sidgwick, *The Methods of Ethics*, London 1874, Buch IV, Kap. 6.

entschließen könnte, d. h., beide Prämissen könnten nicht zugleich wahr sein. Wenn aber der aufgeklärte Egoismus und die Moral nur unter der Bedingung, daß es eine moralische Lenkung des Universums gibt, immer zusammenfallen, so folgt daraus, daß es eine solche Lenkung geben muß, d. h., daß es entweder einen Gott oder etwas wie Gott gibt.

Dieses Argument ist offensichtlich schlüssig, obwohl daraus nicht ganz das folgt, was der traditionelle Theismus behauptet: Eine moralische Lenkung des Universums müßte nicht auch einen personalen Gott einschließen. Aber sind die Prämissen richtig? Sidgwick – und nicht nur er – hält die beiden ersten für unausweichliche Intuitionen bezüglich vernunftgemäßen Verhaltens (und er versteht unter der zweiten soziale Pflichten im utilitaristischen Sinn). Auch wäre vermutlich nur dieses Leben zu berücksichtigen, wenn es keine moralische Lenkung des Universums gibt; es läßt sich aber leicht empirisch feststellen, daß in diesem Leben die Forderungen der utilitaristischen Moral – die Förderung des allgemeinen Wohls – nicht immer mit dem zusammenfallen, was dem eigenen Wohl am förderlichsten ist. Dies ist dann die Begründung für die dritte Prämisse.

Doch obwohl Sidgwick aus den genannten Gründen alle drei Prämissen für richtig hält, stimmt er nicht der Folgerung zu. Er findet sich lieber damit ab, daß es einen fundamentalen und unlösbaren Gegensatz in unserer praktischen Vernunft gibt und daß sich verstandesmäßig kein voll zufriedenstellendes Ideal vernünftigen Verhaltens entwerfen läßt: »Die bloße Tatsache, daß ich nicht vernünftig handeln kann, ohne einen bestimmten Satz als wahr vorauszusetzen, scheint mir – anders als einigen anderen Philosophen – nicht Grund genug dafür zu sein, daß ich diesen Satz als wahr akzeptiere.« Ebenso lehnt er das ab, was er bezeichnet als »die Kantische Zuflucht, daß ich mich selbst als unter einer moralischen Notwendigkeit stehend denke, alle meine Pflichten so zu sehen, *als wären sie* Gebote Gottes, obwohl ich doch nicht berechtigt bin, aus spekulativen Gründen anzunehmen, daß ein solches Wesen ›als wirklich seiend‹ existiert«. (Wenn Sidgwick sich hier auf die »Kantische Zuflucht« bezieht, denkt er zweifellos an die zweite der oben genannten Deutungen Kants; die voraufgehende Bemerkung über das, was einige andere Philosophen für richtig halten, bezieht sich dagegen auf die erste Deutung.) Sidgwick setzt noch hinzu: »Ich bin so weit davon entfernt, mich gedrängt zu fühlen, etwas zu praktischen Zwecken zu glauben, für das ich keinen Grund sehe, es auch als spekulative Wahrheit anzunehmen, daß ich mir den Geisteszustand, den diese Worte zu beschreiben scheinen, nur vorstellen kann als eine momentane halbfreiwillige Irrationalität in einem heftigen Anfall philosophischer Verzweiflung.«

Irrt Sidgwick, wenn er sich weigert, dieser Folgerung zuzustimmen? Meines Erachtens nein. Vielmehr verweist er auf die grundlegende Schwäche fast jeder Art moralischen Gottesbeweises. Überzeugungen hinsichtlich dessen, was wir zu tun und zu lassen haben, stellen, selbst wenn man sie »Intuitionen« nennt, keinen guten Grund zur Lösung von Tatsachenfragen dar, keinen Weg zur Bestimmung dessen, was der Fall oder was »zu praktischen Zwecken zu glauben« ist. Praktische Entschlüsse müssen sich auf Tatsachenüberzeugungen gründen und nicht umgekehrt, obwohl natürlich solche Überzeugungen *allein* noch nicht zu bestimmten Entschlüssen führen.

Ein Beispiel mag dies verdeutlichen. Die Vertreter der imperativen Logik nehmen gewöhnlich an, daß Syllogismen folgender Art schlüssig sind: ›Iß keine tierischen Fette; Butter ist ein tierisches Fett; iß also keine Butter.‹ Wenn aber dieser Syllogismus richtig ist, dann auch der folgende: ›Iß keine tierischen Fette; du darfst Butter essen; Butter ist also kein tierisches Fett.‹ Ein Syllogismus mit einer imperativischen und einer Erlaubtheitsprämisse ist also schlüssig; er bliebe auch dann noch schlüssig, wenn die Erlaubtheitsprämisse in einen Imperativ umgewandelt würde – in unserem Beispiel in ›Iß Butter‹. Doch läßt sich aus zwei imperativischen Prämissen (oder aus einer imperativischen und einer Erlaubtheitsprämisse) nicht objektiv die Wahrheit der Tatsachenfolgerung ableiten. Sie beweisen nur, daß jeder, der widerspruchsfrei beiden Imperativen (oder der imperativischen und der Erlaubtheitsprämisse) zustimmt, auch *annehmen* muß, daß die Folgerung wahr ist. Was würden wir – um noch ein weiteres Beispiel zu nennen – von einem General halten, der den folgenden Prämissen zustimmte:

1. Wenn der Feind in Übermacht vorrückt, dann wird, falls wir uns nicht zurückziehen, unsere Armee geschlagen;
2. Wir dürfen nicht zulassen, daß unsere Armee geschlagen wird;
3. Wir dürfen uns nicht zurückziehen, weil wir damit unsere Verbündeten im Stich ließen;

und allein daraus folgerte, daß der Feind nicht in Übermacht vorrücken wird?

In solchen Fällen hängt das, was man vernünftigerweise tun sollte, von dem ab, was der Fall ist; wir können aber nicht das, was wir geneigt sind, für vernünftiges Handeln zu halten, als Beweis für das heranziehen, was der Fall ist. Wer aus mehreren praktischen Urteilen abzuleiten versucht, was der Fall ist, spannt den Karren vor das Pferd. Wir haben uns auf die spekulative Vernunft zu stützen, um herauszufinden, was der Fall ist, und im Licht dieser Tatsachen können wir uns dann unsere moralischen Überzeugungen und Einstellungen bilden. Es handelt sich hier um eine Folgerungsbeziehung in bestimmter Richtung: Da das, was moralisch und praktisch vernünftig *ist*, aus dem folgt, was der Fall ist, muß auch das, was vernünftigerweise in praktischer Hinsicht *angenommen* oder *gewählt* werden sollte, aus dem folgen, was vernünftigerweise hinsichtlich der Tatsachen für wahr gehalten werden kann.

Doch genau das bestreitet Kant, wenn er, wie wir gesehen haben, den Primat der reinen praktischen Vernunft behauptet. In einer Anmerkung geht er ausdrücklich auf Thomas Wizenmann ein, der bereits im wesentlichen unseren und Sidgwicks Einwand gegen Kants Argument vorgebracht hatte. Er gibt Wizenmann recht, daß man nicht aus einem Bedürfnis, das nur auf Neigung gegründet ist, auf die Existenz seines Objektes oder dessen, was zu seiner Befriedigung notwendig ist, schließen kann; anders aber verhalte es sich bei einem »*Vernunftbedürfnis*, aus einem *objektiven* Bestimmungsgrunde des Willens, nämlich dem moralischen Gesetze entspringend«. Da es Pflicht sei, »das höchste Gut nach unserem größten Vermögen wirklichzumachen [...], muß es doch auch möglich sein; mithin ist es für jedes vernünftige Wesen in der Welt auch unvermeidlich, dasjenige vorauszusetzen, was zu dessen objektiver Möglichkeit notwendig ist. Die Voraussetzung ist so notwendig, als das moralische Gesetz, in Beziehung auf welches sie auch nur gültig ist« (A 260, Anm.). Kant räumt ein, »so fern praktische Vernunft als pathologisch bedingt, d. i. das Interesse der Neigungen unter dem sinnlichen Prinzip der Glückseligkeit bloß verwaltend, zum Grunde gelegt würde, so ließe sich diese Zumutung an die spekulative Vernunft gar nicht tun«. Dies würde zu absurden Phantastereien führen. Doch meint er, die *reine* praktische Vernunft, die das moralische Gesetz bestimme, sei in einer anderen Lage: »Allein wenn reine Vernunft für sich praktisch sein kann und es wirklich ist, wie das Bewußtsein des moralischen Gesetzes es ausweiset, so ist es doch immer nur eine und dieselbe Vernunft, die, es sei in theoretischer oder praktischer Absicht, nach Prinzipien a priori urteilt.« Sätze, die in dieser Weise gewonnen würden, seien zwar »nicht ihre (d. h. der Vernunft) Einsichten, aber doch Erweiterungen ihres Gebrauchs in irgend einer anderen, nämlich praktischen, Absicht«. »Der spekulativen Vernunft aber untergeordnet sein, und also die Ordnung umzukehren, kann man der reinen praktischen gar nicht zumuten, weil alles Interesse zuletzt praktisch ist, und selbst das der spekulativen Vernunft nur bedingt und im praktischen Gebrauche allein vollständig ist« (A 217–219).

Die Bedeutung der letzten Bemerkung bleibt unklar, und in der Antwort auf Wizenmann wiederholt Kant nur sein ursprüngliches Argument. Er hat nichts unternommen, um zu erklären, daß die reine praktische Vernunft den Beschränkungen entgehen könnte, die, wie er selbst einräumt, der praktischen Vernunft im allgemeinen auferlegt sind. Wenn ein bestimmtes praktisches Prinzip bestimmte Tatsachenbehauptungen voraussetzt, dann kann die Vernunft, so rein sie auch sein mag, nicht die Gültigkeit dieses praktischen Prinzips aufweisen, ohne *unabhängig* davon nachzuweisen, daß diese Tatsachenbehauptungen wahr sind. Wir können also nicht das praktische Prinzip heranziehen, um zu beweisen, daß es sich dabei um Tatsachenwahrheiten handelt. Diese Überlegungen sind für Kants Argument in der *Kritik der reinen Vernunft* genauso vernichtend wie für das Argument, wie Sidgwick es formuliert hat, und zwar aus dem genannten Grund.

Ob es andere Möglichkeiten gibt, Sidgwicks Paradoxie aufzulösen, ist hier nicht unser Problem. Vielleicht bedürfen seine beiden ersten Prämissen einer Modifikation, um als Prinzipien der praktischen Vernunft gelten zu können. Sollten aber alle Lösungsmöglichkeiten fehlschlagen, müßte man genau jenen Schluß ziehen, den Sidgwick selbst gezogen hat, daß es nämlich kein widerspruchsfreies Ideal der praktischen Vernunft gibt.

(e) *Gott und die Objektivität der Werte*

In dem populären Argument findet sich ein Element, das meines Wissens von den Philosophen bisher noch nicht gebührend untersucht worden ist. Gemeint ist die These, es gebe objektive Werte und Forderungen, diese seien von

Gott geschaffen und sie bedürften auch eines Gottes, der sie hervorbrächte.

Von Platon bis heute haben die Philosophen immer wieder die Behauptung kritisiert, moralische Forderungen würden durch göttliche Willensäußerungen geschaffen. Die Befehle eines legitimen menschlichen Herrschers brächten moralische Pflichten nicht eigentlich hervor: Wenn ein solcher Herrscher dir befiehlt, *X* zu tun, ist *X* nur dann für dich verpflichtend, wenn es bereits *vorgängig dazu* deine Pflicht ist, allen seinen Anordnungen (innerhalb des Bereichs, in dem *X* liegt) zu gehorchen. Dies gelte auch für Gott. Durch göttliche Willensäußerung könne *Y* für uns nur deswegen verpflichtend werden, weil es bereits vorgängig dazu allgemeine Pflicht ist, Gott zu gehorchen. Seine Befehle könnten daher nicht der Geltungsgrund moralischer Verpflichtung im allgemeinen sein: Jede durch göttliche Anordnung spezifizierte sittliche Pflicht setze eine grundlegendere Verpflichtung voraus. Durch diese Kritik ist eine bestimmte Deutungsmöglichkeit, wie Gott die Moral hervorbringen könnte, eindeutig ausgeschlossen.

Doch stellt sich hier ein weiteres Problem. Nach jeder plausiblen objektivistischen ethischen Theorie kommen moralische Werte, Verpflichtungen und dergleichen zu bestimmten nicht-moralischen oder ›natürlichen‹ Merkmalen von Situationen oder Handlungen hinzu. Wenn ein Sachverhalt gut oder schlecht ist, muß etwas an ihm sein, das ihn gut oder schlecht macht; entsprechend muß es irgend etwas anderes als die Richtigkeit oder Falschheit sein, die eine Handlung richtig oder falsch macht. Worin besteht nun der logische Charakter dieses *Hinzukommens* oder *Machens*? Swinburne hält ihn für analytisch: »Sobald man einmal genau bestimmt hat, was eine Handlung falsch macht, ist es, falls es überhaupt wahr ist, analytisch wahr, daß eine Handlung dieser Art falsch ist.«[6] Dies kann aber

6 Swinburne, *The Existence of God*, S. 177.

nicht stimmen. Falls es so etwas wie objektive Falschheit geben sollte, ist sie in sich präskriptiv oder handlungsanleitend; sie ist in sich selbst Grund oder konstituiert einen Grund dafür, die falsche Handlung zu unterlassen. Dies gilt in gleicher Weise für einige andere, wenn nicht für alle moralischen Merkmale. Die Behauptung, sie seien in sich selbst handlungsanleitend, bedeutet, daß die Gründe, die sie dafür bieten, etwas zu tun oder zu unterlassen, unabhängig von den Wünschen oder Zwecken des Handelnden gelten. Aber die natürlichen Merkmale, auf denen die moralischen aufbauen, können nicht in diesem Sinn *in sich* handlungsanleitend oder begründend sein. Die Beziehung des Hinzukommens muß daher synthetischer Art sein. Falls es sich aber so verhält, könnte möglicherweise ein Gott, dessen Macht nur logischen, analytischen Beschränkungen unterliegt, bestimmte Beziehungen des Hinzukommens herstellen. Dieses *Hervorbringen hinzukommender Wertqualität* unterscheidet sich natürlich grundlegend vom Hervorbringen moralischer Verpflichtung durch Willensäußerung, das aus guten Gründen von Platon und vielen nach ihm zurückgewiesen worden ist. In diesem Sinn ist es nicht widersinnig zu behaupten, ein Gott könne moralische Werte hervorbringen. Außerdem ließe sich (vielleicht in Anlehnung an meine Erörterung an anderer Stelle[7]) hinzufügen, daß objektive, in sich präskriptive, auf natürlichen Merkmalen aufbauende Qualitäten ein so merkwürdiges Geflecht von Eigenschaften und Beziehungen darstellen, daß sie ohne einen allmächtigen Gott wohl kaum im normalen Ablauf der Ereignisse hätten entstehen können. Wenn es also solche in sich präskriptiven, objektiven Werte gibt, machen sie die Existenz eines Gottes wahrscheinlicher, als wenn es sie nicht gäbe. So ergibt sich schließlich doch noch ein verteidigenswertes induktives Argument aus der Moral für die Existenz eines Gottes. Die

7 Vgl. *Ethics: Inventing Right and Wrong*, Harmondsworth 1977; dt. *Ethik. Auf der Suche nach dem Richtigen und Falschen*, übers. von R. Ginters, Stuttgart 1981 (Reclams Universal-Bibliothek, 7680 [4]), Kap. 1.

populäre Argumentation, die ich zu Anfang des Kapitels dargelegt habe, schließt in der Regel Andeutungen von Überlegungen dieser Art ein.

Dagegen ließe sich einwenden, diese Argumentation stütze sich auf eine verkehrte und unnötige Komplizierung des ethischen Objektivismus. Es sei unnötig, die natürlichen Merkmale so scharf von den handlungsbegründenden moralischen zu unterscheiden und das Hinzukommen der moralischen zu den natürlichen als eine so merkwürdige synthetische Beziehung zu verstehen, daß zu ihrer Erklärung ein Gott vorausgesetzt werden müsse. Weshalb sollten nach objektivistischer Ansicht nicht bestimmte natürliche Merkmale von Handlungen in sich Grund genug dafür sein, daß man diese Handlungen tun oder unterlassen sollte? Der Objektivist würde dann behaupten, die Tatsache, daß eine Handlung von bestimmter natürlich identifizierbarer Art ist, begründe schon als solche, daß man in dieser Weise handeln oder nicht handeln sollte: d. h., es könne Tatsachen von spezifisch moralischer Art geben. Dies wäre jedoch nur eine Neuformulierung des Objektivismus, die das Problem im Kern unverändert bestehen läßt. In diesem Fall wären es diese behaupteten moralischen Tatsachen selbst, die zum verwunderlichen Ausgangspunkt des Arguments gemacht und vielleicht durch die Postulierung der Existenz eines Gottes erklärt würden.

Einige Philosophen – z. B. R. M. Hare – würden gegen diese Argumentation einwenden: Der Begriff objektiver, in sich präskriptiver Merkmale, die auf natürlichen aufbauten und mit ihnen daher synthetisch verbunden seien, sei nicht nur verwunderlich, sondern auch in sich widersprüchlich. Doch habe ich bereits an anderer Stelle gezeigt, daß sich der Vorwurf der Widersprüchlichkeit nicht halten läßt.[8] Gerade die Seltsamkeit dieser Merkmale ist erforderlich, damit sie überhaupt zugunsten des Theismus angeführt werden kön-

8 Ebd., S. 19–25.

nen. (Natürlich läßt sich dieser Einwand und entsprechend meine Antwort auch auf die im letzten Abschnitt skizzierte Neuformulierung ummünzen.)

Ein dritter Einwand: Weshalb muß man zur Erklärung dieses zunächst sehr merkwürdigen Sachverhalts gerade einen Gott – und nicht irgend etwas anderes – postulieren? Die Antwort mag schlicht lauten: Je verwunderlicher etwas in sich ist, desto stärker verlangt es zu seiner Erklärung nach etwas, dessen Macht nur durch logische Notwendigkeit begrenzt ist. Man könnte noch hinzufügen, daß die hier angenommene Verteilung von inneren Werten und Übeln im großen und ganzen in Einklang mit den unterstellten Absichten eines gütigen Gottes steht. Scharfsinniger ist folgende Erklärung: Wir wissen, daß Menschen, wenn sie handeln oder kritisieren, zu dem Urteil kommen, daß bestimmte Dinge getan oder unterlassen werden sollten; in ihren Urteilen spiegeln sich dann ihre eigenen Absichten, sie schlagen sich darin nieder. Gilt es nun ein den Dingen eigentümliches Tun- oder Unterlassen-Sollen zu erklären, das *keine* solche Widerspiegelung oder Projektion sein kann, so bietet es sich geradezu an, es als eine Einflößung in die Realität durch einen universalen *Geist* zu deuten, d. h. durch etwas, das ähnlich wie wir Menschen, Zwecke und Absichten verfolgt.

Dennoch hat diese Argumentation ihre Schwierigkeiten. Wenn wir sie in dem Sinn verstehen, daß die objektiven moralischen Merkmale zu den natürlichen hinzukommen, ist zu fragen, ob dann diese synthetischen Wahrheiten notwendig oder kontingent sind. Gelten sie in allen oder nur in einigen möglichen Welten? Gibt es andere mögliche Welten, in denen andere Wahrheiten des Hinzukommens oder überhaupt keine gelten? Wenn mit den möglichen Welten alle logisch möglichen gemeint sind, dann muß es solche Unterschiede geben. Daher muß ein vernünftig Handelnder nicht nur genau die Situation bestimmen und zu erklären suchen, in der er sich gerade befindet, sondern er muß sich auch vergewissern, welche von den verschiedenen möglichen Welten, in denen es ein Hinzukommen moralischer Merkmale gibt, die Welt ist, in der er lebt – ob beispielsweise in seiner Welt tatsächlich Schmerzen *prima facie* beseitigt und nicht, unter sonst gleichen Umständen, verlängert werden sollen. Dieses Problem weist auf die intuitionistische ethische Erkenntnistheorie hin, wie sie einschlußweise jeder widerspruchsfreien objektiv-präskriptiven Theorie zugrunde liegen muß. Nach ihr lassen sich moralische Werte nicht durch bloßes Nachdenken über rein natürliche Tatsachen entdecken, sondern nur durch eine besondere Art von Intuition: Wer moralische Wahrheiten entdecken will, muß den wert-behafteten Bereich in der ihn umgebenden tatsächlichen Welt zu erfassen suchen.

Doch ist noch eine andere angemessene Erklärung moralischen Denkens möglich, die die Annahme objektiver Präskriptivität unnötig macht.[9] Obwohl daher die Objektivität moralischer Werte die Hypothese, daß es einen Gott gibt, in mancher Hinsicht induktiv absichern würde, wäre es dennoch vernünftiger, jene Art moralischer Objektivität, die zu diesem Zweck angenommen werden müßte, zurückzuweisen, statt ihr zuzustimmen und sie als eine Begründung für den Theismus gelten zu lassen.

Wird dieser moralische Objektivismus durch eine subjektivistische oder sentimentalistische Theorie ersetzt, so bleibt immer noch eine andere Form eines moralischen Arguments zugunsten des Theismus möglich. Francis Hutcheson, der sowohl moralisches Handeln als auch moralisches Urteilen auf eine angeborene natürliche menschliche Neigung gründet, wohlwollend zu handeln und wohlwollende Handlungen zu billigen, meint, »dieser den vernünftig handelnden Wesen eingestiftete moralische Sinn, alle Handlungen, die aus dem Interesse am Wohl anderer hervorgehen, zu billigen und zu bewundern, ist einer der stärksten Beweise für die

9 Vgl. meine in Fußn. 2 genannte Arbeit *Hume's Moral Theory*, passim.

Güte des Schöpfers der Natur«.[10] Dieses Argument gehört in Wirklichkeit zu den teleologischen Beweisen, die in Kapitel 8 erörtert werden sollen. Es ist aber nicht besonders stark; denn dieser moralische Sinn läßt sich leicht als ein natürliches Ergebnis der biologischen und sozialen Evolution erklären; man braucht nicht anzunehmen, ein Schöpfer der Natur habe ihn uns eingepflanzt.

Unser Überblick über die spezifisch philosophischen Formen des moralischen Arguments hat gezeigt, was an der geläufigen Überlegung, von der wir ausgegangen sind, richtig und was an ihr falsch ist. Die Moral bedarf keines Gottes als der letzten Quelle all ihrer Forderungen oder als des Garanten letzter Sanktionen. Die Phänomene des Gewissens mögen zwar kausal dazu beitragen, daß es zu einem Glauben an Gott kommt und daß er trotz Bedenken beibehalten wird, doch sind sie für ihn keine rationale Stütze. Auch erfordert moralisches Denken nicht die Realisierung jener Art von Gerechtigkeit, wie sie in Kants höchstem Gut enthalten ist; daher braucht man auch keinen Gott oder, allgemeiner, keine moralische Lenkung des Universums zu postulieren, welche eine solche Gerechtigkeit durchsetzt. Nichts spricht dafür, daß ein Gott als wesentlicher Teilinhalt des moralischen Denkens eingeführt werden müßte. Und selbst wenn sich herausstellen sollte, daß tief verankerte moralische – oder allgemeiner: praktische – Überzeugungen die Existenz eines Gottes stillschweigend voraussetzen, könnten solche Überlegungen doch nicht als Beweisgrundlage dafür dienen, daß es einen Gott gibt: Ein solcher Beweis müßte vielmehr unabhängig von ihnen geführt werden, um eben sie als gültig zu erweisen. Wenn man jedoch das moralische Denken von einem anderen Standpunkt, d. h. von außen her betrachtet, nämlich als ein Phänomen, das es zu verstehen und zu erklären gilt, ist die Sachlage verwickel-

10 F. Hutcheson, »An Inquiry concerning Moral Good and Evil« (1725), T. VII, in: L. A. Selby-Bigge (Hrsg.), *British Moralists*, Bd. 1, Oxford 1897, S. 176.

ter. Wer einen moralischen Objektivismus vertritt, muß die Beziehungen des Hinzukommens, welche die Werte und Verpflichtungen mit ihren natürlichen Gründen verknüpfen, für synthetisch halten. Grundsätzlich stellten sie dann etwas dar, von dem sich denken ließe, daß ein Gott es schaffen könnte. Und da es sich bei ihnen, falls es keinen Gott gäbe, um eine recht merkwürdige Art von Dingen handelte, wäre es induktiv gut begründet, mit ihrer Anerkennung zugleich auch einen Gott anzunehmen, der sie hervorbringt. Es handelte sich dabei um etwas Erklärungsbedürftiges, und ein Wesen, das die Macht hätte, etwas hervorzubringen, das außerhalb des Bereichs natürlicher Plausibilität oder gar Möglichkeit läge, könnte durchaus die gesuchte Erklärung sein. Moralische Werte, ihre Objektivität und ihr Charakter des Hinzukommens wären dann ein beständiges Wunder in dem in Kapitel 1 erklärten Sinn, ein beständiges Hineinragen von Andersartigem in die natürliche Welt. Doch spräche in diesem Fall unser seit Hume vorherrschender Skeptizismus gegenüber Wundern gegen diese gesamte Auffassung. Würden wir statt dessen eine subjektivistische oder sentimentalistische Theorie vertreten, entstünde dieses Problem erst gar nicht. Biologische, soziologische und psychologische Theorien unseres moralischen Denkens erklären auf natürliche Weise zufriedenstellend die Phänomene des moralischen Sinns und des Gewissens. Ein solcher Ansatz macht die Prämisse unseres induktiven Arguments überflüssig, welche *mit* dieser Prämisse als die einzig verteidigenswerte Form des moralischen Arguments zugunsten der Existenz eines Gottes zu gelten hätte.

Kapitel 7

Das Argument aus dem Bewußtsein

Wie konnte Bewußtsein in einem rein materiellen Universum entstehen? Wie konnten sich Wesen mit Bewußtsein aus bloßer Materie entwickeln? Auf diese Schwierigkeit für materialistische und naturalistische Theorien ist in unterschiedlicher Weise immer wieder aufmerksam gemacht worden. Cicero z. B. hat gemeint, im Gehirn eines Menschen sei nicht genug Platz, um all das Material zu speichern, das jemand mit einem guten Gedächtnis (wie Cicero selbst, der umfangreiche Reden auswendig lernen konnte) behalten und dessen er sich im gegebenen Augenblick erinnern kann.[1] Bei Locke nimmt das Bewußtsein eine zentrale Stellung in seinem Argument zugunsten der Existenz eines Gottes ein:

> »Wenn es also etwas Ewiges geben muß, so wollen wir sehen, zu welcher Art von Seiendem es gehören müsse. In dieser Hinsicht ist es für die Vernunft ganz offensichtlich, daß es notwendig ein denkendes Wesen sein muß. Denn es ist ebenso unmöglich zu begreifen, daß jemals die bloße, nicht denkende Materie ein denkendes, verständiges Wesen hervorbringen, wie daß das Nichts aus sich heraus die Materie erzeugen sollte. [. . .] Die Materie kann [. . .] nicht einmal aus eigener Kraft Bewegung in sich erzeugen; die Bewegung, die sie hat, muß entweder gleichfalls von Ewigkeit her bestehen oder aber von einem andern Wesen, das mächtiger ist als die Materie, erzeugt und ihr mitgeteilt sein. [. . .] Nehmen wir nun an, daß auch die Bewegung ewig sei; dann könnte doch die Mate-

1 Cicero, *Tusculanae Disputationes*, dt. *Gespräche in Tuskulum*, zweispr., übers. und hrsg. von K. Büchner, Zürich 1966, Nachdr. München 1984, Buch I, Kap. XXV,61.

rie – die *nicht denkende* Materie und Bewegung – niemals das Denken erzeugen. [. . .] Vernünftigerweise kann man ebensogut damit rechnen, Sinnesempfindung, Denken und Wissen zu erzeugen, indem man grobe Stücke Materie zu bestimmter Gestalt und Bewegung zusammenfügt, als indem man das mit den winzigsten Teilchen tut, die überhaupt existieren. Sie stoßen und treiben sich und leisten einander Widerstand, genau wie die größeren; das ist aber auch alles, wozu sie imstande sind. Wenn wir also das *Nichts* als primär oder ewig ansehen, so kann die Materie niemals anfangen zu sein. Wenn wir die reine Materie ohne Bewegung als ewig voraussetzen, so kann die Bewegung niemals zu sein beginnen. Wenn wir nur Materie und Bewegung als erstes und ewiges annehmen, so kann das Denken niemals zu sein beginnen.«[2]

Locke schließt also, etwas Ewiges müsse ein »denkendes Wesen«, ein »ewiger Geist« sein, und beruft sich dann auf andere Beweisgründe, um diesem ewigen Geist die traditionellen göttlichen Attribute zuschreiben zu können. Es ist bezeichnend, daß Locke nur behauptet, Materie und Bewegung könnten nicht *aus sich* heraus Denken erzeugen. Er räumt nämlich ein, daß es für uns unmöglich ist, »nur durch Betrachtung unserer eigenen Ideen, ohne Offenbarung, zu ermitteln, ob nicht die Allmacht gewissen, entsprechend eingerichteten materiellen Systemen die Fähigkeit des Wahrnehmens und Denkens verliehen hat«. Das heißt, er läßt die Frage offen, ob nicht auch ein rein materielles Wesen denken könnte; denn es sei nicht unmöglich, sich vorzustellen, daß Gott »der Materie selbst die Fähigkeit des Denkens verleihen könne«.[3]

Unmittelbar vor dem zitierten Abschnitt behauptet Locke, »daß *etwas von Ewigkeit her* bestanden haben muß«. Er

2 Locke, *Versuch über den menschlichen Verstand*, Bd. 2, Buch IV, Kap. X,10.

3 Ebd., Buch IV, Kap. III,6.

scheint sich an dieser Stelle, wie schon Leibniz zu Recht kritisiert hat, einer Mehrdeutigkeit schuldig zu machen, nämlich zwischen der Behauptung, zu jeder Zeit habe es irgend etwas gegeben, und der anderen, zu jeder Zeit habe es *ein* Etwas (ein Ding) gegeben. Nur die erste Behauptung folgt aus seiner Annahme, es sei unmöglich, »daß das reine Nichts, die völlige Verneinung und Abwesenheit alles Seienden jemals eine reale Existenz erzeugen sollte«; er setzt dann aber die zweite als bewiesen voraus, wenn er nun fragt, »von welcher Beschaffenheit dieses Etwas«, dieses Ewige, sein müsse. Ohne diesen Fehlschluß ergäbe sich aus seiner Prämisse, das Denken könne nicht von einem »nichtdenkenden Wesen« wie Materie und Bewegung erzeugt worden sein, nur die Folgerung, daß es immer irgendeinen Geist gegeben haben muß, nicht aber die andere, daß es einen ewigen Geist gibt.[4] Vielleicht aber hat sich Locke nur sehr verkürzt ausgedrückt; möglicherweise hatte er irgendeine Art von kosmologischem Argument im Sinn, wie wir sie in Abschnitt (b) des 5. Kapitels erörtert haben: Ob nun das Zurückgehen in der Ursachenkette oder der Reihe der Dinge irgendwo endet oder nicht, in jedem Fall brauchen wir ein notwendiges – d. h. wenigstens ein zeitlich unbegrenzt existierendes – Wesen, um die Reihe als ganze zu erklären. Sollte er dies tatsächlich gemeint haben, wäre sein Argument aufgrund der dort geübten Kritik hinfällig. Aber selbst wenn seine Argumentation nur bewiese, daß Denken immer von einem vorher-existierenden denkenden Wesen erzeugt sein muß, würde sie dennoch die materialistische Position erheblich schwächen und so einen wichtigen Schritt in Richtung auf den Theismus darstellen.

Die Plausibilität dieses Arguments beruht jedoch auf einer zu groben Vorstellung von der Materie; dies zeigt sich besonders deutlich in der Behauptung Lockes, sich bewegende Materieteilchen, seien sie nun groß oder klein,

4 Ebd., Buch IV, Kap. X,8; Leibniz, *Neue Abhandlungen über den menschlichen Verstand*, Buch IV, Kap. X.

könnten sich nur »stoßen und treiben« und »einander Widerstand« leisten. Die Fortschritte der Physik haben dieses einfache Modell überholt, und die Computertechnologie des 20. Jahrhunderts müßte uns wenigstens sehr zurückhaltend machen hinsichtlich apriorischer Behauptungen über das, was materiellen Strukturen möglich und unmöglich ist – z. B. könnte heute niemand mehr Ciceros Gedächtnisargument vertreten. Lockes Position wird auch durch sein Zugeständnis geschwächt, daß Gott »gewissen, entsprechend eingerichteten materiellen Systemen die Fähigkeit des Wahrnehmens und Denkens verliehen« haben könnte. Da er dies wortwörtlich versteht und es ausdrücklich von der Möglichkeit unterscheidet, daß Gott eine immaterielle denkende Substanz bestimmten materiellen Körpern zuordnet, räumt er damit ein, daß aufgrund eines besonderen göttlichen Eingriffs materielle Strukturen möglicherweise doch denken könnten. Das heißt dann aber, er läßt die Behauptung, man könne *a priori* wissen, daß materielle Substanzen schlechterdings kein Bewußtsein haben können, völlig fallen. Wenn aber einige materielle Strukturen Bewußtsein haben könnten, woher will man dann *a priori* wissen, daß materielle Strukturen Bewußtsein nicht *aus sich heraus* entstehen lassen können? Bezeichnend ist auch, weshalb Locke dies einräumt. Wenn wir statt der Annahme, daß materielle Strukturen als solche manchmal denken können, annähmen, daß es mit unseren Körpern verbundene immaterielle Substanzen wie Geist oder Seele gibt, müßten wir auch sagen, daß die Materie gelegentlich (etwa bei der Wahrnehmung) auf diese immateriellen Dinge einwirkt. Das ist genauso schwer verständlich wie die Annahme, daß materielle Strukturen denken können; dennoch müssen wir einer dieser beiden Annahmen zustimmen. Berkeley hat dieses Problem deutlich gesehen: Sobald man einmal einräumt, daß es überhaupt eine materielle Welt gibt, läßt sich nicht mehr bestreiten, daß materielle Dinge kausal auf das Bewußtsein einwirken; dann aber läßt sich nicht mehr mit gutem Grund behaupten, materielle Dinge könnten kein Bewußtsein haben, und schließlich auch nicht, materielle Dinge könnten nicht aus sich selbst heraus Bewußtsein entstehen lassen. Weil Berkeley diesen Zusammenhang sah, bestritt er, daß es überhaupt eine materielle Welt gibt; doch läßt sich, wie wir gesehen haben, diese Auffassung letztlich nicht verteidigen.

Auf unseren Einwand: ›Wie können wir *a priori* wissen, daß materielle Strukturen nicht aus sich heraus Bewußtsein entstehen lassen können?‹ könnte Locke antworten, wenn materielle Dinge denken würden, wäre dies nur möglich aufgrund einer sehr komplizierten Anordnung und gegenseitigen Abstimmung ihrer Teile; es sei aber sehr unwahrscheinlich, daß sie aus sich heraus zu so komplizierten Strukturen gelangen würden und daher bedürften materielle Dinge mit Bewußtsein immer noch eines göttlichen Bewußtseins, das sie entstehen ließe. Bei dieser Deutung würde das Argument aus dem Bewußtsein zu einem Sonderfall des teleologischen Arguments, welches in Kapitel 8 untersucht werden soll.

Eine ähnliche Überlegung hat Swinburne vorgetragen.[5] Er behauptet nicht, zu wissen, daß materielle Strukturen Bewußtsein *nicht* aus sich heraus entstehen lassen *könnten*, sondern nur, daß sich keine Erklärung dafür finden oder vorstellen läßt, wie dies geschehen sein sollte; daher hält er eine »personale Erklärung«, eine Erklärung aufgrund des planvollen Handelns eines Vernunftwesens, für wahrscheinlicher: Diese Erklärung würde den Phänomenen des Bewußtseins eher gerecht und werde daher durch ihr unbestreitbares Vorkommen bestätigt.

5 Swinburne, *The Existence of God*, Kap. 9. Die im Text mit Seitenangaben versehenen Zitate sind dieser Arbeit entnommen. – Lockes Argument wird in der angedeuteten Weise als Sonderfall des teleologischen Arguments von M. R. Ayers verstanden in seinem Aufsatz »Mechanism, Superaddition, and the Proof of God's Existence in Locke's Essay«, in: *Philosophical Review* 90 (1981), S. 210–251.

Swinburne muß also vor allem »die wissenschaftliche Unerklärbarkeit des Bewußtseins« darlegen. Er widerlegt zunächst verschiedene extrem materialistische Auffassungen, nach denen es keine spezifischen Bewußtseinsereignisse gibt und Bewußtsein, Vorstellungen, Überzeugungen, Entschlüsse usw. entweder völlig mit bestimmten neurophysiologischen Zuständen oder Ereignissen gleichgesetzt oder durch sie wegerklärt werden können, so daß sich alle tatsächlich vorkommenden Bewußtseinsphänomene vollständig und angemessen rein physisch erklären lassen. Swinburne meint, es sei offensichtlich und zweifellos richtig, daß »es Bewußtseinsvorstellungen gibt wie die von Bläue, Schmerz und den Duft einer Rose, welche nicht mit physischen Eigenschaften gleichgesetzt werden können«. »Jede Theorie, die die Gegebenheit von Sinneserfahrungen wie die von Bläue, Lärm oder Schmerz bestreitet, beschreibt die Dinge nicht so, wie sie sind – daß es sich so verhält, liegt auf der Hand.« Folglich »ist irgendeine Art von Dualismus der Wesenheiten, Eigenschaften oder Zustände unvermeidlich«. Obwohl einige Philosophen in diesem Punkt anderer Meinung sind, hat Swinburne darin sicher recht. Meines Erachtens können wir aber mit gutem Grund nur einem Dualismus der Eigenschaften zustimmen, nach dem das, was als Vorkommnis einer nicht weiter zurückführbaren Bewußtseinseigenschaft gilt, nichts anderes ist als die Tatsache, daß man gerade diesen oder jenen Erfahrungs- oder Bewußtseinsinhalt erlebt; auch von spezifischen Bewußtseinsereignissen kann gesprochen werden, und zwar dann, wenn ein Ereignis mit der Instantiierung einer Eigenschaft zu bestimmter Zeit gleichgesetzt wird. Swinburne legt sein Argument in Form eines Dualismus von Bewußtseinsereignissen im Unterschied zu Gehirnzuständen dar, doch läßt es sich ebensogut, wie er selbst einräumt, in Form eines Dualismus von Eigenschaften fassen.

Um die Bewußtseinsereignisse vollständig wissenschaftlich zu erklären, habe der Materialist drei unterschiedliche

Schritte zu tun. Erstens müsse er jede Art von Bewußtseinsereignis einem oder mehreren Gehirnzuständen zuordnen. Zweitens müsse er diese Beziehung kausal interpretieren: »Um zu zeigen, daß die Gehirnzustände das, was geschieht, letztlich determinieren, muß der Materialist nachweisen, daß das Vorkommen aller Bewußtseinsereignisse allein aufgrund der Kenntnis der Gehirnzustände vorhersagbar ist und daß sich das Vorkommen von Gehirnzuständen physiologisch erklärt [. . .], während sich das Vorkommen aller Gehirnzustände nicht allein aus der Kenntnis der Bewußtseinsereignisse vorhersagen läßt« (S. 167 f.). Drittens müsse er zeigen, daß es sich bei der Art und Weise, in der Gehirnzustände Bewußtseinsereignisse verursachen, um Naturgesetze handelt, die einfach genug sind, um als Erklärungen gelten zu können.

Jeder dieser drei Schritte sei problematisch. Da Bewußtseinsereignisse nicht der Außenbeobachtung zugänglich seien, bleibe ihre Zuordnung zu bestimmten Gehirnzuständen sehr zweifelhaft. Sollte unsere Erfahrung freien Wollens keine bloße Illusion sein, so bedeute sie, daß »freie Willensentschlüsse nicht immer aus vorausgehenden Gehirnzuständen vorhergesagt werden können«. Und wenn die physikalischen Grundgesetze tatsächlich, wie die Quantentheorie behauptet, nur statistischer oder probabilistischer Art sein sollten, bliebe dem unabhängigen Einwirken von Willensentschlüssen ein Zugang offen, so daß sich die entsprechenden Handlungen nicht vollständig physikalisch erklären ließen. Allerdings stützt Swinburne seine Argumentation vornehmlich auf die Problematik des dritten Schritts, die hier für einen Augenblick zurückgestellt werden soll.

Die angeführten Schwierigkeiten für die ersten beiden Schritte sind nicht besonders erheblich. Swinburne gibt ihnen den Anschein größerer Gewichtigkeit, indem er die materialistische Position verzeichnet. Sie besteht nicht darin, daß eine physikalische Erklärung für alle Bewußtseinsereignisse tatsächlich gegeben wird, sondern in der Behauptung, daß es eine solche Erklärung in einem objektiven, realistischen Sinn *gibt*, unabhängig davon, ob wir jemals in der Lage sein werden, sie auch in Worte zu fassen. Die These lautet also, daß es natürliche Gesetzmäßigkeiten und Beziehungen gibt, durch die Geist und Bewußtsein aus physischen Dingen, denen ursprünglich keine geistigen Qualitäten eigen sind, entstehen konnten und vielleicht auch entstanden sind. In diesem Zusammenhang sind ›Erklärung‹ und ›Gesetzmäßigkeit‹ als objektive Wesenheiten zu verstehen und müssen unterschieden werden von dem, was wir über sie wissen oder wie wir sie sprachlich fassen. Die behauptete Problematik des ersten Schritts bezieht sich nur auf die Schwierigkeit, entsprechende Beziehungen zu entdecken und zu formulieren, sie stellt aber nicht die Behauptung in Frage, daß es solche Beziehungen oder Gesetzmäßigkeiten gibt.

Gegen die Annahme, daß tatsächlich psychophysische Gesetze existieren, wendet sich allerdings ein bekannter Einwand Donald Davidsons und anderer, die sich auf ihn berufen.[6] Der Grundgedanke dieses Einwands lautet: Aussagen über unser Bewußtsein oder psychologische Beschreibungen unterliegen völlig anderen Beschränkungen als physikalische Aussagen; psychische und physische Tatsachen betreffende Beschreibungs- und Erklärungsschemata beziehen sich auf »völlig unterschiedliche Zusammenhänge«. Wenn man von jemandem sage, er habe zu einem bestimmten Zeitpunkt einen Wunsch oder sei von etwas überzeugt, dann müsse diese Behauptung mit anderen Aussagen in Einklang stehen, etwa daß er bestimmte Absichten, Hoffnungen, Befürchtungen oder Erwartungen hege: »der Gehalt einer zukunftsorientierten Einstellung ergibt sich aus ihrer Stellung in diesem Gesamtrahmen«. Ausdrücke, die in solche Richtung verwiesen, ließen sich nicht ungezwungen

6 D. Davidson, »Mental Events«, in: *Essays on Actions and Events*, Oxford 1980; C. McGinn, »Mental States, Natural Kinds, and Psychophysical Laws«, in: *Aristotelian Society* Suppl. 52 (1978).

mit physikalischen Beschreibungen vereinbaren. Hierzu ist zu fragen: Unterstellt man, daß solche psychologischen Beschreibungen *wahr* sein können? Gibt es eine geistige Wirklichkeit, die sie zu fassen und zu beschreiben vermögen, oder stellen sie nur sprachliche Formeln dar? Gibt es *tatsächlich vorkommende* Bewußtseinszustände und -ereignisse, die mit diesen psychologischen Ausdrücken beschrieben werden, oder ist die psychologische Redeweise sowohl dispositional als auch generell in dem Sinn, daß sie nur das Verhaltensmuster eines Menschen oder auch die Interaktion mehrerer Menschen über einen längeren Zeitraum hin beschreibt? Sollte das letztere richtig sein, dann wären, wie der Ausdruck »die Gesamtheit des Geistigen« nahelegt, psychophysische Beziehungen tatsächlich nicht zu erwarten und man könnte *a priori* (wie McGinn es tut) schließen, daß Bewußtseinsausdrücke keine physisch bestimmbaren natürlichen Ereignisse bezeichnen. In diesem Fall aber wäre diese Art von Beschreibung für unser gegenwärtiges Problem bedeutungslos: Mit ihr beschriebe man keine tatsächlich vorkommenden Zustände, Ereignisse oder Eigenschaften, die sich naturwissenschaftlich vielleicht nur schwer erklären ließen. Wenn wir dagegen psychologische Beschreibungen als Charakterisierung tatsächlich vorkommender Bewußtseinszustände usw. verstehen – und prinzipiell muß es solche geben, da wir uns entsprechender Zustände innerlich unmittelbar bewußt sind –, dann können wir Beziehungen zwischen ihnen und physischen Merkmalen weder als unmöglich noch als *a priori* unwahrscheinlich ausschließen. Denn *diese* Prädikate beziehen sich nicht so sehr auf einen ganzen Rahmen psychologischer Beschreibung als vielmehr auf *Wahrheiten über das, was hier und jetzt tatsächlich geschieht*; dies aber könnte sie sehr wohl einer Reihe physikalischer Beschreibungen zuordnen.

Ein weiterer geläufiger Einwand gegen psychophysische Gesetzmäßigkeiten lautet, *notwendige äquivalente* Beziehungen dieser Art könne es nicht geben.[7] Der Bewußtseinszustand, etwa einen Wunsch oder eine Überzeugung zu haben, könnte gewiß unter sehr verschiedenen materiellen Bedingungen realisiert sein. Gäbe es Marsbewohner, so könnten sie Gedanken haben, die einigen unserer Gedanken ähnlich wären und mit denselben ›daß‹-Sätzen beschrieben werden könnten; es wäre aber keineswegs verwunderlich, wenn ihre Gedanken mit ganz anderen neurophysiologischen Strukturen verbunden wären als unsere. Zweifellos; doch für unsere Zwecke sind äquivalente Beziehungen überhaupt nicht erforderlich. Der Materialist behauptet nur die Gegebenheit von Gesetzmäßigkeiten, die besagen, daß, wo dieser oder jener neurophysiologische Zustand gegeben ist, auch dieser oder jener Bewußtseinszustand eintritt; die Umkehrung muß nicht gelten, d. h., die Möglichkeit selbst von unbegrenzt vielen voneinander verschiedenen physischen Verwirklichungen desselben Bewußtseinszustands brächte ihn nicht in Verlegenheit. Auch braucht er solche Beziehungen nicht als *notwendig* in einem Sinn zu erklären, der sich durch Spekulationen über Marsbewohner usw. untergraben ließe: Es genügt, wenn es in der tatsächlich existierenden Welt Kausalgesetze gibt, die sicherstellen, daß bestimmte neurophysiologische Zustände bestimmte Bewußtseinszustände hervorrufen.

Swinburnes Einwand gegen den ersten Schritt läßt sich also ausräumen. Der erste seiner Einwände gegen den zweiten Schritt bleibt dunkel. Es scheine einem Handelnden, »daß es in seiner Macht steht, ob er sich von Vernunfterwägungen leiten lassen will oder nicht, daß seine Wahl für ihn nicht durch sein Gehirn, seinen Charakter oder seine Umgebung vorherbestimmt ist und daß es Vernunfterwägungen, nicht Gehirnzustände sind, die ihn (allerdings nicht deterministisch) beeinflussen«. Doch daß es Vernunfterwägungen sind, die ihn beeinflussen, ist kein Einwand gegen die mate-

7 Vgl. McGinn, »Mental States«.

rialistische Theorie, die selbstverständlich davon ausgeht, daß die Anerkennung und Würdigung vernünftiger Überlegungen selbst wieder irgendwie eine neurophysiologische Grundlage hat: »Vernunfterwägungen, nicht Gehirnzustände« ist im Zusammenhang der Prüfung der materialistischen Theorie eine unzulässige Entgegensetzung. Auch spricht die Bemerkung, daß es an *ihm* liegt, die Wahl zu treffen, nicht gegen den Materialismus, der dem zustimmt, doch *ihn* mit etwas identifiziert, das zugestandenermaßen spezifisch geistige Eigenschaften besitzt, dennoch aber aus physischen Elementen besteht, die in zweifellos sehr verwickelter Weise zusammenwirken. Die Tatsache, daß die Wahl bei *ihm* liegt, scheint nur dann gegen das materialistische Programm zu sprechen, wenn wir zuerst – ohne weitere Begründung – entgegen dieser Theorie davon ausgehen, daß es in diesem Bereich ein nicht materiell bedingtes *ihn* gibt. Vielleicht aber will Swinburne sagen, daß es ein Wählen gibt, das überhaupt nicht verursacht ist und daher auch prinzipiell physikalisch unerklärbar bleibt. Dies läßt sich jedoch nicht mit Hilfe unserer Erfahrung freien Wollens beweisen: Es kann keine Erfahrung der Abwesenheit oder auch der scheinbaren Abwesenheit jeder Ursache unserer Entscheidungen geben. Höchstens kann sich der Handelnde keiner Ursache bewußt sein; dies aber ist keine positive Erfahrung dafür, daß die Entscheidung unverursacht ist. Falls sich herausstellt, daß alles Wählen verursacht ist, wird es nicht einmal die erklärungsbedürftige Illusion einer kontrakausalen Freiheit geben. Doch könnte es immer noch ein Wählen ohne vorhergehende *zureichende* Ursachen geben. Auch prinzipiell wäre damit tatsächlich eine Erklärung durch physische Ursachen ausgeschlossen. Ausgeschlossen aber wäre nicht, daß es durch eine entsprechende physische Basis erklärt würde, die selbst keine vorhergehende zureichende Ursache hätte. In diesem Fall wäre Swinburnes zweiter Einwand gegen diesen zweiten Schritt, sein Verweis auf die Unbestimmtheit der Quantenphysik, allerdings eher

eine Hilfe als ein Problem. Wenn physische Abläufe selbst zu einem gewissen Teil indeterminiert sind, dann ließen sich solche Entscheidungen, die keine vorhergehenden zureichenden Ursachen haben – falls es sie überhaupt gibt –, als die notwendigen Entsprechungen zu einigen gleichfalls unverursachten physischen Abläufen verstehen.
Doch Swinburne sieht im dritten Schritt das größte Problem für den Materialisten. Er schreibt: »In einer wissenschaftlichen Theorie erwarten wir einfache Beziehungen zwischen wenigen voneinander verschiedenen Arten von Dingen, durch die sich verschiedene Phänomene erklären lassen.« Er veranschaulicht dies an der Atomtheorie, die die empirisch festgestellten Gesetze fester Mengenverhältnisse bei chemischen Verbindungen zu erklären vermag. Für Bewußtseinsereignisse oder -eigenschaften seien entsprechende Erklärungen nicht möglich.

> »Obwohl es theoretisch möglich ist, daß eine wissenschaftliche Theorie dieser Art entwickelt wird, bietet sie doch keine verlockende Aussicht. Gehirnzustände sind qualitativ so andersartig im Vergleich zu Erfahrungen, Absichten, Überzeugungen usw., daß eine *natürliche* Beziehung zwischen ihnen fast unmöglich zu sein scheint. Denn wie könnten sich Gehirnzustände anders verändern als in ihrer chemischen Zusammensetzung und der Geschwindigkeit und Richtung ihrer elektro-chemischen Wechselwirkung, und wie könnte es eine natürliche Beziehung zwischen Veränderungen dieser Art und Veränderungen von der Art geben, in denen sich Absichten voneinander unterscheiden – etwa die Unterschiede zwischen der Absicht, einen Scheck zu unterschreiben, der, einen Kreis zu quadrieren, oder der, die Vorlesung um eine halbe Stunde zu verlängern? Es ist noch nicht einmal der Ansatz einer einfachen wissenschaftlichen Theorie dieser Art und damit die Formulierung von Gesetzmäßigkeiten für die Leib-Geist-Wechselwirkung statt der einer

> Vielzahl verschiedenartiger Beziehungen in Sicht; eben weil sich diese nicht zu einer umfassenden Theorie zusammenfassen lassen, gelten sie nicht notwendigerweise universal. Ohne Naturgesetze aber gibt es keine wissenschaftliche Erklärung. Die Aufgabe des Materialisten, Bewußtseinsereignisse, Absichten, Überzeugungen und andere geistige Fähigkeiten umfassend zu erklären, scheint zum Scheitern verurteilt. Denn eine detaillierte materialistische Theorie könnte niemals so einfach sein, daß wir sie vernünftigerweise für wahr halten könnten« (S. 171 f.).

Dieses Argument ist zweifellos ein später Nachfahre von Lockes Argumentation. Doch wirft Swinburne hier zu viele Fragen durcheinander und meint sie in einem Atemzug erledigen zu können. Erstens geht es, wie schon gesagt, nicht um die Frage, ob es dem Materialisten gelingt, eine Theorie *auszuformulieren*, die die Wechselwirkung zwischen Körper und Geist erklärt, sondern um die Frage, ob er vernünftigerweise annehmen kann, daß es Gesetzmäßigkeiten *gibt*, welche diese Wechselwirkung erklären. Selbst wenn es ihm möglich wäre, eine solche Theorie auszuformulieren, wäre es zuviel verlangt, von ihm zu erwarten, daß er alle Bewußtseinsvorgänge bei einem bestimmten Menschen genau erklären könnte, und zwar einfach deswegen, weil es ihm unmöglich wäre, alle relevanten Ausgangsbedingungen festzustellen. Obwohl z. B. niemand bezweifelt, daß allen metereologischen Vorgängen einfache physikalische Gesetze zugrunde liegen, erwartet man doch nicht, daß der genaue Weg des nächsten Hurrikans über der Karibik vorhergesagt oder der des letzten exakt erklärt werden könnte. Zweitens ist, wie wir schon im Zusammenhang mit Davidsons Argument gegen psychophysische Gesetzmäßigkeiten sahen, *die Absicht, einen Scheck zu unterschreiben*, nicht die Art von Vorgang, für den wir eine systematische neurologische Entsprechung suchen, geschweige denn eine einleuchtende Erklärung in Form einer einfachen Gesetzmäßigkeit. Vielmehr müßten wir nach den einzelnen Bestandteilen eines bestimmten Bewußtseinsereignisses, das unter die Beschreibung ›die Absicht, einen Scheck zu unterschreiben‹ fällt, fragen; dazu gehören sicherlich bestimmte Annahmen und Absichten, die der (bewußte) Grund für die Bereitschaft darstellen, unter bestimmten bereits bekannten Umständen in bestimmter Weise zu handeln. Die Frage lautet dann, ob es eine Gesetzmäßigkeit geben kann, welche jeden dieser Bestandteile mit einer neurologischen Entsprechung und Basis verknüpft. Wenn es hier überhaupt ein Problem gibt, muß es sich auf diese Bestandteile beziehen; angesichts der Vielzahl von Dingen, dic Computer verrichten können – dazu gehören Schach-Spielen und die Fähigkeit, es besser spielen zu lernen –, und angesichts der Tatsache, daß ihre elektronischen Bauelemente immer kleiner werden, wissen wir (was Cicero noch nicht wissen konnte), daß Komplexität kein wirkliches Problem mehr ist. Drittens ist das einzige Element, das sich nur schwer durch eine einfache Gesetzmäßigkeit auf eine physische Grundlage beziehen läßt, das Bewußtsein selbst, und zwar Bewußtsein nicht im dispositionalen, sondern im aktualen Sinn: der Besitz eines Erfahrungsinhalts. Wir sind kaum geneigt, auch dieses Element unseres geistigen Lebens einem Computer zuzusprechen, gleichgültig, wieviel er sonst auch leisten mag.

Swinburnes Argument ist, wie gesagt, ein später Nachfahre von Lockes Argumentation. Seine Frage »Denn wie könnten sich Gehirnzustände anders verändern als in ihrer chemischen Zuammensetzung und der Geschwindigkeit und Richtung ihrer elektro-chemischen Wechselwirkung?« stellt nur eine subtilere Variante von Lockes Behauptung dar, sich bewegende materielle Teilchen, seien sie nun groß oder klein, könnten sich nur »stoßen und treiben« und »einander Widerstand« leisten. Ich bezweifle nun nicht, daß es hier für den Materialisten oder Naturalisten ein wirkliches Problem gibt, doch ist wichtig, es genau in den Blick zu nehmen und auf seine richtige Größe zu reduzieren. Es besteht eben darin, daß nur schwer ersichtlich ist, wie es eine verstehbare Gesetzmäßigkeit geben kann, welche Erfahrungsinhalte mit materiellen Strukturen, wie immer sie auch beschrieben werden mögen, verknüpft. Der Materialist kann nicht bestreiten, daß es Bewußtseinszustände mit einem solchen Inhalt gibt, und er muß annehmen, daß es ein grundlegendes Naturgesetz gibt, welches besagt, daß sich ein solcher Inhalt immer dann einstellt, wenn eine materielle Struktur von bestimmter komplexer Art vorliegt, und daß sich dieser Inhalt in systematischer Weise mit seiner materiellen Basis verändert – ein grundlegendes Naturgesetz, weil die zugrunde liegende Tatsache aktualer Bewußtheit nicht in einfachere Bestandteile zerlegbar zu sein scheint, so daß sich die Gesetzmäßigkeit, aufgrund deren sie sich einstellt, nicht aus einer Kombination grundlegenderer Gesetze ergeben kann.

Wenn dies zugestandenermaßen ein schwieriges Problem für den Materialismus darstellt, bleibt zu überlegen, ob irgendeine andere Theorie besser damit fertig wird. Swinburne prüft zwei Alternativen, und zwar zuerst die des Dualismus. Darunter versteht er die Auffassung, daß es in der Welt zwei nicht aufeinander zurückführbare Arten von Dingen gibt, einerseits physische und anderseits geistige Dinge, Zustände, Ereignisse und Prozesse. Die physischen erklären nicht die geistigen und die geistigen nicht die physischen. Meines Erachtens ist dies so zu verstehen, daß die Sachverhalte der einen Kategorie nicht *als ganze* durch die der anderen zu erklären sind, da alle Formen des Dualismus, mit Ausnahme der am wenigsten einleuchtenden, eine bestimmte Wechselwirkung zwischen Geistigem und Physischem annehmen; wie wir schon bei Locke sahen, untergräbt die Anerkennung einer solchen Wechselwirkung jede *a priori* gegebene Gewißheit darüber, daß das Geistige nicht *als Ganzes* aus dem Physischen hervorgehen kann. Swinburne meint, daß ein solcher Dualismus von Dingen und

Ereignissen einen Dualismus der Erklärungstypen nach sich zieht: naturwissenschaftliche, kausale Erklärung für physische Dinge und personale Erklärung, die die Resultate als Verwirklichung von Absichten erklärt, für geistige Dinge. Es ist aber kaum ersichtlich, wie in dieser Weise *alle* Bewußtseinsphänomene erklärt werden könnten, solange man sich weigert, auf die in Kapitel 4 erörterte Berkeleysche Auffassung zurückzugreifen; nur verhältnismäßig wenige meiner Bewußtseinsinhalte stellen Verwirklichungen von Absichten dar. Und falls man annehmen würde, daß es tatsächlich zwei so radikal voneinander verschiedene Erklärungstypen gibt, welche Art von Erklärung wäre dann noch für die Wechselwirkung zwischen Geistigem und Physischem zu erwarten, welche, wie gesagt, jede plausible dualistische Theorie annehmen muß? Doch natürlich will Swinburne diese Art von Dualismus nicht verteidigen, den er für eine »recht vertrackte Weltanschauung« hält.

»Die zweite Alternative«, schreibt er, »besteht darin, eine personale Erklärung für die Beziehungen zwischen Körper und Geist und eine solche für das Wirken der in naturwissenschaftlichen Erklärungen vorkommenden Faktoren zu suchen. Daß es solche Erklärungen gibt, ist eine zentrale These des Theismus.« Das heißt, es lasse sich ein Dualismus von Erklärungstypen dadurch vermeiden, daß man jede Erklärung letztlich auf die personale Erklärung zurückführt. Die naturwissenschaftliche Erklärung wird zu einem Sonderfall der personalen; denn die Gesetzmäßigkeiten, auf die sie sich stützt, seien Verwirklichungen göttlicher Absichten. Die Verwirklichung göttlicher Absichten sei das einheitliche Modell, das sowohl in den Kausalgesetzen, die für physische Dinge gelten, als auch in den Wechselwirkungen zwischen Gehirnzuständen und Bewußtseinsereignissen zum Vorschein komme. Obwohl diese Wechselwirkungen nicht in sich verständlich seien, würden sie doch dadurch verständlich, daß man sie als von Gott gewollt betrachte. »Das Problem für die materialistische Theorie«, schreibt Swinburne, »bestand darin, daß es keine natürliche Beziehung zwischen Vorgängen im Gehirn und solchen im Bewußtsein gab. Die Absicht aber eines Handelnden, der sie miteinander verbindet, würde sie zusammenhalten. Zwischen der Absicht eines Handelnden, *X* zu bewirken, und dem Eintreten von *X* besteht tatsächlich eine ganz natürliche Beziehung. [. . .] Aus diesem Grund spricht so viel mehr für eine Zurückführung aller Erklärung auf die personale Erklärung. Sie bietet eine natürliche Erklärung aller in der Welt vorkommenden Beziehungen, indem sie sie als Absichten eines Handelnden deutet, der sie hervorbringen will« (S. 172 f.).

Swinburne bezweifelt keineswegs »die Theorie der allmählichen Evolution von Lebewesen mit Bewußtsein aus unbelebter Materie«, auch bestreitet er nicht, daß es »eine zureichende naturwissenschaftliche Erklärung [. . .] für die Evolution immer komplexerer Lebewesen« gibt. Er bestreitet nur, daß es eine naturwissenschaftliche Erklärung dafür gibt, daß diese Komplexität zu bewußtem Leben geführt hat.

Danach fällt es ihm nicht mehr schwer, ein Argument für die Existenz Gottes aus dem Bewußtsein zu formulieren. Schon vorher hatte er gemeint, zeigen zu können, daß Gott im traditionell theistischen Sinn Grund hätte, andere mit Bewußtsein begabte Lebewesen zu schaffen, obwohl dieses göttliche Motiv nicht zwingend sei. Mit seinem neuen Argument will er dann zeigen, daß es sehr unwahrscheinlich sei, daß solche Lebewesen aufgrund normaler physikalischer Prozesse entstanden seien. Die unbestreitbare Existenz von mit Bewußtsein begabten Lebewesen werde also weitaus besser durch die theistische Hypothese erklärt als durch eine nicht-theistische, und dies sei eine gute induktive Bestätigung für ihre Richtigkeit.

Aber wie gut ist diese Bestätigung? Dies hängt weitgehend von der behaupteten Natürlichkeit und Einsichtigkeit der Beziehung zwischen einer Absicht und ihrer Verwirklichung ab. Zweifellos scheint sie in einigen typischen Fällen sehr natürlich und direkt zu sein. Ich entschließe mich, meinen Arm zu heben, und schon hebt er sich. Aber wir wissen, daß diese Beziehung nur scheinbar direkt ist. Tatsächlich ist die Bewegung meines Arms in komplizierter Weise durch Nerven und Muskeln mit jenen Gehirnvorgängen verknüpft, die mit meinem Entschluß einhergehen. Wir gelangen zu der Vorstellung einer *unmittelbaren* – d. h. nicht vermittelten – Verwirklichung einer Absicht nur dadurch, daß wir alle vermittelnden Teile dieses Kausalablaufs, deren wir uns normalerweise auch nicht bewußt sind, übergehen. Zweifellos entspricht die sich ergebende Bewegung dem Inhalt des Entschlusses oder der Absicht: Nur deswegen läßt sich sagen, sie werde durch die Bewegung verwirklicht. Dennoch hängt die Möglichkeit dieser scheinbar so einfachen und zufriedenstellenden Beziehung ab von einem physischen Mechanismus, letztlich auch von der gesamten Evolution und vielleicht von der Geschichte meines bewußten und unbewußten Lernens in der Kindheit. Jetzt erwarte ich mit gutem Grund, daß einige meiner Entschlüsse augenblicklich verwirklicht werden. Ich weiß, daß ich unter normalen Umständen meinen Arm heben oder einen Ball werfen kann. Aber wir haben nicht das Recht, aus diesem in Wahrheit sehr komplizierten Vorgang die einfache Beziehung, die uns normalerweise nur interessiert, herauszulösen und sie als vertrautes Modell für eine einsichtige unmittelbare Verwirklichung von Absichten zu verwenden, um aus diesem dann eine personale Erklärung für ganz andere Sachverhalte zu konstruieren, nämlich die einer angeblich schaffenden und lenkenden Macht Gottes.

Swinburne könnte einwenden, die theistische Hypothese enthalte eben Gottes Vermögen, solche unmittelbaren Verwirklichungen von Absichten hervorzubringen. Dies ist zweifellos richtig; doch handelt es sich dabei um ein äußerst mysteriöses Element dieser Hypothese, das sie von vornherein unwahrscheinlich macht. Damit soll klargestellt werden, daß diese Unwahrscheinlichkeit nicht durch den Hinweis auf eine Analogie zwischen diesem angeblichen göttlichen Vermögen und irgendeiner eigenen Erfahrung direkter Verwirklichung von Absichten gemindert werden kann.

In Wahrheit stellt jedoch jede personale Erklärung unserer normalen Verhaltensweisen, genau betrachtet, nicht eine konkurrierende Art von Erklärung gegenüber der kausalen dar, sondern einen Sonderfall der Kausalerklärung. Zweifellos läßt sich eine Handlung als Verwirklichung einer Absicht oder als Ausführung eines Entschlusses *beschreiben*, ohne daß ausdrücklich Kausalbeziehungen ins Spiel gebracht werden müßten; wir können unsere Aufmerksamkeit auf die rein logische Beziehung zwischen einer korrekten Beschreibung dessen, was getan wird, und dem Inhalt des Entschlusses oder der Absicht, dem ›daß‹-Satz, der angibt, um welchen Entschluß oder welche Absicht es sich gehandelt hat, lenken. Es ist uns aber unmöglich, den Ablauf oder das Hervorbringen einer Bewegung oder ihres Ergebnisses zu erklären, ohne uns dabei in irgendeiner, vielleicht nur sehr vagen Weise auf die gewöhnliche Kausalerklärung zu beziehen. Eine teleologische Beschreibung mag sich von einer kausalen grundlegend unterscheiden; aber die teleologische Erklärung dafür, daß etwas geschieht oder hervorgebracht wird, stellt in allen normalen Fällen nur den Sonderfall einer wirkursächlichen Erklärung dar. Wird eine Handlung als beabsichtigt erklärt, so gibt man damit zu verstehen, daß sie kausal auf die Wünsche, Annahmen und Entschlüsse eines Handelnden zurückzuführen ist. Wenn man sagt, eine Pflanze oder ein Tier besitze bestimmte Organe oder verhalte sich in bestimmter Weise, weil dadurch ein bestimmter Zweck oder ein bestimmtes Ergebnis erzielt werde, dann stellt dies nur eine Kurzformel für die kausale Erklärung der Entwicklung dieser Merkmale durch natürliche Auslese dar. Und schließlich liegen auch der scheinbaren Zielstrebigkeit selbstgesteuerter Raketen kausale Rückkoppelungsmechanismen zugrunde.[8]

Dies sind allgemeine Schwierigkeiten für Swinburnes Verwendung der personalen Erklärung als eines eigenen Erklärungstyps in Hypothesen über die Beziehungen zwischen der Welt und einem Gott: sie beziehen sich sowohl auf sein induktives kosmologisches als auch auf sein Argument aus dem Bewußtsein. Darüber hinaus aber stellen sich noch besondere Probleme für seine personale Erklärung der Beziehung zwischen Körper und Geist. Hat Gott materielle Strukturen irgendwie dazu befähigt, daß es ihnen jetzt möglich ist, Bewußtsein hervorzubringen? Aber ist dies dann nicht genauso schwer verständlich wie die Annahme, daß materielle Strukturen dieses Vermögen *aus sich selbst* besitzen? Oder sollen wir annehmen, jede einzelne Leib-Geist-Beziehung, etwa das Hinzutreten jedes Wahrnehmungsbewußtseins zum Sinneseindruck und zur neurophysiologischen Erregung, sei die Verwirklichung einer jeweils eigenen göttlichen Absicht, so daß die Sinneswahrnehmung, genau genommen, ein endlos wiederholtes Wunder und eine endlose Reihe göttlicher Eingriffe in den natürlichen Kausalzusammenhang darstellt? Und weiter, wenn, wie Locke meint, die göttliche Allmacht einigen dazu geeigneten materiellen Strukturen das Vermögen verliehen hat, wahrzunehmen und zu denken, weshalb dann nur diesen besonders dazu geeigneten? Könnte Gottes *Allmacht* nicht genauso leicht einem Holzklotz wie einem Gehirn diese Fähigkeit verleihen? Wenn es für den Materialismus ein Problem darstellt zu erklären, wie selbst bei komplizierten Nervenstrukturen Bewußtsein entstehen kann, so ist es für den Theismus mit seiner personalen Erklärung und seiner direkten Absichtsverwirklichung wenigstens ebenso schwierig zu erklären, weshalb sich Bewußtsein *nur* dort findet.

8 Die Beziehung zwischen teleologischer und kausaler Erklärung habe ich ausführlich in Kap. 11 meines Buches *The Cement of the Universe* erörtert.

Ich habe eingeräumt, daß die Notwendigkeit, ein grundlegendes Naturgesetz für die Entstehung von Bewußtsein zu postulieren, für den Materialisten ein ernsthaftes Problem darstellt. Doch wenn man die konkurrierende Ansicht genauer untersucht, stellt sich heraus, daß die Schwierigkeiten für den Theismus mindestens ebenso groß sind. Natürlich wäre es zuviel verlangt, die Welt und ihr Wirken voll verständlich zu machen: Jede Theorie muß ein gewisses Maß an nackten Tatsachen hinnehmen. Es läßt sich höchstens sagen, daß bei konkurrierenden Hypothesen relative Einfachheit (bestimmter Art) einen Vorzug bedeutet. Wenn man vernünftigerweise sowohl den extremen Materialismus, der die Existenz von spezifisch geistigen Merkmalen einfach bestreitet, als auch den strengen Berkeleyschen Immaterialismus oder Phänomenalismus abgelehnt hat, bleibt einem nur noch irgendeine Art von Dualismus; und wenn es sich dabei nicht um eine kaum einleuchtende extreme Variante handelt, muß man einräumen, daß es psychophysische Gesetzmäßigkeiten oder ihnen ähnliche Beziehungen irgendeiner Art gibt. Kurz gesagt, die Kluft zwischen Körper und Geist muß irgendwo und irgendwie überbrückt werden. Die personale Erklärung im Sinne einer unvermittelten Verwirklichung von Absichten stellt keine gangbarere Brücke dar als jene, die der Materialist zwischen bestimmten komplizierten elektrochemischen Systemen und dem Bewußtsein postulieren muß. Sie mag als gangbar erscheinen, doch nur deshalb, weil man als Modell für sie die nur dem äußeren Anschein nach vertraute Verwirklichung menschlicher Absichten nimmt, welche in Wahrheit einen komplizierten und vielfach vermittelten Kausalablauf darstellt. Die Illusion einer buchstäblich unvermittelten Verwirklichung einiger unserer Motive ist etwas sehr Gewöhnliches. Sie hat auch ihre Vorteile: Unter normalen Umständen ist es praktisch, menschliches Handeln als genauso ›transparent‹ zu betrachten wie Sprache und Wissen. Doch wenn man daraus dann eine Theorie von einem reinen göttlichen

Denken und Wollen entwickelt, das zuerst die Materie aus Nichts erschafft, ihr dann Kausalgesetze einstiftet und schließlich tierisches und menschliches Bewußtsein mit bestimmten natürlichen Kausalsystemen verknüpft, dann baut man einen neuen Mythos auf einem alten auf.

Kapitel 8

Teleologische Argumente

(a) *Humes Dialoge – Darstellung*

Die vielleicht gebräuchlichste Weise, von der Welt auf einen Gott zu schließen, ist die teleologische Argumentation. Es wäre jedoch trivial, *aus* einem Plan auf einen Planer zu schließen; denn man kann nicht im eigentlichen Sinn von ›Plan‹ sprechen, ohne damit bereits einen Planer vorauszusetzen. Die entscheidenden Schritte bestehen darin, daß man aufgrund bestimmter Beweismaterialien, also aufgrund von ›Hinweisen für einen Plan‹, zu der Folgerung gelangt, daß etwas tatsächlich das Ergebnis einer Planung ist. Die teleologische Argumentation hat daher das Bestehen eines Plans oder einer Planung nachzuweisen.[1]
Diese Argumentation hatte ihre Anhänger besonders im 18. Jahrhundert, als der Fortschritt der Naturwissenschaften (entgegen den Befürchtungen Berkeleys) das Beweismaterial für die schöpferische Tätigkeit Gottes nur noch zu vermehren schien. Doch wurde die damals übliche Fassung des teleologischen Arguments von Hume in den *Dialogen über natürliche Religion* und von Kant (der Hume teilweise folgte) einer vernichtenden Kritik unterzogen. Noch verheerender als diese philosophische Kritik wirkte sich in der Praxis der Nachweis Darwins und Wallaces im 19. Jahrhundert aus, daß sich einer der beeindruckendsten scheinbaren Hinweise auf einen göttlichen Plan, nämlich die komplizier-

1 Vgl. A. Flew, *God and Philosophy*, London 1966, Kap. 3. – D. Hume, *Dialogues concerning Natural Religion* (1779), dt. *Dialoge über natürliche Religion*, übers. und hrsg. von N. Hoerster, Stuttgart 1981 (Reclams Universal-Bibliothek, 7692 [2]); Verweise beziehen sich auf die numerierten Teile dieses Werks.

ten Strukturen des Baus von Pflanzen und Tieren und seine Anpassung an ihre Lebensbedingungen und Lebensweise, besser durch die Theorie der Entwicklung der Arten durch natürliche Auslese erklären läßt: So bietet die Abstammungslehre eine ungezwungene Erklärung für bestimmte Eigentümlichkeiten der gegenwärtigen geographischen Verbreitung der Arten, die in der Hypothese einer eigenen göttlichen Erschaffung jeder einzelnen Art unerklärt blieben. Doch trotz dieser Rückschläge hat man das teleologische Argument niemals ganz fallengelassen; immer wieder wurden neue Varianten dieses Arguments erdacht. Swinburne hat ihm eine Fassung gegeben, welche den Einwand der Evolutionstheorie ausräumt und wenigstens versucht, der Kritik von Hume und Kant zu entgehen.
Hume faßt die ältere Form des Arguments sehr gut in einer Rede zusammen, die er Cleanthes in den Mund legt:

> »Blick dich um in der Welt; betrachte sie insgesamt und jeden ihrer Teile. Du wirst finden, daß sie nichts anderes als eine einzige große Maschine ist, unterteilt in eine unendliche Zahl kleinerer Maschinen. [. . .] Alle diese verschiedenen Maschinen und selbst ihre kleinsten Teile sind einander mit einer Genauigkeit angepaßt, die jeden, der sie betrachtet, in höchste Bewunderung versetzt. Die erstaunliche Art und Weise, wie Mittel und Zwecke in der ganzen Natur einander angepaßt sind, findet sich genauso – wenngleich nicht in einer derartig starken Ausprägung – bei den Produkten menschlicher Tätigkeit: menschlicher Planung, Erfindung, Klugheit und Intelligenz. Da also die Wirkungen einander gleichen, gelangen wir nach allen Regeln der Analogie zu dem Schluß, daß auch die Ursachen einander gleichen und daß der Urheber der Natur dem Geist des Menschen einigermaßen ähnlich ist – wenngleich er, der Erhabenheit seines Werkes entsprechend, im Besitz viel größerer Fähigkeiten sein muß. Durch dieses Argument *a posteriori* – und

durch dieses Argument allein – beweisen wir zugleich die Existenz einer Gottheit und ihre Ähnlichkeit mit menschlichem Geist und Verstand« (T. 2).

Als Hinweise auf einen Plan dienen also jene Merkmale, in denen die natürlichen Dinge den von Menschen hergestellten Maschinen ähnlich sind: das Zusammenpassen der Teile und das, was sich als Angleichung der Mittel an bestimmte Zwecke deuten ließe. (Hier unmittelbar von ›der Angleichung der Mittel an bestimmte Zwecke‹ zu sprechen, statt nur anzumerken, daß dies so gedeutet werden kann, hieße, sogleich zur Folgerung des teleologischen Arguments überzuspringen.) Die Philosophen des 18. Jahrhunderts waren vor allem von drei Arten von Merkmalen beeindruckt: von der Welt als ganzer, besonders vom Sonnensystem, wie es von Newtons Theorie der Schwerkraft beschrieben wurde; vom Bau aller Arten von Pflanzen und Tieren, besonders bestimmter Organe wie des Auges; von der glücklichen Verteilung der Dinge über die Erde, die es den verschiedenen Pflanzen- und Tierarten ermöglicht zu überleben und sich fortzupflanzen, und besonders von der Bereitstellung von Dingen, einschließlich der Pflanzen und der Tiere, zur Nutzung durch den Menschen. In den *Dialogen* nennt Hume Beispiele für die ersten beiden Merkmale, sagt aber nur wenig zum dritten.

Die *Dialoge* sind ein Meisterwerk der philosophischen Literatur. Am auffälligsten ist die Art und Weise, in der Hume seine drei Hauptfiguren und durch sie die drei verschiedenen Auffassungen, für die sie stehen, gegeneinander ausspielt. Cleanthes steht für die natürliche Theologie. Unter Berufung auf das teleologische Argument hebt er ihren aposteriorischen und probabilistischen Charakter hervor. Da er mit Hilfe der Analogie in der Weise des gesunden Menschenverstands argumentiert, kommt er zu dem Ergebnis, daß es einen Gott gibt, der dem menschlichen Geist sehr ähnlich ist; und da er die Attribute Gottes aus der von ihm geplanten

Welt ableitet, sieht er die uns umgebende Welt in einem optimistischen Licht, um aus der Gutheit und dem Glück der Geschöpfe die Güte Gottes zu erschließen. Auch Demea ist überzeugter Theist, doch aus ganz anderem, härterem Holz. Soweit er sich auf die natürliche Theologie einläßt, beruft er sich auf apriorische Argumente und behauptet, durch sie gelange man zu einer Gewißheit hinsichtlich der Existenz Gottes, zu der man aufgrund teleologischer Überlegungen nicht gelangen könne. Vor allem aber beruft er sich auf den Glauben: »Nach meiner Ansicht, ich gestehe es [. . .], fühlt jeder Mensch gewissermaßen die Wahrheit der Religion in seiner eigenen Brust« (T. 10). Diese Überzeugung ergebe sich aus den Nöten und Schrecknissen des Lebens, vor denen wir Trost in der Religion suchten. Folglich ist seine Sicht der Welt extrem, doch tröstend pessimistisch. Demeas Gott ist nicht nur unendlich, sondern auch unbegreiflich, und seine Eigenschaften ähneln in keiner Weise denjenigen der Menschen, mit deren Hilfe wir sie doch zu beschreiben suchten. Obwohl wir Gott gut nennen, bedeute dies doch nicht, daß er auch wie Menschen, die zu Recht als gut bezeichnet würden, handle. Philo, der Skeptiker, verbündet sich für eine Weile mit Demea gegen Cleanthes und tritt für Demeas Mystizismus nur deshalb ein, um am Ende die in ihm verborgene Skepsis offenbar zu machen. Ähnlich verbündet er sich mit ihm in der Darstellung der Erbärmlichkeit menschlichen (und tierischen) Daseins im endlosen brutalen Kampf ums Überleben, um so die Verwendung des Problems des Übels zur Kritik am Theismus als ganzem vorzubereiten. Andererseits trifft er sich mit Cleanthes in dessen Kritik an Demeas Fassung des kosmologischen Arguments. Er bringt zahlreiche Einwände gegen das teleologische Argument vor, bietet Cleanthes aber schließlich einen Kompromiß an; sie könnten darin übereinkommen, daß es eine gewisse Ähnlichkeit zwischen der Weltursache und dem menschlichen Verstand gibt und daß jede Meinungsverschiedenheit über den Grad dieser Ähnlichkeit ein Streit um Worte sei, da sie unbestimmt und daher bedeutungslos bleibe.

Hume will u. a. die gegensätzlichen und miteinander nicht zu vereinbarenden Züge des Theismus darlegen, die durch die Auffassungen Cleanthes' und Demeas repräsentiert werden. Häufig werden sie von ein und derselben Person vertreten, so daß ein Theist gelegentlich von einem zum anderen überspringt. Bemerkenswert ist auch, daß Cleanthes seine Ansichten z. T. mit Hilfe typisch Humescher Argumente entwickelt. Dennoch spiegelt sich Humes eigene Überzeugung zweifellos am deutlichsten in den Äußerungen Philos; das Hauptthema der Dialoge ist eindeutig eine Kritik am teleologischen Argument. Diese Kritik ist sehr umfangreich und mit zahlreichen Details ausgeschmückt, doch läßt sie sich wohl in fünf Hauptpunkten zusammenfassen. Erstens geht es um die nur schwache und entfernte Analogie zwischen den Produkten menschlicher Planung und den Werken der Natur sowie um die sich daraus ergebende äußerst vage theistische Schlußfolgerung. Ein zweiter Punkt besteht darin, daß Hume verschiedene alternative Erklärungshypothesen anbietet, etwa daß die Ordnung (der verschiedenen Formen) der natürlichen Welt, die angeblichen Hinweise auf eine Planung, vielleicht auf »Zeugung und Wachstum« – auch die Welt als ganze könnte aus so etwas wie einer biologischen Urzeugung hervorgegangen sein – zurückgeht oder auf ein zufälliges Zusammentreffen von Teilchen, die sich natürlicherweise in beständiger Bewegung befinden, oder auf eine Vielzahl übernatürlicher Wesen oder auf eine die materielle Welt wie einen Körper beseelende Weltseele oder schließlich sogar (wie nach Hume die Brahmanen behaupten) auf eine »unendliche Spinne«: »Warum ein geordnetes System nicht so gut aus dem Bauch wie aus dem Gehirn hervorgesponnen werden kann, wird sich in befriedigender Form schwer begründen lassen« (T. 7). Philos dritter Einwand lautet: Selbst wenn sich die Ordnung der natürlichen Welt als Ergebnis einer göttlichen Planung erklären ließe, müßten wir für den göttlichen Geist selbst wieder eine der natürlichen Welt entsprechende Ordnung annehmen und daher für sie wieder nach einer weiteren Erklärung suchen. Würde man dagegen einwenden, wir wüßten doch, wie Ideen »von selbst eine feste Ordnung annehmen, ohne daß uns eine Ursache dafür *bekannt* wäre«, so wäre darauf zu antworten: Innerhalb des Bereichs unserer Erfahrung gilt genau das für materielle (vor allem für lebendige) Dinge (T. 4). Der vierte Einwand bezieht sich auf das Problem des Übels und auf die Rückschlüsse, die es auf die moralischen Qualitäten einer Gottheit erlaubt: Selbst wenn sich – wie schwer es auch fallen mag – die Übel in der Welt irgendwie mit der Existenz eines allmächtigen und ganz und gar guten Gottes *in Einklang bringen* ließen, so wäre es doch vermessen zu hoffen, daß sich die Existenz eines ganz und gar guten Gottes aus einer offenbar unvollkommenen Welt *schlußfolgernd ableiten* ließe. Folglich sind die angenommenen moralischen Qualitäten der Gottheit, Gottes vollkommene Güte, noch problematischer als seine geistigen (T. 5). Schließlich wendet Philo fünftens ein: Was immer sich *a posteriori* über die Ursache der Welt aufgrund der uns bekannten Welt ausmachen läßt, es bleibt doch völlig nutzlos: Wir können niemals auf irgendwelche weiteren Folgerungen über die natürliche Welt oder unsere zukünftige Erfahrung schließen, welche über die Ausgangsdaten unseres Arguments hinausgehen (T. 12).[2]

Diese fünf Punkte fügen sich zu einer natürlichen Ordnung, indem jeder folgende sich aus einem Zugeständnis aus den vorausgehenden ergibt:

(1) Ist die Analogie zwischen der natürlichen Ordnung und menschlichen Werkzeugen so groß, daß der Theismus als eine vernünftige Erklärung für die natürliche Welt gelten kann?

2 Der fünfte Einwand stellte auch die Hauptthese des 2. Abschnitts von Humes früherem Werk *Eine Untersuchung über den menschlichen Verstand* dar.

(2) Selbst wenn darauf mit Ja geantwortet werden sollte, wird die Zustimmung zur theistischen These doch durch die Möglichkeit anderer Erklärungshypothesen geschwächt.
(3) Selbst wenn man dann trotz (1) und (2) immer noch der theistischen Hypothese zustimmt, da sie die Ordnung der Welt am besten erkläre, wird ihr Status als zureichende Erklärung doch durch die Tatsache erschüttert, daß der postulierte göttliche Geist genauso sehr einer Erklärung bedarf (insofern er auch selbst wieder eine Ordnung darstellt) wie die Ordnung der Welt.
(4) Selbst wenn die theistische Hypothese aufgrund der Ordnung in der Welt begründet wäre [trotz (1), (2) und (3)], wird doch ihr moralisches Element durch das Übel in der Welt widerlegt oder zumindest durch eine Welt, in der es sowohl Gutes als auch Schlechtes gibt, nicht bestätigt.
(5) Selbst wenn die theistische Hypothese trotz (1), (2), (3) und (4) als gut begründet gelten könnte, wäre sie dennoch nutzlos: Sie ließe sich nicht dazu verwenden, um auf ansonsten unbekannte Merkmale dieser Welt oder unseres Lebens zu schließen, etwa auf Voraussagen über die Zukunft der ganzen Welt, auf die Erhörung unserer Gebete, auf das größere Glück der Frommen gegenüber dem Schicksal der Ungläubigen und Bösen oder auf ein je nach Verdienst gestaltetes Leben nach dem Tod.

(b) *Humes Dialoge – Diskussion*

Wie sind diese fünf Punkte nun zu beurteilen? Der vierte soll erst im 9. Kapitel im Zusammenhang mit dem Problem des Übels als ganzem erörtert werden. Die Beurteilung des ersten und fünften Punkts hängt davon ab, wie man das teleologische Argument und seine Folgerung deutet. Hume versteht es als Analogieschluß. Häuser, Uhren usw. sind Ergebnisse menschlicher Entwürfe; die Welt ähnelt ein wenig einem Haus, einer Uhr oder einer Gruppe von Häusern, Uhren usw; daher geht sie wahrscheinlich auf den Entwurf eines dem Menschen ähnlichen Planers zurück. So gefaßt, handelt es sich bei der in der Prämisse formulierten Ähnlichkeit tatsächlich um eine sehr entfernte Analogie; jede daraus gezogene Folgerung muß dann sehr vage bleiben, so daß sich aus ihr vernünftigerweise keine weiteren Schlüsse über die Welt oder das menschliche Leben ziehen lassen. Das Argument läßt sich aber auch so verstehen, daß in ihm ein Gott einfach als *das* eingeführt wird, *was* die natürliche Welt verursacht, erklärt oder das für sie verantwortlich ist. In diesem Fall handelte es sich dann nicht um einen vorsichtigen probabilistischen Schluß, sondern um die bloße Annahme, daß es etwas gibt, das diesem Anspruch genügt. Aber auch in diesem Fall ergäben sich aus der Behauptung, daß es so etwas gibt, keine weiteren Folgerungen, da dieser Gott ja nur hinsichtlich dessen, was er hervorgebracht haben soll, beschrieben und eingeführt wird. Schließlich aber ließe sich dieses Argument auch als Bestätigung einer Hypothese deuten, aus der dann ganz nach Belieben weitere klare und fruchtbare Folgerungen abgeleitet werden könnten. Je stärker man dann jedoch diese Hypothese inhaltlich anreichert, desto weiter geht sie über das vorliegende Beweismaterial hinaus, desto weniger kann dieses sie dann bestätigen und desto mehr ist sie dann der Konkurrenz alternativer Erklärungen ausgesetzt.

Damit sind allerdings allgemeine Einschränkungen genannt, die für *alle* Arten von erklärenden wissenschaftlichen Hypothesen und Theorien gelten. Es stimmt einfach nicht, daß solche Hypothesen und Theorien im hier gemeinten Sinn nutzlos sind. Ganz im Gegenteil, sie lassen Vorhersagen zu, welche sowohl wirkliche und ziemlich verläßliche Informationen als auch die Konstruktion neuer Geräte erlauben – man denke an Computer, Fernsehgeräte, Kernwaffen und die anderen Segnungen der Technik. Besteht aber vielleicht Grund zu der Annahme, daß sich diese Einschränkungen in besonderer Weise als nachteilig für die theistische Hypothese auswirken, insofern diese eine Erklärung für die ›Hinweise auf einen Plan‹ sein will? Meines Erachtens ja, denn die theistische Hypothese erklärt spezifische Phänomene nicht *differenziert* in der Weise, wie es geglückte naturwissenschaftliche Hypothesen tun: Sie erklärt nicht, weshalb die Phänomene gerade so und nicht anders sind. Oft wird eine wissenschaftliche Hypothese dadurch bestätigt, daß sie genau das erklärt, was man beobachtet, daß sie die bei alternativen Erklärungen verbleibenden erklärungsbedürftigen Reste erledigt oder daß sie vielleicht neue, bislang unerwartete Vorgänge oder Konstruktionen vorhersagt, die dann auch tatsächlich beobachtet oder erfolgreich ausgeführt werden. All dies erlaubt die theistische Hypothese nicht. Man mag dagegen einwenden, daß es auch allgemeine wissenschaftliche Theorien gibt, die keine Vorhersagen zulassen: Darwins Theorie der Entstehung der Arten durch Abstammung und natürliche Auslese ist dafür ein Beispiel. Doch erklärt Darwins Theorie immer noch Einzelheiten – wie die verschiedenen mangelhaften Anpassungen des Körperbaus an seine Funktionen –, welche bei anderen Theorien offenblieben – so die Schwimmhäute an den Füßen von Hochlandgänsen und Fregattvögeln, die gar nicht mehr auf dem Wasser leben, oder Vögel und Insekten, die sich mit Hilfe ihrer Flügel schwimmend fortbewegen, oder Spechte, die niemals einen Baum aufsuchen. Solche Erscheinungen lassen sich dadurch erklären, daß diese Arten in eine neue ökologische Nische eingedrungen sind, dabei aber Merkmale ihrer Vorfahren beibehalten haben, welche sie heute gar nicht mehr brauchen oder denen sie eine neue, noch nicht völlig angepaßte Funktion gegeben haben.[3]

Darüber hinaus versteht man unter einer ›Theorie‹ manchmal eher eine allgemeine Erklärungsmethode als eine Be-

3 Ch. Darwin, *On the Origin of Species by Means of Natural Selection* (1859), dt. *Die Entstehung der Arten durch natürliche Zuchtwahl*, übers. von C. W. Neumann, Stuttgart 1963 [u. ö.] (Reclams Universal-Bibliothek, 3071 [10]), Kap. 6.

hauptung, die wahr oder falsch sein, bestätigt oder widerlegt werden könnte. Eine solche ›Theorie‹ bildet nur den Rahmen, innerhalb dessen einige spezifische Phänomene erklärt werden. Man kann dann nicht fragen: ›Ist die Theorie wahr?‹ sondern nur: ›Wie weit ist sie anwendbar?‹ oder ›Wie viele spezifische Phänomene lassen sich durch detaillierte Hypothesen im Rahmen dieser Theorie zureichend erklären?‹ Offensichtlich ist dies der Status etwa der Sozialbiologie. Die ›Theorie‹ der Entwicklung der Arten durch natürliche Auslese kann zunächst als ein solcher Rahmen oder als eine solche Methode angesehen werden. Sie wird erst dadurch zu einer Theorie im strengen Sinn, d. h. zu einer Hypothese, die wahr oder falsch sein kann, daß man in ihr behauptet, daß alle Pflanzen- und Tierarten sich historisch tatsächlich in dieser Weise entwickelt haben. Aber die theistische Hypothese ist noch nicht einmal eine Methode in diesem Sinn, die zur Konstruktion interessanter und bestätigungsfähiger Einzelerklärungen, welche selbst wieder weitere Vorhersagen gestatten, geeignet wäre.

Hume (oder Philo) stellt den zweiten Punkt sehr breit und manchmal auch sehr phantasievoll dar; in ihm geht es um die Möglichkeit alternativer Erklärungen zu der einer Planung. Einige dieser Alternativen sind (anerkanntermaßen) zu weit hergeholt, als daß sie ernstgenommen werden könnten. Vielleicht aber wollte Hume auch andeuten, daß die theistische Erklärung genauso wenig ernstzunehmen ist wie einige ihrer Konkurrentinnen, etwa wie die der »unendlichen Spinne«. Tatsächlich aber verdienen einige Erklärungsalternativen sehr ernstgenommen zu werden. Besteht etwa die Ordnung in der Welt, welche als Beweis für eine Planung gelten soll, in den regelmäßigen Bewegungsabläufen des Sonnensystems, dann läßt sich zeigen, daß bei Geltung von Newtons Gesetzen der Schwerkraft nur eine Abfolge von Ereignissen gefunden werden muß – etwa, wie behauptet wurde, eine Beinahe-Kollision zwischen der Sonne und einem anderen Stern –, die zu einer Konstellation von

Himmelskörpern mit den entsprechenden relativen Bewegungen führt; alles weitere kann dann aus sich heraus ablaufen. *Unter Voraussetzung der Newtonschen Gesetze* ist es tatsächlich sehr einfach, ein Sonnensystem zu schaffen; dazu bedarf es keines besonderen Einfallsreichtums. Wenn, wie die moderne Astronomie wohl annimmt, die grundlegende Ordnung nicht im Sonnensystem, sondern im System der Milchstraßen zu suchen ist, dann halten wir natürlicherweise Ausschau nach einer die Phänomene erklärenden Geschichte des Universums; doch wiederum liegt die Lösung wahrscheinlich in irgendwelchen Gesetzmäßigkeiten, nicht in irgendeinem genialen Einfall. Handelt es sich um die Ordnung im Aufbau von Pflanzen und Tieren, dann ist die unmittelbare Erklärung dieser Ordnung in den heute lebenden Organismen in dem zu sehen, was Hume »Zeugung und Wachstum« nennt, d. h. in der einfachen und offensichtlichen Tatsache, daß jeder individuelle Organismus von seinen Eltern abstammt und dann heranwächst. Dies ist jedoch nur eine sehr grobe Erklärung; angemessener wäre es, die Gesetzmäßigkeiten und Abläufe von Zeugung und Wachstum genau zu bestimmen. Zur weiteren Erklärung können wir uns heute auf die Evolutionstheorie berufen, von der Hume nur eine sehr verschwommene Ahnung haben konnte. Die Entwicklung durch natürliche Auslese spiegelt so etwas wie Zweckgerichtetheit vor und erklärt ohne weiteres die von Cleanthes festgestellte »erstaunliche Art und Weise, wie Mittel und Zwecke in der ganzen Natur einander angepaßt sind«. Diese Theorie ist nicht nur *eine* der Alternativen zur teleologischen Erklärung, sondern sie ist eindeutig die richtige, während die Theorie der »besonderen Erschaffung jeder einzelnen Art« falsch ist. Darwin hat überzeugend dargelegt, daß seine Hypothese zahlreiche Einzelheiten erklärt, wogegen die der besonderen Erschaffung sie offen lassen muß.[4]

4 Vgl. ebd., Kap. 12, 13, 15.

Seit Darwin läßt sich das teleologische Argument nur noch dann vertreten, wenn man die Ordnung, die durch Gott als Planer erklärt werden soll, an anderer Stelle sucht. Unter der Voraussetzung, daß die Entwicklung des Lebens aus anorganischer Materie und die allmähliche Evolution immer komplizierterer Organismen mit Hilfe physikalischer und chemischer Gesetze sowie einiger astronomischer Ausgangsbedingungen vollständig erklärt werden können, muß die theistische Argumentation als die zu erklärende Ordnung entweder die atomare und subatomare Struktur der anorganischen Materie oder die für sie geltenden grundlegenden Gesetzmäßigkeiten zugrunde legen. Und seit den Entdekkungen der modernen Kosmologie kann man die astronomische Variante dieses Arguments nur noch dann vertreten, wenn man die zu erklärende Ordnung in die Ausgangssituation – vielleicht irgendwo in den Ur-Knall – verlegt. Diese Verschiebung wird aber manchmal so vorgenommen, daß sie unfairerweise das bereits notwendig Zugestandene unterschlägt. Man sagt dann, es bleibe immer noch zu erklären, weshalb es Materie und Gesetzmäßigkeiten *von der Art* gibt, *daß* Leben und die Evolution komplizierter Organismen möglich wird, oder weshalb es eine kosmologische Ausgangssituation *von der Art* gibt, *daß* Milchstraßen mit Sonnen und Planetensystemen entstehen können. Dies ist in zweierlei Hinsicht irreführend. Einerseits könnte diese Art, das Problem zu verschieben, dazu verleiten, das zu Beweisende stillschweigend als bereits bewiesen vorauszusetzen, weil man nämlich annimmt, daß diese zukünftigen Entwicklungen nicht nur kausal in der Ausgangssituation verborgen sind – d. h., daß sie möglicherweise zu ihnen führt oder sie hervorbringt –, sondern in ihr bereits *vorgesehen* sind. Andererseits könnte unterstellt werden, daß zu dem Erklärungsbedürftigen auch noch die *Möglichkeit* zählt, solche Entwicklungen aus sich hervorzubringen. Dies aber wäre unfair. Wenn gemäß unserer Voraussetzung die zukünftigen Entwicklungen allein durch die Ausgangsbedingungen, die

Ausgangsmaterialien und ihre Gesetzmäßigkeiten erklärt werden, dann kann man vernünftigerweise nur noch für diese Ausgangsbedingungen, diese Ausgangsmaterialien und ihre Gesetzmäßigkeiten in sich eine weitere Erklärung fordern. Es ist unfair, das Erklärungsbedürftige dadurch zu überfrachten, daß man – wenn vielleicht auch nur als Möglichkeit – die Entwicklungen, die voraussetzungsgemäß bereits erklärt sind, noch einmal zum Erklärungsbedürftigen hinzuzählt.

Doch ließe sich einwenden, daß es dennoch etwas gibt, das nach einer weiteren Erklärung verlangt. Aufgrund des verschiedenartigen Ausgangsmaterials und der physikalischen Gesetze, wie sie nun einmal gelten, sind Leben, Entwicklung und Bewußtsein natürlicherweise möglich; alles aber hätte auch anders verlaufen können, als es tatsächlich verlaufen ist. Ist es dann nicht merkwürdig und an sich verwunderlich, daß die Dinge gerade so sind, daß solche Entwicklungen stattgefunden haben? Darauf würde vielleicht erwidert: ›Nein, vernünftigerweise kann es uns nicht verwundern, daß die Dinge sich gerade so verhalten, daß wir entstehen konnten; denn wenn es sich anders verhalten *hätte*, würden wir hier nicht existieren und uns wundern.‹ Diese Antwort ist jedoch nicht besonders glücklich, obwohl sie in etwa einen anderen Einwand widerlegt. Wenn es Tausende von Planetensystemen im Universum gibt, die Bedingungen für die Entwicklung von Leben aber nur auf einem einzigen Planeten, nämlich dem unseren, verwirklicht sind, dann können wir es vernünftigerweise nicht für verwunderlich halten, daß gerade *hier* Leben entstanden ist; denn das *Hier* weckt unsere Aufmerksamkeit nur aufgrund unserer eigenen Anwesenheit auf dem Planeten Erde. Neutral betrachtet, läßt sich nur sagen, daß die Bedingungen für Leben äußerst selten verwirklicht sind und daß, wo sie es sind, es dem Zufall zuzuschreiben ist, so daß sich jede weitere Erklärung erübrigt. Aber der hier vorgebrachte Einwand ist anders gemeint: Tatsächlich gibt es nur ein einziges

Universum, nur ein einziges Ausgangsmaterial und ein einziges System physikalischer Gesetze; daher ist es verwunderlich, daß die Elemente dieser einzigen Ausgangssituation gerade dazu geführt haben, daß Leben entstanden ist, obgleich die Entwicklung leicht hätte anders verlaufen können. Die Tatsache, daß bei anderem Verlauf niemand existieren würde, der sich wundern könnte, ändert nicht das mindeste am Charakter des Verwunderlichen. Man kann sich ohne weiteres zahllose andere Entwicklungsmöglichkeiten vorstellen, welche ausschließen würden, daß wir selbst existierten und sie so erfahren könnten.[5]

Meines Erachtens wird auch in diesem Einwand das zu Beweisende als bereits bewiesen vorausgesetzt. Obwohl schon geringfügige Veränderungen im tatsächlichen Ausgangsmaterial und in seinen Gesetzmäßigkeiten vielleicht die Möglichkeit der Entstehung von Leben, wie wir es kennen, ausgeschlossen hätten, wissen wir doch nicht, welche anderen interessanten Möglichkeiten in der unendlichen Zahl möglicher Ausgangsbedingungen verborgen gewesen wären. Wir dürfen daher nicht das tatsächliche Ausgangsmaterial und die tatsächlich geltenden Gesetzmäßigkeiten als jene einzigartige fruchtbare Konstellation betrachten, welche verwundern muß und in besonderer Weise einer weiteren Erklärung bedarf.

Sobald dies einmal geklärt ist, vermindert die aufgrund der Einsichten von Darwin und seinen Anhängern erforderliche Verschiebung der zu erklärenden Ordnung die Plausibilität des teleologischen Arguments erheblich. Die wechselseitige Anpassung der Strukturen und Funktionen von Myriaden unterschiedlicher Organismen ist in der Tat so vielgestaltig und kompliziert, daß sie zunächst aufs höchste verwundern muß und zur Suche nach einer weiteren Erklärung nicht nur einlädt, sondern diese geradezu fordert; dann aber ist die Planungshypothese wenigstens eine unter anderen mögli-

5 Vgl. Swinburne, *The Existence of God*, S. 137 f.

chen Hypothesen. Doch findet sich nichts Vergleichbares in den subatomaren Teilchen oder ihren Gesetzmäßigkeiten. Die Atomphysik ist zweifellos schwierig genug, um sowohl unser theoretisches als auch praktisches Interesse zu wekken; dennoch gibt es dort keine wechselseitige Anpassung, welche vernünftigerweise als Beweis für Planung gelten könnte.

Die durch die moderne Kosmologie bedingte Verschiebung ist in dieser Hinsicht weniger wichtig; dies nicht deswegen, weil irgendwelche zunächst verwunderlichen gegenseitigen Anpassungen in einem angenommenen Ausgangspunkt der kosmologischen Evolution postuliert werden müßten, sondern weil sich solche Anpassungen erst gar nicht im voll entwickelten Universum gefunden haben. Die Philosophen des 18. Jahrhunderts haben aus der Newtonschen Astronomie genau den falschen Schluß gezogen. Sie sollte sie, wie gesagt, nicht gelehrt haben, daß ein Sonnensystem eine herrlich konstruierte Maschine mit aufeinander abgestimmten und einander ergänzenden Teilen (wie vielleicht eher eine Uhr) darstellt, sondern, daß es etwas ist, das sich mit Hilfe der Schwerkraftgesetze ohne alle Planung zusammenschustern ließe oder das sich aus dem zufälligen Zusammentreffen von Massen von selbst ergibt. Es braucht sehr viel Geist, um ein Planetarium, ein künstliches Modell des Sonnensystems, zu bauen, einfach weil man sich dabei nicht der Gravitationsgesetze bedienen kann; es braucht aber keinen Geist, um ein nach diesen Gesetzen bewegtes Sonnensystem hervorzubringen.

Die Standardantwort auf den Vorschlag alternativer naturalistischer Erklärungen für die vorgeblichen Hinweise auf eine Planung lautet jedoch, daß sie das Problem nur weiter zurückverlagert. Erkläre man einen Organismus durch Zeugung und Wachstum, so hätte man – wie detailliert man diese Prozesse auch zurückverfolge – immer noch seine Eltern oder seine Vorfahren zu erklären. Erkläre man die Entstehung der verschiedenen Arten durch biologische Evolution, so blieben immer noch deren Ausgangsorganismen zu erklären. Und erkläre man dann diese durch die Einwirkung von Strahlungsenergien auf anorganische Gasmischungen, so müßten immer noch die atomaren Strukturen und die Strahlungsenergien erklärt werden. Einerseits haben wir jedoch bereits festgestellt, daß bei einer solchen Verschiebung des Problems die Last der Erklärung immer leichter wird: es bleibt buchstäblich immer weniger zu erklären. Andererseits kann der Naturalist ähnlich antworten: Wer die Ordnung in der natürlichen Welt durch göttliche Planung erklärt, hat dann die Ordnung im göttlichen Geist zu erklären. »Eine geistige Welt oder ein Universum von Ideen«, sagt Philo, »erfordert ebensosehr eine Ursache wie eine materielle Welt oder ein Universum von Gegenständen« (T. 4). Dies ist der von mir genannte dritte Punkt. Doch auf zwei verschiedene Weisen kann der Theist versuchen, diesen Einwand zu entkräften. In ihnen kommen zwei grundverschiedene Deutungen des teleologischen Arguments zum Vorschein.

Erstens mag er sich, wie Cleanthes es tut, mit *einem* Erklärungsschritt begnügen. »Ist es selbst im Alltag, wenn ich für irgendeinen Vorgang eine Ursache angebe, ein Einwand, Philo, daß ich nicht die Ursache dieser Ursache angeben kann [. . .]? Die Ordnung und Angepaßtheit in der Natur, das erstaunliche Zusammenspiel der Zweckursachen, die offenkundige Nützlichkeit und Absicht in jedem einzelnen Teil oder Organ: dieses alles verrät in der deutlichsten Sprache eine geistige Ursache oder einen Urheber. [. . .] Du fragst mich etwa, was die Ursache dieser Ursache sei. Ich weiß es nicht; ich will es auch nicht wissen; es läßt mich kalt. Ich habe eine Gottheit gefunden, und damit breche ich meine Untersuchung ab« (T. 4). Dies erweckt den Eindruck einer fairen Antwort; dennoch spielt sie dem Naturalisten alles zu, was er sich wünscht. Denn die Phänomene, auf die sich Cleanthes beruft, verweisen heute eindeutig nicht auf einen Urheber, sondern auf ein Evolutionsgeschehen. Wenn *ein* Erklärungsschritt genügt, dann müssen wir genau hier unsere Untersuchung abbrechen.

Statt dessen könnte der Theist antworten, die Hypothese eines göttlichen Geistes beende die Reihe von Erklärungen in völlig anderer Weise als jede naturalistische Erklärung. Diese verwende Daten, die prinzipiell immer einer weiteren Erklärung bedürften; eine Gottheit aber erkläre sich aus sich selbst. Wieweit zurück also alternative Erklärungen auch reichen mögen, sie müßten letztlich doch immer in die theistische münden; wenn aber Gott einmal als Urheber eingeführt sei, sei die Suche nach einer Ursache dieser Ursache von vornherein fehl am Platz. Der Theist verliert jede Schlacht, nur nicht die letzte.

Zweifellos ist dies nicht die Meinung des Cleanthes; doch deutet Philo in seiner zeitweiligen Partnerschaft mit Demea diese Antwort an: »Wer sagt, daß diese Ordnung in Tieren und Pflanzen letzten Endes aus Planung hervorgeht, setzt voraus, was es zu beweisen gilt. Um dieses gewaltige Problem zu lösen, müßte man *a priori* zeigen können, daß Ordnung zum einen ihrer Natur nach untrennbar mit dem Denken verbunden ist und zum anderen niemals von selbst oder aufgrund unbekannter Urprinzipien der Materie innewohnen kann.« Und Demea selbst betont, daß es hier eines apriorischen Arguments bedarf, und argumentiert in einer Weise, die eine Mischung aus Leibniz' Argument aus der Kontingenz und dem Argument der ersten Ursache zu sein scheint (T. 7, 9).

In diesen beiden Antworten spiegeln sich zwei unterschiedliche Deutungen des teleologischen Arguments. Es kann verstanden werden entweder als ein im eigentlichen Sinn empirisches, d. h. aposteriorisches Argument, welches streng analog zur Bestätigung einer wissenschaftlichen Hypothese oder Theorie den Theismus rechtfertigt, oder aber als ein Argument, dem ein erheblicher Anteil apriorischer Prinzipien beigegeben sind. Als empirisches Argument bedarf es nicht nur der Prämisse, daß bestimmte, nicht vom

Menschen hergestellte Dinge eine Art von Ordnung aufweisen, die sich sonst nur in den Produkten menschlicher Planung findet, sondern auch der Prämisse, daß sich eine solche Ordnung *niemals* dort findet, wo es keinen Planer gibt. Diese zweite Prämisse bleibt aber unbewiesen, solange man sich auf den Bereich empirischen Beweismaterials beschränkt. Cleanthes' zeitweiliger Bundesgenosse wiederholt immer wieder, wir stießen überall auf eine solche Ordnung, ohne daß wir bislang Grund zu der Annahme hätten, dahinter verberge sich ein Planer. William Paley meinte, wenn wir auf dem Boden eine Uhr fänden, schlössen wir ohne weiteres, daß sie von einem intelligenten Wesen hergestellt sei.[6] Das ist richtig, doch nur deswegen, weil wir nirgendwo Uhren finden, wo nicht die Vermutung menschlicher Herstellung von vornherein plausibel ist: nämlich an Handgelenken, in Hosentaschen, in Juweliergeschäften usw. Würden sich jedoch Uhren im Meer ebenso häufig finden wie Schellfische oder auf dem Land ebenso oft wie Insekten, dann stünde dieses Argument auf sehr schwachen Füßen. Daher fällt jedes rein apriorische teleologische Argument bereits beim ersten Ansturm: Es gibt keine guten *empirischen* Gründe dafür, daß die ›Hinweise auf eine Planung‹ tatsächlich als Beweise für Planung gelten könnten. »Wir besitzen in der Tat Erfahrung von Ideen«, räumt Philo ein, »die von selbst eine feste Ordnung annehmen, ohne daß uns eine Ursache dafür *bekannt* wäre. Doch mit Sicherheit haben wir eine viel umfangreichere Erfahrung von Materie, die dasselbe tut« (T. 4). In Wahrheit ist die Lage des Theisten noch unhaltbarer. *Innerhalb des Bereichs unserer Erfahrung* gründen sich geistige Strukturen wenigstens teilweise auf Sinneseindrücke: »In allen Fällen, die uns je bekannt wurden, sind Vorstellungen Abbilder von wirklichen Gegenständen; sie sind Ektypen und nicht Archetypen. [. . .] Du aber kehrst die Ordnung um und gibst dem

6 Vgl. W. Paley, *Natural Theology* (1802), in: W. P., *Works*, Bd. 6, London 1805, Kap. I.

Denken den Vorrang« (T. 8). Das teleologische Argument läßt sich also nur mit Hilfe eines vorgeblich apriorischen Doppelprinzips aufrechterhalten, nämlich daß sich eine geistige Ordnung (wenigstens bei Gott) aus sich selbst erklärt, wohingegen alle materielle Ordnung nicht nur nicht sich selbst erklärt, sondern auch positiv unbegründet ist und einer weiteren Erklärung bedarf.

Dieses Doppelprinzip bildet jedoch eindeutig den Kern des bereits in Kapitel 5 kritisierten kosmologischen Arguments. Nichts spricht dafür, daß eine geistige Ordnung als solche weniger einer weiteren Erklärung bedarf als eine materielle; und die Behauptung, die geistige Ordnung in Gott erkläre sich aus sich selbst, ist eben die zentrale These des kosmologischen Beweises, der dort aber übernommen ist vom ontologischen, nach welchem Gott ein notwendiges Wesen ist, ein Wesen, das nicht nicht existieren kann.

Kant bringt in seiner Kritik am »physikotheologischen Beweis« (seine Bezeichnung für das teleologische Argument) zwei ähnliche Einwände vor.[7] Er meint, mit Hilfe des teleologischen Arguments könnte man höchstens einen »Weltbaumeister«, der präexistierende Materie benutzt habe, dartun; denn nur dazu reiche »die Analogie mit menschlicher Kunst«. »Wollten wir die Zufälligkeit der Materie selbst beweisen, so müßten wir zu einem transzendentalen Argumente unsere Zuflucht nehmen« (B 655). Auch meint er, »der Schritt zu der absoluten Totalität«, zur absoluten Einheit usw. sei »durch den empirischen Weg ganz und gar unmöglich« (B 656). Folglich »verläßt man auf einmal dieses durch empirische Beweisgründe geführte Argument, und geht zu der gleich anfangs aus der Ordnung und Zweckmäßigkeit der Welt geschlossenen Zufälligkeit derselben. Von dieser Zufälligkeit allein geht man nun, lediglich durch transzendentale Begriffe, zum Dasein eines schlechthin Notwendigen. [...] Denn, wenn sie [die Physi-

7 Kant, *Kritik der reinen Vernunft*, »Die transzendentale Dialektik«, Buch II, Hauptstück III, Abschn. 6.

kotheologen] sich nur selbst prüfen wollten, so würden sie finden, daß, nachdem sie eine gute Strecke auf dem Boden der Natur und Erfahrung fortgegangen sind, und sich gleichwohl immer noch eben so weit von dem Gegenstande sehen, der ihrer Vernunft entgegenscheint, sie plötzlich diesen Boden verlassen, und ins Reich bloßer Möglichkeiten übergehen« (B 657 f.). Kant erhebt also den Vorwurf, daß das teleologische Argument auf das kosmologische zurückgeführt werden muß, welches wiederum nur ein verkappter ontologischer Gottesbeweis sei. Als Grund führt er an, daß das teleologische Argument nicht so weit führt, wie es sich der Theist wünscht. Diesen Einwand legt Hume Demea in den Mund. Kant räumt ein (allerdings unter Hinweis auf einige Modifikationen und Gegenargumente), daß das teleologische Argument zwar einen Weltbaumeister, nicht aber einen Weltschöpfer als notwendiges Wesen dartun *könnte*. Unsere Kritik dagegen zeigt, daß das Argument nur dann so weit reicht, wie Kant einzuräumen scheint, wenn es sich dabei auf die apriorische These stützt, daß es eine vertrackte metaphysische Kontingenz in allen natürlichen Dingen, dagegen dann aber auch den »transzendentalen« Begriff eines sich selbst erklärenden und notwendig existierenden Gottes gibt. Nur mit Hilfe dieser Anleihen kann das teleologische Argument die erforderliche Asymmetrie dartun, daß nämlich jede natürliche Erklärung Daten verwendet, die nach weiterer Erklärung verlangen, während die theistische Erklärung den Erklärungsregress beendet. Ohne diese Asymmetrie läßt sich mit Hilfe des teleologischen Arguments nicht zeigen, daß man über jene Art von alternativer Erklärungshypothese, die von Hume erst angedeutet, dann aber von Darwin und Wallace gut begründet wurde, hinausgehen muß oder daß die Postulierung eines übernatürlichen Planers den Erklärungsregress zufriedenstellend abschließt. Die Abhängigkeit des teleologischen Arguments von der Zentralidee des kosmologischen ist größer als Kant annahm.

(c) *Swinburnes Neufassung*

Läßt sich das teleologische Argument strenger fassen? Swinburne hat einen solchen Versuch unternommen.[8] Wie auch unsere Diskussion gezeigt hat, tut er gut daran, die Ausgangspunkte der Philosophen des 18. Jahrhunderts fallenzulassen. Statt dessen schlägt er zwei andere mögliche Ausgangspunkte vor: die räumliche und die zeitliche Ordnung.

In seinem Vorschlag, die räumliche Ordnung, d. h. die Existenz von kompliziert strukturierten Dingen, zum Ausgangspunkt zu nehmen, übernimmt er die Ergebnisse der Evolutionstheorie Darwins und seiner Anhänger und baut darauf auf: Die Natur stellt sich als eine Maschine dar, welche Maschinen hervorbringt. Dennoch ähnle sie immer noch menschlichen Erzeugnissen, denn die Menschen des 20. Jahrhunderts hätten gelernt, nicht nur Maschinen, sondern auch Maschinen produzierende Maschinen zu bauen. Daher könne man immer noch nach einem dem Menschen ähnlichen Schöpfer Ausschau halten, der die Natur als Maschinen hervorbringende Maschine geschaffen habe. Swinburne räumt dann allerdings ein, daß das kein starkes Argument ist; im gesamten Universum finde man nur verhältnismäßig wenige Organismen, so daß die Natur, seiner Ansicht nach, einer Maschinen produzierenden Maschine nur wenig ähnlich sei (S. 135 f.). Mir ist nicht klar, wieso Swinburne so sicher sein kann, daß es nur verhältnismäßig wenige Organismen gibt, doch auch davon abgesehen, ist dieses Argument aus den genannten Gründen, die gegen seine älteren Fassungen sprachen, nicht stichhaltig. Sollte es als empirisch begründetes Argument zu verstehen sein, dann gibt es keinen Beweis für die erforderliche Prämisse, daß innerhalb des Bereichs unserer Erfahrung Maschinen produzierende Maschinen ausschließlich Ergebnisse von Planung

8 Swinburne, *The Existence of God*, Kap. 8. Die im Text angeführten Zitate sind diesem Werk entnommen.

sind. Jeder zur Reproduktion fähige Organismus oder jedes Paar von Organismen stellt eine Maschinen hervorbringende Maschine dar, die, soweit wir wissen, selbst wieder von einer Maschinen hervorbringenden Maschine hervorgebracht worden ist und damit *nicht* das Ergebnis einer Planung darstellt. Sollte das Argument aber als auf das apriorische Prinzip gegründet verstanden werden, daß ein göttlicher, Maschinen hervorbringende Maschinen schaffender Geist sich aus sich selbst erklärt, hingegen jedes natürliche Ding, das diese Fähigkeit besitzt, einer weiteren Erklärung bedarf, so daß das Zurückgehen in der Erklärungsreihe zwar bei Gott, nicht aber bei der Natur beendet werden kann, dann hat man es zurückgeführt auf den Kern des kosmologischen Arguments; das erforderliche Prinzip ist aber nicht *a priori* erkennbar.

Für weitaus stärker hält Swinburne jene Fassung des teleologischen Arguments, die sich auf die zeitliche Ordnung stützt, d. h. auf die bloße Tatsache, daß es überall im Universum gesetzmäßige Abläufe, nämlich Naturgesetze gibt, obwohl »das Universum ohne weiteres auch ein Chaos hätte sein können«. Überzeugend widerlegt er die beiden Einwände, daß wir diese Regelmäßigkeiten nur erfunden und der Welt als Ordnungsrahmen aufgezwungen hätten und daß die feststellbare Ordnung nicht verwundere, da wir gar nicht existieren würden und uns über sie wundern könnten, wenn es sie nicht gäbe. Auch weist er zu Recht darauf hin, daß die Naturwissenschaften zwar einige Gesetzmäßigkeiten auf andere zurückführen können, daß es ihnen aber nicht möglich ist, die grundlegendsten Gesetze zu erklären, da sich alle Erklärung letztlich auf sie bezieht. Und da Swinburne nur nach einem bestätigenden induktiven Argument sucht, braucht er auch nicht zu behaupten, daß es eine solche zeitliche Ordnung ohne einen Planer nicht geben könnte. Er muß nur zeigen, daß es von vornherein unter Zugrundelegung der Hypothese, daß ein Gott existiert, wahrscheinlicher ist, daß es solche Gesetzmäßigkeiten gibt, als ohne diese Hypothese; denn der Gott des traditionellen Theismus könnte es sehr wohl vorziehen, daß es eine geordnete Welt gibt, in der darüber hinaus noch endliche Vernunftwesen leben und lernen könnten (S. 136–148).

Swinburne vereinfacht sich die Sache dadurch, daß er eine der von Hume erwähnten Alternativen zum Theismus ausschließt, nämlich die Tätigkeit mehrerer Wesen mit endlicher Macht. Mir bleibt allerdings völlig unklar, wie er in der sehr dünnen Luft, in der wir nun zu fliegen versuchen, diesen Schritt begründen will. Denn selbst wenn dieselben Gesetzmäßigkeiten innerhalb des gesamten Universums gelten sollten (was eher eine Annahme als ein empirisches Datum ist), gibt es vermutlich immer noch eine Vielzahl grundlegender Gesetze, die sich auf eine Vielzahl von Gottheiten verteilen ließen. Doch will ich diesen Einwand übergehen und annehmen, daß es nur zwei Alternativen gibt: »die erste, daß mit der zeitlichen Ordnung der Welt alle Erklärung an ein Ende kommt, und die zweite, daß sie auf die schöpferische Tätigkeit Gottes zurückzuführen ist« (S. 142).

An diesem Punkt muß man sich wieder auf apriorische Urteile stützen. Obwohl die empirische Prämisse verwendet wird, daß es eine zeitliche Ordnung, d. h. durchgängige Gesetzmäßigkeiten gibt, hängt ihre Verwendung doch von einer apriorischen Wahrscheinlichkeitsannahme ab: Wahrscheinlichkeitsurteile dieser Art lassen sich nicht mehr auf Erfahrung gründen. Da es sich um *durchgängige* Gesetzmäßigkeiten handelt, läßt sich für sie keine geringe Wahrscheinlichkeit von daher behaupten, daß sie sich nur selten im Universum finden. Es ist kaum zu sehen, welche apriorischen Urteile in dieser Hinsicht überhaupt noch möglich sein sollten. Beispielsweise folgt aus der Tatsache, daß die grundlegenden Gesetzmäßigkeiten unter Voraussetzung des Naturalismus notwendigerweise unerklärt bleiben, nicht, daß sie dann auch *a priori* äußerst unwahrscheinlich sind.

Dieser Einwand läßt sich indirekt absichern. Swinburne ist sich mit allen vernünftigen Menschen darin einig, daß wir zu Recht induktiv argumentieren, d. h., daß wir beobachtete Regelmäßigkeiten auf bisher nicht beobachtete Fälle ausweiten; auch räumt er ein, dies habe mit größter Vorsicht zu geschehen und wir dürften bei bescheidenen Ausweitungen unseren Ergebnissen mehr trauen als bei sehr weitreichenden. Er stützt sich auf die Schlüssigkeit induktiver Argumentation bei seiner Widerlegung des zweiten oben erwähnten Einwands. Doch wäre eine solche induktive Ausweitung unvernünftig, wenn eine starke Vermutung dafür spräche, daß das Universum in Wahrheit völlig zufällig funktioniert, d. h., wenn die von uns in ihm entdeckte Ordnung von der Art einer nur *örtlich anzutreffenden scheinbaren Regelmäßigkeit* wäre, wie wir sie bei reinem Zufallsgeschehen gelegentlich zu erwarten haben. Wirft man häufig genug eine Münze, so mag *gelegentlich* viele Male hintereinander nur die Vorderseite oder auch abwechselnd Vorder- und Rückseite fallen.[9] Swinburne geht – auch in seinem Argument – davon aus, daß die Induktion vorgängig zum Glauben an einen Gott und unabhängig davon vernünftig ist. Meines Erachtens aber muß man einwenden, daß sie nicht vernünftig wäre, wenn eine starke Vermutung dafür spräche, daß das Universum völlig zufällig funktionierte. Daher läßt sich nicht widerspruchsfrei behaupten, ohne die theistische Hypothese sei es *a priori* äußerst unwahrscheinlich, daß es irgendwelche Regelmäßigkeiten gibt; denn die Behauptung einer solchen Unwahrscheinlichkeit ist gleichbedeutend mit der Behauptung, daß eine starke Vermutung für die Zufälligkeit im Universum spricht.

Und wenn Swinburne meint, daß »das Universum ohne weiteres auch ein Chaos hätte sein können«, bleibt zu fragen, wie es überhaupt hätte Dinge geben können ohne

9 Vgl. ebd., S. 137; siehe auch meinen Beitrag »A Defence of Induction«, in: G. F. Macdonald (Hrsg.), *Perception and Identity: Essays Presented to A. J. Ayer*, London 1979, S. 113–130, bes. S. 124–128.

irgendwelche Regelmäßigkeiten. Zweifellos könnte es weniger Regelmäßigkeit und mehr bloße Zufälligkeit geben, als es tatsächlich zu geben scheint; doch nichts spricht dafür, daß das eine in sich selbst und *a priori* wahrscheinlicher ist als das andere.

Drittens sei an die in Kapitel 5 im Zusammenhang mit Swinburnes induktiver Variante des kosmologischen Arguments betonte Unterscheidung erinnert. Man kann fragen, ob die Hinzufügung der theistischen Hypothese zu unserem Hintergrundwissen und unseren Annahmen die Wahrscheinlichkeit erhöht, daß es eine zeitliche Ordnung gibt, verglichen mit ihrer Wahrscheinlichkeit ohne diese Hypothese, so daß also diese Hypothese ihre eigene Ausgangswahrscheinlichkeit durch die Tatsache, daß es eine zeitliche Ordnung gibt, etwas erhöht. Man kann aber auch die ganz andere Frage stellen, ob die kombinierte Hypothese, daß es sowohl eine zeitliche Ordnung gibt als auch einen Gott, der sie geschaffen hat, wahrscheinlicher ist als die Hypothese, daß es nur die zeitliche Ordnung gibt, bei der alle Erklärung endet. Reichert man den Begriff eines Gottes genügend an, dann läßt sich zweifellos behaupten, daß seine Postulierung wenigstens ein wenig die Wahrscheinlichkeit erhöht, daß es eine zeitliche Ordnung gibt. Das aber würde auch jede andere passende *ad hoc*-Hypothese leisten; jede zur Erklärung einer solchen Ordnung maßgeschneiderte Hypothese erhöht zweifellos die Ausgangswahrscheinlichkeit, daß es eine zeitliche Ordnung gibt – denn daß es sie gibt, ist ja beileibe nicht von vornherein gewiß, so daß eine Erhöhung der Wahrscheinlichkeit möglich ist. Doch bleibt die sich ergebende Wahrscheinlichkeit der kombinierten Hypothese immer noch niedrig, wenn die theistische Hypothese selbst *a priori* oder in bezug auf unser Hintergrundwissen innere Unwahrscheinlichkeiten enthält. Solche Unwahrscheinlichkeiten gibt es. Anders als Swinburne behauptet, ist das Postulat eines göttlichen Geistes, das inhaltlich genügend angereichert ist, um die Wahrscheinlichkeit, daß es eine durchgängige Ordnung gibt, besonders aber daß dieser göttliche Geist durch unvermittelte Verwirklichung seiner Absichten das Universum aus dem Nichts erschaffen und ihm die Ordnung, die er nun erhält, eingeflößt hat, zu erhöhen, keineswegs sehr einfach. Im Zusammenhang mit der Diskussion über die personale Erklärung in Kapitel 7 wurde bereits darauf hingewiesen, daß die Kategorie einer unvermittelten Absichtsverwirklichung in Gegensatz zu dem steht, was wir tatsächlich über unsere eigenen Absichtsverwirklichungen wissen, und daß sie in Einklang nur mit einem illusionären, verkürzten und naiven Verständnis dieser Vorgänge steht. Aus diesem Grund ist die theistische Hypothese auf dem Hintergrund dessen, was wir sonst wissen, äußerst unwahrscheinlich. Oder allgemeiner gesagt: Wenn es sich bei der theistischen Hypothese nicht bloß um das äußerst vage Postulat handeln soll, daß *etwas* existiert, *das* die zeitliche Ordnung erklärt, muß der in ihr behauptete Gott von spezifischer Art sein und in spezifischer Weise wirken. Ist seine Wirksamkeit zeitlicher Art, so hat man das Problem der zeitlichen Ordnung nur um eine Stufe zurückverlagert. Ist sie dagegen nicht-zeitlicher Art, dann handelt es sich um eine Hypothese, die noch dunkler und von vornherein unwahrscheinlicher ist als die der unvermittelten Absichtsverwirklichung. Verglichen mit diesen Unwahrscheinlichkeiten ist die Annahme, daß es einfach eine zeitliche Ordnung als eine letzte, nicht weiter erklärbare, nackte Tatsache gibt, weitaus wahrscheinlicher.

Wie beim Argument, das sich auf die räumliche Ordnung stützt, kann man diesen Einwänden nur dadurch entgehen, daß man sich auf das angeblich apriorische Prinzip beruft, ein Gott erkläre sich aus sich selbst, während alles andere einer weiteren Erklärung bedürfe. Damit aber kehrt man zum Kern der ausdrücklich demonstrativen Formen des kosmologischen Arguments zurück, deren Schwächen bereits in Kapitel 5 aufgedeckt wurden.

Ich komme also zu dem Schluß, daß sich das teleologische Argument nicht erfolgreich wiederbeleben läßt. Die Fortschritte der empirischen Wissenschaften haben die Ausgangsdaten zerstört, die es im 18. Jahrhundert zunächst plausibel und anziehend erscheinen ließen, wohingegen die allgemeinen philosophischen Einwände, die schon damals von Kant und vor allem von Hume dagegen erhoben wurden, auch noch gegen Swinburnes Neufassung und meines Erachtens gegen alle möglichen Rekonstruktionen stichhaltig bleiben.

Kapitel 9

Das Problem des Übels

(a) *Problemübersicht*

Wir haben verschiedene Argumente geprüft, die zugunsten des Theismus vorgetragen werden. Wir konnten keines finden, das schlüssig wäre, und auch keines, dem größeres Gewicht zukäme. Uns bleibt allerdings noch zu fragen, ob die kumulative Wirkung einer Reihe von an sich schwachen Argumenten geeignet ist, eine gewisse Vermutung zugunsten des Theismus zu begründen. Wer die traditionellen religiösen Lehren mit Skepsis betrachtet, kann also die Argumente des Theisten entkräften. Doch braucht er sich nicht auf eine Widerlegung zu beschränken: Er kann auch versuchen, einen Gegenbeweis zu führen. Ein solcher Gegenbeweis wird selbstverständlich beim Problem des Übels ansetzen. An diesem Problem scheint deutlich zu werden, daß dem traditionellen Theismus nicht nur jede vernünftige Grundlage fehlt, sondern daß er auch positiv widervernünftig ist, weil einige seiner zentralen Aussagen einander widersprechen.

Nach der Lehre des traditionellen Theismus gibt es einen Gott, der sowohl allmächtig (und allwissend) als auch vollkommen gut ist; dennoch gibt es Übel in der Welt. Wie ist das möglich? Es ist richtig, daß zwischen den beiden Aussagen, es gebe einen allmächtigen und vollkommen guten Gott und es gebe Übel in der Welt, kein förmlicher Widerspruch besteht. Fügt man jedoch die wenigstens zunächst plausibel klingenden Prämissen hinzu, daß das Gute dem Üblen in der Weise entgegengesetzt ist, daß ein vollkommen gutes Wesen, soweit es ihm möglich ist, Übel beseitigt und daß einem allmächtigen Wesen keine Grenzen seines Tuns ge-

setzt sind, dann ergibt sich zweifellos ein Widerspruch. Ein vollkommen gutes und allmächtiges Wesen würde die Übel vollständig beseitigen; wenn es aber tatsächlich Übel gibt, kann es ein solches Wesen nicht geben.
Das Problem des Übels, so wie es hier verstanden wird, ist wesentlich ein logisches Problem: Es stellt dem Theisten die Aufgabe, seine verschiedenen Überzeugungen zu klären und, wenn möglich, miteinander in Einklang zu bringen. Es ist kein naturwissenschaftliches Problem, das durch weitere Nachforschung gelöst werden könnte, auch kein praktisches Problem, das sich durch einen Entschluß oder eine Handlung lösen ließe. Das so verstandene Problem stellt sich natürlich nicht für denjenigen, dessen Weltanschauung sich merklich vom traditionellen Theismus unterscheidet.
Es ist daher wohl klar, daß sich dieses Problem leicht dadurch lösen läßt, daß man wenigstens eine der Behauptungen, durch die es sich stellt, aufgibt. Wer an der Existenz eines Gottes in irgendeinem Sinn festhält, nicht aber behauptet, er sei vollkommen gut oder allmächtig, entgeht dieser Schwierigkeit.[1] Oder wer meint, nichts sei wirklich schlecht in dem Sinn, in dem das Schlechte jener Art von Gutheit entgegengesetzt ist, die er von seinem Gott aussagt, steht nicht vor *diesem* Problem, obwohl es für ihn durchaus problematisch sein könnte, seinen besonderen Gebrauch von ›gut‹ und ›schlecht‹ zu erklären und anzugeben, in welcher Beziehung seine Verwendungsweise zu den üblichen Verwendungsweisen steht.
Theisten, die sich zu solch drastischen Schritten nicht entschließen konnten, haben dennoch versucht, das Problem zu lösen. Die Lösungsmöglichkeit besteht darin, daß man wenigstens eine der beiden oben genannten zusätzlichen Prämissen modifiziert: Der Gegensatz zwischen Gut und Schlecht läßt sich möglicherweise so verstehen, daß ein

1 Vgl. J. St. Mill, *Three Essays on Religion* (1874), dt. *Drei Essays über Religion*, auf der Grundl. der Übers. von E. Lehmann neu bearb. von D. Birnbacher, Stuttgart 1984 (Reclams Universal-Bibliothek, 8237[3]).

vollkommen guter Gott die Übel nicht, soweit es in seiner Macht steht, beseitigt; auch könnte man (gleichgültig, ob dies richtig ist oder nicht) argumentieren, daß es selbst für ein allmächtiges Wesen bestimmte, in diesem Zusammenhang wichtige Grenzen seiner Allmacht gibt.
Beispielsweise sagt man gewöhnlich, Gott könne nicht das logisch Unmögliche bewirken; dies bedeute aber keineswegs eine Einschränkung seiner Allmacht – was richtig ist. Darauf aufbauend ließe sich dann sagen, Gutes könne nicht ohne Übel existieren, das Schlechte sei der notwendige Gegensatz zum Guten. Wird dies im Sinne eines logisch notwendigen Gegensatzes verstanden, so würde vermutlich auch ein vollkommen guter Gott das Übel nicht völlig beseitigen, selbst wenn er es könnte, da damit logisch notwendig auch das Gute, einschließlich vielleicht seiner eigenen Güte, verschwinden würde. Das hier herangezogene Gegensatzprinzip ist jedoch äußerst zweifelhaft. Es leuchtet durchaus ein zu sagen: Wenn es eine im strengen Sinn allgemeine Eigenschaft oder Qualität gäbe, d. h., wenn alles und jedes diese Qualität besäße und es nichts gäbe, dem sie fehlte, dann bräuchte keine Sprache ein Prädikat zur spezifischen Bezeichnung dieser Qualität zu entwickeln. Auch leuchtet es in etwa ein zu sagen: Wenn es eine solche allgemeine Eigenschaft gäbe, würde niemand sie bemerken. Keineswegs leuchtet es aber ein zu sagen: Wenn es nichts gäbe, dem diese Eigenschaft fehlte, dann existierte diese Eigenschaft nicht; wenn etwas überall verwirklicht wäre, würde es damit aufhören, irgendwo verwirklicht zu sein. Und selbst wenn wir diesem abwegigen Prinzip zustimmten und darüber hinaus noch die Möglichkeit ausklammerten, daß die Dinge weder gut noch schlecht sein könnten, und folglich einräumten, daß ein vollkommen guter, in seiner Allmacht nur durch logische Unmöglichkeiten beschränkter Gott einen zureichenden Grund hätte, die Übel nicht vollständig zu beseitigen, dann würde dies – in Einklang mit der theistischen Lehre – jedoch das Vorkommen von einem nur äußerst

geringen Maß von Übeln erklären; dieses Maß wäre gerade so groß, daß es dem seltsamen metaphysischen Prinzip Genüge täte und so die Fortdauer der ansonsten durchgängigen Gutheit der Schöpfung und des Schöpfers ermöglichte. Doch nicht in diesem Sinn vertreten traditionellerweise Theisten das Vorkommen von Übeln in der Welt: Sie verstehen keineswegs die Dinge, die sie für Übel halten, nur als einen kleinen, notwendigen und sogar willkommenen Gegensatz zum Guten, das sich sonst selbst auslöschen würde.

In den populären Theodizeen, d. h. bei den Versuchen, Gott angesichts des weitverbreiteten Vorkommens dessen, was man für ein Übel hält, zu rechtfertigen, wird weitaus häufiger der Begriff des Übels als eines notwendigen Mittels zum Guten verwendet. Diese Denkweise liegt auf der Hand, wenn wir Menschen unter normalen Lebensbedingungen vor Augen haben. Es mag sein, daß Kinder sich nur dadurch zu verantwortungsbewußten, selbstbestimmten Erwachsenen entwickeln können, wenn man ihnen zugesteht, daß sie Fehler machen und aus ihnen lernen. Eltern, Lehrer und Politiker setzen beständig Mittel zu Zwecken ein, die sie für gut halten, sie lassen Dinge zu, die sie, für sich betrachtet, beklagen und bedauern. Obwohl jeder vernünftige Mensch Schmerzen als solche für ein Übel hält, ist er doch bereit, sich einer schmerzhaften Behandlung zu unterziehen, wenn er nur so auf Dauer seine Gesundheit wiedererlangen kann; oder er nimmt beträchtliche Mühen, die er an sich vermeiden würde, in Kauf, um entsprechend höhere Ziele zu verwirklichen. Auch läßt sich vernünftigerweise sagen, daß die von allen fühlenden Wesen als ein Übel empfundenen Schmerzen eine nützliche Warnfunktion haben: sie bewahren sie vor Tod oder Schaden. Selbst Schmerzen, die diesem nützlichen Zweck nicht dienen, sind im allgemeinen mit Vorteilen anderer Art kausal verknüpft: Schmerzempfindende Wesen könnten kaum ein Nervensystem besitzen, das sie durch Schmerz vor möglichen Schädigungen warnt, ohne dadurch auch in Gefahr zu sein, gelegentlich Schmerzen erdulden zu müssen, die in solchen Einzelsituationen nur nachteilig sind. Das sind Binsenwahrheiten, die außerdem für unser Problem völlig irrelevant sind. Denn in allen Fällen handelt es sich um Kausalbeziehungen, in denen etwas, das für sich als Übel erscheint, kausal notwendig als Mittel, als Ergebnis oder als Nebenwirkung mit etwas anderem verknüpft ist, das als ein entsprechend gewichtiges Gut aufgefaßt wird; daher erklärt man mit solchen Binsenwahrheiten nur, weshalb Wesen, deren Macht durch unabhängig von ihnen existierende Kausalgesetze begrenzt ist, vernünftigerweise Übel in Kauf nehmen, um so in den Genuß damit verbundener, entsprechend wichtiger Güter zu gelangen. Gott aber ist voraussetzungsgemäß kein solches Wesen. Wenn Allmacht überhaupt etwas bedeutet, dann bedeutet sie Macht über die Kausalgesetze. Wenn es einen allmächtigen Schöpfer und wenn es Kausalgesetze gibt, dann muß dieser Schöpfer sie auch geschaffen haben; und wenn er immer noch allmächtig ist, muß er sie außer Kraft setzen können. Wenn es einen Gott gibt, dann ist er nicht darauf angewiesen, die Ziele, die er sich gesetzt hat, durch Mittel zu erreichen. Daher ist es müßig, sich in einer Theodizee auf irgendwelche normalen faktischen Mittel-Zweck- oder allgemeine Kausalbeziehungen zu berufen. Man möchte meinen, ein so grundlegender und offensichtlicher Sachverhalt müsse nicht eigens betont werden; dennoch muß er nachdrücklich hervorgehoben werden, da er sowohl in populärwissenschaftlichen als auch in philosophischen Erörterungen des Problems des Übels beständig übersehen oder verschleiert wird.[2]

2 Beispielsweise scheint J. Hick in *Evil and the God of Love*, London 1966, eine instrumentale Erklärung des Übels mit der in sich schlüssigeren Ansicht zu verbinden, daß »Schuld und Erlösung in den Augen Gottes wertvoller sind als eine Unschuld, die weder Schuld noch Erlösung kennt«. Vgl. zu weiteren Hinweisen auf die letztere Ansicht die Verweise in Fußn. 10 von Kap. 14.

Interessanter ist die Überlegung, daß Dinge, die in sich selbst ein Übel darstellen, zum Gesamtguten eines ›organischen Ganzen‹, dem sie angehören, beitragen können, so daß diese mit einigen Übeln behaftete Welt als ganze besser sein kann, als sie es ohne Übel wäre. Dieser Gedanke läßt sich auf verschiedene Weise entwickeln. Am ästhetischen Vergleich zeigt sich, daß etwas durch Kontrastierung schöner werden kann, daß beispielsweise in der Musik Disharmonien die Schönheit des Gesamtwerks irgendwie steigern können. Oder man verwendet den Begriff des Fortschritts: Möglicherweise läßt sich zeigen, daß die bestmögliche Gestaltung der Welt nicht statisch, sondern dynamisch ist – vielleicht im Sinne Kants ein endloses Fortschreiten hin zur Vollkommenheit. Die allmähliche Überwindung des Schlechten durch das Gute sei besser als eine ewige, unbedrohte Herrschaft des Guten.

In beiden Fällen geht man gewöhnlich von der Annahme aus, daß die Übel, aufgrund deren sich das Problem des Übels stellt, primär in sogenannten physischen Übeln bestehen, d. h. in Schmerz, Leid und Krankheit. Sollte sich das Problem tatsächlich auf sie reduzieren lassen, kann der Theist antworten, aufgrund solcher Übel werde erst Mitleid, Güte, Heroismus und der immer erfolgreicher werdende Kampf von Ärzten, Reformern usw. zur Überwindung dieser Übel möglich. Oft fassen Theisten sogar die Gelegenheit beim Schopf und klagen diejenigen, die darin ein Problem sehen, einer materialistischen Auffassung von Gut und Schlecht an, da sie Gutes mit Freude und Schlechtes mit Schmerz gleichsetzten und die geistigen Werte übersähen, die nur im Kampf gegen solche Übel verwirklicht werden könnten.

Des besseren Verständnisses wegen seien Übel wie Schmerz, Leid und Krankheit ›Übel erster Ordnung‹ und ihre Gegensätze wie Freude und Glück ›Werte erster Ordnung‹ genannt. Davon zu unterscheiden sind dann ›Werte zweiter Ordnung‹, die aus einem organischen Ganzen, in dem einige Übel erster Ordnung notwendige Teilelemente bilden, irgendwie hervorgehen: Das heißt, die Übel erster Ordnung sind logisch, nicht nur kausal notwendig für die Entstehung der Werte zweiter Ordnung. Wie im einzelnen sich ein solcher Wert zweiter Ordnung ergibt, ist von Fall zu Fall verschieden: Er mag einfach in der Vermehrung des Glücks angesichts von Elend bestehen oder sich dadurch ergeben, daß Mitleid sich angesichts von Leid einstellt oder Heroismus angesichts großer Gefahren entwickelt wird, oder er mag in der allmählichen Abnahme der Übel erster und der allmählichen Zunahme der Werte erster Ordnung gesehen werden. Der Theist, der die Übel erster Ordnung in zufriedenstellender Weise erklären will, muß also behaupten, daß die Werte zweiter Ordnung insgesamt größer oder wichtiger sind als die logisch notwendig mit ihnen verknüpften Übel erster Ordnung, d. h., daß das Gute das mit ihm verbundene Schlechte überwiegt.

Hierbei handelt es sich um einen besonders scharfsinnigen Versuch, das Problem des Übels zu lösen. Man verteidigt Gottes Güte und Allmacht damit, daß die von ihm geschaffene Welt (auf lange Sicht) die beste aller möglichen Welten ist, da sie die wichtigen Werte zweiter Ordnung einschließt; zugleich aber räumt man das Vorkommen wirklicher Übel, nämlich solcher erster Ordnung, ein. Diese beiden scheinbar unvereinbaren Thesen werden dadurch miteinander in Einklang gebracht, daß man eine der zusätzlichen Prämissen modifiziert. Man bestreitet, daß ein vollkommen gutes Wesen alle Übel soweit wie möglich beseitigen würde, und verweist dabei auf einen einsichtigen Grund, weshalb ein Wesen, das in einem völlig verständlichen und mit dem gebräuchlichen Begriff sittlicher Güte in Einklang stehenden Sinn vollkommen gut ist, dennoch Übel nicht beseitigt, obwohl dies logisch möglich wäre und obwohl es alles kann, was logisch möglich ist, und in seinen Möglichkeiten nur durch die logische Unmöglichkeit beschränkt ist, die Werte zweiter Ordnung ohne die Übel erster Ordnung hervorzubringen.

Da diese Verteidigung formal möglich ist und seine Prinzipien unserer gewöhnlichen Auffassung vom Gegensatz zwischen Wert und Übel nicht widerstreiten, können wir einräumen, daß das Problem des Übels letztlich nicht beweist, daß die zentralen Aussagen des Theismus einander logisch widersprechen. Ob es sich dabei aber um eine wirkliche Lösung des Problems handelt, ist eine ganz andere Frage. Ein Übel, das in der beschriebenen Weise erklärt und gerechtfertigt wird, sei ein *absorbiertes* Übel genannt. Beispielsweise wären erträgliche Leiden, die von jemandem mitempfunden würden, so daß der Wert seines Mitleids das Übel des Leidens selbst aufwöge, ein solches absorbiertes Übel. Dies würde auch für Not und Elend gelten, die in einem Kampf allmählich beseitigt würden, dessen Edelmut größeren Wert hätte als die Übel, ohne die er nicht hätte sein können. Eine solche Verteidigung zeigt also, daß die Existenz von völlig absorbierten Übeln mit der Existenz eines allmächtigen und vollkommen guten Gottes vereinbar ist. Doch dann stellt sich für den Theisten die entscheidende Frage: Kann er zu Recht behaupten, daß es in der Welt ausschließlich solche Übel gibt? Stellt man ihm klar und deutlich diese Frage, so liegt auf der Hand, daß er sie nicht zu Recht bejahen kann. Einerseits gibt es ein Mehr an Übeln erster Ordnung, an Leiden und dergleichen, die nicht in ein wertvolles organisches Ganzes eingehen, und anderseits gibt es Übel zweiter Ordnung; auch diese gehen nicht in Werte zweiter Ordnung ein, sondern stehen in Gegensatz zu ihnen: Schadenfreude, Grausamkeit, Gefühllosigkeit, Feigheit und Situationen, die keinen Fortschritt zum Besseren, sondern einen Rückschritt zum Schlechteren bedeuten. Das Problem des Übels stellt sich nun also erneut als das der nicht absorbierten Übel; bislang ist nicht zu sehen, wie sich die Existenz solcher Übel mit der eines Gottes im traditionellen Sinn vereinbaren läßt.

Damit kommen wir zur bekanntesten Strategie der Theodizee, zur Verteidigung mit Hilfe der Willensfreiheit: Übel –

d. h. nun nicht-absorbierte Übel – gehen ausschließlich auf die Fehlentscheidungen von Menschen und möglicherweise anderer geschaffener Wesen mit Willensfreiheit zurück. Wieso aber handelt es sich dabei um eine Verteidigung? Weshalb sollte ein vollkommen guter und allmächtiger Gott den Menschen – und vielleicht den Engeln – eine Freiheit gegeben haben, die sie auch mißbrauchen können? Die Antwort kann nur lauten, daß eine solche Freiheit entweder einen wichtigeren Wert, einen Wert dritter Ordnung, darstellt, der die Übel, die durch ihren Mißbrauch herbeigeführt werden, aufwiegt – oder der wenigstens bei seiner Verleihung alle Risiken des von Gott vorhersehbaren Mißbrauchs aufwog –, oder aber für andere Werte dritter Ordnung, die die Übel des Mißbrauchs aufwiegen, logisch notwendig ist. Da solche Fehlentscheidungen von den Menschen oder von den gefallenen (oder fallenden) Engeln frei getroffen werden, können weder sie selbst noch ihre Folgen Gott angelastet werden. Auf ihn geht nur die Erschaffung von Wesen zurück, die die Freiheit zu moralischen Entscheidungen besitzen. Doch muß man auch behaupten, daß die Existenz und das Leben solcher Wesen entweder Werte höherer Ordnung oder logisch notwendige Voraussetzungen zu Werten höherer Ordnung darstellen, die solche Fehlentscheidungen (oder die Risiken solcher Fehlentscheidungen) und ihre Folgen aufwiegen, so daß es für einen Gott vernünftig ist, solche Wesen zu schaffen und in ihrer Freiheit zu erhalten.

Offensichtlich ist dies der einzige Lösungsversuch des Problems des Übels, der eine gewisse Aussicht auf Erfolg verspricht. Nur diese Verteidigung erlaubt dem Theisten das Zugeständnis, daß es einige reale und nicht absorbierte Übel, einige Merkmale gibt, ohne die die Welt aus jeder noch so weit gespannten Perspektive besser wäre (diese ist nämlich *nicht* die beste aller Welten), und nur sie erlaubt es ihm zugleich, Gott von dem Vorwurf zu entlasten, daß er für diese Übel verantwortlich ist und sie gewählt hat, und zu zeigen, daß er nichtsdestoweniger einen mit seiner vollkommenen Güte und Allmacht und vielleicht auch mit seiner Allwissenheit verträglichen Grund gehabt zu haben scheint, jenen Zustand, dem sie entspringen, zu schaffen und ihr Vorkommen zuzulassen. Dieser Lösungsversuch ist daher sehr sorgfältig zu prüfen. Zuvor sollen jedoch noch einige andere Ansätze untersucht werden.

(b) *Versuche zur Umgehung des Problems*

Einer dieser Ansätze läßt sich in dem Satz zusammenfassen: ›Gottes Güte ist nicht die unsere.‹ Mit anderen Worten: Wenn der Theist sagt, Gott sei vollkommen gut, meint er nicht, Gott habe irgendwelche Neigungen oder Bestrebungen, die bei einem Menschen als gut bezeichnet würden. Warum aber nennt er dann Gott gut? Ist diese Beschreibung nicht irreführend? Oder wird ›gut‹ hier nur als Ehrentitel verwendet ohne seine gebräuchliche beschreibende Bedeutung? Hume legt diese Überlegung Philo in den Mund: »Wir haben nicht mehr Grund zu dem Schluß, daß die Rechtschaffenheit des höchsten Wesens menschlicher Rechtschaffenheit gleicht, als zu dem Schluß, daß seine Güte menschlicher Güte gleicht.«[3]
In seiner Autobiographie weist John Stuart Mill darauf hin, daß dieser Ansatz vielfach der religiösen Unterweisung seiner Zeit zugrunde lag. Sein Vater, so schreibt er, habe die Religion für den schlimmsten Feind der Moral gehalten, »vor allem durch ihre radikale Aufhebung moralischer Prinzipien; die Moral soll in nichts anderem bestehen als in der Erfüllung des Willens eines Wesens, das mit allen Ehrentiteln überhäuft wird, das sich dann aber bei nüchterner Betrachtung als höchst hassenswert erweist«. In der Tat wird Gott gut *genannt*, während er gleichzeitig als böse *beschrieben* wird,

3 Hume, *Dialoge über natürliche Religion*, T. 11.

d. h. als ein Wesen, das nach Motiven handelt und Absichten verfolgt, die unter allen normalen Umständen als böse gelten; man beschreibt ihn in einigen Zusammenhängen wie einen rachsüchtigen Dämon, in anderen wie einen gereizten Tyrannen und in wieder anderen wie ein bösartiges und unbesonnenes Kind. Gewiß, wenn man Gott Motive dieser Art zuschreibt, ist es nicht schwierig, seine Allmacht mit dem Vorkommen von Übeln in Einklang zu bringen. Doch verteidigt man mit einer solchen Argumentation nur noch einen Schatten, während man den eigentlichen Kern der traditionellen Behauptung, Gott sei gut, aufgibt.[4]

Nach einer anderen Überlegung ist es geradezu ein Fehler zu versuchen, die Übel in der Welt herunterzuspielen, oder sie gar als ein Problem für die Religion zu halten. Theisten, schreibt Rolf Gruner, »wären besser beraten, das Vorkommen von Übeln nicht nur freimütig einzuräumen, sondern sie sogar als besonders wichtig herauszustellen. Denn es ist nicht übertrieben zu behaupten, daß der Glaube der Menschen vom Vorkommen von Übeln abhängt. Jeder religiöse Glaube ist mit der Art und Weise verknüpft, wie die Menschen sich selbst und die Welt sehen; wo der ›tragische Sinn‹ des Lebens fehlt und wo das Bewußtsein der Bedürftigkeit, der Schwachheit und der Vergänglichkeit verlorengeht, ist die Religion unbekannt. Vollkommene Wesen in einem vollkommenen Universum bedürfen ihrer ebensowenig wie Menschen, die die Übel für vermeidbare Fehler halten, die allmählich durch den wachsenden Fortschritt der Menschheit ausgeräumt werden. [...] Am unerschütterlichsten haben gewöhnlich diejenigen am Glauben festgehalten, die sich am stärksten der Realität des Bösen bewußt waren, und gewiß haben viele oder die meisten von ihnen niemals den Versuch einer Theodizee unternommen.«[5]

4 J. St. Mill, *Autobiography* (1874), hrsg. von J. Stillinger, Oxford 1969, Kap. 2.

5 R. Gruner, »The Elimination of the Argument from Evil«, in: *Theology* 83 (1980), S. 416–424.

Daran ist sicherlich manches richtig. Es ist jedenfalls eine plausible Idee (die in Kapitel 10 noch untermauert wird), daß Menschen in einer glücklicheren und weniger enttäuschenden Welt keine Religion entwickelt hätten. Von einer solchen Welt hätte Bischof Heber sagen können:

»All round, with lavish kindness
God's gifts like manna fall;
The heathen, in their blindness,
Do not bow down at all.«

Auf welche Weise aber wird so das Problem des Übels umgangen oder gelöst? Gruner hält es für paradox, daß »der christliche Glaube eben von jener Tatsache abhängt, von der man sagt, sie widerlege ihn«. Hier liegt nun tatsächlich eine Paradoxie vor, doch liegt sie gerade in der Lehre des traditionellen Theismus. Hume stellt dies deutlich heraus. Während er Cleanthes das teleologische Argument und die damit verbundene Aufgabe einer Theodizee zuweist, legt er Gruners Auffassung Demea in den Mund. Damit will er andeuten, daß beide für tatsächlich vertretene einflußreiche, obwohl gegensätzliche Auffassungen innerhalb des orthodoxen Christentums stehen. »Nach meiner Ansicht, ich gestehe es«, sagt Demea, »fühlt jeder Mensch gewissermaßen die Wahrheit der Religion in seiner eigenen Brust. Es ist das Bewußtsein seiner Schwäche und seines Elends und nicht irgendein Argument, das ihn dazu bringt, bei jenem Wesen, von dem er selbst ebenso wie die ganze Natur abhängt, Schutz zu suchen.« Dann fährt er fort und verweist auf die vielen Nöte des menschlichen Lebens. Als Cleanthes protestiert, diese düstere Sicht entspreche nicht seiner Erfahrung, antwortet Demea: »Wenn du selbst das menschliche Elend nicht fühlst, [. . .] so gratuliere ich dir, daß du ein so glücklicher Ausnahmefall bist.« Demeas Betonung des Elends menschlichen Lebens wird dann von Philo zu seiner eigenen Darstellung des Problems des Übels aufgegriffen. Demea aber läßt sich, wie Gruner, von diesem Problem

nicht verwirren: »Diese Welt ist bloß ein kleiner Punkt im Vergleich zum Universum, dieses Leben bloß ein Augenblick im Vergleich zur Ewigkeit. Die gegenwärtigen Übel werden deshalb in anderen Regionen und in einem künftigen Zeitabschnitt des Daseins berichtigt. Und die Augen der Menschen, die dann für eine umfassendere Sicht der Dinge geöffnet sind, erblicken nun den Gesamtzusammenhang der allgemeinen Gesetzmäßigkeiten und verfolgen in Anbetung die Güte und Rechtschaffenheit der Gottheit durch all die verschlungenen Pfade ihrer Vorsehung.«[6]
Cleanthes aber erwidert, dies seien »willkürliche Unterstellungen«. Man könne sich so lange nicht auf sie berufen, wie die Frage, ob es einen gerechten, gütigen und allmächtigen Gott gibt, noch zur Diskussion stehe. Und selbst wenn Schmerz und Elend des Menschen – fügt Philo hinzu – mit der Allmacht und vollkommenen Güte Gottes *vereinbar* wären (wenn man annimmt, daß alles irgendwie, irgendwo und irgendwann einmal berichtigt werde), sei dies doch nutzlos, solange man noch versuche, die Existenz und die Eigenschaften eines Gottes aus dem *abzuleiten*, was wir unabhängig von ihm wissen. Und selbst wenn es ein zukünftiges Leben geben sollte, im Vergleich zu dem alle Übel dieses Lebens verblassen, würde auch das nicht das Vorkommen dieser Übel als solchen so erklären, daß es mit dem Theismus vereinbar erscheine.
Die bloße Tatsache also, daß der Glaube häufig auf einem ›tragischen Sinn‹ für die Übel der Welt beruht, macht eine Theodizee nicht überflüssig. Zweifellos *empfinden* manche, die einen sehr starken Glauben haben, kein Bedürfnis nach einer Theodizee; dennoch ist sie gefordert, wenn ihre Auffassung und die des Theismus im allgemeinen rational verteidigt werden soll. (In den Kapiteln 11 und 12 soll dann die Frage erörtert werden, ob die Religion auch ohne rationale Begründung auskommen kann.) Doch wenn sich eine

6 Hume, *Dialoge über natürliche Religion*, T. 10.

Theodizee schon nicht unter Hinweis auf den Zusammenhang zwischen Übel und Glaube umgehen läßt, läßt sie sich dann vielleicht von daher führen? Hat Gott vielleicht die Welt deshalb zu einem Jammertal gemacht, damit die Menschen ein religiöses Bedürfnis entwickeln? Ist vielleicht nicht nur Leid, sondern auch sittliche Schuld notwendig zur Verwirklichung der höheren Werte der Erlösung und der Einsicht des Menschen in seine völlige Abhängigkeit von Gott?

Hier sind zwei Überlegungen auseinanderzuhalten. Die Vorstellung, Gott verwende Übel zur Verwirklichung solcher höheren Güter, ist, wie wir gesehen haben, unvereinbar mit seiner Allmacht; er braucht sich solcher jämmerlichen Mittel nicht zu bedienen, um bestimmte Ziele zu erreichen. Natürlich wäre es verständlich, wenn sich eine allzu menschliche Gottheit dazu entschlösse, ihre Geschöpfe im Elend zu halten, damit diese sie dann um so sklavischer verehrten: ›Ich mache ihnen die Hölle heiß, und dann werden sie schon zu Kreuze kriechen.‹ Eine solche Vorstellung stünde aber weder mit Gottes Güte noch mit seiner Allmacht in Einklang. Sinnvoller wäre die Überlegung, Schuld – um nur sie als Beispiel zu nennen – sei logisch notwendig für Reue und Erlösung und »auch im Himmel« werde »mehr Freude herrschen über einen einzigen Sünder, der umkehrt, als über neunundneunzig Gerechte, die eine Umkehr nicht nötig haben« (Lk. 15,7). Eine Schuld, auf die Reue und Erlösung folgen, wäre dann ein absorbiertes Übel. Doch ist dies eine recht merkwürdige Ansicht, wie groß die für sie sprechende Autorität auch sein mag. Die Gleichnisse besagen völlig einleuchtend, daß ein Vater sich über die Rückkehr eines verlorenen Sohnes möglicherweise mehr freut als über das bloß beständig gute Betragen seines anderen Sohnes und daß eine sparsame Hausfrau über das Wiederfinden einer verlorengegangenen Münze glücklicher ist als über die bloße Tatsache, daß sie mehrere gleichwertige Münzen erst gar nicht verloren hat. Daraus folgt nun aber nicht, daß, aufs Ganze gesehen, ein Vater es lieber sähe, einen mißratenen Sohn zu haben, der dann schließlich umkehrt, als einen Sohn, an dessen Verhalten es nichts auszusetzen gibt, oder eine Hausfrau glücklicher darüber wäre, eine Münze zu verlieren und dann wiederzufinden als sie erst gar nicht zu verlieren. Vielleicht wären solche merkwürdigen Reaktionen bei einem Menschen noch verständlich; doch selbst dann scheint es kaum möglich, sie auf einen vermeintlich allwissenden Gott zu übertragen oder auf der nüchternen Wertung zu bestehen, daß Schuld plus Reue als organisches Ganzes besser sei als Schuldlosigkeit.

Gruner selbst argumentiert nicht in dieser Weise. Er meint, daß »das Problem des Übels sich überhaupt nicht lösen, sondern nur umgehen läßt«. Dies könne nur so geschehen, daß man die Forderung nach einer von allen Übeln freien Welt, die er dem Einwand des Skeptikers gegen den Theismus unterstellt, als in sich widersprüchlich zurückweist. Damit aber verdreht er den skeptischen Einwand: Der Skeptiker *fordert* gar nichts; er *fragt* nur, *ob* sich ein zunächst aufdrängender Widerspruch in der theistischen Position irgendwie ausräumen läßt. Die Forderung nach einer von allen Übeln freien Welt scheint in den Aussagen des Theismus implizit enthalten zu sein – obwohl er sich zugleich, wie schon gesagt, *auch* auf die Tatsache beruft, daß die Welt *nicht* von jeglichem Übel frei ist. Zweifellos könnte eine geschaffene Welt – besonders »eine reale, irdische, ›diesseitige‹ Welt – im Gegensatz zu einem Reich reiner Geister«, wie Gruner sagt – nicht frei von allen bloßen Begrenzungen und Unvollkommenheiten sein: es ist unmöglich, daß sie wie Gott unendlich vollkommen ist; bislang wurde aber nichts vorgebracht, um nachzuweisen, daß reale, bedauerliche, nicht absorbierte Übel, die auch von Theisten beständig beklagt werden, in einer irdischen Welt logisch notwendig sind.

(c) *Die Paradoxie der Allmacht*

Wir müssen also auf die Verteidigung des Theismus mit Hilfe der Willensfreiheit als einzig aussichtsreiche Theodizee noch zurückkommen. Doch stoßen wir zunächst auf das vorausliegende Problem der Beziehung zwischen Allmacht und freiem Willen. Spricht man dem Menschen Willensfreiheit in dem Sinn zu, daß Gott dessen Entscheidungen nur faktisch *nicht bestimmt*, oder in dem Sinn, daß er sie *nicht bestimmen kann*? Bejaht man das zweite, so steht man vor der Paradoxie der Allmacht: Kann ein allmächtiges Wesen Dinge schaffen, die es nicht bestimmen kann?
Als ich mir die Frage zum ersten Mal stellte, dachte ich, es handle sich dabei um eine Paradoxie im eigentlichen Sinn, d. h., die Frage lasse sich zufriedenstellend weder positiv noch negativ beantworten. Ich meinte, wir müßten zwischen Allmacht verschiedener Ordnungen unterscheiden: Die Allmacht erster Ordnung wäre das unbegrenzte Vermögen zu handeln, die Allmacht zweiter Ordnung das unbegrenzte Vermögen zu bestimmen, welche Handlungsmöglichkeiten Dinge haben sollten. (Und so weiter, wenn man will.) Wenn dann aber einem Gott die Allmacht zweiter Ordnung zukommen sollte, könnte er sie auch dazu einsetzen, bestimmten Dingen die Möglichkeit zu geben, in einer Weise zu handeln, die unabhängig von seinem eigenen Handlungsvermögen wäre, so daß ihm in dieser Hinsicht keine Allmacht erster Ordnung zukäme. Die Allmacht verschiedener Ordnungen könnte also miteinander in Konflikt geraten – woraus ich schloß, daß nichts die Allmacht aller Ordnungen zugleich besitzen kann.[7]
Diese Überlegung war jedoch falsch. Zweifellos könnte ein Gott sowohl die Allmacht erster als auch die zweiter Ordnung *besitzen*, solange er seine Allmacht zweiter Ordnung nicht dazu einsetzt, seine Allmacht erster Ordnung einzuschrän-

7 Vgl. meinen Artikel »Evil and Omnipotence«, in: *Mind* 64 (1955).

ken. Weiter wurde eingewendet, der Ausdruck ›Dinge, die ein allmächtiges Wesen nicht bestimmen kann‹ sei in sich widersprüchlich; daher sei es logisch unmöglich, solche Dinge zu erschaffen, so daß auch Gott sie nicht erschaffen kann. Dies sei aber kein Mangel an Allmacht irgendwelcher Ordnung, da allseits anerkannt werde, daß Allmacht nicht das Vermögen, logisch Unmögliches zu schaffen, einschließe. Folglich lasse sich die paradoxe Fragestellung durchaus zufriedenstellend im negativen Sinn beantworten.[8]

Läßt sich die Frage aber nicht ebenso plausibel auch positiv beantworten? Wenn ein Wesen, das Allmacht zweiter Ordnung besitzt, bestimmten anderen Wesen das Vermögen zu von ihm nicht bestimmbaren Entscheidungen verleiht, dann wäre die bestimmende Einflußnahme auf ihre Entscheidungen eine Einflußnahme auf Dinge, die in allmächtiger Weise jeder Möglichkeit zur Einflußnahme enthoben sind – *das* aber ist logisch unmöglich. Daher kann auch ein Wesen, das Allmacht (erster Ordnung) besitzt, solche Dinge nicht bestimmend beeinflussen. Dieses Unvermögen widerspricht aber nicht seiner Allmacht, da diese, wie bei der ersten Überlegung, zugestandenermaßen nicht durch logische Unmöglichkeiten eingeschränkt wird. Folglich *kann* ein allmächtiges Wesen Dinge schaffen, die es nicht bestimmend beeinflussen kann.

Wenn sich aber sowohl die positive als auch die negative Antwort verteidigen läßt, ist die Paradoxie wiederhergestellt. Der Begriff einer unbeschränkten Allmacht, einer Allmacht aller Ordnungen, erweist sich so zwar als widerspruchsfrei, statt dessen aber ist die in bezug auf sie gestellte Frage unbeantwortbar.[9]

Dieses Problem steht zu einer anderen Frage in Beziehung: Folgt nicht aus Allmacht Allwirksamkeit? Wenn es ein

8 Vgl. B. Mayo, »Mr. Keene on Omnipotence«, in: *Mind* 70 (1961), S. 249 f.

9 Dies ist vergleichbar mit den verschiedenen Varianten der Paradoxie des Lügners und anderer Paradoxien; vgl. meine Arbeit *Truth, Probability, and Paradox*, Oxford 1973, S. 240 f. und 260–262.

allmächtiges (und allwissendes) Wesen geben sollte, ist dann nicht alles, was geschieht, sein Werk? Man könnte so argumentieren: Wenn Gott die Macht hat, daß *X* nicht geschieht, *X* aber tatsächlich geschieht, dann hat er *X* wissentlich zugelassen; ist dies aber nicht dasselbe, wie wenn man sagt, er habe *X* bewirkt? Dagegen ließe sich einwenden, daß wir normalerweise klar unterscheiden zwischen dem positiven Bewirken von *X* und dem bloßen Zulassen von *X*, wenn wir *X* hätten verhindern können. Jemanden sterben lassen, wenn man ihn auch hätte retten können, ist nicht ganz dasselbe wie ihn töten, obwohl es ethisch umstritten ist, ob nicht das eine genauso verwerflich ist wie das andere. Doch ist auch zu bedenken, worauf sich diese alltägliche Unterscheidung stützt. Wer positiv etwas bewirkt, wendet dazu eigens Mühe auf, hingegen tut er dies nicht, wenn er etwas nur zuläßt; vielmehr erspart er sich die Mühe, die er aufwenden müßte, wenn er es verhindern wollte. Wer aktiv etwas tut, übt eine kausale Wirkung auf den Handlungserfolg aus; dies geschieht aber nicht, wenn er etwas nur zuläßt. Auch unterstellen wir gewöhnlich demjenigen, der etwas nur zuläßt, selbst wenn er es in gewissem Sinn eintreten sieht, ein bestimmtes Maß an Unabsichtlichkeit; wer dagegen etwas bewußt tut, verbindet damit gewöhnlich eine klare Absicht. Doch je mehr etwas in unserer Macht steht, desto unklarer wird der erste Unterscheidungsgrund; im Fall, daß es sich um etwas handelt, das wir mit geringer Mühe entweder durch Tun oder durch Unterlassen herbeiführen können, ist das Unterlassen weniger eindeutig vom Tun unterscheidbar. Und je deutlicher wir etwas vorauswissen und -sehen, desto unklarer wird der zweite Unterscheidungsgrund. Es scheint also, daß bei unbegrenzt wachsendem Vermögen und Wissen diese alltägliche Unterscheidung immer mehr ihren Grund verliert und daß sie auf ein Wesen mit unendlicher Macht und Voraussicht unanwendbar ist.

Kurz, wenn Allmacht und Allwissenheit zusammenkommen, scheint Allwirksamkeit daraus zu folgen: Gott bewirkt alles. Dies muß natürlich nicht heißen, daß kein anderer etwas bewirkt. Ein Mensch tut durchaus all das, von dem wir normalerweise sagen, daß er es tut; wenn es aber einen Gott gibt, dessen Allmacht bedeutet, daß er auch alle menschlichen Entscheidungen vollständig bestimmt, dann bewirkt auch er die Handlungen dieses Menschen. Dies würde bedeuten, daß, wenn ein Mensch schuldig wird, auch Gott Miturheber dieser Schuld ist.[10] Folglich kann die Verteidigung des Theismus mit Hilfe des freien Willens Gott nicht davon freisprechen, Urheber der Übel zu sein, wenn sie nicht davon ausgeht, daß die den Menschen zugesprochene Freiheit von der Art ist, daß Gott ihre Entscheidungen *nicht* bestimmend beeinflussen *kann* (und nicht nur, daß er sie faktisch nicht bestimmend beeinflußt). Das heißt, sie darf nur die positive Antwort auf die zu Anfang skizzierte Paradoxie der Allmacht gelten lassen, obwohl sich im Begriff der Allmacht nichts findet, das es rechtfertigen würde, die positive der negativen Antwort vorzuziehen.

Dies sind zweifellos ernste Schwierigkeiten für die theistische Theorie. Doch sei (nur zur Vervollständigung der Diskussion) einmal angenommen, sie ließen sich irgendwie ausräumen; es sei also unterstellt, die von den Verteidigern des Theismus mit Hilfe der Willensfreiheit gemeinte Freiheit sei von der Art, daß auch Gott sie nicht bestimmend beeinflussen kann.

(d) *Die Verteidigung mit Hilfe der Willensfreiheit*

Gewöhnlich unterscheidet man natürliche Übel wie Schmerz von moralischen Übeln, nämlich allen Formen menschlicher Bosheit. Moralische Übel, so sagt man, gingen aus einem Mißbrauch der Willensfreiheit hervor; sie wären

10 Vgl. Hume, *Eine Untersuchung über den menschlichen Verstand*, Abschn. VIII, T. 2.

also unmittelbar erklärt und könnten daher Gott nicht angelastet werden. Einige natürliche Übel gehen zum Teil auf menschliche Bosheit – wie Grausamkeit – oder auf menschliche Fehlentscheidungen zurück; doch eben nur zum Teil, denn anderes muß hinzukommen, damit überhaupt die Gelegenheiten zu Grausamkeit und die Bedingungen gegeben sind, in denen sich menschliche Fehlentscheidungen schädlich auswirken können. Jedoch die meisten natürlichen Übel lassen sich nicht menschlichen Entscheidungen anlasten, und daher scheinen sie durch die theistische Verteidigung mit Hilfe der Willensfreiheit nicht einmal indirekt erklärt werden zu können. Alvin Plantinga dagegen meint, dies sei dennoch möglich, sie ließen sich nämlich auf mißgünstige Einflüsse gefallener Engel zurückführen.[11] Zweifellos ist dies formal möglich; dennoch handelt es sich hierbei um eine weitere willkürliche Annahme, wie Cleanthes sich ausdrücken würde. Wir kennen einige verkehrte menschliche Entscheidungen direkt, nämlich unsere eigenen, und in unserem Alltagsverständnis dehnen wir dieses direkte Wissen auf die Annahme ähnlicher Entscheidungen bei anderen Menschen aus; doch wissen wir nichts über die Aktivitäten von Engeln, seien sie nun gefallen oder nicht: Bestenfalls ist die Annahme, daß sie existieren und sich zum Bösen entscheiden, Teil der theistischen Hypothese, die hier gerade geprüft werden soll; daher kann man sich nicht zu Recht auf diese Annahme stützen, um dadurch den Theismus plausibler zu machen. Es handelt sich also höchstens um eine *mögliche* Erklärung für die Existenz natürlicher Übel: Selbst wenn die Verteidigung des Theismus mit Hilfe der Willensfreiheit in sich gelingen sollte, dürfte man von einer solchen Annahme immer noch nicht behaupten, sie erkläre tatsächlich alle natürlichen Übel.

11 Vgl. Plantinga, *The Nature of Necessity*, S. 192. In *The Existence of God*, S. 202, weist Swinburne darauf hin, daß es sich hierbei um eine *ad hoc*-Theorie handelt, deren notwendig erscheinende Einführung die Hypothese, es gebe einen Gott, eher schwächt.

Diese Tatsache ist um so wichtiger, als die Grenze zwischen natürlichen und moralischen Übeln keineswegs klar und eindeutig ist. Selbst das verbrecherischste Verhalten ist noch irgendwie doppeldeutig. »Wir werden feststellen«, schreibt Francis Hutcheson, »daß noch den verwerflichsten Handlungen eine erträgliche Maske gegeben wird. Was andere Habsucht nennen, erscheint dem Handelnden selbst als kluge Vorsorge für seine Familie oder seine Freunde; Betrug als geschicktes Taktieren; Bosheit und Rache als gerechtes Ehrgefühl und als Verteidigung von Eigentumsrechten und des guten Rufs; Feuer und Schwert und die Vernichtung der Feinde als gerechte und gründliche Verteidigung gegen die Feinde; Verfolgung als Eifer für die Wahrheit und für das ewige Heil der Menschen, das durch die Ketzer bedroht wird. In all diesen Fällen handeln die Menschen im allgemeinen aus einem Pflichtgefühl heraus, allerdings aufgrund irriger Überzeugungen und mißverstandenen Wohlwollens, aufgrund irriger und verkürzter Auffassungen vom Gemeinwohl und von den zu seiner Förderung notwendigen Mitteln oder aufgrund sehr engstirniger Theorien, denen solche törichte Überzeugungen zugrunde liegen. Nicht die Lust am Leiden anderer oder Bosheit hat zu den grausamen Verbrechen geführt, von denen die Geschichte voll ist, sondern im allgemeinen eine unvernünftige und unüberlegte Begeisterung für irgendeine Art begrenzter Tugend.«[12] Das ist zweifellos richtig. Hutcheson schrieb 1725, doch was er hier sagt, trifft in gleicher Weise auf die Schrecken des 20. Jahrhunderts zu. Kleine und große Kriege, Stalins Gewaltherrschaft und Verfolgungen, der nationalsozialistische Völkermord, die Entfesselung der Feuersbrünste in deutschen Städten, Hiroshima und Nagasaki, Vietnam und Kambodscha, der Terrorismus in all seinen Formen, der islamische Fanatismus: immer spielt eine gewisse Art von Idealismus eine bedeutende Rolle, vorausgesetzt, es wurde irgendeine

12 Hutcheson, »Inquiry concerning Moral Good and Evil«, T. IV, S. 124 f.

noch so fadenscheinige Rechtfertigung oder Entschuldigung geboten, die unter eine der von Hutcheson gebotenen Erklärungen fällt. Wenn mehrere Parteien ihre legitimen Interessen verfolgen, werden möglicherweise häufig Konfliktsituationen heraufbeschworen, in denen es gerechtfertigt oder gar verpflichtend erscheint, einander – und daneben auch unschuldigen Unbeteiligten – die grausamsten Dinge anzutun. Man kann dies nicht einfach einem moralischen Versagen der Menschen anlasten: Die Schuld liegt zu einem großen Teil in der Art und Weise, wie diese Konfliktsituationen entstehen; sie ergeben sich zwar aus Handlungen der Menschen untereinander, sind aber nicht ihr mit Bedacht herbeigeführtes Ergebnis. Es gibt *ungerechte Verhältnisse*, Situationen, in denen Menschen zu den scheußlichsten Verbrechen getrieben werden, und zwar durch Einzelschritte, welche, gesondert betrachtet, vernünftig oder gar unvermeidlich zu sein scheinen. Solche ungerechten Verhältnisse stellen daher eine wichtige Sonderform *natürlicher* Übel dar, welche durch und durch mit moralischen Übeln verflochten ist. Den gefallenen Engeln müßte schon mehr angelastet werden, als Plantinga vielleicht gesehen hat.

Wenn die Verteidigung des Theismus mit Hilfe der Willensfreiheit überhaupt von Nutzen sein soll, muß sie sich also auch auf natürliche Übel erstrecken; vielleicht ist Plantingas Vorschlag ein möglicher Weg, obwohl er höchst willkürlich zu sein scheint. Doch will ich hier seine Ausweitung auf die Engel außer acht lassen und das Argument nur unter Beschränkung auf die Willensfreiheit des Menschen prüfen.

An dieser Stelle müssen wir in unsere Überlegungen noch die Allwissenheit einbeziehen, die der traditionelle Theismus Gott zuschreibt. Hat Gott bei der Erschaffung von Menschen mit Willensfreiheit im voraus gewußt, welchen Gebrauch sie tatsächlich von ihr machen würden? Zunächst sei angenommen, er habe darum gewußt; später soll noch die gegenteilige Annahme geprüft werden, daß er nicht im voraus darum wußte. Unter der Voraussetzung also, daß Gott den Gebrauch der Willensfreiheit im voraus kennt, muß jeder, der diese Verteidigungsstrategie einschlägt, behaupten, es sei besser, daß die Menschen frei handeln und gelegentlich – tatsächlich sogar oft – Fehlentscheidungen treffen, als daß sie unschuldige Automaten sind, die völlig determiniert immer das Richtige tun. Er muß aber auch behaupten, daß Gott nur diese Alternative hatte, daß die vorhersehbaren Untaten der Menschen eine unvermeidliche Begleiterscheinung der Willensfreiheit sind – unvermeidbar selbst für ein Wesen, dessen Macht nur durch logische Unmöglichkeiten beschränkt ist. Wie aber ist das möglich? Wenn Gott die Menschen so geschaffen hat, daß sie kraft ihrer Willensfreiheit manchmal das Gute dem Bösen und manchmal das Böse dem Guten vorziehen, weshalb konnte er dann die Menschen nicht auch so schaffen, daß sie immer frei das Gute wählen?[13] Da es keinen Grund zu geben scheint, weshalb ein allmächtiger, allwissender und vollkommen guter Gott diese Alternative nicht vorgezogen hätte, scheint der Theist, der die Existenz eines solchen Gottes behauptet und dennoch einräumt, daß Menschen das Schlechte wählen, daß also Gott diese Alternative nicht vorgezogen hat, einander widersprechende Behauptungen zu vertreten.

Für wenigstens einige Theisten wird diese Schwierigkeit noch aufgrund einiger weiterer Glaubensüberzeugungen verschärft: Ich denke an diejenigen, die ihre Hoffnung auf ein glücklicheres und vollkommeneres Leben als das jetzige setzen – ob sie nun an ein zukünftiges Reich Gottes auf Erden glauben oder ihren Optimismus auf die Erwartung eines jenseitigen Himmels beschränken. In beiden Fällen behaupten sie ausdrücklich die Möglichkeit eines Zustands, in dem geschaffene Wesen immer frei das Gute wählen.

13 Dies war die Hauptthese meines Artikels »Evil and Omnipotence« und von A. Flews Aufsatz »Devine Omnipotence and Human Freedom«, in: A. Flew / A. C. MacIntyre (Hrsg.), *New Essays in Philosophical Theology*, London 1955, ^{2}1963.

Wenn aber ein solcher Zustand widerspruchsfrei Gegenstand einer vernünftigen Hoffnung oder eines vernünftigen Glaubens sein kann, ist schwer erklärlich, weshalb er nicht bereits jetzt verwirklicht ist.

Dennoch wendet man häufig ein, die Annahme, Gott hätte Menschen schaffen können, die immer frei das Gute gewählt hätten, sei in sich widersprüchlich. Manchmal beruht dieser Einwand nur auf einer Verwechslung. Zweifellos wäre es widersprüchlich anzunehmen, Gott schaffe Menschen mit der unausweichlichen Bestimmung, daß sie immer frei das Gute wählen: Wenn Gott Menschen, indem er sie geschaffen, zugleich darauf festgelegt hätte, immer in bestimmter Weise zu wählen, hätte ihre Wahl nicht frei sein können. Das aber wird gar nicht behauptet; vielmehr wurde nur gesagt, daß Gott menschliche oder nicht-menschliche Wesen hätte schaffen können, welche *so geartet* wären, *daß* sie immer frei das Gute gewählt hätten. Wenigstens enthält eine solche Annahme keinen unmittelbaren Widerspruch.

Auch könnte man einwenden, der Begriff von Wesen, welche so geartet seien, daß sie immer frei das Gute wählten, schließe ein, daß sie frei von Versuchungen wären, daß sie nur unschuldige Neigungen hätten und es ihnen daher unmöglich wäre, den moralischen Wert zu verwirklichen, der darin bestehe, daß man den Versuchungen zum Bösen widersteht und ihrer Herr wird. Doch ist es natürlich nicht meine Sache, irgendwelche Annahmen dieser Art zu verteidigen. Da ich dem Theisten vorwerfe, *er* vertrete widersprüchliche Glaubensüberzeugungen, stehen *seine* Vorstellungen von Gut und Böse usw. zur Diskussion. Er mag die Wahl treffen, welchen Zustand er für besser hält: Daß es Wesen mit Willensfreiheit, doch nur unschuldigen Neigungen gibt, d. h. Wesen mit einem heiligen Willen, wie Kant sagen würde, oder daß es frei handelnde Wesen mit guten *und* bösen Neigungen gibt, die jedoch immer ihren schlechten Neigungen widerstehen und der Versuchungen Herr werden, so daß sie immer das Gute tun, d. h. Wesen, die immer aus Pflicht handeln, wie Kant sagen würde. Entscheidend ist, daß unabhängig davon, welchen Zustand der Theist für ideal hält, er zugleich auch behaupten oder einräumen muß, daß dieses Ideal leider oft genug nicht erreicht wird.

Nachdem sich diese beiden Einwände als nicht stichhaltig erwiesen haben, stellt sich nun die entscheidende Frage, ob es aus irgendwelchen Gründen logisch unmöglich ist, daß ein Gott Wesen schafft, welche so geartet sind, daß sie immer frei das Gute wählen. Die Lösung dieser Frage soll in mehreren Schritten erfolgen.[14]

(1) Unter der Voraussetzung, daß es logisch möglich ist, daß ein einzelner Mensch einmal frei das Gute wählt – was der Theist zweifellos zugesteht –, sollte es dann logisch unmöglich sein, daß alle Menschen immer frei das Gute wählen? Gelegentlich hat man dies behauptet und gesagt, alles, was frei getan werde, werde manchmal auch nicht getan. Es ist aber nicht zu sehen, weshalb dies richtig sein sollte, solange man ›Freiheit‹ nicht so definiert, daß Entscheidungen unterschiedlich ausfallen. Wird sie jedoch so definiert, so stehen wir vor einem Problem. Freiheit, so wurde behauptet, sei ein höherer Wert, der die Übel verwerflicher Entscheidungen und der damit verbundenen Folgen aufwiege. Sofern aber Freiheit *definitionsgemäß* Entscheidungen zum Guten und zum Bösen einschließt, wird die Annahme, sie sei ein höherer Wert, völlig unplausibel. Worin könnte denn der besondere Wert von Entscheidungen zum Guten und zum Bösen als solchen bestehen? Dieser Aspekt der Freiheit kann nicht Grund ihrer Werthaftigkeit sein. Wie wertvoll auch immer die anderen Aspekte oder Folgen der Freiheit sein mögen, es ist jedenfalls logisch möglich, daß es sie gibt ohne diese Unterschiedlichkeit freien Wollens, d. h., ohne daß moralisch verwerfliche Entscheidungen tatsächlich getroffen werden.

14 Vgl. meinen Aufsatz »Theism and Utopia«, in: *Philosophy* 37 (1962).

Daher muß es bei jeder Bedeutung von ›frei‹, die für den Theisten zur Verteidigung Gottes brauchbar ist, logisch möglich sein, daß alle Menschen immer frei das Gute wählen; und, wie gesagt, nur die logische Möglichkeit ist hier von Belang.

(2) Dies zugestanden, sollte es dann unmöglich sein, daß Menschen *so geartet* sind, *daß* sie immer frei das Gute wählen? Hält man Determinismus und Willensfreiheit für miteinander vereinbar, so liegt die Antwort auf der Hand. Der Determinist behauptet, alle Entscheidungen eines Menschen seien das Ergebnis dessen, was er vorgängig zu ihnen ist; spricht der Determinist einem Menschen Freiheit zu, so bestreitet er damit nur, daß dieser äußeren Zwängen unterliegt, die seine Entscheidungen von anderen Faktoren als seinem Wesen abhängig machen; darüber hinaus könnte er auch noch bestimmte innere Bewußtseinsbedingungen bestreiten, die verhindern würden, daß sich in den Entscheidungen dieses Menschen sein Wesen angemessen ausdrückt. Der Determinist bezeichnet demnach als ›freie Wahl‹ Entscheidungen, die vom Wesen des Handelnden her determiniert sind. Wenn es also möglich ist, daß Menschen immer frei das Gute wählen, muß es auch möglich sein, daß sie *so geartet* sind, *daß* sie immer gerade so und nicht anders entscheiden. Lehnt man jedoch die Vereinbarkeit von Determinismus und Willensfreiheit ab, so ist die Antwort strittig. Tatsächlich haben viele Philosophen ihre Unvereinbarkeit behauptet. Diejenigen, die am Determinismus meinten festhalten zu müssen, haben deshalb einen ›strengen Determinismus‹ befürwortet, d. h., sie haben ausdrücklich die gewöhnlichen Begriffe von Willensfreiheit, von Wahl, von Verantwortlichkeit, von Schuld und Verdienst verworfen. Demgegenüber haben andere, u. a. um die Anwendbarkeit dieser Begriffe zu gewährleisten, den Determinismus verworfen. Im folgenden Exkurs soll dieses Problem näher untersucht werden.

(e) *Exkurs: Das Wesen der Willensfreiheit*

Für unsere Zwecke ist die zweite Fassung der Unvereinbarkeitsthese wichtig, jene Auffassung, nach der es eine kontrakausale Willensfreiheit gibt. Ihre Vertreter haben mit zwei großen Schwierigkeiten zu kämpfen: Erstens müssen sie ihre These beweisen; zweitens aber müssen sie zuvor noch darlegen, was unter kontrakausaler Freiheit zu verstehen wäre. Möglicherweise versuchen sie, beide Schwierigkeiten zugleich auszuräumen, und verweisen dazu auf die gängige Überzeugung, daß jemand häufig *hätte anders handeln können*, als er tatsächlich gehandelt hat. Wenn sich zu Recht zum Zeitpunkt t_2 sagen läßt, daß *A*, obwohl er tatsächlich *X* tat, *Y* hätte tun können, muß die folgende Behauptung für irgendeinen früheren Zeitpunkt t_1 wahr sein: ›*A* kann sowohl *X* als auch *Y* tun.‹ Wir konzentrieren uns also auf diesen vorausgehenden Zeitpunkt t_1, zu dem *A* sowohl *X* als auch *Y* tun konnte. Leider ist das Wort ›können‹ in seiner Bedeutung unbestimmt. In typischen Situationen bestreitet man mit seiner Verwendung die Gegebenheit von Hindernissen, Zwängen oder Beschränkungen; in anderen Kontexten aber bezieht es sich auf Hindernisse usw. verschiedener Art. Vielleicht will man sagen, daß es keine äußeren Beschränkungen für *A* gibt, *X* oder *Y* zu tun, daß die Wahl also einzig bei ihm liegt; es kann auch gemeint sein, daß bei *A* keine anomalen psychischen Gründe vorliegen (wie Platzangst oder Hypnose), die ihn etwa daran hindern würden, *Y*, und darauf festlegten, *X* zu tun. Schließlich könnte aber auch gemeint sein, daß es nichts gibt, das irgendeine der beiden Möglichkeiten ausschließt, vor allem, daß es keine vorausgehenden zureichenden Ursachen dafür gibt, *X* statt *Y* oder *Y* statt *X* zu tun. Wer einen Kausaldeterminismus vertritt, wird für gewöhnlich einräumen, daß *A* sowohl *X* als auch *Y* in den ersten beiden Bedeutungen tun kann, jedoch bestreiten, daß dies in der dritten Bedeutung möglich ist. Wer dagegen einen kontrakausalen Indeterminismus befürwortet, wird dies darüber hinaus auch in der dritten Bedeutung behaupten. Da also ›können‹ und ›hätte anders handeln können‹ in ihrer Bedeutung zwischen dem, was der Determinist einräumt und bestreitet, und dem, was der Vertreter der Willensfreiheit behauptet, systematisch unbestimmt sind, vermag der Verweis auf die gängige Annahme, oft hätte man auch anders handeln können, den Streit zwischen beiden nicht zu schlichten. Selbst wenn der Befürworter der Willensfreiheit nachweisen könnte, im umgangssprachlichen Gebrauch drücke sich tatsächlich die Überzeugung aus, daß man manchmal auch anders hätte handeln können in dem umfassenden Sinn, daß sowohl *X* als auch *Y* gleich möglich waren, könnte der Determinist immer noch dagegen einwenden, diese Überzeugung beruhe möglicherweise auf einer unbewußten Verwechslung der ersten beiden Bedeutungen von ›können‹ und ›hätte können‹ mit der dritten.

Vielleicht beruft sich der Vertreter der Willensfreiheit auch auf eine ›Freiheitserfahrung‹; der Handelnde sei sich direkt dessen bewußt, daß er (etwa) zwischen zwei Handlungsweisen zu wählen hat, die ihm beide in gleicher Weise im umfassendsten Sinn möglich sind: Der Handelnde wisse, daß er sowohl *X* als auch *Y* tun kann, daß nicht einmal eine kausale Verknüpfung besteht, die ihn auf eine der beiden Handlungsweisen festlegt. Wie aber könnte er sich dessen bewußt sein? Zweifellos kann man sich äußerer Hindernisse bewußt sein: Gewöhnlich weiß man oder kann jedenfalls leicht feststellen, ob man gefesselt, eingesperrt, von einer Flut abgetrieben oder von einem anderen, der einem eine Pistole an die Schläfe hält, bedroht ist. Schwieriger schon ist es herauszufinden, ob man unter Hypnose steht oder an einer Phobie oder Zwangsvorstellung leidet. Dementsprechend kann man sich mit einiger Gewißheit direkt dessen bewußt sein, daß man im Augenblick der Wahl oder des Handelns von solchen Zwängen frei ist. Wenn aber Beschränkungen dieser Art fehlen, wäre man sich unter normalen Umständen keiner vorausgehenden Ursachen seiner Wahl und deswegen auch nicht des Fehlens solcher Ursachen bewußt. Der Umstand, daß man im kontrakausalen Sinn frei ist oder nicht, gehört einfach nicht zu jenen Sachverhalten, zu denen wir durch innere ›Erfahrung‹ einen unmittelbaren Zugang haben können. Tatsächlich haben auch einige der energischsten Verteidiger einer kontrakausalen Freiheit, wie z. B. C. A. Campbell, diese auf Fälle eines Konflikts zwischen dem (moralischen) Ich und dem bis dahin geformten Charakter beschränkt; sie behaupten also gar nicht, daß es solche Freiheit in den normalen Alltagssituationen gibt, in denen wir uns frei fühlen, dieses oder jenes zu tun, z. B. Salzkartoffel oder Pommes frites zu bestellen.[15]

Campbell meint, das Ich sei sich in Konfliktsituationen dessen bewußt, daß »es *im Kampf* mit dem eigenen Charakter, wie er sich bisher herausgebildet hat, *liegt*«; daher »weiß es sehr wohl – vom Standpunkt des inneren Beobachters aus –, was mit einem Akt des Ichs gemeint ist, der sich dennoch nicht eindeutig aus dem eigenen *Charakter* ergibt«. Zweifellos kann man sich des Kampfes gegen das bewußt sein, was man als den eigenen Charakter, wie er sich bisher herausgebildet hat, ansieht; aber man kann sich nicht unmittelbar bewußt sein, daß das, was in dieser Weise kämpft, keine kausale Vorgeschichte hat.

Andererseits ist auch richtig, daß es keine schlüssigen Beweise oder Argumente für die kausale Determiniertheit menschlicher Handlungen gibt. Das gewichtigste Argument beruht auf der Annahme, daß alle Bewußtseinsvorgänge entweder mit neurophysiologischen Vorgängen identisch oder mit ihnen so eng verknüpft sind, daß sich deren Determiniertheit auf sie überträgt und damit auch auf Entscheidungen und Handlungen. Dieses Argument wird allerdings durch den Indeterminismus der Quantenphysik und die Tatsache abgeschwächt, daß Auslösemechanismen die In-

15 Vgl. C. A. Campbell, *On Selfhood and Godhood*, London 1957, S. 167–178, und C. A. C., *In Defence of Free Will*, London 1967, S. 41–44.

determiniertheit mikrophysikalischer Vorgänge auf makrophysikalische Abläufe übertragen könnten. Wie dem auch sei, der Theist würde seinem Gegner immer eine *ignoratio elenchi* vorwerfen können, wenn dieser sich zur Kritik des Theismus auf rein physikalische Argumente beriefe; denn der Theist, der eine Priorität von Geist oder Bewußtsein gegenüber den materiellen Dingen vertritt, müßte von daher jeden Physikalismus von vornherein ablehnen. Der Kausaldeterminismus sei hier also nicht als bewiesen unterstellt; vielmehr soll der Indeterminismus als eine offene Möglichkeit gelten. Es ist dann zu fragen, ob der Vertreter der Willensfreiheit aus dieser Möglichkeit Nutzen ziehen könnte.

Möglicherweise haben also menschliche Entscheidungen und Handlungen keine vorausgehenden Ursachen. In welcher Weise könnten sie dann aber hervorgebracht werden? Einmal könnten sie rein zufällig sein, ohne jede Ursache oder Erklärung. Oder es könnte innerhalb der Grenzen vorhergehender Ursachen ein Element der Zufälligkeit geben. Schließlich könnten sie auch durch Ereignisse hervorgebracht werden, die sich nur durch statistische Gesetzmäßigkeiten wie die der Quantenphysik erklären lassen. Doch keine dieser Möglichkeiten ist für den Vertreter der Willensfreiheit, der den Theismus mit ihrer Hilfe zu verteidigen sucht, von irgendeinem Nutzen. Diese Verteidigung ist nämlich nur dann möglich, wenn die Willensfreiheit des Menschen sich entweder als so wertvoll oder als ein notwendiges Mittel für einen so hohen Wert erweist, daß sie die Schlechtigkeit der tatsächlich vorkommenden Fehlentscheidungen aufwiegt. In diesen Formen vollständiger oder teilweiser Zufälligkeit läßt sich aber gewiß kein so hoher Wert entdecken. Zweifellos sind die Freiheitsformen anderer Art von großem Wert: die Freiheit, etwas aus innerem Antrieb zu tun und nicht aus Not oder Zwang; die Freiheit, etwas aufgrund seines Wertes zu wählen; die Freiheit, die Vor- und Nachteile verschiedener Handlungen, deren Wahl nicht durch äußere Faktoren eingeschränkt ist, gegeneinander abzuwägen und dementsprechend zu wählen; oder die Freiheit, die darin besteht, daß man keinen neurotischen Zwängen unterliegt. Doch alle Freiheiten dieser oder ähnlicher Art sind mit einem Kausaldeterminismus völlig vereinbar und damit *a fortiori* mit dem für uns wichtigen Umstand, daß jemand vorgängig zu seiner Wahl von der Art sein könnte, daß er kausalnotwendig das eine tut und das andere läßt. Wir können daher die Frage, wie der Verteidiger der Willensfreiheit seine Auffassung beweisen würde, beiseite lassen. Es ist für ihn viel problematischer, genau anzugeben, welche Art von Freiheit er denn dem Menschen zusprechen will. Welche Freiheit wäre von der Art, daß sie zugleich von höchstem Wert (entweder in sich oder in dem, was sie möglich macht) und unvereinbar damit wäre, daß wir aufgrund unseres Wesens oder Charakters kausalnotwendig frei das eine und nicht das andere wählen?

In John Lucas' Darstellung findet sich möglicherweise ein Hinweis darauf, weshalb wir dem Determinismus nur zögernd zustimmen. »Wenn meine Entscheidung in dieser Weise vorhersagbar ist« – d. h. für jeden Einzelfall, unfehlbar und aus zeitlich vorhergehenden Ursachen –, »ist sie nicht mehr [. . .] der Ausgangspunkt meines Handelns. Von meiner Handlung kann man nicht mehr sagen, sie entspringe *aus* meinem Wollen, sondern nur, sie sei *dadurch* vermittelt. Daher scheint sie nicht mehr wirklich meine Handlung zu sein.«[16] Bestenfalls ließe sich so erklären, weshalb jeder Handelnde sein von Ursachen freies Wollen, seine Ich-Zentriertheit schätzt, nicht aber, wieso eine kontrakausale Freiheit vom göttlichen Standpunkt aus von Wert sein sollte. Wie dem auch sei, die Überlegung, die Lucas hier richtig wiedergibt, ist jedenfalls verworren. Die Handlung entspringt tatsächlich meinem Wollen: Weshalb sollte sie *mehr* meine Handlung sein, wenn ich und mein Wille keine

16 J. R. Lucas, *The Freedom of the Will*, Oxford 1970, S. 28.

Ursachen hätten, welche sie (prinzipiell) vorhersagbar machten? Hinter solchen Gedankengängen verbirgt sich oft die Ansicht, daß es ein wirkliches Ich gibt, das sich von dem unterscheidet, dem wir eine kausale Vorgeschichte zuschreiben, und daß dieses wirkliche Ich hilf- und tatenlos allen Ereignissen meines Lebens zuschauen würde, wenn der Determinismus Recht hätte. Die Annahme eines solchen extrakausalen Ichs ist jedoch grundlos, und bisher hat noch niemand dargelegt, wie sich seine Wirksamkeit von der eines kausalen Ichs unterscheiden würde. Hier wird demnach nur ein verworrener Grund für die spontane Ablehnung des Determinismus genannt, es wird aber nicht positiv gezeigt, was eine nicht-kausale Handlung wäre oder weshalb sie so hoch geschätzt zu werden verdiente. Die bloße Tilgung von Ursachen und Vorhersagbarkeit können menschlichen Entscheidungen keinen neuen Wert verleihen, solange man nicht in ihnen selbst einen neuen Aspekt als Grund ihrer Werthaftigkeit aufweist.

Kann Kant uns hier weiterhelfen? »Der *Wille*«, schreibt er, »ist eine Art von Kausalität lebender Wesen, so fern sie vernünftig sind, und *Freiheit* würde diejenige Eigenschaft dieser Kausalität sein, da sie unabhängig von fremden sie *bestimmenden* Ursachen wirkend sein kann; so wie *Naturnotwendigkeit* die Eigenschaft der Kausalität aller vernunftlosen Wesen, durch den Einfluß fremder Ursachen zur Tätigkeit bestimmt zu werden.«[17] Kant meint, ein Wille sei genau dann von Fremdursachen bestimmt, wenn er aus Beweggründen bestimmter Art wählt oder handelt – aufgrund von Wünschen und Neigungen, aufgrund von Versuchungen, Drohungen, Belohnungen usw.; dagegen sei er nicht von Fremdursachen bestimmt, wenn er einfach in

17 I. Kant, *Grundlegung zur Metaphysik der Sitten* (1785, ^{2}1786), hrsg. von Th. Valentiner, Stuttgart 1961 [u.ö.] (Reclams Universal-Bibliothek, 4507[2]), BA 97; vgl. auch *Die Metaphysik der Sitten*, Einl. Kants Auffassung von Freiheit wird kritisiert von R. C. S. Walker in: *Kant*, London 1978, S. 147–150.

Übereinstimmung mit seinem eigenen Vernunftideal des allgemeinen Gesetzes oder der Menschlichkeit (oder allgemein der vernünftigen Natur) als Selbstzweck wählt oder handelt. Doch obwohl Kant selbst der Ansicht war, er bestimme damit die kontrakausale Freiheit einiger menschlicher Handlungen, tragen seine Aussagen zu dieser Frage nicht das mindeste bei. Tatsächlich unterscheidet er nämlich nur zwischen *Fremdursachen* des vernünftigen Willens und seiner *autonomen* Wirksamkeit. Das aber ist völlig vereinbar mit den beiden Annahmen, einmal daß es vorausgehende zureichende Ursachen dafür gibt, daß der vernünftige Wille eines Menschen eine bestimmte Stärke aufweist, und zum andern, daß das, was ein solcher Wille leistet, wie er auf die gegebenen Umstände reagiert und gegen entgegenstehende Neigungen ankämpft, ursächlich von seinem Charakter und seiner Stärke abhängt. Die der Heteronomie entgegengesetzte Autonomie ist etwas völlig anderes als eine kontrakausale Freiheit ohne kausale Vorgeschichte. Obwohl Kant glaubte, beide zugleich zu beschreiben, ist ihm dies nur für die erstere gelungen.

Diese Kritik bezieht sich auf die *Grundlegung zur Metaphysik der Sitten*. In seinem späteren Werk *Die Metaphysik der Sitten* hat Kant diesen Unterschied anerkannt. Dort stellt er den *Willen*, den guten, autonomen Willen, der *Willkür*, dem Willen im gewöhnlichen Sinn, dem Vermögen, richtig und falsch zu wählen, gegenüber; nur der Willkür schreibt er kontrakausale Freiheit zu. Damit stellt Kant aber nur die genannte Schwierigkeit heraus, er löst sie nicht. Den Wert der Freiheit verlegt er in die Autonomie, in die Selbstgesetzlichkeit des *Willens*; er sagt nichts zu unserer vagen Vorstellung, der unverursachten Willkür oder der Abwesenheit einer kausalen Vorgeschichte unserer Entscheidungen komme ein besonderer Wert zu.

In der *Grundlegung* nennt Kant jedoch noch ein zweites Argument. »Nun kann man sich unmöglich eine Vernunft denken, die mit ihrem eigenen Bewußtsein in Ansehung ihrer Urteile anderwärts her eine Lenkung empfinge, denn alsdenn würde das Subjekt nicht seiner Vernunft, sondern einem Antriebe, die Bestimmung der Urteilskraft zuschreiben. Sie muß sich selbst als Urheberin ihrer Prinzipien ansehen, unabhängig von fremden Einflüssen, folglich muß sie als praktische Vernunft, oder als Wille eines vernünftigen Wesens, von ihr selbst als frei angesehen werden; d. i. der Wille desselben kann nur unter der Idee der Freiheit ein eigener Wille sein [. . .]« (BA 101). Dieses Argument ist später oft genug wiederholt worden; dennoch ist es falsch.[18] Richtig ist, daß man im Bereich der spekulativen Vernunft nicht ernsthaft ein vernünftiges Urteil fällen oder eine echte Überzeugung äußern kann, wenn man zugleich einräumt, daß man zu diesem Urteil oder zu dieser Überzeugung irgendwie *von außen veranlaßt* wurde. Niemand kann vernünftigerweise sagen: ›Ich bin von *X* überzeugt, weil man mich bestochen hat‹ oder ›Ich halte die Quantenphysik für richtig, weil ich sonst mein Physikexamen nicht bestehe‹ oder – was noch einmal in Kapitel 11 in Zusammenhang mit Pascals Argument der Wette eine Rolle spielen wird – ›Ich glaube an Gott, weil ich vielleicht verdammt werde, wenn ich es nicht tue‹. Entsprechend kann man nicht ernsthaft einem Vernunfturteil zustimmen, wenn man zugleich erkennt, daß diese Zustimmung ausschließlich durch irrationale Faktoren verursacht wurde: Niemand kann vernünftigerweise ernsthaft einer Glaubensüberzeugung anhängen und zugleich einräumen, daß seine Überzeugung ausschließlich auf Indoktrination in der Kindheit beruht. Dies läuft aber nur darauf hinaus, daß ein vernünftiges theoretisches Urteil von demjenigen, der es fällt, nicht so verstanden werden kann, daß es in *unangemessener* Weise in ihm verursacht wurde, d. h. in einer Weise, die für die Wahrheit oder Rechtfertigung seiner Überzeugung irrelevant ist. Völlig problemlos aber ist es, ernsthaft eine ver-

18 Etwa von Lucas, *The Freedom of the Will*, S. 115 f., wo sich noch weitere Verweise finden.

nünftige Überzeugung zu vertreten und zugleich einzuräumen, daß sie in *angemessener* Weise in ihm verursacht wurde. Die einfachsten Fälle sind jene, in denen der für richtig gehaltene Sachverhalt dadurch die entsprechende Überzeugung hervorruft, daß er auf die Sinnesorgane dessen, der von seiner Richtigkeit überzeugt ist, einwirkt und in Wechselwirkung mit seinen angeborenen oder erworbenen theoretischen Fähigkeiten steht. Die Anwesenheit des Tisches vor mir bewirkt in mir die Überzeugung, daß vor mir ein Tisch steht. Dasselbe gilt aber auch für komplizierter zu begründende Überzeugungen. Fälschlicherweise behauptet Lucas, wer »für die Wahrheit offen ist und sich durch neu beigebrachte Argumente beeindrucken läßt«, könne nicht zugleich annehmen, »daß er von vorhergehenden physischen Faktoren bestimmt wird«. Aber hierbei muß es sich nicht um einen Gegensatz handeln, wenn gewährleistet ist, daß jene Faktoren die Grundlage oder neurologischen Entsprechungen guter Argumente sind. In ähnlicher Weise braucht auch ein ernsthaftes praktisches Argument nicht unverursacht zu sein oder als unverursacht verstanden zu werden; es genügt, daß es als nicht *unangemessen* verursacht gilt. Was damit genau gemeint ist, hängt von der moralischen Gesamttheorie ab: Für Kant ist allein die reine praktische Vernunft selbst angemessen. Doch gleichgültig, worin die angemessene Wirksamkeit auch bestehen mag, bislang wurde noch kein Grund genannt, weshalb diese keine kausale Vorgeschichte haben sollte.

Kurz, Kant mißlingt es völlig, eine kontrakausale Entscheidungsfreiheit, die für sehr wertvoll gehalten werden könnte, zu beschreiben; dies ist auch seinen Nachfolgern nicht gelungen. *A fortiori* hat man uns keine schätzenswerte Art von Freiheit dartun können, die unvereinbar damit wäre, daß ein Handelnder so geartet ist, daß er frei das eine, nicht aber das andere wählt.

(f) *Die Verteidigung mit Hilfe der Willensfreiheit: Fortsetzung*

Nach diesem Exkurs können wir wieder zu unserem Hauptthema zurückkehren. Wir dürfen also sicher sein, daß es *nicht* unmöglich ist, daß Menschen so geartet sind, daß sie immer frei das Gute wählen.

(3) Räumt man diese Möglichkeit ein, könnte es dann nicht logisch möglich sein, daß Gott sie so erschafft? Da der in Frage stehende Gott voraussetzungsgemäß sowohl allmächtig als auch allwissend ist, müßte die Erschaffung aller möglichen kontingenten Naturen in seiner Macht stehen; auch muß er genau wissen, welche Natur er erschafft. Ließe sich dagegen einwenden, die Tatsache, von Gott mit einer bestimmten Natur erschaffen zu sein, würde selbst schon die Freiheit des Handelnden aufheben? Zweifellos könnte ›Freiheit‹ einfach so definiert sein, daß die Natur des Handelnden aus nichts entspringt; damit wäre ausgeschlossen, daß diese Natur von einem anderen Wesen im Wissen um sie geschaffen wurde: Wenn Gott dann freie Wesen erschaffen würde, so bedeutete das für ihn, Wesen ohne spezifische Natur zu erschaffen; ihre Natur ließe er aus nichts entspringen. Doch wiederum bleibt völlig dunkel, weshalb eine so definierte Freiheit von so großem Wert sein sollte.

Die vorgeschlagene Alternative ist also nicht widersprüchlich; Gott hätte also Menschen (und vielleicht andere freie Wesen) erschaffen können, die so geartet wären, daß sie immer frei gut und niemals schlecht handelten. Ist dies aber richtig, so stellt der angeblich überragende Wert der Freiheit keine Erklärung für das Vorkommen von Übeln in einem Universum dar, das von einem vollkommenen Schöpfer erschaffen sein soll.

Wäre eine solche Welt, in der jeder immer das Richtige täte, nicht recht fade? Müßte es mich nicht langweilen, wenn es keine Theodizeen gäbe, die sich widerlegen ließen? Vielleicht. Doch, wie gesagt, ist es Sache des Theisten – nicht meine – anzugeben, was er für gut hält. Wenn er sagt, daß eine gewisse Menge nicht nur von Fehlern und Irrtümern, sondern auch von Unehrlichkeit, Betrug, Ungerechtigkeit, Grausamkeit, Haß, Bosheit, Verrat, Mord und Völkermord in Ordnung geht, daß diese Übel angemessene Elemente eines im ganzen optimalen Zustands – d. h. völlig absorbierte Übel – darstellen, dann ist dies für ihn zweifellos eine Lösung des Problems. Wenn es keine nicht absorbierten Übel gibt, ist der Theismus gerettet. Aber die Verteidigung mit Hilfe der Willensfreiheit war gerade dazu gedacht, den Theismus mit der zugestandenen Existenz *nicht absorbierter* Übel zu versöhnen. Eben dies aber gelingt ihr nicht.

Alvin Plantinga hat jedoch versucht, diese Verteidigung mit Hilfe seines technischen Apparats möglicher Welten und individueller Wesenheiten neuzufassen. Im Kern besteht sein Argument in einer Kritik an dem, was er als »Leibniz' Fehler« bezeichnet. Leibniz meinte, wenn Gott allmächtig sei, hätte er jede beliebige mögliche Welt, die ihn selbst enthielte, erschaffen können. Unter der Voraussetzung, daß Gott in diesem Sinn allmächtig ist, außerdem auch allwissend und vollkommen gut, schloß er, die tatsächlich existierende Welt müsse die beste aller möglichen Welten sein. (Genau genommen hätte er nur folgern können, daß keine mögliche Welt besser ist als diese: es könnte noch andere gleich gute Welten geben.) Dies setzte ihn natürlich der Kritik Voltaires im *Candide* aus. Plantinga meint jedoch, Leibniz hätte sich nicht in diese mißliche Lage zu begeben brauchen: Es gebe mögliche Welten, die selbst ein allmächtiger Gott nicht erschaffen könnte.[19]

Er illustriert seine These an einem erfundenen Bürgermeister von Boston, Curley Smith. Angenommen, in einer bestimmten Situation werde Curley eine Bestechungssumme angeboten und er sei frei, sie anzunehmen oder zurückzuweisen. Angenommen nun, es ist wahr, daß er sie zurück-

19 Plantinga, *The Nature of Necessity*, S. 173–189.

weist, als man sie ihm anbietet. Dann aber konnte Gott keine mögliche Welt erschaffen, in der Curley in dieser Situation die Summe, die ihm angeboten wird, nicht zurückweist. Oder es ist wahr, daß Curley die Summe nimmt, als man sie ihm anbietet. Dann konnte Gott keine mögliche Welt erschaffen, in der Curley in dieser Situation die ihm angebotene Summe zurückweist. So oder so, es gibt wenigstens eine mögliche Welt, die Gott nicht schaffen kann, und berücksichtigt man andere freie Entscheidungen, so erweist sich, daß es sehr viel mehr sein müssen. So weit so gut, damit ist Leibniz' Fehler korrigiert. Doch jetzt erst folgt der entscheidende Schritt. Plantinga nimmt an, Curley sei so bestechlich, daß »jede Welt, die Gott geschaffen haben könnte, so beschaffen ist, daß Curley, wenn er darin im eigentlichen Sinn frei ist, sich wenigstens einmal bestechen läßt«. Curley leidet an dem, was Plantinga »transuniversale Verderbtheit« nennt: In jeder möglichen Welt, in der er existiert und im eigentlichen Sinn frei ist, begeht er wenigstens eine verwerfliche Handlung. Dies versteht Plantinga als eine Curleys individuelles Wesen charakterisierende Tatsache. Da Gott allwissend ist, weiß er auch alles über Curleys individuelles Wesen. Dann aber scheint die Antwort einfach: Welche Personen Gott auch erschafft, es wäre besser, wenn er Curley Smith nicht erschaffen würde. Was aber soll geschehen, fragt Plantinga, wenn nicht nur Curley Smith an dieser transuniversalen Verderbtheit leidet, sondern auch jede mögliche andere geschaffene Person? »Von Interesse ist demnach die Tatsache: Es ist möglich, daß jede geschaffene Wesenheit (d. h. jede Wesenheit, die die Erschaffung durch Gott definitionsgemäß einschließt) an der transuniversalen Verderbtheit leidet«, und daher »ist es möglich, daß Gott keine Welt geschaffen haben könnte, die nur das moralisch Gute, nicht aber auch das moralisch Schlechte enthielte«.

Wie aber ist es möglich, daß jede geschaffene Wesenheit an transuniversaler Verderbtheit leidet? Diese Möglichkeit gäbe es nur dann, wenn Gott vor einer begrenzten Anzahl geschaffener Wesenheiten stünde, vor einer begrenzten Anzahl von Menschen, aus der er auswählen müßte, wenn er überhaupt freie Wesen erschaffen wollte. Was könnte ihm die Auswahl so eingeschränkt haben? Wir haben bereits gesehen, daß es nicht logisch unmöglich ist, daß selbst eine geschaffene Person immer frei das Richtige wählt; die angenommene Beschränkung der Auswahl möglicher Personen ist daher logisch kontingent. Wie aber könnte es logisch kontingente Sachverhalte *vor der Erschaffung und Existenz irgendwelcher geschaffener Wesen mit freiem Willen* geben, die ein allmächtiger Gott zu akzeptieren und mit denen er sich abzufinden hätte? Eine solche Annahme ist in sich widersprüchlich. Mit dem Begriff individueller Wesenheiten, welche – vermutlich in nicht-kausaler Weise – festlegen, wie Curley Smith, der Satan und wir übrigen in jeder hypothetischen Situation frei wählen oder handeln würden, hat Plantinga die Verteidigung des Theismus mit Hilfe der Willensfreiheit nicht gerettet, sondern ihre Schwäche erst so recht deutlich gemacht. Mit dem Begriff der individuellen Wesenheit räumt er ein, daß, selbst wenn freie Handlungen nicht kausal determiniert sind, selbst wenn Freiheit in der hier wichtigen Bedeutung nicht mit kausaler Determination vereinbar ist, dennoch ein Mensch *von der Art* sein kann, *daß* er in jeder Einzelsituation frei so und nicht anders wählt. Dies vorausgesetzt und unter der Voraussetzung einer unbegrenzten Anzahl aller logisch möglichen geschaffenen Wesenheiten, aus denen ein allmächtiger und allwissender Gott frei auswählen könnte, welche er erschaffen wollte, ergibt sich eindeutig, daß meine ursprüngliche Kritik an der Verteidigung des Theismus mit Hilfe der Willensfreiheit immer noch gilt: Gäbe es einen solchen Gott, so wäre es ihm möglich gewesen, Wesen von der Art zu schaffen, daß sie immer frei das Gute wählten.

Noch ein weiterer Versuch ist denkbar, die Verteidigung des

Theismus mit Hilfe der Willensfreiheit zu verbessern.[20] Entgegen allen vorgebrachten Einwänden sei einmal angenommen, daß es den Begriff einer Art von Freiheit gibt, die von großem Wert ist und zugleich einschließt, daß ein in diesem Sinn frei handelndes Wesen so und nicht anders wählt, dennoch aber nicht vorgängig zu seiner Wahl so geartet ist, daß es in dieser Weise wählt. Auch sei – entgegen Plantingas Theorie – angenommen, daß sich über Curley keine wahren Aussagen des Inhalts machen lassen, wenn man ihm unter diesen oder jenen Umständen eine Bestechungssumme anbiete, werde er sie nehmen bzw. zurückweisen. Selbst ein allmächtiger Gott weiß dann nicht im voraus, was Curley tun würde, wenn man ihm die Summe anböte; und selbst wenn die Summe schon angeboten ist, weiß er erst dann, was Curley tut, wenn dieser es tut. Mit dieser Annahme bezieht man eindeutig Position in dem großen Streit über ›zukünftige Möglichkeiten‹: Obwohl Gott alles weiß, was gewußt werden kann, weiß er doch solche Dinge nicht; denn solange sich z. B. Curley noch nicht entschieden hat, ist das, was er tun wird, kein möglicher Gegenstand einer wahren Aussage. Wenn Gott also freie Wesen – in diesem Sinn – erschaffen wollte, mußte er es tun, ohne zu wissen, wie sie ihre Freiheit gebrauchen würden.

Diese Verteidigungsstrategie vermag besser als alle anderen, Gott vom moralischen Übel in der Welt, von den verkehrten Entscheidungen freier Geschöpfe freizusprechen. Doch gelingt dies nur auf Kosten einer sehr ernsten Aushöhlung dessen, was man gewöhnlich unter der Allwissenheit Gottes versteht. Wenn Gott um zukünftige Möglichkeiten nicht

20 A. N. Prior hat diese Überlegungen über zukünftige Möglichkeiten in »Formalities of Omniscience«, in: *Philosophy* 37 (1962), wiederabgedr. in: A. N. P., *Papers on Time and Tense*, Oxford 1968, zuerst entwickelt; er beruft sich dabei auf frühere, vor allem auf mittelalterliche Diskussionen des Problems, wendet seine Überlegungen aber nicht auf unsere Frage der Verteidigung des Theismus an.

weiß, vor allem nicht weiß, welche freien Entscheidungen Menschen treffen werden, folgt daraus, daß er beispielsweise 1935 wenig mehr über die katastrophalen Ereignisse der Jahre bis 1955 wußte als wir und daß er jetzt über die kommenden zwanzig Jahre kaum besser informiert ist als wir. Eine solche Beschränkung seines Wissens hätte auch eine ernste Beschränkung seiner Macht zur Folge. Darüber hinaus zwingt diese Theorie den Theologen, Gott zeitlich zu denken: Nur *bevor* Gott Adam und Eva erschuf, konnte er nicht wissen, was sie tun würden, wenn er sie erschüfe; will der Theologe sich nicht widersprechen, kann er Gott keine außerzeitliche Existenz und kein außerzeitliches Wissen zuschreiben. Das wäre vielleicht in mancher Hinsicht von Vorteil: Die Dinge wären dann für Gott interessanter, und auch das vollkommene Geheimnis seiner außerzeitlichen Existenz und Wirksamkeit wäre aufgehoben. Dafür müßten dann aber wichtige Elemente der traditionellen Theologie aufgegeben werden.

Doch auch das ist noch nicht alles. Obwohl Gott nach dieser Ansicht nicht wissen konnte, was Adam, Eva und Satan tun würden, wenn er sie erschüfe, konnte er zweifellos doch wissen, was sie tun *könnten*. Das ist selbst mit dieser extremen Sicht vereinbar. Dann aber wäre er ein im wortwörtlichen Sinn höllisches Risiko eingegangen, als er sowohl Adam und Eva als auch Satan erschuf. War die Freiheit, unvorhersehbare Entscheidungen zu treffen, ein so großes Gut, daß es selbst dieses Risiko aufwog? Diese Frage ist im Blick nicht nur auf das Maß an menschlicher Bosheit, wie sie sich tatsächlich findet, zu beantworten: (wie seltsam dies auch scheinen mag) die Menschen hätten auch weitaus bösartiger sein können, als sie es tatsächlich schon sind, und Gott hätte (nach dieser Ansicht) auch dieses Risiko in Kauf genommen. Er wäre dann zwar nicht der Urheber der Sünde in dem Sinn, daß er sie wissend hervorgebracht hätte, man könnte ihn also nicht vorsätzlicher Bosheit anklagen; dennoch aber hätten wir allen

Grund, ihm schlimmste Fahrlässigkeit oder größten Leichtsinn vorzuwerfen.

Aber wie dem auch sei, wir müssen unser provisorisches Zugeständnis zu Anfang dieser letzten Fassung der theistischen Verteidigung zurückziehen. Bislang konnte noch kein Begriff von Freiheit vorgelegt werden, auf den die folgenden Merkmale insgesamt zutreffen: die freien Entscheidungen entspringen nicht einem vorgegebenen Charakter oder Wesen des Handelnden; sie sind nicht von Gott vorhersehbar; und diese Freiheit ist zugleich ein so großes Gut oder eine notwendige Bedingung für ein so großes Gut, daß sie alle nicht absorbierten tatsächlich vorkommenden Übel oder das Risiko aller möglicherweise vorkommenden Übel aufwiegt. Auch läßt sich, wie wir zu Ende von Abschnitt (c) gesehen haben, nicht die hier erforderliche Annahme begründen, daß Gott den Menschen eine Freiheit verliehen haben könnte, die sie sogar seiner eigenen Kontrolle entzogen hätte.

Kurz, alle Formen der Verteidigung des Theismus mit Hilfe der Willensfreiheit scheitern; und da überhaupt nur diese Verteidigung einige Aussicht auf Erfolg hatte, ist weit und breit keine plausible Theodizee in Sicht. Das Problem des Übels stellt allerdings auch keine schlüssige Widerlegung des Theismus dar; denn die Aussagen des Theismus sind in gewisser Weise flexibel; flexibel sind insbesondere aber auch die zusätzlichen Prämissen, die erforderlich waren, um das Problem explizit zu machen. Es *mag* natürlich sein, daß sie sich so fassen lassen, daß ein innerer Widerspruch vermieden wird, ohne daß der Theist wesentliche Elemente seines Glaubens aufgeben müßte. Doch ist ihm dies bisher noch nicht in der erforderlichen Klarheit gelungen; vielmehr spricht sehr viel dafür, daß sich der Theismus nicht widerspruchsfrei darlegen läßt, ohne daß wenigstens eine seiner zentralen Aussagen wesentlich verändert wird.

Für alle aufgewandte Mühe scheint diese Folgerung ein sehr bescheidener Lohn zu sein. Sie läßt verschiedene Möglichkeiten zur Korrektur der traditionellen theistischen Auffassungen offen. Dennoch mag sie von einigem praktischen Nutzen sein: Einmal entlarvt sie einige typische Versuche, sich dem Problem zu entziehen; dann aber macht sie auch deutlich, daß jede Korrektur, die den Theismus in sich widerspruchsfrei machen würde, ihm zugleich auch einiges von seiner Anziehungskraft nähme.

Kapitel 10

Religiöse Erfahrung und die natürliche Geschichte der Religion

(a) *Die Vielfalt religiöser Erfahrungen*

Seit Beginn des 19. Jahrhunderts, vor allem aufgrund des Einflusses Kants, gelten die traditionellen Gottes›beweise‹ weithin als widerlegt oder werden einfach übergangen. Dies gilt allerdings weniger für katholische Philosophen und Theologen als für protestantische. Auch haben wir gesehen, daß das Problem des Übels jeden, der an allen Aussagen des traditionellen Theismus festhalten will, vor sehr große Schwierigkeiten stellt. Um ihnen zu entgehen, legte man immer weniger Wert auf Beweise oder gar auf religiöse Lehren metaphysischer Art und stützte sich statt dessen immer mehr auf die religiöse Erfahrung.

Diese Absicherung durch religiöse Erfahrung kann von zweifacher Art sein. Erstens kann man meinen, es komme einzig und allein auf diese Erfahrung an. Manche religiös Gläubigen, vor allem Menschen zum Zeitpunkt ihrer Bekehrung, wenn sie vom Unglauben zum Glauben kommen, machen Erfahrungen, die für sie über alles wertvoll und wichtig sind, Erfahrungen, die ihr gesamtes Leben in einem neuen Licht erscheinen lassen und es von Grund auf ändern. Aus solchen Erfahrungen, so sagt man, bestehe im wesentlichen die Religion: Alle formulierten biblischen oder metaphysischen religiösen Aussagen, mag es sich dabei um spezielle Lehren einer bestimmten Glaubensrichtung oder Sekte handeln oder um die eines sehr allgemeinen Theismus oder Supernaturalismus, gingen am Kern der Sache vorbei. Obwohl manche religiösen Gruppierungen solche Lehren für entscheidend hielten, würden diese Erfahrungen doch im wesentlichen unverändert bleiben, selbst wenn die mit ihnen verknüpften Lehren andere wären; diese Erfahrungen behielten ihre Gültigkeit unabhängig davon, ob die Lehren wahr oder falsch seien. Zweitens aber kann man auch die Ansicht vertreten, religiöse Erfahrungen seien nicht nur in sich selbst von Wert, sondern darüber hinaus auch ein Argument oder gar ein Beweis für die Wahrheit der mit ihnen verbundenen Glaubensüberzeugungen, d. h., es gebe ein eigentliches Argument *aus* der religiösen Erfahrung *für* etwas weiteres. Doch läßt sich diese zweite Möglichkeit noch unterteilen. Bei diesem ›Weiteren‹ kann es sich um die zentralen Aussagen des traditionellen Theismus handeln, wie wir sie bereits im Zusammenhang mit den von uns bisher untersuchten Argumenten geprüft haben; oder es handelt sich dabei um die besonderen Lehren eines bestimmten religiösen Bekenntnisses, etwa um die Göttlichkeit Jesu und seine Heilsnotwendigkeit; und schließlich kann dieses ›Weitere‹ einfach die Wirklichkeit *irgendeiner* höheren, doch potentiell menschenfreundlichen Macht meinen.

Der Unterschied zwischen diesen beiden Auffassungen läßt sich noch in anderer Weise verdeutlichen. Das Verb ›erfahren‹ ist transitiv: Jede Erfahrung braucht einen Gegenstand, auf den sie sich bezieht; sie muß Erfahrung *von* etwas sein. Doch kann dieses Etwas nur ein Bewußtseinsgegenstand sein, wie bei einer Traum- oder Schmerzerfahrung. Der Schmerz oder der Traum hat zweifellos irgendwelche Ursachen; doch existiert der Schmerz nicht unabhängig von der Erfahrung, und auch die Gegenstände eines Traums, die seinen Inhalt ausmachen, existieren nicht unabhängig von ihm. Eine Erfahrung kann aber auch auf einen realen Gegenstand bezogen sein: gewöhnlich nehmen wir an, daß unsere normale Sinneserfahrung das Bewußtsein von unabhängig existierenden materiellen raum-zeitlichen Dingen darstellt oder einschließt. Es ist also zu fragen, ob spezifisch religiöse Erfahrungen auf reale Gegenstände bezogen sind und uns eigentliche Informationen über unabhängig existierende übernatürliche Wesenheiten oder Geistwesen liefern oder ob nur ihre inneren Merkmale, ihre Bewußtseinsgegenstände und natürlich ihr Einfluß auf das Leben derjenigen, die solche Erfahrungen machen, von Bedeutung sind.

Für die Erörterung beider Theorien muß man sich darüber klar werden, welche Arten von Erfahrung hier gemeint sind. Dazu greift man auch heute noch am besten zu William James' klassischem Werk *Die religiöse Erfahrung in ihrer Mannigfaltigkeit.*[1] Wie Humes *Dialoge* gehört es zu den wenigen Meisterwerken *über* die Religion. James berücksichtigt eine Vielzahl von veröffentlichten und unveröffentlichten autobiographischen Berichten und unterscheidet nicht nur die verschiedensten Arten religiöser Erfahrung, sondern erörtert auch ausgewogen und zurückhaltend, dennoch aber kühn, wie sie zu erklären und zu bewerten sind und welche Argumente sich letztlich zu Recht auf sie gründen lassen.

James richtet sein Augenmerk vor allem auf die Einzelerfahrungen bestimmter Menschen und berücksichtigt dabei weniger die abgeschwächteren und konventionelleren Formen als vielmehr die ausgefalleneren. Er behauptet – wiewohl dies, wie wir noch sehen werden, umstritten ist –, alle organisierten, institutionalisierten Religionen und alle Theologie seien die sekundäre Folge solcher Einzelerfahrungen: Sowohl die Götter der Kirchen und die Götter der Stämme und Nationen als auch der Gott der Philosophen hingen letztlich von dem Gott ab, dem der einzelne Gläubige, Bekehrte oder Mystiker in Einsamkeit begegnet sei. Religionsstifter und -erneuerer, so meint James, seien Menschen, die persönlich eine überwältigende religiöse Erfahrung gemacht hätten (vgl. Vorlesungen II, XIV und XV, bes. S. 328).

1 W. James, *The Varieties of Religious Experience*, London 1902. Die im Text mit Kapitel- und Seitenangaben versehenen Zitate sind der Ausg. London 1960 entnommen. Die von G. Wobbermin besorgte dt. Ausg. *Die religiöse Erfahrung in ihrer Mannigfaltigkeit*, Leipzig ^{2}1914 (^{1}1907), stellt eine stark überarbeitete und gekürzte Fassung dar.

Als Psychologe, der seinem Werk den Untertitel »A Study in Human Nature« (dt. Ausg.: »Materialien und Studien zu einer Psychologie und Pathologie des religiösen Lebens«) gab, interessiert sich James sehr stark für den kausalen Ursprung dieser besonderen Bewußtseinszustände und für ihre Ähnlichkeiten mit anderen Bewußtseinsphänomenen. Doch beharrt er (in Vorlesung II) darauf, daß die Frage nach dem »Wert« dieser Erfahrungen – wozu er auch die Frage zählt, ob es sich bei dem, was sich in ihnen zeigt, um einen ansonsten unzugänglichen Wirklichkeitsbereich handelt – völlig unabhängig von der nach ihrem Ursprung ist, und am Ende (in Vorlesung XX) verteidigt er nicht nur das, was *wir* als ihren Wert bezeichnen, sondern darüberhinaus auch vorsichtig und zurückhaltend ihre objektive Wahrheit.

Eines von James' Hauptthemen ist die Mannigfaltigkeit religiöser Erfahrungen. Er beschreibt (in den Vorlesungen IV und V) »die Religion der Leichtmütigen«, »jene Sinnesart, die alle Dinge für gut hält«, und dies vielleicht sogar im Stil der Christian-Science- und anderer Formen der »Gemütskur«-Bewegung bis zu jenem Punkt, an dem die Übel völlig geleugnet werden. Ganz anders ist nach ihm jene tiefere Art von Erfahrung, in der eine »schwermütige Seele« wunderbar geheilt wird, in der jemand zunächst von dem Gefühl der eigenen Sündhaftigkeit, der inneren Zerrissenheit und vielleicht wie Tolstoi der reinen Sinnlosigkeit des Lebens überwältigt wird, um dann eine Offenbarung oder Bekehrung zu erleben, in der er sich als erlöst, befreit, mit sich selbst einsgeworden und glücklich erfährt. Noch anders seien die Erfahrungen der Mystiker. Der Inhalt dieser Erfahrungen werde gemeinhin als unausdrückbar und nicht mitteilbar bezeichnet; dennoch erschienen sie denjenigen, die sie machten, als Zustände nicht nur äußerster Gefühlserregung, sondern auch tiefster Erkenntnis. Diese Erkenntnis lasse sich wenigstens für viele Fälle grob zusammenfassen in dem Bewußtsein der Einheit und Schönheit des gesamten Kosmos und der Vereinigung des Mystikers mit ihm. Die Erfahrungen so verschiedener Art könnten im buchstäblichen Sinn Visionen von großer Lichtfülle, von übernatürlichen Wesen, das Hören von Stimmen oder das Gefühl, eine bestimmte Sendung zu empfangen, in sich einschließen, müßten es aber nicht.

Doch es lassen sich aus dieser verwirrenden Vielfalt mit James' Hilfe einige Leitthemen und -prinzipien aussondern. Auffällig ist zunächst die Ähnlichkeit religiöser Erfahrungen mit anderen bekannten Bewußtseinsphänomenen. Wir alle kennen Träume; Gesichte und Halluzinationen sind zwar verhältnismäßig selten, dennoch aber bekannte Erscheinungen. Viele Menschen haben gelegentlich den Eindruck, Worte zu hören, obwohl niemand in der Nähe ist, der spricht. Zahlreiche religiöse Erfahrungen ähneln selbst in der Abfolge gegensätzlicher Phasen sehr stark der fast allgemeinmenschlichen Erfahrung der Liebe. Hysterien, Wahnvorstellungen, periodisch wiederkehrende Manien und Depressionen sind bekannte und weitgehend erklärte psychopathische Phänomene, denen in zahllosen Fällen jede religiöse Komponente fehlt; doch weisen Erfahrungen, die solche Komponenten einschließen und als religiöse Erlebnisse *par excellence* gelten, mit jenen nicht-religiösen krankhaften Erscheinungen viele gemeinsame Züge auf. Mystische Erfahrungen werden oft durch bestimmte Drogen hervorgerufen. Einige der von Mystikern berichteten Erlebnisse laden geradezu zu der Deutung ein, sie seien Ausdruck starker sexueller Leidenschaft. Aus psychologischer Sicht, darauf weist auch James ausdrücklich hin, lassen sich solche Phänomene wie Bekehrung, »Gemütskur«, sinnliche oder motorische Automatismen (wie das Hören von Stimmen), Erleuchtungen, Mystik usw. sehr leicht als Wirkweisen der un- oder unterbewußten Teile des Bewußtseins deuten. »Ich möchte nun folgende Hypothese vorschlagen«, schreibt er: »Was auch das ›Höhere‹, mit dem wir uns in der religiösen Erfahrung verbunden fühlen, nach jenseits zu, d. h. außerhalb der Grenzen unserer Einzelexistenz sein mag, in der diesseitigen Sphäre, d. h. innerhalb jener Grenzen ist es die unterbewußte Fortsetzung unseres bewußten Lebens« (Vorlesung XX, 487; doch vgl. auch S. 125, 237, 267 und 462; dt. Ausg. S. 396).

Obwohl James darauf besteht, daß die Frage nach dem Ursprung einer religiösen Erfahrung völlig verschieden ist von der nach ihrem Wert und ihrer Wahrheit, besteht doch zwischen ihnen eine bedeutsame indirekte Beziehung. Da derartige Erfahrungen ohne Zuhilfenahme irgendwelcher religiösen Annahmen psychologisch verstehbar sind, bieten sie als solche keine Garantie dafür, daß sie einen übernatürlichen Ursprung haben. In ihnen selbst findet sich nichts, was für sie kennzeichnend oder unterscheidend wäre. Dies gilt zweifellos für eine einzelne ›religiöse‹ Erfahrung. Peter Sutcliffe, der »Ripper von Yorkshire«, der in den letzten Jahren wenigstens 13 Frauen ermordet hat, hörte von ihm als göttlichen Ursprungs gedeutete Stimmen, die ihn zu den Morden aufforderten. Selbst Theologen haben immer schon eingeräumt, daß sich nicht leicht ausmachen läßt, ob einzelne Visionen und Botschaften von Gott oder vom Satan stammen. James schreibt unter Verweis auf Jonathan Edwards und die hl. Theresia von Avila: »Kein äußerer Schein ist ein untrüglicher Beweis von Gnade. [. . .] Die guten Handlungsdispositionen, die eine Vision, eine Stimme oder irgendeine andere himmlische Gunstbezeugung zurücklassen, gelten als das einzige Merkmal, welches vielleicht Sicherheit gibt, daß es sich nicht um Täuschungen des Versuchers handelt« (Vorlesung I, S. 41 f.; vgl. dt. Ausg. S. 15 f.). Gewiß fallen beide Alternativen, Gott und der Satan, unter den weiten Begriff der übernatürlichen Ursache. Doch wird man heute ohne weiteres einräumen, daß sich die früher dem Satan zugeschriebenen Erfahrungen voll durch rein psychische, nämlich unterbewußte Faktoren erklären lassen; da aber zugleich zugestanden wird, daß sich jene früher von den Theologen Gott zugeschriebenen Erfahrungen *in sich* nicht von jenen anderen dem Teufel zugeschriebenen unterscheiden, folgt, daß auch die als eigentlich religiös gedeuteten Erfahrungen nicht von vornherein einer rein psychologischen Erklärung entzogen sind. Allein daran scheinen schon alle Argumente *aus* der religiösen Erfahrung *auf* irgendwelche übernatürlichen Folgerungen zu scheitern.

Oben hatten wir bereits zwischen drei verschiedenen Arten übernatürlicher Schlußfolgerungen unterschieden: zwischen den zentralen Aussagen des Theismus, den besonderen Lehren einzelner Bekenntnisse und der bloßen Behauptung der Existenz irgendeiner höheren, doch menschenfreundlichen Macht. Zweifellos wäre nun jedes Argument aus der religiösen Erfahrung auf eine Folgerung der zweiten Art äußerst schwach. Es ist richtig, daß die spezifischen Gehalte, die Bewußtseinsgegenstände einzelner Erfahrungen, häufig solche besonderen Glaubensüberzeugungen einschließen oder voraussetzen. Als Paulus auf der Straße nach Damaskus die Frage hörte: »Saulus, Saulus, warum verfolgst du mich?«, entschlüsselte ihm die Vision, wer da rief. Auch jener Graduierte der Universität Oxford, von dem James berichtet, war sich (wie zahllose andere, die ein Bekehrungserlebnis hatten) völlig sicher, daß sowohl Jesus Christus als auch Gott Vater auf ihn eingewirkt hatten (S. 222–224; dt. Ausg. S. 179 f.). Als George Fox Rinnsale von Blut durch die Straßen von Lichfield fließen sah, verband er dies mit dem Martyrium von mehr als tausend Christen zur Zeit Diokletians (S. 30 f.; dt. Ausg. S. 4 f.). Es ist aber klar, daß solche Deutungen entweder vom Kontext der Erfahrungen oder von dem, was der Visionär unabhängig von seiner Vision bereits weiß oder glaubt, abhängen. Selbst wenn sich die spezifischen religiösen Lehren im Inhalt der Erfahrungen irgendwie wiederfinden, lassen sie sich doch ungezwungen so erklären, daß sie aus der religiösen Tradition, die den Visionär beeinflußt hat, in seine Visionen eingeflossen sind. Gläubige, die bereits Maria verehren, haben vielleicht Muttergotteserscheinungen; wer sich bereits ganz auf die Bibel als Wort Gottes eingelassen hat, mag in einer Bibelstelle plötzlich eine neue Kraft und Deutung finden (S. 195–198). James nennt auch einige Bekehrungsfälle, die trotz ihrer sonstigen Ähnlichkeit mit religiösen Formen, dennoch ohne allen religiösen Inhalt waren (Vorlesung IX, S. 207; dt. Ausg. S. 164 ff.). J. S. Mill berichtet in seiner Autobiographie von einer Abfolge von Depressions- und Erleichterungszuständen, die alle Merkmale einer religiösen Bekehrung tragen, außer daß Mill, der ohne jede religiöse Erziehung aufgewachsen ist, in diese Erfahrungen keine theistischen Deutungen hineinliest.[2] Kierkegaard schreibt einmal, wer in einer Gesellschaft von Götzendienern lebe und *in der rechten Gesinnung* zu seinem Götzen bete, verehre damit den wahren Gott.[3] Das ist allerdings ein zweischneidiges Schwert. Man muß dann auch sagen: Wer seiner Absicht nach zum spezifisch christlichen Gott betet und dann in einer Vision Jesus Christus oder die Jungfrau Maria zu sehen meint, könnte aus demselben Grund vielleicht auch von einem ganz anderen, nämlich dem wahrhaft wahren Gott eine Botschaft empfangen, falls dieser nur weitherzig genug ist, solche Irrtümer seiner Verehrer zuzulassen. Wenn der Christ sagt: ›Ich weiß, daß mein Erlöser lebt‹, müssen wir antworten: ›Nein, du weißt es nicht: gewiß nicht, wenn du mit »Erlöser« Jesus im Unterschied zu Osiris, Astarte, Dionysos, Baldur, Wischnu oder Amitabha meinst.‹ Doch genauso könnte die Antwort auch nicht von einem Gott stammen, der sich jenseits des Unbewußten des Gläubigen befindet.

Die religiöse Erfahrung bildet aber auch keine zureichende Argumentationsbasis für die zentralen Aussagen des traditionellen Theismus. Nichts in einer Erfahrung als solcher

2 Vgl. Mill, *Autobiography*, Kap. 2.

3 Vgl. S. Kierkegaard, *Abschließende unwissenschaftliche Nachschrift zu den philosophischen Brocken* (1846), in: S. K., *Gesammelte Werke*, übers. und hrsg. von E. Hirsch [u. a.] Bd. 16,1 Düsseldorf/Köln 1957, T. 2, Abschn. 2, Kap. 2, S. 192.

könnte einen Schöpfer der Welt, Allmacht, Allwissenheit, vollkommene Güte, Ewigkeit oder auch die Einzigkeit Gottes erschließen. In diesem Punkt ist sich James, offensichtlich zu Recht, völlig sicher: »Ich fühle mich gedrängt zu sagen, daß die religiöse Erfahrung, wie wir sie untersucht haben, nicht eindeutig die theistische Unendlichkeitsauffassung belegt. Das einzige, was sie unzweideutig bezeugt, ist, daß wir eine *Vereinigung* mit etwas uns Überlegenem erfahren und darin unseren größten Frieden finden können. [. . .] Dieses Überlegene braucht nicht unendlich, es muß nicht einzig sein« (S. 499). So ist er geneigt, zu »einer Art von Polytheismus« zurückzukehren, der nach ihm »immer die wirkliche Religion des gewöhnlichen Menschen gewesen ist« (S. 499 f.). Darüber hinaus ist es »ein polytheistischer Supernaturalismus«, der sich seiner Ansicht nach mit diesen Erfahrungen begründen läßt: Gott oder vielmehr die Götter schaffen und erhalten die ganze natürliche Welt; das Übernatürliche muß auch in das Natürliche immer wieder eingreifen – mit anderen Worten, es gibt Eingriffe, die wir als Wunder definiert haben (S. 196–498). Hier macht sich James' Empirismus bemerkbar. Nur wenn das Übernatürliche irgendeine Differenz dieser Art mit sich bringt, läßt sich eine supernaturalistische Hypothese gegenüber der rein naturalistischen erhärten.

Ein Argument aus der religiösen Erfahrung könnte also bestenfalls weniger als den philosophischen Theismus oder die spezifischen Glaubensüberzeugungen irgendeines Bekenntnisses begründen. Selbst wenn diese Erfahrungen irgendeine weiterreichende Wahrheit bezeugen sollten, könnten diese, wie James sagt, nur die Existenz *irgendeiner* höheren menschenfreundlichen Macht zum Inhalt haben, deren genaue Identität und Natur völlig unbestimmt blieben. Dies aber sei für die Religion genug. Trotz aller Unterschiede der miteinander konkurrierenden Bekenntnisse sei ihnen ein theoretischer Kern gemeinsam: die Verbindung zwischen einem »Gefühl der Unruhe« und seiner »Behebung«. Das Gefühl der Unruhe bestehe darin, »daß etwas mit uns nicht in Ordnung ist«; seine Behebung sei »das Bewußtsein, daß wir dadurch, daß wir in die rechte Beziehung zu den höheren Mächten kommen, gleichzeitig aus jenem unnormalen Zustand befreit werden«. Der Mensch identifiziere »sein wahres Ich mit dem keimhaften besseren Teil seiner selbst, und zwar in folgender Weise: *Er wird inne, daß dieser bessere Teil mit etwas Höherem (einem ›Mehr‹) derselben Art in engster Verbindung steht, das außer ihm im Universum wirkt, mit dem er sich in Beziehung setzen und zu dem er sich hinüberretten kann, wenn sein ganzes niederes Sein Schiffbruch erlitten hat*« (S. 483 f.; dt. Ausg. S. 392 f.). Alle die verschiedenen Erscheinungen, sagt er, ließen sich »in diesen einfachen und allgemeinen Worten umschreiben. Sie erklären die Zerrissenheit des Ich und den inneren Kampf, den Wandel des persönlichen Innenlebens und die Unterwerfung des niederen Selbst, den Glauben an eine äußere helfende Macht und zugleich das Bewußtsein unserer Verbindung mit ihr, schließlich auch die Gefühle des Sich-geborgen-Wissens und der freudigen Sicherheit. Ich glaube, es ist unter den angeführten Selbstzeugnissen keines, auf das diese Umschreibung nicht paßt« (S. 484; dt. Ausg. S. 393).

Doch »zunächst sind diese Erfahrungen nur psychologischer Art« (ebd.). Die entscheidende weitere Frage lautet, ob ihnen ein objektiver Wahrheitsgehalt zukommt. Ein apriorisches Argument ist gewiß unmöglich. Zu fragen ist, ob durch die Hypothese, es gebe objektiv ein Mehr, die Gesamtheit der Erscheinungen besser erklärt wird als ohne sie. James selbst meint hierauf mit Ja antworten zu können; doch führt er für seine Ansicht kein wirkliches Argument an. Die genannte Hypothese ist zweifellos weniger sparsam als die naturalistische; und Argumente, wie das von James angeführte, untergraben sie sogar: Zweifellos wird »die theologische These, der Fromme werde durch eine äußere Macht geleitet, festgehalten, denn es gehört zu den Eigentümlichkeiten der Einbrüche aus der unterbewußten Region, sich als objektiv auszugeben und dem Betreffenden den Eindruck zu erwecken, er werde von außen geführt. Im religiösen Leben empfindet man diese Führung als eine Führung ›von oben‹; da aber nach unserer Hypothese die höheren Fähigkeiten unseres eigenen verborgenen Geisteslebens die Führung haben, ist das Gefühl der Vereinigung mit der über uns erhabenen Macht ein Gefühl von etwas, das nicht nur scheinbar, sondern wirklich existiert« (S. 488; dt. Ausg. S. 396). Doch läuft diese »Verteidigung« der theologischen These offensichtlich darauf hinaus, daß sie auf die konkurrierende naturalistische Auffassung reduziert wird. »Die idealen Triebe«, schreibt James, »berühren [. . .] eine Sphäre, die von der sinnenfälligen und rein verstandesmäßig begreifbaren Welt absolut verschieden ist [. . .]; denn sie kommen in uns zur Herrschaft, ohne daß wir recht erklären können, wie«; diese »unsichtbare Welt ist nicht nur in der Idee vorhanden, denn sie übt Wirkungen auf diese Welt aus« (S. 490; dt. Ausg. S. 398). Doch alles, was bisher gesagt wurde, spricht sogar gegen diesen bescheidenen und unbestimmten Supernaturalismus. Die unbezweifelbaren Ursachen dieser Antriebe mögen normalerweise ›unsichtbar‹ und rein verstandesmäßig unbegreifbar oder unartikulierbar sein; dennoch sind sie im höchsten Maß verständlich und gehören derselben Existenzsphäre an wie andere, uns völlig vertraute Bewußtseinsphänomene.

Erhärtet wird diese Folgerung durch die Überprüfung dessen, was James zur Frage sagt, ob »dem mystischen Bewußtsein irgendeine Beweiskraft zuzusprechen« ist, ob es »irgend etwas für die Wahrheit der Ideen der Wiedergeburt, der Jenseitigkeit und des Pantheismus, die es begünstigt«, beweist. »Mystische Zustände«, schreibt er, »sind für die betreffenden Personen, die sie erleben, meist schlechthin autoritativ«; dennoch »enthalten sie für die Außenstehenden keinerlei Zwang, ihre Offenbarungen kritiklos hinzunehmen«; »immerhin brechen sie aber die Allein-Herrschaft des nicht-mystischen oder rationalistischen Bewußtseins, das sich ausschließlich auf den Verstand und die Sinne gründet. Sie zeigen, daß dies nur eine bestimmte Art von Bewußtsein ist und weisen uns auf andere Arten von Wahrheiten hin, an die wir getrost weiter glauben können, solange sie in uns einen lebendigen Widerhall finden« (S. 407; dt. Ausg. S. 337). Das aber ist in sich widersprüchlich. Da James richtig sagt, daß mystische Erfahrungen für Außenstehende keinerlei Zwang enthalten, sie anzunehmen (das Wort ›kritiklos‹ ist überflüssig: sie unter diesen Umständen überhaupt anzunehmen wäre unkritisch) – denn sie lassen sich unschwer natürlich, d. h. psychologisch erklären –, können sie in gar keinem Sinn als Wahrheitsbeweis gelten, nicht einmal für die, die sie haben. Obwohl solche Menschen gewöhnlich ihre Offenbarungen subjektiv für autoritativ halten, ist dies doch nur ein Zeichen dafür, daß sie nicht kritisch genug sind. Es spricht nichts dafür, daß nicht auch sie bei nüchterner Überlegung einsehen könnten, daß sich ihre Erfahrungen in einer Weise erklären lassen, die ihnen jeden Beweiswert für die Objektivität ihres Gehalts nimmt. Folglich beweisen solche Erfahrungen auch nicht, daß das, was sich ausschließlich auf den Verstand und die Sinne gründet, nur eine von mehreren »Arten von Wahrheit« ist: Es mag tatsächlich mehrere Arten von Bewußtsein geben, doch kann die eine uns vertraute Art von Wahrheit sie alle zureichend abdecken.

Wir wenden uns nun der anderen Frage zu, ob nicht die religiöse Erfahrung als solche schon genügt, auch ohne daß sie als Argumentationsgrundlage zum Beweis einer jenseitigen, übernatürlichen Realität dient. Welchen Wert haben diese Erfahrungen in sich? Auch diese Frage läßt sich in mehrere speziellere auffächern. Erstens: Welchen Wert sehen diejenigen in ihnen, die sie so deuten, wie sie sich ihnen zunächst darstellen, nämlich als Offenbarungen einer tieferen, übernatürlichen Sphäre? Zweitens: Welchen Wert sollten *wir* solchen Erfahrungen beimessen, die wir ihnen zwar jeden Wahrheitswert absprechen, sie dennoch aber so hinnehmen, wie sie sich darstellen, nämlich als Erfahrungen mit Wahrheitsanspruch? Drittens: Verdienen solche Erfahrungen höher geschätzt zu werden als andere ihnen ähnliche, denen ein solcher Wahrheitsanspruch jedoch völlig abgeht? Viertens: Behielten sie auch dann noch ihren Wert, wenn ihr religiöser Gehalt, ihre Bewußtseinsgegenstände, zwar dieselben blieben, doch diejenigen, die sie machten, nicht mehr an die Objektivität ihres Gehalts glaubten?

Zweifellos werden solche Erfahrungen von denjenigen, die sie machen und ernst nehmen, für überragend wertvoll gehalten. Doch selbst sie räumen gelegentlich ein, dieser Wert hänge letztlich von den Früchten ab, die sich aus solchen Erfahrungen ergäben. Die hl. Theresia von Avila meint, ihre Visionen seien deswegen göttlichen Ursprungs und nicht das Werk des Satans oder ihrer Einbildung, weil sie »eine Fülle von unaussprechlichem geistlichen Reichtum« eingebracht und »zugleich ihre körperliche Kraft« erneuert hätten. (S. 41 f.; dt. Ausg. S. 16). Doch sieht James' eigene Einschätzung ganz anders aus:

> »Sie besaß einen scharfen, aufs Praktische gerichteten Verstand. Ihre Schriften zeigen eine bewundernswerte psychologische Beobachtungsgabe; ihr Wille war auch der schwierigsten Lage gewachsen; sie hatte viel Talent für Verwaltungs- und Geschäftssachen, ein heiteres Temperament und schrieb einen meisterhaften Stil. Sie verfolgte ihre Ziele hartnäckig und stellte ihr ganzes Leben in den Dienst ihrer religiösen Ideale. Aber an unserem heutigen Denken gemessen waren diese so armseliger Art, daß ich für meine Person jedenfalls bekennen muß, beim Lesen ihrer Schriften nur das lebhafte Bedauern empfunden zu haben, daß so viel seelische Kraft so unnütz vergeudet worden ist.
> [...] In der Hauptsache scheint ihre Vorstellung von Religion die einer endlosen Liebelei [...] zwischen dem Frommen und Gott gewesen zu sein« (S. 338 f.; dt. Ausg. S. 281 f.).

Mit anderen Worten, die Visionen der hl. Theresia bestehen nicht den Test, den sie selbst vorschlägt: Sie haben nach James' Ansicht nicht die Frucht unaussprechlichen geistlichen Reichtums hervorgebracht. Ganz ähnlich beschreibt James Johannes vom Kreuz als »einen spanischen Mystiker, der im 16. Jahrhundert lebte – oder besser: existierte, denn an ihm findet sich nur weniges, das an ein volles Leben erinnert« (S. 300). Auch zeigt er, daß »die charakteristischen Züge religiöser Heiligkeit« wie Hingabe, Askese, Seelenstärke, Reinheit, Liebe und der Kult von Gehorsam und Armut zwar einen gewissen Wert haben mögen, dennoch aber auch zu den absurdesten Konsequenzen führen können (S. 270–365; dt. Ausg. S. 219–304). »Ist ihr intellektueller Horizont ein beschränkter, so verfallen sie [die Heiligen] in vielfache Übertreibungen der ›heiligen‹ Eigenschaften: in theopathische Versunkenheit, Selbstquälerei, Überängstlichkeit, Leichtgläubigkeit und krankhafte Unfähigkeit, mit der Welt zu leben. Das starre Festhalten an kleinlichen Idealen, für die sein niederer Intellekt ihn begeistern mag, kann den Heiligen zu einem unbrauchbaren, ja einem schädlichen Gliede der menschlichen Gesellschaft machen, und zwar in viel höherem Maße, als es ein oberflächlicher, irdisch gesinnter Mensch in der gleichen Lage wäre« (S. 358; dt. Ausg. S. 298). Dennoch räumt James ein, daß die größten Heiligen auch Beeindruckendes geleistet haben (S. 364; dt. Ausg. S. 303). Kurz, sobald man die Objektivität des Gehalts religiöser Erfahrungen aufgibt, läßt sich ihr Wert nicht mehr eindeutig bestimmen: ob ihre Früchte gut oder schlecht sind, hängt sehr stark von anderen, nämlich Nebenfaktoren ab.

Auch die dritte Frage, ob diese Erfahrungen wertvoller oder weniger wertvoll wären, wenn ihnen der spezifisch religiöse Wahrheitsanspruch fehlte, ist nicht leicht zu beantworten. Wir haben schon darauf hingewiesen, daß J. St. Mill und andere von Depressionszuständen, denen begeisternde Bekehrungserlebnisse folgten, berichten, welche religiösen

Erfahrungen sehr ähneln. Zweifellos hätte John Bunyan auch dann Perioden der Verzweiflung und der Erleichterung durchgemacht, wenn er nicht im Denken der religiösen Bewegung befangen gewesen wäre, das seinen Erfahrungen ihren spezifischen Charakter gegeben hat (S. 163 ff. und 191 ff.; dt. Ausg. S. 129 ff. und 154 ff.). Andererseits ruft die religiöse Tradition häufig selbst erst jene Krankheiten hervor, die sie sich zu heilen rühmt. Die von manchen zu wörtlich verstandenen religiösen Lehren sind Mitursachen für jene extremen Schuldgefühle, die für die kranke Seele charakteristisch sind, und wecken so ein überwältigendes Bedürfnis nach Erlösung. Ohne die sie begleitenden religiösen Überzeugungen wären vielleicht sowohl die Verzweiflungs- als auch die nachfolgenden Erleichterungszustände weniger ausgeprägt. Die Loslösung von solchen Überzeugungen könnte jedenfalls eher einen Gewinn als einen Verlust bedeuten.

Für die Beantwortung der zweiten und dritten Frage ist auch folgende Überlegung zu berücksichtigen: Wenn die religiösen Erfahrungen keinen Beweisgrund für eine übernatürliche Wirklichkeit liefern und wenn es, wie in den vorangegangenen Kapiteln gezeigt, auch keine anderen guten Gründe für eine solche Folgerung gibt, dann sind in ihnen Annahmen enthalten, die möglicherweise falsch, immer aber ungerechtfertigt sind. Dies aber scheint sie in gewisser Weise zu entwerten. Doch bleibe dieses Urteil vorerst dahingestellt, bis wir in Kapitel 11 die Frage geklärt haben, ob sich ein Glaube ohne Begründung, d. h. ohne intellektuelle Rechtfertigung, nicht dennoch verteidigen läßt.

Die vierte Frage lautete, ob diese Erfahrungen noch irgendeinen Wert hätten, wenn diejenigen, die sie machen, ihnen kritischer gegenüberstünden und den Glauben aufgäben, ihr spezifisch religiöser Gehalt sei objektiv wahr. Könnten sie sie als bloße Erfahrungen beibehalten und ihnen dennoch jene große Bedeutung für und ihre Macht über ihr Leben einräumen? Dies scheint unwahrscheinlich. Ein solcher

Überzeugungswandel wird wohl eher dazu führen, daß diese Erfahrungen durch ihre nicht-religiösen Entsprechungen, wie sie bei der Beantwortung der dritten Frage erwähnt wurden, ersetzt werden. Distanziert man sich systematisch von dem Anspruch auf objektive Wahrheit der Erfahrungsinhalte, so wird sich wohl allmählich auch die innere Qualität dieser Erfahrungen wandeln, und ihr Einfluß wird, wenn auch nicht notwendigerweise aufgehoben, so doch vermindert werden. Mit dieser Frage aber nehmen wir schon unsere Überlegungen in Kapitel 12 über die Möglichkeit einer Religion ohne Glauben vorweg.

(b) *Die natürliche Geschichte der Religion*

William James meinte, die religiösen Erfahrungen der einzelnen seien das Mark und die Wurzel aller Religion. Alle Tatsachenaussagen, die über das hinausgingen, was solche Erfahrungen in sich enthielten, alle metaphysische Theologie und alle gesellschaftlich organisierten und institutionalisierten Religionen seien nur sekundäre Triebe aus dieser Wurzel. Diese Deutung ist jedoch umstritten. Wie wir gesehen haben, sind die religiösen Einzelerfahrungen im allgemeinen sehr stark von jenen Traditionen geprägt oder sind sogar deren Ausfluß, in denen oder in deren Nähe sie gemacht werden. Dies *mag* nur besagen, daß jede Einzelerfahrung aus dem Gesamt früherer religiöser Erfahrungen gespeist wird; doch ist es nicht nur möglich, sondern sogar weitaus wahrscheinlicher, daß die Religion auch noch andere Wurzeln als solche Erfahrungen hat, daß die von James untersuchten Erfahrungen mit anderen Denk- und Gefühlsweisen zusammenwirken und die Religion als ganze hervorbringen.

Diese Möglichkeit betrifft auch die Argumente des letzten Abschnitts. Wie wir gesehen haben, lädt der allgemeine Charakter religiöser und mystischer Erfahrungen geradewegs dazu ein, sie in Zusammenhang mit anderen uns völlig vertrauten und erklärbaren Bewußtseinserscheinungen zu sehen. Doch blieben bei einer solchen Erklärung ihres *allgemeinen* Charakters gerade die *spezifisch* religiösen Elemente ihres Inhalts unerklärt. Für jede Einzelerfahrung lassen sich diese spezifischen Elemente unschwer so erklären, daß sie aus der umgebenden religiösen Tradition übernommen wurden – selbst Bekehrte wie der hl. Paulus oder Alphonse Ratisbonne (S. 225–228; dt. Ausg. S. 180 ff.) stehen zu der Bewegung, zu der sie sich bekehren, schon in – wenn auch feindlicher – Beziehung und meist sind sie in einer ähnlichen Tradition aufgewachsen. Doch sind diese Elemente in der Gesamtheit aller religiösen Erfahrungen nur dann wirklich erklärt, wenn man sie auf etwas anderes als diese Erfahrungen selbst zurückgeführt hat. Fände sich kein anderer Ursprung, dann würde James' Ansicht eher einleuchten, daß, obwohl sich die Gegenstände dieser Erfahrungen von »untenher« als Teil der unterbewußten Fortsetzung unseres bewußten Lebens verstehen lassen, wir dennoch auch etwas »von obenher« annehmen müssen; erst die natürlichen psychischen Mechanismen könnten den Zugang zu einer ansonsten unsichtbaren übernatürlichen Wirklichkeit eröffnen: »Gibt es so etwas wie Inspiration aus einer höheren Welt, so kann es sehr wohl sein, daß das nervös reizbare Temperament die Hauptbedingung der notwendigen Empfänglichkeit ist« (S. 45; dt. Ausg. S. 19).

Vielleicht am bekanntesten sind die Ansichten, die Hume (in diese Richtung gehören wohl auch die Auffassungen der Anthropologen E. B. Tylor, Sir James Frazer und R. R. Marett), Feuerbach, Marx und Freud zur Frage nach dem Ursprung der Religion geäußert haben. Hume gab seinem Werk den Titel *The Natural History of Religion*[4]; damit machte er deutlich, daß er die Religion als ein natürliches

4 D. Hume, *The Natural History of Religion* (1757), in: *David Hume on Religion*, hrsg. von A. W. Colver und J. V. Price, Oxford 1976. Die im Text mit Seitenangaben versehenen Zitate sind dieser Ausgabe entnommen.

Phänomen beschreiben wollte, das seinen Ursprung in der menschlichen Natur habe, ähnlich wie Botaniker oder Zoologen eine Naturgeschichte der Pflanzen oder Tiere schreiben könnten. Diesen Titel übernehmen wir hier für die gesamte Klasse von Erklärungsversuchen dieser Art.

In der *Naturgeschichte der Religion*, die Hume bald nach ihrer Entstehung veröffentlicht hat und die nicht wie die *Dialoge* bis nach seinem Tod zurückgehalten wurden, gibt Hume vor, er betrachte einen auf das teleologische Argument gestützten philosophischen Theismus als gut begründete Vernunftwahrheit. Doch meint er, dieser reine Theismus sei nicht die tatsächlich gelebte Religion der Menschen. Die erste Religion sei der Polytheismus oder die Götzenverehrung gewesen. Die überlieferten Berichte belegten, daß (mit Ausnahme der jüdischen Religion, die er überraschenderweise außer acht läßt) »vor etwa 1700 Jahren alle Menschen Götzenverehrer waren«. Doch meint er auch aufgrund apriorischer Überlegungen, daß der Theismus nicht die Urreligion des Menschen gewesen sein kann; denn die zu ihm hinführende Art zu denken sei den Menschen zunächst völlig fremd. Im allgemeinen suchten sie nicht nach einer Ursache oder Erklärung für die umfassenden Gesetzmäßigkeiten in der Welt oder für die »Anzeichen von Planung« in Pflanzen und Tieren; denn diese seien ihnen so vertraut, daß sie als selbstverständlich hingenommen würden. Vielmehr seien es die außergewöhnlichen Ereignisse, die wunderbaren Dinge, die unvorhersehbaren Unglücksfälle und mehr noch die besonderen Nöte und Ungewißheiten menschlichen Lebens, welche das Wirken übernatürlicher Mächte nahelegten: »Die ersten religiösen Ideen ergaben sich nicht aus der Betrachtung der Werke der Natur, sondern [. . .] aus den Hoffnungen und Befürchtungen, mit denen sich die Menschen beständig beschäftigen«; diese führten zur Anerkennung »verschiedener begrenzter und unvollkommener Gottheiten« (S. 30 f.). Obwohl der Monotheismus heute schon sehr weit verbreitet sei, verdanke er seinen Siegeszug doch nicht der (vorgeblich) zwingenden Beweiskraft des teleologischen Arguments, sondern einer wunderlichen Entwicklung aus dem Polytheismus. In einer Nation komme es allmählich zu einer besonderen Verehrung irgendeines Schutzgottes aus dem Kreis der Götter, oder die Gesellschaft der Götter und Göttinnen werde nach dem Vorbild menschlicher Monarchien gedacht und ein Gott zum Herrscher über die anderen gemacht. In beiden Fällen aber erhebe der Wettstreit um die Gunst dieses Gottes ihn schließlich in den Status eines vollkommenen Wesens, des Schöpfers und absoluten Herrn der Welt (S. 51–53). Dennoch vollziehe sich »ein beständiges Hin und Her im Geist des Menschen«; gegensätzliche Tendenzen führten von der Götzenverehrung zum Theismus, dann aber auch wieder zurück zur Götzenverehrung (S. 56 f.). Die erste Tendenz lasse sich veranschaulichen an dem Übergang von: »Du sollst dir kein Gottesbild machen und keine Darstellung von irgend etwas am Himmel droben, auf der Erde unten, im Wasser unter der Erde. Du sollst dich nicht vor ihnen niederwerfen und dich nicht verpflichten, ihnen zu dienen« und »Du sollst neben mir keine anderen Götter haben« (2. Mose 20,3 ff.) zu: »Außer mir gibt es keinen Gott« (Jes. 44,6). Die entgegengesetzte Tendenz zeige sich in der Suche des Menschen nach Einzelgegenständen der Verehrung, welche ihm näher seien als der eine vollkommene und universale Gott und die auf seine besonderen Wünsche und Bedürfnisse mehr eingingen: Dies werde etwa an der Rolle der Heiligen im Katholizismus deutlich. Während William James »einen polytheistischen Supernaturalismus« *befürwortet*, meint Hume, dieser lasse sich zwar mit Vernunftgründen viel weniger gut verteidigen als der Monotheismus, er sei aber in mancher Hinsicht den emotionalen Bedürfnissen der Menschen besser angepaßt.

Humes Absicht ist es vor allem, einen Keil zwischen die tatsächlich existierenden Religionen mit großer Anhängerschaft – seien sie nun polytheistisch, monotheistisch oder ein

Kompromiß zwischen beiden durch Einführung von Mittlerfiguren wie Heilige, Engel usw. – und den reinen, einem Deismus nahekommenden philosophischen Theismus zu treiben, der sich seiner Ansicht nach als einziger möglicherweise rational rechtfertigen läßt. Er will zeigen, daß es der Philosophie nicht gelingt, irgendeine der tatsächlich gelebten Religionen zu verteidigen. Werde die Philosophie der Theologie eingegliedert, »statt die Prinzipien zu kontrollieren, die von Bedeutung sind, wenn Philosophie und Theologie aufeinandertreffen, so wird sie jedes Mal dazu mißbraucht, den Zwecken des Aberglaubens zu dienen« (S. 65). Er kommt zu dem Schluß:

> »Wie groß ist das Vorrecht der menschlichen Vernunft, zur Erkenntnis des höchsten Wesens zu gelangen und von den sichtbaren Werken der Natur auf ein so erhabenes Prinzip wie den obersten Schöpfer zu schließen! Doch betrachte man auch die Kehrseite der Medaille [. . .] und prüfe die religiösen Prinzipien, die tatsächlich in der Welt vorgeherrscht haben. Man wird zu der Überzeugung gelangen, daß sie eher Träume kranker Menschen sind, oder man wird sie eher für die übermütigen Einfälle von Affen in Menschengestalt halten als für ernstzunehmende, positive und entschiedene Beteuerungen eines Wesens, das sich selbst als vernünftig bezeichnet« (S. 94).

Unter »übermütigen Einfällen« sind jedoch nur die weniger wichtigen Ausuferungen religiösen Denkens zu verstehen und unter dem Ausdruck »Träume kranker Menschen« eher jene Aspekte der Religion, die sich auf jene Art von Erfahrung stützen, die James beschrieben hat. Beide Ausdrücke lassen sich kaum auf die wichtigsten Themen von Humes eigenen Erörterungen anwenden: Weder auf die Art und Weise, wie sich der Supernaturalismus in den Bedürfnissen ausdrückt und sie befriedigt, die sich aus den verschiedenen Unwägbarkeiten des menschlichen Lebens ergeben, aus den Hoffnungen und Befürchtungen in bezug auf Ereignisse, die der Kontrolle des Menschen weitgehend entzogen und deren Ursachen ihm kaum bekannt sind, noch auf die Art und Weise, in der die besondere Beziehung zu einer einzelnen vom Menschen gewählten Gottheit von der Götzenverehrung zum Monotheismus führen kann.

Es ist zweifellos richtig, daß es sich hierbei um wirkliche Tendenzen menschlichen Denkens handelt, auch ist richtig, daß sie zusammen mit den religiösen oder mystischen Erfahrungen einzelner ihren Beitrag zur Bildung religiöser Traditionen geleistet haben. Darüber hinaus drücken sich diese Tendenzen natürlicherweise in den sozialen organisierten Formen der Religion aus. Gewöhnlich versuchen die Menschen gemeinschaftlich den Unwägbarkeiten oder bedeutsamen Ereignissen des Lebens – wie Geburt, Aufnahme in den Kreis der Erwachsenen, Heirat und Tod – zu begegnen oder sie zu feiern, und es war bekanntlich ein Stamm oder eine Nation, die sich zuerst als das erwählte Volk verstanden und dann Jahwe zum universalen Gott erhoben hat.

Einige moderne Anthropologen haben gemeint, der Animismus und die Magie seien Vorformen der religiösen Verehrung einzelner Gottheiten gewesen. (Jüngste Untersuchungen bezweifeln allerdings, daß überhaupt irgendein einfaches Entwicklungsmuster tatsächlich zutrifft.) Damit würde jedoch Humes Argumentation nicht ernsthaft erschüttert; doch kann es zu Überbetonungen kommen, die einer Kritik nicht standhalten. Tylor und Frazer haben in der Magie wesentlich eine Art von Pseudo-Wissenschaft und Pseudo-Technologie gesehen: Kausalbeziehungen würden vielfach dort angenommen, wo sie sich nicht fänden (dabei spielten Ähnlichkeiten und jene örtliche oder zeitliche Nähe eine Rolle, die Hume für die Ideenassoziation für ausschlaggebend hielt), und magische Praktiken eingesetzt, um bestimmte Ergebnisse zu erzielen. Doch im Gefolge Wittgensteins lehnt D. Z. Phillips eine solche Deutung ab: »Man will uns glauben machen, die sogenannten Primitiven hätten von den elementarsten natürlichen Tatsachen und Kausalbeziehungen keine Ahnung gehabt«, »diese Annahme wird aber durch die Tatsachen widerlegt. Die betreffenden Menschen besaßen beachtliche technische Fertigkeiten und ein entsprechendes Wissen. Sie betrieben erfolgreich Landwirtschaft und [...] nutzten die Wiederkehr der Jahreszeiten. [...] Sie waren auch geschickte Jäger. Sie stellten sich ihre Waffen her und wußten, wo sie ihrer Beute auflauern und wie sie sie anpirschen konnten. [...] Wie wäre dies möglich gewesen, wenn sie tatsächlich in jener Unwissenheit befangen gewesen wären, die Tylor und Frazer ihnen unterstellen?«[5] Diese Kritik würde nur dann wirklich treffen, wenn man annähme, unter diesen Menschen hätte der Glaube an magische Pseudoverursachung das Wissen um kausale Beziehungen völlig verdrängt und ausgeschlossen; im anderen Fall entstünde kein Problem. Wie wir kannten auch diese Menschen einige kausale Beziehungen, andere nicht, und wie wir hatten auch sie oft das Bedürfnis, Einfluß auf Dinge zu nehmen, die sie mit den bekannten natürlichen Mitteln nicht beeinflussen konnten. Phillips selbst räumt ein, »daß Tylor und Frazer magische Praktiken als Ergänzungen zu anderen zweckgerichteten Aktivitäten verstanden haben [...], wie wir sie bereits erwähnten«. Nichts spricht dagegen, daß Menschen, die sich normalerweise vernünftiger und wirksamer Methoden bedienen, um ihre Ziele zu verwirklichen, daneben *auch* an die direkte kausale Wirksamkeit magischer Praktiken oder religiöser Riten glauben und sich *in einem gewissen Maß* auf sie verlassen. Wir brauchen nur an das Ausmaß zu erinnern, in dem Quacksalberei, Naturheilkunde und die anerkannte Medizin in den zivilisiertesten Gesellschaften auch dann eingesetzt werden, wenn die kausale Beziehung zwischen angewandter Therapie und Heilerfolg nicht feststeht. Man spricht Heilmethoden eine Art von Wirksamkeit zu, die sie gar nicht haben, teils weil wir Hilfe und Besserung, die auf keine andere

5 D. Z. Phillips, *Religion without Explanation*, Oxford 1976, S. 32 f.

Weise zu erlangen sind, so sehr wünschen, teils weil aufgrund von Zufall oder psychischer Wirkung oft eine Besserung eintritt, die ihre Wirksamkeit zu erhärten scheint. Genau dies aber galt auch für die scheinbaren kausalen Wirkungen der Magie und der Naturreligion, die gar nicht so primitiv gewesen ist.

Diese Anthropologen haben fälschlicherweise angenommen, die Magie sei *nur* eine Pseudo-Wissenschaft und Pseudo-Technologie gewesen. Zweifellos hatten solche Riten segensreiche Auswirkungen auf den Geist und den Zusammenhalt der Gesellschaft und waren vielleicht auch ausdrücklich so gemeint. Ihnen kam auch, wie Phillips zu Recht betont, ein eigener Ausdruckscharakter zu. Doch irrt er, wenn er sagt: »Wenn Riten als Ausdrucksformen dieser Art zu verstehen sind, leuchtet auch ein, daß sie in keiner Weise auf Hypothesen oder Annahmen beruhten« (S. 36). Sie können ohne weiteres *beides* sein: Ausdrucksformen *und* kausal verstandene Methoden. Seltsamerweise kritisiert Phillips auch R. R. Marett, der meint, die Riten hätten die Funktion, seelische oder emotionale Spannungen abzubauen (S. 49–55). Wenn er aber schreibt: »Der Ritus wird nicht vollzogen, *um* etwas auszudrücken; dennoch *drückt* er etwas aus« (S. 52), bestreitet er damit nichts, was Marett und andere behaupten: Natürlich sagt keiner, der Primitive erkenne zunächst seine emotionalen Spannungen als solche und erfinde dann bewußt einen Ritus zu ihrem Abbau. Phillips' weitere Kritik lautet, das religiöse (oder magische) Denken lasse sich nicht durch Gefühle erklären, da diese erst im Rahmen einer religiösen oder magischen Tradition geweckt würden. Doch auch damit kritisiert er nur ein in absurder Weise simplifiziertes kausales Modell. Natürlich gibt es Wechselbeziehungen zwischen den Gefühlen und dem religiösen Denken. Dies spricht aber nicht gegen die Hypothese, daß Gefühle, die teils in anderen Lebensbereichen wurzeln, zusammen mit irrigen, doch verständlichen Kausalannahmen die Tradition magischer

Praktiken oder religiösen Denkens mitbegründen und mittragen.
Die Hoffnungen und Ängste der Menschen, ihre praktischen und emotionalen Bedürfnisse erklären zu einem großen Teil die Kraft und den spezifischen Charakter der Religion; wir müssen uns aber anderswo umschauen, um ihren deskriptiven Gehalt zu erklären. Magische Beziehungen mögen rein pseudo-kausal und unpersönlich sein; das Übernatürliche aber wird gewöhnlich – ob im Animismus, im Polytheismus oder im Monotheismus – als Person gedacht. Die Menschen haben sich nicht nur ihre ersten, sondern auch ihre letzten Götter nach ihrem Bild und Gleichnis geformt. Da sie sich selbst und andere als Personen erlebten, stellten sie sich auch zahllose Geister als Personen vor mit Gedanken, Wünschen und Absichten, ähnlich den ihren; diese Geister stünden zu den Menschen in ähnlicher Beziehung wie die Menschen untereinander und sie verwirklichten ihre Absichten durch Beherrschung der materiellen Dinge, wie Menschen es manchmal tun, öfter noch zu tun wünschen. Ludwig Feuerbach meinte, das, was offensichtlich für die frühen Religionen zutreffe, treffe auch noch auf die am weitesten entwickelten zu, z. B. auf die christliche Religion mit ihren metaphysischen Begriffen der unendlichen Vollkommenheit, des *ens realissimum* und ihren Lehren von der Menschwerdung und der Dreieinigkeit.[6] Ihr gesamter deskriptiver Gehalt sei der menschlichen Natur entlehnt. »Der Mensch – dies ist das Geheimnis der Religion – vergegenständlicht sein Wesen und macht dann wieder sich zum Gegenstand dieses vergegenständlichten, in ein Subjekt, eine Person verwandelten Wesens« (S. 76). »Die frühere Religion ist der spätern Götzendienst: der Mensch hat sein eignes Wesen angebetet. [...] Aber jede bestimmte Religion, die ihre ältern Schwestern als Götzen-

6 L. Feuerbach, *Das Wesen des Christentums* (1841), Nachw. von K. Löwith, Stuttgart 1971 [u. ö.] (Reclams Universal-Bibliothek, 4571 [7]). Die im Text mit Seitenangaben versehenen Zitate sind dieser Ausgabe entnommen.)

dienerinnen bezeichnet, nimmt sich selbst [...] von dem Schicksal, dem allgemeinen Wesen der Religion aus; sie schiebt nur auf die andern Religionen, was doch – wenn anders Schuld – die Schuld der Religion überhaupt ist« (S. 53 f.). Der Anthropomorphismus ist nach Feuerbach nicht wirklich ein Fehler, denn seine vollständige Vermeidung bedeute die Verneinung der Religion; eine durchgängig negative Theologie wäre »nichts andres als ein subtiler, verschlagener Atheismus« (S. 56). »Dem Verstande widersprechen daher auch die religiösen Anthropomorphismen; er spricht sie Gott ab, verneint sie. Aber dieser anthropomorphismenfreie, rücksichtslose, affektlose Gott ist eben nichts andres, als das eigne gegenständliche Wesen des Verstandes« (S. 82 f.). »Der Verstand ist also das *Ens realissimum*. [...] Was ist demnach das ohne alle Schranken gedachte Wesen anders, als das Wesen des alle Schranken weglassenden, wegdenkenden Verstandes?« (S. 87). Und weiter: »Gott als moralisch vollkommenes Wesen ist aber nichts andres, als die realisierte Idee, das personifizierte Gesetz der Moralität, das als absolutes Wesen gesetzte moralische Wesen des Menschen – des Menschen eignes Wesen« (S. 97); doch indem der Mensch von Gott aussage, er sei die Liebe, »erlöst« er sich von dem »Zwiespalt zwischen sich und dem vollkommenen Wesen, von der Pein des Sündenbewußtseins, von der Qual des Nichtigkeitsgefühles« (S. 99). In der Lehre von der Menschwerdung und von der Dreieinigkeit spiegelten sich menschliches Mitleid und die Einheit von Ich und Du. So stellten also die verschiedenen Aspekte des christlichen Gottes Projektionen des menschlichen Verstandes dar. »Gott ist das von aller Widerlichkeit befreite Selbstgefühl des Menschen« (S. 166).

Allerdings will Feuerbach nicht nur die Religion erklären, sondern auch seine eigene Religion empfehlen. Er meint, in der Menschheit als ganzer, in der Menschheit als Gattung, finde man die Freiheit von allen Begrenzungen der Individuen wieder, die die traditionellen Religionen Gott angedichtet hätten. Durch Ausmerzung der Fehler des Supernaturalismus und durch Verdeutlichung der besten menschlichen Strebungen, deren entstellter Ausdruck die früheren Religionen gewesen seien, lasse sich der angemessene religiöse Gegenstand entdecken. Aber dieser Vorschlag überzeugt nicht. Wenn auch die Menschheit als ganze von zahlreichen Beschränkungen der einzelnen frei ist, ist sie zweifellos doch nicht von allen Begrenzungen frei; sie ist weder allmächtig noch allwissend noch vollkommen gut, und viele der Bedürfnisse, die sich in der Religion ausdrücken und die sie zu befriedigen vorgibt, werden, selbst bei optimistischster Zukunftsperspektive, auch nicht von der Menschheit als ganzer befriedigt. Doch besagen diese Mängel an Feuerbachs Vorschlag nicht, daß auch seine Erklärung Irrtümer enthielten. Zweifellos stellt auch sie nur einen *Beitrag* zur Gesamterklärung der Religion dar; gewiß aber ist dieser sehr beachtlich hinsichtlich der Erklärung des Inhalts religiöser Ideen als einer Projektion der menschlichen Natur, besonders ihrer moralischen Strebungen, welche selbst wiederum aus dem gegenseitigen Aufeinandereinwirken der Menschen hervorgehen.

Eine wichtige Variante von Feuerbachs Erklärung ist das Verständnis der Religion als Projektion nicht so sehr des Denkens und Fühlens einzelner, sondern der ganzen Gesellschaft: Die gelebte religiöse Praxis ist zusammen mit den damit verbundenen Überzeugungen der Versuch einer gesellschaftlichen Gruppe, als Einheit den verschiedenen Widrigkeiten, mit denen sie sich als ganze oder mit denen sich einzelne ihrer Angehörigen auseinanderzusetzen haben, zu begegnen. Meint man, die religiösen Überzeugungen seien dieser Funktion wesentlich untergeordnet, so läßt sich Jahwe als Repräsentation einer bestimmten Bewegung oder Tradition oder eines bestimmten Geistes (im metaphorischen Sinn), in dem die Israeliten z. T. befangen waren, deuten, obwohl andere Tendenzen sie auch immer wieder davon ablenkten. Ähnlich ließe sich auch Pallas Athene nicht eigentlich als Schutzgöttin Athens verstehen, sondern als Repräsentation des Geistes politischer Einheit und des gemeinsamen Willens der Bewohner Athens. In John Andersons Worten: Gott ist die soziale Bewegung.[7] Solche Bewegungen, Traditionen und Institutionen sind dem Individuum (ähnlich wie auch Gott in der religiösen Erfahrung erlebt wird) sowohl innerlich als auch äußerlich. Sie stellen umfassende, unabhängige, objektiv existierende Wirklichkeiten dar, die sich jedoch der direkten Wahrnehmung entziehen. Der einzelne wird nicht nur von ihnen beherrscht, sondern ist in ihnen auch aufgehoben: Sie dringen in ihn ein und formen sein Wesen mit. Dies ist demnach ein weiterer Versuch, die Überzeugung des Glaubenden, er werde von einer äußeren Macht bewegt oder finde (wie James meint) in sich selbst einen Teil, der »mit etwas Höherem (einem ›Mehr‹) derselben Art in engster Verbindung steht, das außer ihm im Universum wirkt«, nicht nur zu erklären, sondern auch als wahr zu erweisen. Doch müssen wir offensichtlich anfügen, daß der Gott oder die Götter der traditionellen Religion verzerrte Repräsentationen solcher sozialen Realitäten darstellen: Das Element der Personifizierung müssen wir noch anderswie – etwa durch Feuerbachs oder Freuds Theorie – zu erklären suchen.

Jede angemessene gesellschaftliche Erklärung der Religion muß sowohl die sozialen Klassenunterschiede und Konflikte als auch die Zusammenarbeit der Menschen miteinander berücksichtigen. Der klassische Text hierzu stammt von Karl Marx:

> »Und zwar ist die Religion das Selbstbewußtsein und das Selbstgefühl des Menschen, der sich selbst entweder noch nicht erworben oder schon wieder verloren hat. Aber *der Mensch*, das ist kein abstraktes [. . .] Wesen. Der

7 John Anderson, Professor für Philosophie an der Universität Sydney von 1927 bis 1958, hat dies mehr als einmal in Diskussionen geäußert, obwohl ich diese Bemerkung nirgendwo in seinen Veröffentlichungen finden konnte.

Mensch, das ist *die Welt des Menschen*, Staat, Sozietät. Dieser Staat, diese Sozietät produzieren die Religion, ein *verkehrtes Weltbewußtsein*, weil sie eine *verkehrte Welt* sind. [. . .] Die Religion ist der Seufzer der bedrängten Kreatur, das Gemüt einer herzlosen Welt, wie sie der Geist geistloser Zustände ist. Sie ist das *Opium* des Volkes.

Die Aufhebung der Religion als des *illusorischen* Glücks des Volkes ist die Forderung seines *wirklichen* Glücks. Die Forderung, die Illusionen über seinen Zustand aufzugeben, ist die *Forderung, einen Zustand aufzugeben, der der Illusionen bedarf.*«[8]

Entsprechend heißt es bei Engels:

»Nun ist alle Religion nichts andres als die phantastische Widerspiegelung, in den Köpfen der Menschen, derjenigen äußern Mächte, die ihr alltägliches Dasein beherrschen, eine Widerspiegelung, in der die irdischen Mächte die Form von überirdischen annehmen. [. . .] Wenn die Gesellschaft durch Besitzergreifung und planvolle Handhabung der gesamten Produktionsmittel sich selbst und alle ihre Mitglieder aus der Knechtung befreit hat, in der sie gegenwärtig gehalten werden durch diese von ihnen selbst produzierten, aber ihnen als übergewaltige fremde Macht gegenüberstehenden Produktionsmittel [. . .], dann erst verschwindet die letzte fremde Macht, die sich jetzt noch in der Religion widerspiegelt, und damit verschwindet auch die religiöse Widerspiegelung selbst, aus dem einfachen Grund, weil es dann nichts mehr widerzuspiegeln gibt.«[9]

8 K. Marx, »Zur Kritik der Hegelschen Religionsphilosophie. Einleitung« (1844), in: K. M. / F. Engels, *Werke*, Bd. 1, Berlin [Ost] 1964, S. 378–391, hier S. 378 f.

9 F. Engels, *Herrn Eugen Dührings Umwälzung der Wissenschaft (»Anti-Dühring«)* (1878), in: Marx/Engels, *Werke*, Bd. 20, Berlin [Ost] 1962, S. 294 f.

In dieser Erklärung lassen sich mehrere Aspekte voneinander unterscheiden. Vor allem besagt sie, die Bedrängten und Ausgebeuteten fänden in der Religion (in der Aussicht auf ein jenseitiges Glück oder im Glücksgefühl gemeinsamer religiöser Erfahrung) einen illusionären Trost, oder er werde ihnen darin angeboten, daß er sie dann mit ihrer materiellen Armut und Hilflosigkeit versöhne und so ihren Widerstand gegen ihre Unterdrückung schwäche und sie davon abhalte, ihre Zuflucht in der Revolution zu suchen. Zweitens wird angedeutet, daß die Religion Teil einer Ideologie sei, mit der die herrschende Klasse ihre Stellung und ihr Verhalten rechtfertige; und insoweit diese Ideologie dann den unterdrückten Schichten vermittelt werde, würden auch sie dazu angehalten, die bestehende Ordnung als gut und richtig zu akzeptieren und jeden Aufstand dagegen als Rebellion gegen Gott zu empfinden. So sind einige spezifisch christliche Tugenden, wie Milde, Demut, Gehorsam, Gewaltlosigkeit und Verzicht auf Vergeltung tatsächlich hervorragend geeignet, Ausgebeutete niederzuhalten, während sich die Ausbeuter damit zufrieden geben können, diese Tugenden mehr zu predigen als zu praktizieren. Drittens wird in recht allgemeiner Form gesagt, die Religion sei Ausdruck der entfremdeten Natur des Menschen, jenes Zustands, in dem die Menschen sowohl voneinander als auch von den Produktionsmitteln und -kräften, die sie hervorgebracht haben, abgeschnitten sind; mit der Aufhebung dieser Entfremdung sei auch das Verschwinden der Religion zu erwarten.

Einiges ist an diesem Erklärungsversuch richtig, und so trägt auch er mit zu einer Naturgeschichte der Religion bei. Doch enthält er auch wilde Übertreibungen. Es hat sowohl revolutionäre Religionen gegeben als auch solche, die die bestehende Ordnung verteidigt haben; auch haben religiös inspirierte Bewegungen mit einigem Erfolg auf die materielle Besserstellung der unterdrückten und entrechteten Klassen hingearbeitet und sie nicht nur mit einer jenseitigen Vertröstung abgespeist. Und auch die »Seufzer«, die sich in der

Religion ausdrücken, rühren nicht nur von ökonomischer Ausbeutung und politischer Unterdrückung, sondern auch von psychischen Spannungen, die ihre Ursachen anderswo haben. Darüber hinaus ist Engels' Theorie der »Widerspiegelung« viel zu grob, und wenn sie nur metaphorisch zu verstehen wäre, ergäbe sich aus ihr nicht jene Schlußfolgerung, die er selbst daraus zieht. Sobald es einmal zu einer religiösen Tradition gekommen ist – und offensichtlich entstand sie lange vor der Entstehung von Klassenkonflikten in der modernen Form –, besitzt sie natürlicherweise eine eigene Kraft und Geschichte: Sie ist nicht nur ein Epiphänomen, sondern steht auch in Wechselwirkung mit der politisch-ökonomischen Ordnung; auch wird sie nicht nur von den anderen gesellschaftlichen Kräften benutzt. Es besteht also wenig Grund zu der Hoffnung, die Religion würde mit der Aufhebung der politisch-ökonomischen Entfremdung von selbst verschwinden. Vor allem aber läßt sich der überzogene marxistische Optimismus, die sozialen Konflikte und Entfremdungen würden nach einer proletarischen Revolution von selbst aufhören, selbst wieder am besten als eine Art säkularisierter Heilslehre verstehen, als Ausdruck einer tröstlichen Illusion, die sich zwar in ihrem spezifischen Inhalt, nicht aber in ihrem allgemeinen Charakter von der Erwartung eines übernatürlichen idealen Reiches unterscheidet.

Eine weitere einflußreiche Naturgeschichte der Religion ist jene von Freud und anderen Psychoanalytikern entworfene. Die Psychoanalyse behauptet, zahlreiche Phänomene – Träume, Neurosen, Psychosen, Fehler und Fehlleistungen, aber auch große Bereiche der Kultur, einschließlich der Religion – ließen sich als Erfüllung unbewußter und oft unterdrückter Wünsche verstehen. Freud stellte eine Ähnlichkeit zwischen den religiösen Riten und den immer wieder neu vollzogenen komplizierten Zwangshandlungen neurotischer Besessenheit fest. In *Totem und Tabu* erklärte er die Entstehung sowohl primitiver religiöser Systeme als auch der späteren Religionen, besonders der christlichen, aus Ereignissen in der Darwinschen »Urhorde«, in der die Söhne den nicht nur gehaßten, sondern zugleich auch geliebten und bewunderten Vater getötet hätten.[10] Die Religion sei eine der verschiedenen Ausdrucksformen des Ödipuskomplexes, des Überrests der ambivalenten Einstellung des kleinen Sohnes zu seinem Vater: Die Beziehung des Menschen zu einem Gott sei dem kleinkindlichen Zustand hilfloser Abhängigkeit vom Vater, der zugleich Wohltäter und Tyrann sei, nachgebildet. So seien religiöse Vorstellungen »Illusionen, Erfüllungen der ältesten, stärksten, dringendsten Wünsche der Menschheit«.[11]

Im einzelnen sind Freuds Spekulationen oft äußerst fragwürdig. Doch läßt sich seine allgemeine These kaum bestreiten, in der Religion drückten sich sehr starke und nachhaltige, bewußte und unbewußte Wünsche aus, die die Religion zu erfüllen vorgebe, und die Beziehung des Glaubenden zu seinem Gott (oder zu seinen Göttern) ähnle stark der eines Kindes zu seinen Eltern und sei vielleicht von der Erinnerung des Erwachsenen an diese Beziehung beeinflußt. Zweifelhaft ist nur Freuds Behauptung, alle religiösen Phänomene ließen sich *allein* durch die Einzelpsyche erklären (selbst wenn man ihr eine sehr fragwürdige Art von Menschheitsgedächtnis zuspricht).

Zwei wichtige Folgerungen lassen sich aus diesem Überblick über einige natürliche Erklärungsversuche der Religion ziehen. Erstens wäre es ein Irrtum zu meinen, irgendeiner dieser Versuche allein erkläre den gesamten Bereich der Religion; sehr wahrscheinlich aber weist jeder von ihnen zu Recht auf einige Faktoren hin, die zur Entstehung und Erhaltung der Religion, zu ihrem Glaubensinhalt, ihrer emotionalen Kraft, ihren Riten und Organisationen ent-

10 Vgl. S. Freud, *Totem und Tabu* (1913), in: S. F., *Gesammelte Werke*, hrsg. von A. Freud, Bd. 9, London 1948.

11 S. Freud, *Die Zukunft einer Illusion* (1927), in: S. F., *Gesammelte Werke*, Bd. 14, London 1948, S. 323–380, hier S. 352.

scheidend beigetragen haben. Zweitens aber würde auch eine zutreffende, in sich geschlossene natürliche Geschichte der Religion, die alle diese Faktoren in sich enthielte, als solche noch nicht den Theismus widerlegen. William James und viele andere haben zu Recht darauf bestanden, daß mit der Erklärung der Genese einer Überzeugung noch nicht die Frage geklärt ist, ob diese wahr oder falsch sei. Keiner der hier genannten Autoren hat dies gemeint. In der *Naturgeschichte der Religion* tat Hume so, als ob er einen reinen Theismus und nur ihn für wahr hielte; seine Absicht war dann, die volkstümliche, gelebte Religion von dieser angeblich verteidigenswerten philosophischen Auffassung zu scheiden. Feuerbach, Marx und Freud gehen davon aus, daß alle ausdrücklichen religiösen Lehren dem Buchstaben nach falsch seien; doch nahmen sie auch an, daß ihre Falschheit bereits anderswie erwiesen sei, als sie sich daranmachten, die Entstehung der Religion zu erklären. Marx war Atheist, lange bevor er Sozialist, Kommunist oder Wirtschaftstheoretiker wurde; Freud war Atheist, lange bevor er die Psychoanalyse entdeckte. Dieser ganze Versuch, die Religion natürlich zu erklären, ist *direkt* weder dazu geeignet noch dazu gedacht, den Theismus argumentativ zu widerlegen.

Dennoch trägt er, wie schon gesagt, indirekt zur Widerlegung des Theismus bei. Unsere Antwort auf die Argumentation von der religiösen Erfahrung auf weitergehende supernaturalistische Behauptungen, selbst wenn sie so vorsichtig und unorthodox ausfallen wie bei William James, lautete, daß wir keine übernatürliche Ursache (oder Ursachen) für diese Erfahrungen anzunehmen brauchen, da sie sich vollständig auf rein natürliche Weise durch uns auch anderweitig vertraute psychische Prozesse und Kräfte erklären lassen. Doch war diese ursprüngliche Erklärung noch unvollständig. Jede religiöse Einzelerfahrung ließ sich aus dem Kontext und auf dem Hintergrund der religiösen Tradition, in der (oder in deren Nachbarschaft) sie gemacht wurde, verstehen. Doch bedurfte diese Tradition selbst noch einer weiteren Erklärung. Böte sich eine solche weitere unabhängige Erklärung nicht an, dann käme James' Annahme eine gewisse Plausibilität zu, der gesamte Bereich religiöser Erfahrung sei als eine Abfolge von Kontaktaufnahmen zu einem objektiv existierenden, unsichtbaren Reich aufzufassen und die neurotischen Charakterzüge der Mystiker bedingten nur ihre Aufnahmebereitschaft für Botschaften dieses Reiches. Wenn es aber eine Reihe von Faktoren gibt, die alle diese Elemente der religiösen Tradition, die sich nicht aus den uns anderweitig vertrauten psychischen Analogien zur religiösen Erfahrung erklären lassen, zureichend erklären, dann wird James' Annahme völlig unplausibel. Wie sonst versagt auch hier die supernaturalistische Hypothese, weil es eine angemessene und weit sparsamere naturalistische Alternative gibt.

Es muß wirklich überraschen, daß die populären Verteidiger der Religion so oft darauf hinweisen, daß der Mensch ein natürliches, seelisches Bedürfnis nach einem religiösen Glauben verspürt. Denn sofern dies zutrifft, spricht es nicht für, sondern gegen die Wahrheit des Theismus; gerade dieses Bedürfnis erklärt nämlich, weshalb religiöse Überzeugungen entstehen und bestehen bleiben, weshalb sie auch dann noch so hartnäckig verbreitet, eingeschärft und verteidigt werden, wie es ja tatsächlich der Fall ist, wenn es keinen guten Grund mehr für die Annahme gibt, daß sie auch wahr sind.

Doch ist noch ein weiterer Einwand auszuräumen. Wir haben auf D. Z. Phillips' Kritik an Anthropologen wie Tylor, Frazer und Marett hingewiesen. In ähnlicher Weise kritisiert er auch Feuerbach, Durkheim und Freud. Doch haben wir bisher noch nicht seinen Haupteinwand gegen alle solche Erklärungsversuche der Religion untersucht, der auch seiner eigenen Befürwortung einer »Religion ohne Erklärung« zugrunde liegt. Alle diese Erklärungsversuche setzen voraus, daß das Wesen der Religion und daher das Erklärungsbedürftige im Glauben an eine objektive übernatürliche Wirklichkeit besteht. Phillips gesteht seinen Gegnern zu, daß solche Überzeugungen entweder falsch oder bedeutungslos oder wenigstens unbegründet wären. Dies, so räumt er ein, hätten Hume und seine Nachfolger zur Genüge gezeigt, vorausgesetzt nur, die religiösen Aussagen seien tatsächlich so zu deuten, wie Hume und andere sie gedeutet haben, nämlich als Tatsachenbehauptungen im eigentlichen Sinn. Phillips aber meint im Gefolge Wittgensteins, die Religion brauche und solle nicht so verstanden werden. Hätte er Recht, dann gingen unsere natürlichen Erklärungsversuche am Kern der Sache vorbei. Sie suchten dann nach einer Erklärung für etwas, was für die Religion unwesentlich wäre. Diese Art und Weise, dem Atheismus zu entgehen, soll in Kapitel 12 untersucht werden. Dort geht es dann um die Möglichkeit einer Religion ohne Glauben.

Kapitel 11

Glaube ohne Begründung

Unsere bisherigen Erörterungen haben wohl gezeigt, daß sich die zentralen Aussagen des Theismus, versteht man sie wörtlich, nicht rational verteidigen lassen. Selbst jene, die nach ihrem eigenen Verständnis religiöse Erfahrungen gemacht haben, können diese nicht zu Recht als direkte Kontakte mit göttlichen oder übernatürlichen Wesen im eigentlichen Sinn deuten; auch kann keine Art von Offenbarung solche Überzeugungen rechtfertigen. Diese zentralen Aussagen mögen flexibel genug sein, so daß sich selbst ihre Verbindung einer schlüssigen Widerlegung durch das Problem des Übels entzieht; doch sprechen die gesamte Beweislage und die angeführten Argumente gegen die Wahrheit jeder einzelnen von ihnen, vor allem aber dagegen, daß sie zugleich alle miteinander wahr sind.

Ist dies aber überhaupt von Belang? »Unsere hochheilige Religion«, schreibt Hume, »ist auf den *Glauben*, nicht auf die Vernunft gegründet«, und obwohl Hume dies ironisch gemeint hat, haben viele religiös Glaubende es wörtlich verstanden.[1] Kann man also für den Theismus jede rationale Begründung zurückweisen und sich allein auf den Glauben stützen?

Dies ist offensichtlich möglich; denn viele Gläubige denken so. Es gibt genug Anhänger nicht nur der christlichen, sondern auch vieler anderer Religionen, die die jeweiligen Glaubensinhalte einfach hinnehmen und niemals ernsthaft an die Möglichkeit denken, daß sie sich irren könnten, und daher auch niemals das Bedürfnis haben, die zentralen Aussagen ihrer Religion rational abzusichern. Zweifellos

1 Hume, *Eine Untersuchung über den menschlichen Verstand*, Abschn. X, T. 2.

haben ihre Glaubensüberzeugungen Ursachen: Sie wurden übernommen von den Eltern, den Lehrern oder von einer ganzen Kulturtradition; diese Ursachen enthalten aber keine Begründungen. Eine natürliche Geschichte der Religion mag sie nachzeichnen und so verständlich machen, wie der Glaube nicht nur ohne, sondern sogar gegen das ganze Gewicht rationaler Argumente blühen und gedeihen kann.

Daher ist es auch nicht einen Augenblick lang zweifelhaft, daß ein Glaube ohne Begründung kausal möglich ist. Von Interesse ist vielmehr nur die paradoxe Frage, ob ein Glaube ohne Begründung nichtsdestoweniger vor dem Forum der Vernunft bestehen kann, ob es trotz des Fehlens direkter Argumente zugunsten der Wahrheit des Theismus Vernunftgründe dafür gibt, solche Argumente erst gar nicht zu fordern. Pascal, Kierkegaard und William James haben verschiedene Argumente für diese zunächst verwunderliche These vorgelegt.

(a) *Pascals Argument der Wette*[2]

Entweder existiert Gott oder er existiert nicht; die Vernunft aber, meint Blaise Pascal, sei unfähig, diese Frage zu beantworten. »Gut, aber man muß wetten, darin ist man nicht frei. [. . .] Was also werden Sie wählen?« Sie können sich nicht einfach des Urteils enthalten. Da es sich um eine praktische Wahl handelt, »wollen wir sehen, wo Sie am wenigsten wagen«, wo Ihre Interessen am ehesten gewahrt sind. Was Sie zu gewinnen haben, sind Erkenntnis der Wahrheit und Ihre Seligkeit; was Sie riskieren, wenn Sie verlieren, sind Befangenheit im Irrtum und Elend; einzubringen haben Sie Ihre Vernunft und Ihren Willen. Ihrer Vernunft tun Sie keine Gewalt an, ob Sie nun das eine oder das andere

2 Vgl. B. Pascal, *Über die Religion (Pensées)*, übers. von E. Wasmuth, Heidelberg [6]1963 ([1]1937), Frg. 233.

wählen; denn sie ist hier nicht betroffen. Wie aber steht es mit Ihrer Seligkeit? Wenn Sie auf Gottes Existenz setzen, dann gewinnen Sie die ewige Seligkeit, falls er tatsächlich existiert; existiert er nicht, verlieren Sie nichts. Wenn Sie hingegen auf Gottes Nicht-Existenz setzen, haben Sie die Möglichkeit zur ewigen Seligkeit verspielt, falls er existiert; existiert er nicht, gewinnen Sie nichts. Daher spricht alle praktische Vernunft dafür, auf Gottes Existenz zu setzen, obwohl die theoretische Vernunft weder der Wahrheit seiner Existenz noch der seiner Nicht-Existenz einen Vorrang einräumt.

Dies ist Pascals erste Formulierung der vor uns liegenden Wahl; doch fügt er noch weitere an: Vielleicht ist es nicht richtig, daß Sie *nichts* verlieren, wenn Sie auf Gottes Existenz setzen: Sie könnten Ihr irdisches Glück verlieren, das Sie aber erlangen könnten, wenn Sie von allen religiösen Bindungen frei wären. Wenn Sie also auf Gottes Existenz setzen, werden Sie ein glückliches Leben verlieren, falls er nicht existiert; existiert er aber, werden Sie unendlich viele glückliche Leben gewinnen. Setzen Sie hingegen auf Gottes Nicht-Existenz, dann werden Sie, ob er existiert oder nicht, nur *ein* irdisches Leben gewinnen; existiert er aber, so haben Sie die Möglichkeit zu ewiger Seligkeit vertan. Pascal fügt noch an, er brauche dabei nicht davon auszugehen, daß die Wahrscheinlichkeit für Gottes Existenz und Nicht-Existenz gleich groß ist. Selbst wenn die Ungleichheit gegen seine Existenz ›*n* zu 1‹ beträgt, so ist Ihre Gewinnaussicht, wenn Sie auf seine Existenz setzen, gemessen in Einheiten glücklicher Leben, ›unendlich : $n + 1$‹, was immer noch unendlich ergibt; setzen Sie auf seine Nicht-Existenz, so ist Ihre Gewinnaussicht immer nur *ein* Leben. Solange *n* endlich ist, ist sie, falls Sie auf Gottes Existenz setzen, immer unendlich größer als Ihre Aussicht, falls Sie auf seine Nicht-Existenz setzen: »Es gibt hier aber unendlich viele, unendlich glückliche Leben zu gewinnen, die Wahrscheinlichkeit des Gewinns steht einer endlichen Zahl der Wahrscheinlichkeit des Verlustes gegenüber, und was Sie ins Spiel einbringen,

ist endlich.« Die Wahl würde erst dann problematisch, wenn n unendlich wäre, d.h., wenn es unendlich wahrscheinlich wäre, daß Gott nicht existiert, so daß die Gewinnaussicht, wenn Sie auf Gottes Existenz setzten, ›unendlich : unendlich‹, d.h. unbestimmt wäre.
Die folgende Tafel stellt also das Endresultat von Pascals Wettspiel dar.[3] (Ergebnisse und Aussichten sind hier in Einheiten glücklicher Leben angegeben.)

Wette auf Gottes Existenz

Chance zu gewinnen	$\frac{1}{n+1}$	Chance zu verlieren	$\frac{n}{n+1}$
Ergebnis beim Gewinnen	∞	Ergebnis beim Verlieren	0
Gewinnaussicht	$\frac{\infty}{n+1} + 0 = \frac{\infty}{n+1}$		

Wette auf Gottes Nicht-Existenz

Chance zu gewinnen	$\frac{n}{n+1}$	Chance zu verlieren	$\frac{1}{n+1}$
Ergebnis beim Gewinnen	1	Ergebnis beim Verlieren	1
Gewinnaussicht	$\frac{n}{n+1} + \frac{1}{n+1} = 1$		

All das ist eine Paraphrase von Pascals Argumentation, keine genaue Übersetzung. Geht man von seinen Voraussetzungen aus, so ist sein Argument zweifellos in sich schlüssig. Alles hängt demnach von der Annehmbarkeit dieser Voraussetzungen ab. Die grundlegendste ist seine Formulierung des Problems als einer praktischen Wahl bei völliger Ungewißheit. Was kann es heißen, auf die Existenz Gottes zu wetten? Auf der Grundlage unterschiedlich wahrscheinlicher Vor-

3 Hierbei handelt es sich um eine Modifikation der Tafeln, die in der zitierten Ausgabe geboten werden.

und Nachteile kann man die Wahl treffen, so oder anders zu handeln; kann man aber auf der Basis solch praktischer Gründe auch die Wahl treffen, irgend etwas zu glauben? Obwohl es willentliche Handlungen gibt, scheint es doch unmöglich zu sein, willentlich zu glauben. Pascal hat jedoch diesen Einwand berücksichtigt: Vielleicht würden Sie aus den genannten Gründen gerne an Gott glauben, Sie finden sich aber zunächst unfähig dazu. Da in diesem Fall die Vernunft kein Hinderungsgrund für den Glauben ist – gemäß Pascals Voraussetzung läßt sich ja diese Frage nach der Existenz Gottes nicht durch Vernunfterwägungen klären, und im Licht des Arguments der Wette spricht die praktische Vernunft eindeutig zugunsten des Glaubens –, muß der Hinderungsgrund irgendwo in den Strebungen Ihres Gemüts zu suchen sein. Darauf aber können Sie einwirken, wie es auch andere schon getan haben, als sie den Weg zum Glauben fanden, nämlich durch Benutzung von Weihwasser, durch das Lesenlassen von Messen usw.: »Ganz natürlich wird das Sie sogar glauben machen und verdummen.« Obwohl es Ihnen unmöglich ist, durch einfachen Willensentschluß zu glauben, können Sie doch zum Glauben kommen, indem Sie sich entschließen, den Glauben zu praktizieren. Indirekt willentlicher Glaube ist möglich, obwohl direkt willentlicher Glaube unmöglich ist.

Zweifellos hat Pascal in diesem Punkt Recht; doch steht er in Gegensatz zu seiner früheren Behauptung, die Wette für oder gegen die Existenz Gottes tue der Vernunft keine Gewalt an. Wer sich selbst freiwillig durch die von ihm empfohlenen Techniken – und zwar wesentlich dadurch, daß er mit Tricks arbeitet, die erfahrungsgemäß auf das Gemüt einwirken und auf nicht-rationale Weise zu Glaubensüberzeugungen führen – zum Glauben bringt, tut damit seiner Vernunft und seinem Einsichtvermögen Gewalt an. Pascal sagt selbst: »Das wird Sie verdummen.« Andere haben sich vorsichtiger ausgedrückt: Wer zum Glauben kommen will, muß werden wie die Kinder. Doch gleichgültig, wie man sich ausdrückt, der entscheidende Punkt bleibt: Wer freiwillig nicht-rationale Überzeugungen in sich fördert, unterdrückt damit sein Kritikvermögen. Natürlich wird dann sofort eingewandt, damit fördere man doch nur die wahre Vernunft und weise die irrende zurück, man verwerfe die oberflächliche Erkenntnis, um zu wahrer Weisheit und zu einem tieferen Verständnis zu gelangen. Dieser Einwand aber setzt das zu Beweisende als bereits bewiesen voraus. Bislang ist uns kein Grund begegnet, der die Annahme rechtfertigen würde, es handle sich bei dieser ›wahren Weisheit‹ um mehr als eine wahnhafte Hoffnung oder Selbsttäuschung. Auch gibt es keinen anderen Weg, um begründet zu dieser Auffassung zu gelangen, als durch Aktivierung jenes verachteten Kritikvermögens.

Ferner ist daran zu erinnern, daß Pascal in der Erörterung seines Arguments von der Annahme, die Chancen für und gegen die Existenz Gottes seien gleich groß, übergeht zu der Annahme, die Chance gegen sie sei ›*n* zu 1‹, wobei *n* jede endliche Zahl sein könne. Gewiß kann er auch unter dieser zweiten Voraussetzung noch zeigen, daß die Aussicht auf Glück größer ist, wenn man auf Gottes Existenz als wenn man auf seine Nicht-Existenz setzt; doch kann er dann nicht mehr behaupten, diese Voraussetzung sei im Hinblick auf die Vernunft kostenneutral. Wer sich dazu entschließt, den Glauben an Gott in sich zu fördern, wenn nach der theoretischen Vernunft die Chancen ›*n* zu 1‹ gegen seine Existenz stehen und *n* eine hohe Zahl ist, verwirft willentlich alle Vernunftprinzipien, die für Überzeugungen bei gegebener Ungewißheit gelten. Pascals Vorschlag enthält also reale, von ihm verschleierte Kosten für die Vernunft.

Doch könnte man immer noch daran festhalten, daß selbst bei angemessener Berücksichtigung dieser Kosten dieses auf eine praktische Wahl angesichts miteinander vergleichbarer Gewinnaussichten abgestellte Argument stichhaltig ist. An dieser Stelle kommen nun Pascals weitere Voraussetzungen ins Spiel. Er berücksichtigt ausschließlich folgende Alternativen: Erstens, es gibt einen Gott, der mit ewiger Seligkeit all jene belohnt, die aus welchen Motiven auch immer an ihn glauben; zweitens, es gibt keinen Gott und die eigene Existenz hört mit dem Tod völlig auf. Offensichtlich aber sind noch weitere Möglichkeiten denkbar. Ein christlicher Theologe wie Pascal sollte an die Möglichkeit gedacht haben, daß die Menschen vielleicht zur Seligkeit oder zur Verdammnis prädestiniert sind, gleichgültig wie sie jetzt wählen oder zu wählen versuchen. In diesem Fall wäre ihr irdisches Tun hinsichtlich ihrer Aussichten auf ein Leben nach dem Tod irrelevant, und folglich sollte jeder danach trachten, sein irdisches Leben so glücklich wie möglich zu gestalten. Auch könnte ein Gott mit größerem Wohlgefallen auf redliche Zweifler oder Atheisten blicken, die, mit Humes Worten, ihre Glaubenszustimmung proportional nach den gegebenen Beweisgründen ausrichteten, als auf krämerhafte Manipulierer ihrer eigenen Überzeugungen. Dies träfe immer dann zu, wenn man Gott moralische Güte in irgendeinem verständlichen Sinn zuschriebe. Jene Art von Gott, die Pascals erste Alternative voraussetzt, ist nach dem Modell eines Monarchen geschaffen, der dumm und eitel genug ist, um an egoistischen Schmeicheleien Gefallen zu finden. Und selbst wenn es einen Gott von Pascals Art geben sollte, wären noch verschiedene untergeordnete Möglichkeiten zu bedenken: Vielleicht gäbe sich dieser Gott nicht mit dem bloßen Glauben, daß es einen Gott gibt, zufrieden, sondern verträte darüber hinaus auch das Prinzip *extra ecclesiam nulla salus*, wobei die Kirche, innerhalb deren allein das Heil zu finden wäre, nicht notwendigerweise die Kirche von Rom sein müßte, sondern vielleicht die der Wiedertäufer, der Mormonen, der muslimischen Sunniten, der Verehrer Kalis oder Odins. Wer will das wissen? Von der Basis ursprünglichen Nicht-Wissens und ursprünglicher Unzuverlässigkeit der Vernunft, von der Pascal ausgeht, ist die Wahrscheinlichkeit jeder dieser Möglichkeiten gleich groß.

Sobald einmal die ganze Fülle von Möglichkeiten in den

Blick kommt, fällt Pascals Argument auf der Basis vergleichbarer Gewinnaussichten in sich zusammen. Die Förderung eines nicht-rationalen Glaubens ist nicht einmal praktisch vernünftig. Vielmehr ist die zutreffende Theorie die genaue Umkehrung von Pascals Position. Pascal meinte, die spekulative Vernunft sei hinsichtlich der Existenz Gottes neutral, und daher könne und müsse sich der Glaube allein auf praktische Erwägungen stützen. Richtig ist jedoch, daß die praktische Vernunft hier neutral ist und wir daher unser Bestes tun müssen, um allein mit Hilfe der spekulativen Vernunft zu einem Ergebnis zu gelangen.

(b) *William James und der Wille zum Glauben*[4]

William James' Diskussion des Problems in seinem Essay »The Will to Believe« ist derjenigen Pascals sowohl theoretisch als auch moralisch weit überlegen. Einen unserer Einwände gegen Pascal nimmt er sogar vorweg: »Wenn wir an Gottes Stelle wären, würden wir wahrscheinlich mit besonderem Vergnügen Gläubige dieser Art [d. h. solche, die Pascals Ratschlag folgen] von der ewigen Seligkeit ausschließen.« Doch entwickelt er auch einige von Pascals Ideen weiter, und auch er versteht das Problem als das einer vernünftigen Wahl bei theoretischer Ungewißheit.
James definiert die Wahlen, um die es ihm vor allem geht und die er ›echte‹ Wahlen nennt, als *lebensecht*, *unumgänglich* und *folgenschwer*. Lebensecht ist eine Wahl, bei der der Wählende beide Alternativen als ernsthafte Möglichkeiten erfährt; sie ist folgenschwer, wenn sie ihn betrifft und vor allem wenn der Wählende nur eine einzige Gelegenheit hat, wenn seine Wahl nicht leicht rückgängig zu machen ist und wenn sich ihm keine erneute Chance bietet, falls er sie ungenützt hat verstreichen lassen; sie ist unumgänglich,

4 Vgl. W. James, *The Will to Believe and Other Essays*, London 1896.

wenn nur zwei einander ausschließende und erschöpfende Alternativen gegeben sind und eine dritte Möglichkeit wie die der Urteilsenthaltung real ausgeschlossen ist. Für Wahlen dieser Art wendet er sich gegen die von W. K. Clifford vorgetragene Ansicht: »Es ist immer, überall und für jeden falsch, irgend etwas auf der Basis unzulänglicher Beweise zu glauben.«[5] Dem setzt er seine These entgegen: *»Unsere gemüthafte Natur darf nicht nur, sondern muß auch eine Wahl zwischen alternativen Möglichkeiten treffen, wenn es sich dabei um eine echte Wahl handelt, die ihrer Natur nach nicht aufgrund theoretischer Erwägungen getroffen werden kann.«*

Um dies nachzuweisen, betont James erstens, und zwar zu Recht, daß »unsere nicht-vernünftige Natur unsere Überzeugungen beeinflußt«. Obwohl »es einfach unsinnig zu sein scheint, Überzeugungen durch Willensdekret hervorbringen zu wollen«, »sind es doch nur unsere bereits toten Annahmen, die wir willentlich nicht mehr zum Leben erwecken können. Was sie aber für uns tot gemacht hat, sind meist vorausgehende Willensakte [. . .]« »Es gibt Gemütsregungen und willentliche Strebungen, die unseren Überzeugungen vorausgehen, und andere, die ihnen nachfolgen; nur die letzteren kommen zu spät, um tote Überzeugungen lebendig zu machen; sie kommen aber nicht zu spät, wenn das vorausgehende Wirken des Gemüts schon in ihre Richtung hin vorgearbeitet hat.«

Das verbindet er mit einer anderen richtigen These, daß nämlich der größte Teil dessen, was man glaubt, auf Autorität hin, aufgrund des Einflusses des umgebenden intellektuellen Klimas, geglaubt wird. An der Brown University und dann wieder an der Yale University konnte er behaupten: »In diesem Raum glauben wir alle an Moleküle und an die Erhaltung der Energie, an die Demokratie und den notwendigen Fortschritt, an das protestantische Christentum und

5 Zit. von W. James aus: W. K. Clifford, *Lectures and Essays*, London 1886.

an die Pflicht, für die ›Monroedoktrin‹ zu kämpfen, all das aus Gründen, die diesen Namen nicht verdienen.«
Zweitens unterscheidet James zwischen Absolutismus und Dogmatismus – der Ansicht, daß nicht nur Wissen, sondern auch Gewißheit möglich ist, daß wir wissen können, wenn wir wissen – und Empirismus, d. h. Fallibilismus – der Ansicht, daß objektive Gewißheit im allgemeinen nicht möglich ist. Obgleich er klar den Fallibilismus vertritt, betont er, daß damit nicht das Streben nach Wahrheit und die Hoffnung, ihr immer näher zu kommen, aufgegeben werden. Das ist richtig, obwohl seine typisch pragmatistische Bemerkung zumindest schief ist: »Wenn alle Überlegungen [eine Hypothese] immer wieder bestätigen, dann besteht darin ihre Wahrheit.« Man mag durchaus hoffen, daß alle Forschungsergebnisse sich der Wahrheit immer mehr nähern, und ihr Zusammenlaufen auf denselben Punkt hin ist sicherlich ein gutes Argument für ihre Wahrheit; dennoch besteht die Wahrheit einer Hypothese nicht im Zusammenlaufen aller Forschungsergebnisse, sondern einfach darin, daß sich die Dinge so verhalten, wie es in der Hypothese behauptet wird.
Im dritten Schritt unterscheidet James zwischen den beiden Zwecken, die Wahrheit zu erkennen und den Irrtum zu vermeiden, und meint, er selbst halte »die Erkenntnis der Wahrheit für vorrangig, die Vermeidung des Irrtums für sekundär«. Clifford hingegen halte die Vermeidung des Irrtums für wichtiger als die Erkenntnis der Wahrheit. »Cliffords Mahnung [...] gleicht der Instruktion eines Generals an seine Soldaten, es sei besser, sich erst gar nicht in die Schlacht zu begeben als eine einzige Wunde zu riskieren. Auf diese Weise lassen sich Siege weder über den Feind noch über die Natur gewinnen. Unsere Irrtümer sind ganz gewiß keine so schrecklich ernsten Angelegenheiten. In einer Welt, in der wir genau wissen, daß wir ihnen trotz aller Vorsicht immer wieder erliegen, scheint ein gewisser Gleichmut ihnen gegenüber gesünder zu sein als eine übermäßige

Ängstlichkeit.« Doch räumt er ein, daß dieses Prinzip von unterschiedlichem Gewicht ist bei Fragen unterschiedlicher Art.

Handle es sich um naturwissenschaftliche Fragen, so sei eine Urteilsenthaltung vielleicht richtig. Hier lasse sich eine Stellungnahme nicht erzwingen. Doch selbst in solchen Fragen sei weniger Vorsicht und ein leidenschaftlicheres Engagement für die Forschung vorteilhaft: »Der nützlichste Forscher, weil einfühlsamste Beobachter, ist immer derjenige, dessen leidenschaftliches Interesse an einem bestimmten Ergebnis aufgewogen wird durch eine ebenso gespannte Aufmerksamkeit darauf, daß er sich nicht täuschen läßt. Die Wissenschaft hat diese Aufmerksamkeit zu einer regelrechten *Technik* entwickelt.« James vertritt hier Ansichten, die einigen von Karl Poppers Ideen nahekommen. Er spricht von ›Verifizierung‹, wo Popper nur ›Bewährung‹ sagt, wenn nämlich eine Hypothese den Test ernsthafter Nachprüfung und den Versuch, sie zu falsifizieren, besteht; doch behauptet James zu Recht, was Popper nur zögernd einräumt, daß nämlich ein solches Ergebnis positiv zugunsten einer Hypothese spricht und mit ein Grund dafür ist, daß wir zu Recht glauben, daß sie wenigstens der Wahrheit nahekommt.[6] Auch ist James' Darstellung der typischen Motivation des guten Forschers einleuchtender als die Poppers.

Im Unterschied zu naturwissenschaftlichen Fragen könnten moralische »zu ihrer Lösung nicht auf einen empirischen Beweis warten«. James sucht an der Objektivität der Moral festzuhalten, bestreitet aber zugleich die Möglichkeit, solche Fragen empirisch zu lösen. Ich selbst stimme James' Äußerung zu, doch aus einem anderen Grund als er; ich meine nämlich, daß kategorisch gebietende Aussagen, welche vorgeben, Anweisungen zu formulieren, dieses sei zu tun oder jenes sei zu lassen, Anweisungen, die unbedingt gelten sollen und in keiner Weise von den Wünschen oder Absich-

6 Vgl. Poppers »Replies to my Critics«, in: P. A. Schilpp (Hrsg.), *The Philosophy of Karl Popper*, La Salle (Ill.) 1974, bes. S. 1013–41.

ten des Handelnden abhängen, nicht wahrheitsfähig sind noch Aussagen darüber enthalten, was gut oder schlecht in dem Sinn ist, daß sich daraus solche Anweisungen ableiten ließen.[7]

Es gebe darüber hinaus auch »Wahrheiten, die von unserem persönlichen Verhalten abhängen«. »Immer wenn ein gewünschtes Ergebnis durch das Zusammenwirken vieler voneinander unabhängiger Menschen erzielt wird, ist sein Zustandekommen als Tatsache die ausschließliche Folge des vorhergehenden Aufeinander-Vertrauens der unmittelbar Betroffenen.« Es gebe also »Fälle, in denen eine Tatsache erst dadurch wirklich werden kann, daß ein vorausgehendes Vertrauen in ihr Zustandekommen besteht«; in solchen Fällen »wäre es eine unsinnige Logik«, solches dem Beweis selbst vorausgehende Vertrauen zu verbieten.

Fast alle diese Ausgangsüberlegungen in James' Argumentation sind nicht nur beredt vorgetragen, sondern auch richtig und wichtig. Der größte Teil unserer Überzeugungen beruht auf Autorität, und unsere »gemüthafte Natur« spielt in vielen, wenn nicht in allen eine gewisse Rolle. Auf fast allen Gebieten sind unsere Urteile in unterschiedlichem Maß irrtumsfähig, und im Streben nach der Wahrheit können wir höchstens behaupten, daß überprüfte und bestätigte Hypothesen wahrscheinlich der Wahrheit nahekommen. In den Naturwissenschaften geht man vernünftigerweise so vor, daß man nicht nur kühne Entwürfe entwickelt, sondern auch ihre kritische Überprüfung mit der Hoffnung und der vorsichtigen Annahme verbindet, daß sie nicht allzu weit von der Wahrheit entfernt sind. In gesellschaftlichen und politischen Dingen ist es, weil eine notwendige Bedingung aller Zusammenarbeit, vernünftig, anderen in dem Maß, wie sie vertrauenswürdig sind, auch tatsächlich zu vertrauen. Die zentralen moralischen Urteile sind nicht wahrheitsfähig und lassen sich *a fortiori* nicht als wahr erweisen; dennoch

7 Vgl. meine Arbeit *Ethik*, Kap. 1.

widerspricht es nicht der Vernunft, daß wir uns solche Urteile bilden, und die Gefühle und Denkweisen, die sich in ihnen ausdrücken, sind für jedes erträgliche menschliche und soziale Leben wesentlich. In jeder dieser Hinsichten müssen wir daher Cliffords Äußerung wenigstens modifizieren. Entscheidend aber ist die Frage: In welcher Beziehung stehen diese Prinzipien zur Religion und besonders zum theistischen Glauben?

Nach James behauptet die Religion im wesentlichen zweierlei: »Erstens sagt sie, daß die besten Dinge die dauerhafteren, die ins Jenseits hineinreichenden, jene Dinge im Universum sind, die sozusagen den letzten Stein werfen und das letzte Wort behalten. [...] Zweitens sagt sie, daß es uns auch schon jetzt besser geht, wenn wir ihrer ersten Behauptung Glauben schenken.« Dazu läßt sich offensichtlich zweierlei anmerken: Die erste Behauptung ist äußerst vage, und der wesentliche Inhalt beider ist wertend, obwohl die erste einige Tatsachenbehauptungen enthalten mag. James fährt fort: »Der vollkommenere und dauerhaftere Aspekt des Universums wird nach den Religionen als personal verstanden.« Daraus schließt er, daß die einzig praktische Art und Weise, die religiöse Hypothese ernstzunehmen, darin besteht, ihr auf halbem Weg entgegenzukommen. Wer sich bis zum schlüssigen Beweis weigere, ihr zuzustimmen, »begibt sich vielleicht für immer der einzigen Gelegenheit, mit den Göttern in Berührung zu kommen«.

James rückt so das Problem des religiösen Glaubens einerseits in die Nähe des Problems der Moral (im weiten Sinn) und andererseits in die des sozialen Zusammenwirkens, des Vertrauens, das man auf andere setzt, bevor man sicher sein kann, daß sie auch vertrauenswürdig sind – d. h. in die Nähe von zwei Bereichen, für die wir bereits zugestanden haben, daß in diesen Fällen Vertrauen vorgängig zum schlüssigen Beweis vernünftig ist. Aus diesem Grund lehnt James »die agnostizistischen Prinzipien der Wahrheitssuche« ab und meint, *»ein Denkprinzip, das mich absolut* *daran hindern würde, bestimmten Arten von Wahrheit zuzustimmen, wenn sie tatsächlich vorliegen, wäre ein unvernünftiges Prinzip«.* In diesem Bereich sei es folglich wie in einigen anderen nicht nur eine Tatsache, daß »unsere gemüthafte Natur« unsere Überzeugungen mitbeeinflußt, sondern sogar legitim. James behauptet also für den Glauben das, was der Samniter Gaius Pontius (in Livius, Buch IX) vom Krieg sagt, daß er nämlich dann gerechtfertigt ist, wenn er sich nicht vermeiden läßt: *Iusta est fides, quibus necessaria.*

Dies ist ein zunächst überzeugendes und gewichtiges Argument. Doch lassen sich in ihm drei Überlegungen voneinander unterscheiden. Die erste betrifft wesentlich moralische Wahlen. Diese sind tatsächlich in dem Sinn frei, daß man für sie keine rationalen Beweise erwarten kann und erwarten sollte. Sie entziehen sich Cliffords strengem Agnostizismus. Doch erlaubt uns diese Tatsache bislang keinen Hinweis darauf, wie wir wählen sollen. Welche Wahl auch immer in der dunklen Behauptung angedeutet sein mag, die besten Dinge seien die dauerhafteren, so haben wir sie jedenfalls daran zu prüfen, wie sie mit unseren übrigen moralischen Auffassungen und Zwecken insgesamt zusammenstimmt. Diese Frage wird uns noch einmal in Kapitel 14 beschäftigen.

Die zweite Überlegung betrifft das Gemüt als jene Instanz, die bei Gleichstand entscheidet. Selbst bei Tatsachenfragen, bei Fragen, die wahrheitsfähig sind, meint James, könne das Gemüt zu Recht den Ausschlag geben, wenn das Für und Wider rationaler Überlegungen einander aufhebe und wenn es sich um eine lebensechte, unumgängliche und folgenschwere Wahl handle, in bezug auf die eine Urteilsenthaltung unmöglich sei. Diese Behauptung ist durchaus fragwürdiger. Sie steht Pascals Ansicht allzu nahe, daß, wo die spekulative Vernunft zu keinem eindeutigen Ergebnis gelangt, die auf das Eigeninteresse blickende praktische Vernunft den Ausschlag zu geben vermag. Es ist richtig, daß das

Gemüt bei solchem Gleichstand häufig den Ausschlag gibt; dies müssen wir als unvermeidlich hinnehmen, und wir können es mit um so weniger Unbehagen, als wir einräumen müssen, daß zu allen Zeiten viele unserer Überzeugungen zum Teil auf Einflußnahmen unseres Gemüts beruhen. Doch hat James die Abhängigkeit unserer Überzeugungen von Einflüssen des Gemüts dadurch übertrieben, daß er auch sehr viele Annahmen dazu zählt, die wir auf Autorität hin glauben. Einige gehören gewiß dazu, nämlich jene, die wir von einer angeblichen Autorität übernehmen, welche selbst keinen anderen Legitimationsgrund vorzuweisen hat, als die Gewohnheit und unsere Neigung, mit den Wölfen zu heulen. Manchmal aber ist eine Autorität tatsächlich eine Autorität, d. h., es besteht Grund zu der Annahme, daß die betreffende Autorität sachkundig ist oder eine gut begründete Meinung vertritt und bei ihr keine Täuschungsabsichten zu vermuten sind. Manchmal haben wir sogar aufgrund eigener Erfahrungen Grund zu der Annahme, daß die betreffende Autorität in derartigen Fragen in aller Regel sehr verläßlich ist. In solchen Fällen ist das auf Autorität hin Geglaubte durch ein gewisses Maß an Einsicht indirekt abgesichert. Zweifellos täuschen wir uns selbst in Fragen größter Wichtigkeit immer wieder in mancherlei Hinsicht. Dennoch dürfen wir deswegen nicht leichten Herzens die Beeinflussung unserer Überzeugungen durch unser Gemüt hinnehmen; vielmehr sollte uns diese Tatsache dazu veranlassen, noch kritischer zu sein und jene Techniken gegenseitiger Kritik und Überprüfung, die z. B. bei Gerichtsverfahren und in den Naturwissenschaften dem Irrtum und der Täuschung vorbeugen sollen, auch soweit wie möglich auf andere Bereiche auszudehnen. Wie dem auch sei, wir brauchen jedenfalls immer nur dann eine Instanz, die bei Gleichstand entscheidet, wenn Gleichstand besteht. Es ist aber höchst fraglich, ob für den Theismus als insgesamt beste Erklärungshypothese durch rationale Überlegungen überhaupt ein solcher Gleichstand zu erreichen ist.

Am wichtigsten ist in James' Argument der dritte Gedanke. Unter der Voraussetzung, daß unserem Denken unvermeidlich eine gemüthafte Komponente und beständig ein hohes Irrtumsrisiko eigen ist, und unter der weiteren Voraussetzung, daß in vielen Fragen die Chance, zur Wahrheit vorzustoßen, wertvoller ist als das Risiko zu irren, muß man Cliffords Prinzip, nichts auf der Basis unzulänglicher Beweise zu glauben, ablehnen. Man muß dann entschlossen sein, Hypothesen aufzustellen und zu testen, ihnen aber auch vorsichtig zuzustimmen, wenn sie in mancher Hinsicht als plausibel erscheinen und schon einige Tests bestanden haben. Diesem Prinzip kann sowohl ein Atheist als auch ein Theist bereitwillig und aus vollem Herzen zustimmen. Entscheidend ist nun James' nächster Schritt: Es gebe vielleicht eine lebensechte Hypothese, nach der »der vollkommenere und dauerhaftere Aspekt des Universums« als personal zu verstehen ist; dann aber bestehe die einzig angemessene Weise, diese Hypothese zu überprüfen, darin, zu dieser Person (oder zu diesen Personen) in Beziehung zu treten. Die Chance, »mit den Göttern in Berührung zu kommen«, biete sich nur demjenigen, der bereit sei, ihnen auf halbem Weg entgegenzugehen. Nach dem in den vorhergehenden Kapiteln Gesagten bezweifle ich, daß es sich hierbei immer noch um eine lebensechte Hypothese handelt. Doch sei dies zugestanden. James mag auch Recht damit haben, daß ein Denkprinzip, das einen absolut daran hindern würde, bestimmte Arten von Wahrheit anzuerkennen, wenn es sich um wirkliche Wahrheiten handelt, irrational wäre. Daraus folgt, daß wir in bezug auf den Theismus erkenntnismäßig besser gestellt sind – ob wir ihm am Ende zustimmen oder nicht –, wenn wir wenigstens einmal versucht haben, uns auf ihn einzulassen, d. h., wenn wir der Möglichkeit einer Beziehung zu »den Göttern«, falls es sie gibt und sie zu uns in Beziehung treten wollen, nicht nur unseren Verstand, sondern auch unser Gemüt geöffnet haben. Da es uns aber darum geht, uns zu vergewissern, »ob diese Arten von

Wahrheit tatsächlich vorliegen«, folgt daraus auch, daß wir in dieser Frage die Spannung, von der James selbst (in bezug auf die Naturwissenschaften) gesprochen hat, in uns wachhalten müssen zwischen dem leidenschaftlichen Engagement des optimistischen Denkers und der »gespannten Aufmerksamkeit darauf, daß er sich nicht täuschen läßt«, d. h. den Willen zur abwägenden Beurteilung, ob unsere Beobachtungen tatsächlich unsere Hypothese bestätigen oder aber widerlegen. Ein Experiment, das darauf abzielt, die Wahrheit einer Hypothese zu bestätigen, muß so angelegt sein, daß es sie auch widerlegen oder wenigstens nicht bestätigen kann. Eine Hypothese gilt nur dann als bestätigt, wenn sie ernsthafte Tests bestanden hat, d. h. Tests, die, wenn sie falsch ist, dazu geeignet sind, ihre Falschheit zu erweisen. Zu Recht sagt James, jedes Prinzip sei als unvernünftig abzulehnen, das uns daran hindern würde, bestimmte Arten von Wahrheit anzuerkennen, selbst wenn sie zutreffen; ebenso unvernünftig wäre aber auch jedes Denkprinzip, das uns daran hindern würde, solche vorgebliche Wahrheiten zurückzuweisen, selbst wenn sie nicht zutreffen. Dies gilt nicht nur zur Vermeidung von Irrtümern, sondern ist für die Methode zur Bestätigung von Wahrheit wesentlich. Wenn der Glaube experimentell verteidigt werden soll, unterliegt diese Verteidigung auch den allgemeinen Prinzipien experimenteller Forschung. Das Ergebnis solcher Experimente, Beziehung zu »den Göttern« aufzunehmen, wird wesentlich in irgendwelchen »religiösen Erfahrungen« bestehen. Wie wir aber in Kapitel 10 sahen, sind die Glaubwürdigkeitsbeweise für solche Erfahrungen selbst zweifelhaft. Ein günstiges Ergebnis dieses Experiments müßte schon in einer Reihe von Erfahrungen bestehen, die den in diesem Kapitel genannten Arten psychologischer Erklärungen entzogen wären.

Unter diesem Vorbehalt können wir der dritten Überlegung in James' Argumentation zustimmen, seinem Plädoyer für einen experimentellen Glauben. Doch wie sehr unterscheidet sich dieser Glaube von allem, was gewöhnlich als religiöser Glaube verteidigt wird! Vor allem, wie sehr unterscheidet er sich von der Art und Weise, in der Pascal meint, den religiösen Glauben wecken zu können – »das wird Sie verdummen« –, wie sehr aber auch, wie wir gleich sehen werden, von Kierkegaards Ansicht, der Vernunft komme im Bereich des Glaubens kein Platz zu! Nach dieser dritten Überlegung ist eine Art vorsichtigen Glaubens ein Zug im Spiel vernünftigen Forschens. Dagegen ließe sich einwenden, daß ein solches Unterfangen im Widerspruch zum Geist des religiösen Glaubens stehe, daß dieser eine unbedingte Überantwortung der Vernunft, ein Verzicht auf eigene Nachprüfung in sich einschließe. Das heißt, man könnte einwenden, ein ›experimenteller Glaube‹ sei ein Widerspruch in sich. Gegen Kierkegaard werde ich zu zeigen versuchen, daß dem nicht so ist; verhielte es sich aber so, dann würde dies James' Argument für einen vorausgehenden Glauben zunichte machen. Es wäre unmöglich, sein Argument zugunsten des Glaubens beizubehalten, zugleich aber die empiristischen Annahmen und experimentellen Prinzipien, von denen das gesamte Argument abhängt, abzulehnen.

(c) *Kierkegaard und der Primat des religiösen Engagements*[8]

Bei Kierkegaard vollzieht sich der Übergang von der Vernunft zum Glauben extremer als bei Pascal und James. »Das forschende Subjekt muß sich nun in einer von zwei Verfassungen befinden: entweder muß es im Glauben von der Wahrheit des Christentums und von seinem Verhältnis zu ihr überzeugt sein – und in dem Falle kann ja unmöglich all das andere unendlich interessieren, da ja eben der Glaube das unendliche Interesse für das Christentum ist und jedes

8 Vgl. Kierkegaard, *Abschließende unwissenschaftliche Nachschrift zu den philosophischen Brocken*, T. 2, Abschn. 2, Kap. 2.

andere Interesse leicht eine Anfechtung bedeutet; oder es steht nicht im Glauben, sondern in der objektiven Betrachtung, und ist als solches auch nicht unendlich interessiert an der Entscheidung der Frage« (S. 17 f.). Daraus zieht er den Schluß, »daß das Problem auf diesem Wege überhaupt nicht entscheidend zutage tritt, d. h. eben nicht zutage tritt, weil das Problem gerade in der Entscheidung liegt« (S. 18).
Würde dies stimmen, so bedeutete es, daß die rationale Erörterung des Theismus, wenigstens wie er sich in der christlichen Religion darstellt, unmöglich wäre und daß (beispielsweise) alle in den vorausgehenden Kapiteln genannten oder vorgebrachten Argumente für und wider den Theismus das eigentliche Problem verfehlt haben. Aber stimmt das? Wir müssen versuchen, uns Kierkegaards Argument in erweiterter Form zu vergegenwärtigen. Wenn Kierkegaard sagt, die Entscheidung sei für das Problem wesentlich, behauptet er erstens, daß die Frage nach der Wahrheit des Christentums Teil der Frage ist, ob der Fragende auch unendlich an der Klärung dieser Frage interessiert ist. Zweitens meint er auch, niemand könne unendlich an dieser Klärung interessiert sein, wenn er nicht unendlich an der christlichen Religion interessiert sei, und drittens, man könne an ihr nur dann unendlich interessiert sein, wenn man bereits von ihrer Wahrheit überzeugt sei, d. h., wenn man sich bereits in einem Zustand des Glaubens befinde, der jede *Erörterung* dieser Frage ausschließe. In dieser Form ist das Argument schlüssig: Stimmen die Prämissen, so ergibt sich die Folgerung. Es ist nun aber nicht zu sehen, weshalb man irgendeiner dieser Prämissen, geschweige denn allen dreien zugleich, zustimmen sollte. Bei der zweiten und der dritten handelt es sich um recht fragwürdige empirische Behauptungen; die erste ist eher einer Erörterung wert. Wie *könnte* das Interesse eines Fragenden an einem Problem wesentlicher Teil der Frage selbst sein? Wenn irgend etwas an der christlichen Religion wahr oder falsch sein kann, d. h., wenn es so etwas geben sollte, wie die Möglichkeit, daß sie wahr ist,

dann müssen zwei Sachverhalte möglich sein, nämlich daß es sich so verhält oder daß es sich nicht so verhält. Dann aber kann jeder, der diese beiden Möglichkeiten bedenkt oder ins Auge faßt, auch die Möglichkeit einer Wahl zwischen ihnen verstehen; das aber ist nichts anderes als sich die Frage nach der Wahrheit des christlichen Glaubens stellen. Sie stellt sich also jedem, der über sie nachdenkt, und zwar unabhängig von dem Grad seines Interesses an dieser Frage oder seines Engagements für eines der beiden möglichen Resultate. Dies bestreiten heißt ernsthaft bezweifeln, daß es sich hierbei überhaupt um eine Wahrheitsfrage handelt; wie wir sehen werden, treibt Kierkegaards Argument ihn immer stärker in diese Richtung.

Er entwickelt seine These, indem er »objektive« und »subjektive« Reflektion oder die objektive und die subjektive Art, die Frage nach der Wahrheit zu stellen, einander entgegensetzt. *»Wenn objektiv nach der Wahrheit gefragt wird, so wird objektiv auf die Wahrheit als einen Gegenstand reflektiert, zu dem der Erkennende sich verhält. Es wird nicht auf das Verhältnis reflektiert, sondern darauf, daß es die Wahrheit, das Wahre ist. Wenn das, wozu er sich verhält, bloß die Wahrheit, das Wahre ist, so ist das Subjekt in der Wahrheit. Wenn subjektiv nach der Wahrheit gefragt wird, so wird subjektiv auf das Verhältnis des Individuums reflektiert; wenn nur das Wie dieses Verhältnisses in Wahrheit ist, so ist das Individuum in Wahrheit, selbst wenn es sich so zur Unwahrheit verhielte.«* Und weiter: »Objektiv wird hier darauf reflektiert, daß es der wahre Gott ist; subjektiv darauf, daß das Individuum sich *so* zu einem Etwas verhält, daß sein Verhältnis zur Wahrheit ein Gottes-Verhältnis wird« (S. 190). Er vergleicht dann einen Menschen, der im Haus des wahren Gottes und »mit der wahren Vorstellung von Gott in seinem Wissen« betet, mit einem anderen, der »in einem Abgötterei treibenden Lande lebt, aber mit der ganzen Leidenschaft der Unendlichkeit betet, obwohl sein Auge auf dem Bild eines Götzen ruht«. »Der eine betet in

Wahrheit zu Gott, obgleich er einen Götzen anbetet; der andere betet in Unwahrheit zu dem wahren Gott und betet daher in Wahrheit einen Götzen an« (S. 192).
Damit deutet Kierkegaard an, es gehe nicht um die Wahrheit und Falschheit *dessen, was man glaube* – das wäre »objektive Wahrheit« –, sondern um die Art der gläubigen Beziehung.
»Objektiv wird akzentuiert: *was* gesagt wird; subjektiv: *wie* es gesagt wird« (S. 193). Was aber bedeutet es für diese Beziehung, »in der Wahrheit« zu sein? Anscheinend ist dazu nur erforderlich, daß es sich dabei um eine Beziehung von unendlich leidenschaftlichem personalen Interesse und Engagement handelt. Doch wenn es nur auf das innere Wesen dieser Beziehung ankommt, fällt dann nicht ihr zweiter Bezugspunkt einfach weg? Ist er dann nicht wie ein lockeres Zahnrad, das nicht transportiert? Vielleicht braucht es ihn dann gar nicht zu geben oder er könnte auch ein reines Phantasieprodukt sein? Diese Deutung liegt sehr nahe, wenn Kierkegaard behauptet, »Wahrheit ist die Subjektivität«. Dennoch scheint er dies nicht ganz so zu meinen. Denn er stellt den »wahren Gott« »einem Götzen« entgegen; er versteht das Leben Jesu buchstäblich als Offenbarung dieses wahren Gottes an die Menschen; auch sagt er, dem Christen sei leidenschaftlich an der ewigen Seligkeit gelegen; wem so sehr daran gelegen ist, würde aber Opfer einer Täuschung (vielleicht einer Selbsttäuschung), wenn die christlichen Lehren nicht wortwörtlich wahr wären. Wenn jemand in (subjektiver) Wahrheit zu einem Götzen bete, werde dies irgendwie umgewandelt in ein Gebet zum »wahren Gott«; der angemessene Bezugspunkt dieser Beziehung ist schließlich doch gegeben und der Anbetende auf ihn bezogen. Auch meint er, der Gegenstand des Glaubens sei die Realität eines anderen; es sei die Realität des Lehrers, daß der Lehrer wirklich existiere. Dennoch finden sich bei Kierkegaard auch Belege für die rein subjektive Deutung: Er spricht von einem Menschen, der mit der Leidenschaft des Unendlichen

eine Ungewißheit umfasse, und führt Sokrates als Beispiel an. Sokrates habe zwar die Unsterblichkeit für problematisch gehalten; doch »für dieses ›Wenn‹ setzt er sein ganzes Leben dran, er wagt zu sterben, und er hat sein ganzes Leben mit der Leidenschaft der Unsterblichkeit so eingerichtet, daß es als annehmbar empfunden werden mußte – *wenn* es eine Unsterblichkeit gibt« (S. 192). Dies *ließe* sich zwar so deuten, als wolle Kierkegaard sagen, Sokrates habe seinen Lebensplan auf eine Vorwegnahme von Pascals Argument der Wette gegründet; doch wäre dies eine solche Verzerrung von Sokrates' Denken und von seinen Motiven, wie Platon sie uns darstellt, daß ich nicht glauben kann, Kierkegaard habe dies gemeint. Er muß vielmehr gemeint haben, daß Sokrates' ganzer Einsatz für philosophische, besonders ethische Fragestellungen und für seine Kritik an unbegründeten Überzeugungen die »Leidenschaft der Unendlichkeit« in sich einschloß. Dann aber muß es einen großen Spielraum hinsichtlich des intendierten Gegenstands, für den man sich engagiert, geben.

Die beiden Deutungen, zwischen denen wir hin- und herschwanken und zwischen denen auch Kierkegaard selbst zu schwanken scheint, wirken sich auch auf seinen Versuch aus zu zeigen, daß das Problem der Wahrheit des christlichen Glaubens, oder vielleicht des Theismus im allgemeinen, gar nicht aufkommen kann. Wenn es *ausschließlich* auf die Art der Beziehung ankommt und wenn sie sich auf fast jeden beliebigen Gegenstand, einschließlich eines Phantasieprodukts, beziehen kann, dann ist die Frage nach der Realität dieses oder jenes spezifischen Gegenstands, obwohl sie sich vielleicht stellen mag, nebensächlich; es stellt sich dann nicht eigentlich das Problem der Wahrheit des christlichen Glaubens oder des Theismus im allgemeinen. Wenn es aber für den christlichen Glauben wesentlich ist, daß er den Wahrheitsanspruch erhebt, daß es einen Gott gibt und daß er in Beziehung zu den Menschen tritt und mit ihnen handelt, dann stellt sich ein wirkliches Problem, das untersucht und aufgrund von Kierkegaards Dilemma nicht einfach als irrelevant abgetan werden kann. Dies gilt selbst dann, wenn es u. a. *auch* auf die Art der Beziehung ankommt, etwa in der Weise, daß eine Beziehung »in Wahrheit« irgendwie den Bezug zum ihr angemessenen Gegenstand auch dann herzustellen vermag, wenn der Gläubige selbst ihn nicht kennt oder in bezug auf ihn noch Zweifel hegt.

Wichtiger für Kierkegaard als seine Behauptung, eine solche Frage könne nicht ernsthaft aufkommen, ist jedoch seine Ansicht, daß, wenn sie sich doch stelle, ihre »objektive« Betrachtung schlimmer als nutzlos sei. Anscheinend nicht deswegen, weil sich durch sie nicht die Wahrheit der Religion erweisen ließe, sondern gerade weil sie dem nahekommen könnte. »Der Weg des objektiven Approximierens« sei mit dem Glauben unvereinbar. »Das beinahe Wahrscheinliche, das Wahrscheinliche, das über die Maßen und ganz ausnehmend Wahrscheinliche, das kann er ja beinahe und so gut wie wissen, über die Maßen und ganz ausnehmend *wissen* – aber es *glauben*, das läßt sich nicht machen; denn gerade das Absurde ist der Gegenstand des Glaubens und das einzige, was sich glauben läßt« (S. 202). Kierkegaard hebt begeistert den paradoxen Charakter des christlichen Glaubens – besonders seine Behauptung, Gott habe buchstäblich als individueller Mensch gelebt – hervor und lehnt ausdrücklich alle Deutungen ab, die ihn der Vernunft akzeptabler machen könnten: Das Christentum sei keine Lehre, sondern die Tatsache, daß Gott existiert habe. Es geht für Kierkegaard entscheidend darum, »das Absurde deutlich herauszubekommen – damit man dann glauben kann, wenn man das will« (S. 204).

Wie Pascal in seinem Argument der Wette und James mit seinem experimentellen Glauben so macht auch Kierkegaard den Glauben zu einer Sache des Wollens. Doch anders als sie argumentiert er nicht auf der Basis irgendwelcher allgemeinen Gründe zugunsten eines solchen Glaubens. Er scheint *aus*, nicht *zugunsten* einer Position zu argumentieren. Sein

Hauptanliegen ist eine Darstellung der Grundzüge des christlichen Glaubens. Das heißt natürlich, daß er den christlichen Glauben so darstellt, *wie er ihn versteht*, obwohl er dieser Einschränkung gewiß nicht zugestimmt hätte. Vielmehr hätte er darauf bestanden, dies sei der *wahre* christliche Glaube, womit er u. a. auch den historischen Anspruch erheben würde, sein Verständnis des Christentums sei das ursprüngliche. Da das Christentum zur Zeit Kierkegaards wie auch heute noch eine *etablierte* Religion in einem sehr weiten Sinn war – da viele Menschen es für gut und richtig hielten, Christ zu sein, weitaus mehr aber nur im formalen Sinn Christen waren, dem christlichen Glauben Lippenbekenntnisse zollten oder einen gewissen Respekt entgegenbrachten –, war es auch damals eine charakteristische Art und Weise, eine Ansicht zu empfehlen, sie als wahrhaft christlich auszugeben. (Dies ist ein Beispiel für die Kunst des moralischen Überredens, die Charles L. Stevenson unter der Bezeichnung »persuasive definition« analysiert hat.[9]) Vielleicht plädiert Kierkegaard dann schließlich doch *zugunsten* einer Auffassung; er tut es dann aber nur in der Weise, daß er *sein* Verständnis des christlichen Glaubens durch Umdefinition gegen das konventionelle, nominelle und irgendwie noch respektable Christentum, welches er selbst verachtet und verdammt, austauscht.

Läßt man diesen Trick einmal beiseite, so kann man sagen, Kierkegaard stelle dem Leser das Bild eines rein voluntaristischen Glaubens vor Augen, eines Glaubens, der sich auf keinerlei Vernunftgründe stützt und jede Frage und jede Kritik verschmäht. Der Glaube stelle einen völlig eigenen Bereich dar, und jede Fehldeutung des christlichen Glaubens lasse sich sogleich daran ablesen, daß man ihn in eine Lehre umgeformt oder in den Bereich des Verstands verlagert hat.

Dies steht in klarem Gegensatz z. B. zur Auffassung Anselms von Canterbury, die sich in dem Ausdruck »der Glaube

9 C. L. Stevenson, »Persuasive Definitions«, in: *Mind* 47 (1938).

auf der Suche nach der Erkenntnis« zusammenfassen läßt: *fides quaerens intellectum.* Anselm geht vom Glauben aus. Er glaubt an einen Gott und redet ihn sogar als Person an. Dennoch möchte er, daß zu diesem anfänglichen Glauben Einsicht und verstandesmäßige Überzeugung oder sogar ein logischer Beweis hinzutritt. Dieses Vorhaben ist keineswegs in sich widersprüchlich oder verfehlt. In Kapitel 3 haben wir zwar gesehen, daß es zum Scheitern verurteilt ist; das heißt aber nicht, daß es vom Ansatz her falsch wäre. Es gibt zahlreiche andere vernünftige und in einigen Fällen sogar erfolgreiche Beispiele einer *fides quaerens intellectum*: Manche philosophischen Entgegnungen auf die verschiedenen Formen des Skeptizismus sind von dieser Art. Unser Glaube an die Existenz einer Außenwelt und anderer Bewußtseinswesen sowie an die allgemeine Verläßlichkeit induktiver Forschung ist ursprünglich ebenfalls nicht-rational. Wir sind schlicht davon überzeugt aus Gründen, die dieses Namens nicht wert sind, wie James sagen würde. Nur deswegen finden wir darauf, wenn skeptische Zweifel angemeldet werden, zunächst und vielleicht für lange Zeit keine befriedigende Antwort. Da wir zu diesen Überzeugungen nicht aufgrund eigenen Nachdenkens gelangt sind, stehen uns auf Anhieb auch keine Argumente zur Verfügung, die wir dem Skeptiker entgegenhalten könnten. Dennoch lassen sich solche Argumente schließlich finden. In diesen Fällen kann also der Glaube die ihn begründende Erkenntnis suchen und finden. Wenn unsere Überzeugungen dann in dieser Weise wohl begründet sind, so werden sie dadurch keineswegs untergraben oder verdorben.

Aus diesen Gründen hätte man von vornherein einräumen müssen, daß auch Anselms Vorhaben vielleicht hätte gelingen können. Natürlich hat er nach einem apriorischen Beweis für die Existenz Gottes gesucht und gemeint, ihn auch gefunden zu haben. Aber das gleiche hätte man auch von Swinburnes Absicht, ein empirisches, induktives Argument, oder von James' Unternehmen, eine experimentelle

Bestätigung für diese Folgerung zu finden, sagen können. Selbstverständlich hätten diese beiden Ansätze wenigstens nach heutiger Auffassung größere Erfolgsaussichten als der Anselms, da heute aufgrund allgemeiner Erwägungen Grund zu der Annahme besteht, daß ein deduktiver Beweis für eine solche Tatsachenfrage wie die der Existenz Gottes unmöglich ist. Entscheidend aber ist in diesem Zusammenhang, daß der Glaube sich auf die Suche nach der Vernunft begeben kann, ob nun auf demonstrativem, induktivem oder experimentellem Weg. Man gibt seinen anfänglichen Glauben nicht auf, wenn man nach einer Bestätigung für ihn sucht, noch muß man seinen Glauben aufgeben, wenn man sie gefunden hat. Ein Testpilot, der zum ersten Mal einen neuen Flugzeugtyp fliegt, muß großes Vertrauen zu dessen Konstrukteuren haben. Dennoch besteht seine Aufgabe darin, sein anfängliches Vertrauen zu bestätigen, und er kann es nur, indem er das Risiko der Widerlegung eingeht und entschlossen nach Schwächen und Fehlern in der Konstruktion sucht. Indem Kierkegaard Sokrates lobt, räumt selbst er implizit ein, daß sich jene von ihm geschätzte Art von Engagement erst in einer Prüfung, deren Ausgang ungewiß ist, als echt erweist.

Weshalb aber vertritt Kierkegaard dann die entgegengesetzte Auffassung, das Engagement müsse unkritisch sein und der einzig mögliche Gegenstand des Glaubens sei das Absurde? Meint er vielleicht irrigerweise, weil man sich besonders stark engagieren oder besonders entschieden wollen müsse, um etwas Absurdes oder Paradoxes, für das sich keine objektiven Gründe anführen lassen, zu glauben, könne nur bei einem Glauben dieser Art das von ihm so hoch geschätzte Engagement erhalten bleiben? Oder sieht er ein besonderes Verdienst in einem *grundlosen* Glauben, das verloren ginge, wenn man ihn durch Vernunftgründe absicherte oder abzusichern suchte? Tatsächlich fällen wir manchmal vergleichbare Werturteile. Man bewundert vielleicht einen Menschen, dessen Freundestreue so weit geht, daß er an der Unschuld seines eines Verbrechens bezichtigten Freundes auch dann noch festhält, wenn alles Beweismaterial gegen ihn spricht. Möglicherweise bewundert man sogar noch einen Patrioten, der nach dem Grundsatz handelt: ›Recht oder Unrecht, nur mein Vaterland!‹ Gewiß ist eine Treue lobenswert, die sich nicht allzu leicht beirren läßt; es gibt aber auch eine Treue am falschen Platz und eine irregeleitete Ergebenheit. Oder betrachtet Kierkegaard die Sache vom Standpunkt Gottes aus? Fordert vielleicht Gott selbst einen fraglosen Glauben oder schätzt er ihn um so höher, je mehr er der Vernunft entgegensteht? Bei einer solchen Annahme würde aber wie bei Pascals Argument ein Gott vorausgesetzt, dem wir moralische Güte in der uns vertrauten Bedeutung nicht mehr zusprechen könnten. Wir stehen also wieder vor dem Gott des Buches Hiob: Gleichgültig, was wir auch von Hiob selbst denken mögen, es kann kein Zweifel daran bestehen, daß Jahwe in dieser Geschichte keine gute Figur macht.

Zugleich aber läßt sich die psychologische Anziehungskraft von Kierkegaards grundlosem Glauben nicht bezweifeln. Seine Schriften haben eine ganze Familie von Existentialismen im Gefolge gehabt, deren gemeinsames Merkmal eben jenes Plädoyer für nicht weiter begründete dramatische Entscheidungen ist. Dies ist ein weiteres, nun praktisches Beispiel für die von Hume herausgestellte Neigung des menschlichen Geistes (vgl. Kap. 1) zu glauben, was in äußerstem Maß als seltsam und merkwürdig erscheint, und zwar einfach deswegen, weil Erstaunen oder Verwunderung ein so angenehmes Gefühl ist. So wie wir Berichten aus Gründen Glauben schenken, die sie gerade unglaubwürdiger machen sollten, neigen wir auch dazu, uns zu Handlungen aus Gründen zu entschließen, die uns eher vor ihnen warnen sollten. Es macht Spaß, Risiken einzugehen, und es ist spannend, eine unbegründete und scheinbar unmotivierte Wahl zu treffen. Doch läßt sich dies kaum zu einem allgemeinen Lebensplan erheben, und was Kierkegaard empfiehlt, ist eher eine Art intellektuellen russischen Rouletts.

Wir haben die Frage untersucht, ob sich ein Glaube ohne Gründe paradoxerweise vor der Vernunft vertreten läßt. Kierkegaard hat dies zweifellos nicht zeigen können. Obwohl er rationalen Erwägungen abgeneigt ist, läßt sich seine Position doch rational kritisieren. Wie wir gesehen haben, sind seine Überlegungen nicht widerspruchsfrei. Er zögert bei der Frage, ob der Glaube mit kritischem Denken zu vereinbaren ist, und auch bei der Frage, ob die Wahrheitsfrage für den Theismus oder den christlichen Glauben überhaupt von Belang ist. Ist sie von Belang, dann läßt sich die einzige Art und Weise, sie zu prüfen, nicht als irrelevant abtun. Ist sie belanglos, dann sollte man dies offen erklären und die Religion als eine Art des Engagements verteidigen, für das der Glaube überflüssig ist.

Kapitel 12

Religion ohne Glaube?

Der Ausdruck ›Religion ohne Glaube‹ mag in sich widersprüchlich erscheinen, und vielleicht ist er es auch. Doch ist das Wort ›Glaube‹ mehrdeutig. Im Deutschen herrscht die Bedeutung des Tatsachenglaubens vor: Glauben heißt einer bestimmten (ziemlich festen) Überzeugung sein. Glauben ist primär kognitiv im Sinne von ›*glauben, daß*‹; selbst wenn wir vom Glauben *an* etwas – an Geister, an Feen oder an Gott – sprechen, meint man eher den Glauben, daß es Geister, Feen oder einen Gott gibt. Die ursprüngliche Bedeutung von ›Glauben‹ drücken wir heute meist mit ›Vertrauen‹ aus. Gott war der primäre Gegenstand des Glaubens; an ihn glauben hieß ihm vertrauen und sich auf ihn verlassen. Auch heute noch ist mit ›Glauben‹ oft mehr gemeint als Tatsachenglaube: An den Sozialismus, an Margaret Thatcher oder an die Familienplanung glauben meint mehr als nur davon überzeugt sein, daß es so etwas gibt. Wenn hier die Möglichkeit einer Religion ohne Glaube erörtert werden soll, so wird gefragt, ob etwas, das als spezifisch religiöser Glaube gelten kann, sich als eine Religion unter Ausschluß allen (Tatsachen)glaubens an charakteristisch religiöse Wahrheiten verstehen und vielleicht auch verteidigen läßt. Ich denke dabei nicht so sehr an Anhänger von Religionen – z. B. des Jainismus oder des Buddhismus –, die ausdrücklich jeden (Tatsachen)glauben an einen personalen Gott oder vielleicht an jede Art von Gottheit überhaupt ablehnen, als vielmehr an Theologen oder Philosophen, welche den religiösen Glauben von Menschen, die wenigstens auf den ersten Blick hin so reden, als würden sie an irgendwelchen Tatsachenbehauptungen religiöser Art festhalten, so deuten, daß er keine Tatsachenannahmen im eigentlichen Sinn enthält. Wir fragen, ob die Religion so besser zu verstehen und ob die so verstandene Religion besser ist.

Eine dieser Deutungen geht auf einige von Wittgensteins Vorlesungen zurück, von denen Mitschriften veröffentlicht wurden.[1] Selbst dort, wo uns Wittgensteins eigene Schriften vorliegen, ist ihre Deutung umstritten; wieviel zurückhaltender muß man dann erst sein, bestimmte Ansichten Wittgenstein selbst zuzuschreiben, wenn man sich nur auf die Mitschrift eines Studenten stützen kann. Alles hier über Wittgenstein Gesagte steht also unter diesem Vorbehalt. D. Z. Phillips beruft sich bei seiner Deutung der Religion auf Wittgenstein; dabei faßt er manches weitaus klarer, was sich bei Wittgenstein nur als Hinweis oder Andeutung findet.[2] Doch ist, wie wir noch sehen werden, auch seine Deutung nicht frei von Unklarheiten.

Wittgenstein sagt, wenn jemand an das Jüngste Gericht glaube und ein anderer sagte »Nun, ich bin da nicht ganz so sicher. Vielleicht«, so lägen ihre Ansichten keineswegs ziemlich nahe beieinander, sondern beide würde ein Abgrund trennen. Der religiös Glaubende mache sich etwas zur Richtschnur seines ganzen Lebens. Dies, und nicht irgendeine Intensität des Gefühls zeige, wie fest er glaube, oder vielleicht bestehe eben darin die Stärke seines Glaubens. Sein Glaube könnte den besten wissenschaftlichen Beweisen entgegenstehen – vielleicht sogar dem, was er selbst für den bestmöglichen wissenschaftlichen Beweis halte. Wie Kierkegaard scheint auch Wittgenstein zu meinen, daß der religiös Glaubende einen Beweis zugunsten seines Glaubens noch nicht einmal wünscht: »In der Tat ist der Witz der Sache,

1 L. Wittgenstein, *Lectures and Conversations on Aesthetics, Psychology, and Religious Belief*, hrsg. von C. Barnett, Oxford 1966, dt. *Vorlesungen und Gespräche über Ästhetik, Psychologie und Religion*, übers. von E. Bubser, Göttingen 1968. Zitate und referierte Absätze finden sich in der dt. Ausg. alle S. 87–100.

2 D. Z. Phillips, *Religion without Explanation*, Oxford 1976. Die im Text mit Seitenangaben versehenen Zitate sind dieser Ausgabe entnommen.

daß die ganze Geschichte zerstört würde, sobald es Beweise gäbe.« Ihm komme es »lächerlich« vor, daß ein gewisser Pater O'Hara versucht habe, den Glauben vernünftig erscheinen zu lassen, d. h., ihn auf eine Stufe mit wissenschaftlichen Überzeugungen zu stellen. Dies sei unvernünftig, ja sogar lächerlich, weil er glaube, dennoch aber seinen Glauben auf schwache Gründe stelle: Wenn die Religion auf einer Ebene mit der Wissenschaft gesehen werde, werde sie zum Aberglauben. Obwohl man sage, das Christentum habe eine historische Grundlage, würden die »historischen« Aussagen (besonders über das Leben Jesu) nicht wie historische Aussagen sonst behandelt; denn Glaubende meldeten in bezug auf sie nicht jene Zweifel an, die normalerweise bei jeder historischen Aussage ins Spiel gebracht würden, besonders bei Aussagen, die von längst vergangenen Zeiten handelten. Es gebe einen spezifisch religiösen Gebrauch der Sprache, der im Zusammenhang mit anderen Dingen stehe, die der Sprechende sage und tue. Wir könnten etwa auf einer Insel Menschen finden, die Sätze verwendeten, die wir in bestimmten Zusammenhängen als (vielleicht irrige) wissenschaftliche Aussagen zu deuten hätten, die wir jedoch in anderen Zusammenhängen als religiöse Ansichten verstehen müßten; und schließlich gebe es auch Zusammenhänge, in denen wir sie nicht zu deuten wüßten.

Das Problem besteht in der Deutung dessen, was Wittgenstein meint, wenn er sagt, religiöse Auffassungen seien grundverschieden von naturwissenschaftlichen, historischen oder Alltagsannahmen. Die Stärke des Glaubens, so Wittgenstein, sei nicht vergleichbar mit der Intensität eines Schmerzes; sie lasse sich – anders als der Schmerz – an den Risiken bemessen, die der Gläubige für seinen Glauben in Kauf zu nehmen bereit sei, oder an dem Umfang, bis zu dem der Glaube seine Handlungsentschlüsse und die Gesamtdeutung seines Lebens bestimme. Dies ist jedoch ein sehr weit gefaßtes Prinzip; ihm genügen nicht nur religiöse, sondern auch zahlreiche andere ganz gewöhnliche Überzeugungen –

obgleich es natürlich auch Überzeugungen gibt, die von nur geringer oder gar keiner praktischen Bedeutung sind, die unser praktisches Leben nicht bestimmen, die wir aber nichtsdestoweniger insofern entschieden vertreten, als wir meinen, gute Gründe für sie zu haben, und die wir erst aufgeben würden, wenn äußerst gewichtige Gegenargumente gegen sie sprächen.

Unterscheiden sich religiöse Überzeugungen dadurch von Überzeugungen anderer Art, daß sie trotz aller Gegenargumente beibehalten werden? Die Tatsache, daß sich ein religiös Gläubiger nicht durch Argumente erschüttern läßt, die selbst ihm als gewichtige naturwissenschaftliche, historische oder Alltagseinwände erscheinen, beweist nicht, daß der *Inhalt* seines Glaubens von völlig anderer Art ist, als er zunächst zu sein scheint, d. h., daß er sich grundlegend vom Inhalt naturwissenschaftlicher, historischer oder Alltagsannahmen unterscheidet. Es ist durchaus möglich, daß der Gläubige meint, Gründe für seinen Glauben zu haben, die seiner Ansicht nach alle entgegenstehenden Gründe aufwiegen. Oder vielleicht sind es nicht bestimmte Gründe, sondern Ursachen, die seinen Glauben gegen jeden Einwand unanfechtbar machen. Selbstverständlich verhielte er sich dann in dieser Hinsicht unvernünftig; aber was wäre daran verwunderlich?

Angenommen, wir gingen von der Annahme aus, der Inhalt eines religiösen Glaubens sei von anderer Art, als es zunächst den Anschein hat; wie ließe sich dies erläutern? Wittgenstein weigert sich, von einem Gläubigen und einem Nicht-Gläubigen zu sagen, sie meinten mit der Aussage ›Es gibt ein Jüngstes Gericht‹ dasselbe – was der eine dann als zukünftige Tatsache behaupten, der andere dagegen bestreiten würde –; er weigert sich aber auch zu sagen, sie verstünden darunter Unterschiedliches. Das Kriterium dafür, was es heißt, *dasselbe zu meinen*, ist hier unklar. Welche Gründe aber haben wir, daran zu zweifeln, daß sie dasselbe meinen? Die Tatsache, daß der Gläubige seine Behauptung durch gegenteilige wissenschaftliche Argumente nicht erschüttern läßt, beweist ebensowenig, daß er etwas anderes meint, wie die Tatsache, daß seine Glaubensannahmen für sein Leben eine so bedeutsame Rolle spielen, wie sie ihnen noch nicht einmal ansatzweise im Leben des Nicht-Glaubenden zukommen, selbst wenn dieser vom Atheismus zum Agnostizismus überwechselte. Wir würden erst dann auf einen Bedeutungsunterschied stoßen, wenn wir die Wichtigkeit, die der Theist dem Glauben für sein Leben einräumt, und die Stärke seines Glaubens als Teil der Bedeutung des von ihm geäußerten Satzes verstünden. Dies aber liefe auf die von Kierkegaard behauptete und von uns bereits kritisierte Annahme hinaus, das Interesse eines Fragenden an einer Frage sei selbst Teil der Frage.

Es ist richtig, daß die Antwort eines Theisten auf Gegenargumente Bedeutungsunterschiede offenlegen kann. Er mag etwa zugeben, daß bestimmte Tatsachen dem entgegenstehen, was der Atheist oder der Agnostiker meint, wenn er sagt ›Es gibt ein Jüngstes Gericht‹, zugleich aber bestreiten, daß dies auch dem, was *er* mit diesem Satz meint, entgegensteht. Oder er könnte sogar einräumen, daß es niemals ein Jüngstes Gericht in dem Sinn geben wird, wie der Atheist oder der Agnostiker den Ausdruck versteht, sich zugleich aber weigern, *seinen* Glauben an das Jüngste Gericht aufzugeben. In solchen Fällen ist es die besondere Art und Weise, in der der Theist seinen Glauben verteidigt, die möglicherweise einen Bedeutungsunterschied offenlegt, es ist nicht sein den Gegenargumenten entgegengesetzter Widerstand selbst. Selbst wenn sich jemand entschlösse, irgendeinem Satz zuzustimmen, gleichgültig was auch geschähe, so machte doch dies in sich den Satz noch nicht zu einer Tautologie; dennoch würde die auch für diesen Satz geforderte Widerspruchsfreiheit ihn zwingen, ihn hinsichtlich seiner deskriptiven Bedeutung zu einer Tautologie umzuformen.

Doch angenommen, der Glaubenssatz ›Es gibt ein Jüngstes Gericht‹ bedeutet nicht, was er auf den ersten Blick zu bedeuten scheint: Was könnte er dann bedeuten? Wittgenstein gibt uns einen Schlüssel an die Hand mit dem Hinweis, »daß es die Rolle eines bestimmten Bildes« sein kann, »mich ständig an etwas zu gemahnen«, oder daß jemand immer, »wenn er sich für eine Handlung zu entschließen hätte«, »an die göttliche Vergeltung denken« müßte oder daß er geneigt ist, »alles, was ihm widerfährt, als eine Belohnung oder Bestrafung aufzufassen«. In diesem Fall könnten Sätze über sogleich oder später beim Jüngsten Gericht erwartete göttliche Vergeltung für einen solchen Menschen *wirklich* bedeuten, daß sie ihn zum Handeln anleiten und er in ihnen sein Verantwortlichkeitsgefühl ausdrückt. Ähnlich könnte die wirkliche Bedeutung der Äußerung eines Menschen, er erwarte, seinen verstorbenen Freund wiederzusehen, im Ausdruck einer tiefen und anhaltenden Zuneigung liegen.

Ich bestreite nicht, daß Sätze eine solche nicht-deskriptive Bedeutung haben können. Doch wäre es sehr verwunderlich, wenn Sätze, die auf den ersten Blick eine verständliche unmittelbar faktische, deskriptive Bedeutung haben, in bestimmter Verwendungsweise *nur* eine solche nicht-deskriptive Bedeutung hätten. Zumindest sind zwei andere Möglichkeiten weitaus wahrscheinlicher. Die eine besteht darin, daß der religiös Glaubende doch an der Tatsachenbehauptung festhält, die seine Äußerungen, wörtlich verstanden, dem Hörer mitteilen. Sie dienen schließlich doch dazu, das bei ihm unterstellte Verantwortlichkeitsgefühl zu rechtfertigen oder im Fall des Trauernden dazu, seinen Kummer über den Verlust seines Freundes zu lindern. Der Glaubende versteht diese Äußerungen im wörtlichen Sinn und hält sie auch in diesem Sinn für wahr, weil er sie, aus welchen Gründen auch immer, emotional glauben muß. Sein Glaube mag dann tatsächlich ein Aberglaube sein, wie Wittgenstein und Phillips meinen; doch so etwas kommt vor. Wenn ein Gläubiger nichtsdestoweniger einräumt, daß nichts für die Wahrheit seiner Äußerungen spricht, könnte die Spannung zwischen diesen unterschiedlichen Überlegungen sein Denken einfach spalten. Wenn er nach Beweisen oder Glaubwürdigkeitsgründen fragt, hält er seine Äußerungen nicht für wahr oder wahrheitsfähig; doch kann er auch diesen Standpunkt wechseln und dann, ganz wörtlich, glauben, was er glauben muß. Es läßt sich nicht bestreiten, daß das Denken vieler Menschen in dieser Weise in voneinander getrennten Bahnen verläuft.

Die zweite Möglichkeit besteht darin, daß der Gläubige solchen Sätzen nicht im eigentlichen Sinn zustimmt, obwohl er ihnen ihre wörtliche Bedeutung nicht abspricht. Vielmehr läßt er sich in einer Weise auf sie ein, wie wir uns auch auf einen Roman einlassen und von ihm tief beeindruckt sein können, obwohl wir wissen, daß er reine Dichtung ist. Natürlich machen wir gewöhnlich einen klaren Unterschied zwischen der Lektüre von Romanen und unserem praktischen Leben, während Leben und Glaube bei einem religiösen Menschen einander durchdringen können. Es ist aber durchaus möglich, daß man einem System von Ideen und Sätzen den ontologischen Status einer Fiktion zuspricht, daß aber zugleich dieses System nicht nur die Gefühle und Werte, die für das eigene Leben eine große oder überragende Bedeutung haben, ausdrückt, sondern auch dazu verhilft, sie zu erhalten und zu festigen. Diese Möglichkeit ähnelt der skeptischeren der beiden Deutungen Kants in Kapitel 6, daß die Erkenntnis Gottes, der Willensfreiheit und der Unsterblichkeit »nur zum praktischen Gebrauche« gegeben sei: Nach dieser Deutung können wir nicht anders als in unserem praktischen Denken annehmen, daß es einen Gott gibt, daß unser Wille frei und unsere Seele unsterblich ist; ob es aber tatsächlich einen Gott gibt usw., ist eine ganz andere Frage. Wir gelangen nur zu einem »reinen praktischen Vernunftglauben«.

Die Behauptung, der religiöse Glaube sei grundverschieden von Überzeugungen anderer Art, läßt sich demnach unterschiedlich deuten. Als Beschreibung *einiger* religiöser Denkweisen ist sie plausibel, nicht aber als eine allgemeine These

über das Wesen des religiösen Glaubens überhaupt. Sie kann erstens besagen, religiöse Aussagen würden in ihrer wörtlichen, deskriptiven Bedeutung aufgrund eines in getrennten Bahnen verlaufenden Denkens beibehalten und gegen Einwände gesichert; zweitens, ihnen stimme man nicht im vollen Sinn zu, sondern drücke durch sie bloße Vorstellungen aus, die das eigene Leben prägen; drittens, man behalte sie bei ohne jede deskriptive Bedeutung; oder schließlich viertens, es handle sich um irgendeine Kombination oder Verwechslung von alldem; doch ist dies wohl kaum die natürliche, ursprüngliche Verwendungsweise religiöser Aussagen. Ein solches Verständnis der Religion »empfiehlt sich weder der Vernunft noch der Einbildungskraft ursprünglich«, wie Hume in einem anderen Kontext einmal gemeint hat. Es konnte sich nur auf der Basis einer Verwendungsweise entwickeln, in der man religiöse Aussagen wörtlich verstand und ihnen voll zustimmte; man fürchtete weder Gegenbeweise noch das Fehlen überzeugender Argumente – dies nicht, weil man sie für irrelevant hielt, sondern einfach deswegen, weil sie keine ernsthafte Bedrohung für den Glauben darstellten: Der Gläubige hielt religiöse Aussagen für zureichend begründet. Jede dieser Neudeutungen, nach denen religiöse Aussagen von allen anderen grundverschieden sein sollen, stellen nur eine Kompromißformel dar, um in ihrer Wahrheit bedrohte Glaubensüberzeugungen zu retten, da man meint, sie ließen sich in der ursprünglichen Weise kaum noch oder gar nicht mehr rechtfertigen.
D. Z. Phillips würde den Ausdruck ›Kompromißformel‹ ablehnen. Er räumt ein, daß Hume einen »ungeheuren Einfluß« auf die moderne Religionsphilosophie ausübt, und meint, »sein Angriff auf bestimmte theistische Argumente ist zweifellos von Erfolg gekrönt, wenn man von den Voraussetzungen der traditionellen Religionsphilosophie ausgeht«. Entscheidend ist für ihn jedoch die These: »Die Einsicht, daß zahlreiche Formen religiösen Glaubens von diesen Voraussetzungen frei sind, ist von gleicher Wichtig-

keit« – meines Erachtens denkt er dabei an alte Glaubensformen, nicht an solche, die erst aufgekommen sind, um der Kritik Humes zu entgehen (S. IX). Er meint also, wenn man die Frage, ob es einen Gott, ein Weiterleben nach dem Tod usw. gibt, wörtlich als Tatsachenfrage verstehe, sei die skeptische oder Humesche Antwort korrekt, doch könne und müsse man religiöse Überzeugungen und Aussagen so deuten, daß in bezug auf sie Humes Kritik irrelevant wird. Phillips gesteht Hume zunächst zu, daß sich weder mit Hilfe des teleologischen noch mit Hilfe des kosmologischen Arguments von der Beschaffenheit oder der Tatsache dieser Welt auf die Existenz eines Gottes schließen läßt: »Schon der Begriff eines Gottes und einer jenseitigen Welt, deren Existenz sich aus der uns bekannten Welt erschließen lassen soll, ist diskreditiert« (S. 21). Darüber hinaus scheint er aber nicht nur diese Argumentationen, sondern auch deren Folgerung abzulehnen. Er verwirft die Deutung der Realität Gottes, »als ob es sich dabei um die Wirklichkeit eines Gegenstandes handle« (S. 171). »›Gott‹ ist nicht der Name eines Einzelwesens; dieses Wort bezieht sich auf nichts« (S. 148). »Wer fragt, ob Gott existiere, stellt keine theoretische Frage« (S. 181). Zustimmend zitiert er Rush Rhees' Ausspruch: »›Gott existiert‹ ist keine Tatsachenfeststellung. Man könnte auch sagen, hier liege keine indikativische Redeweise vor«, und fügt dann an: »›Es gibt einen Gott‹ ist, obwohl es indikativische Rede zu sein scheint, ein Ausdruck des Glaubens« (S. 174, 180 f.).
Das, was Phillips bestreitet, ist eindeutig; viel weniger klar ist jedoch das, was er positiv behauptet. Er entwickelt seine Ansicht, indem er magische und religiöse Glaubensüberzeugungen mit metaphysischen Auffassungen vergleicht und kontrastiert; doch ist sein Verständnis metaphysischen Denkens leider recht fragwürdig. Sein bevorzugtes Beispiel für einen Metaphysiker ist jemand, der skeptische Zweifel hinsichtlich der Existenz einer Außenwelt oder hinsichtlich anderer Menschen Erfahrungen, etwa des Schmerzes, hegt.

Da sich die Zweifel eines solchen Skeptikers nicht mit Hilfe all jener Beweismittel ausräumen lassen, die normalerweise solche Fragen zufriedenstellend zu klären vermögen, und da auch im praktischen Verhalten eines solchen Menschen nichts von seinen Zweifeln deutlich wird, hält er sie für unechte Zweifel. Der Skeptiker frage immer noch, wie wir Gewißheit erlangen könnten, »nachdem wir doch schon alles beigebracht haben, was normalerweise genügt, um gewiß zu sein«; daher »fordert er etwas, was nicht gefordert werden kann« (S. 107). Doch weder folgt dies daraus, noch ist es wahr. Es ist natürlich richtig, daß die Zweifel des Skeptikers in einem bestimmten Sinn keine echten Zweifel sind. Dennoch kann er, wie ich bereits in Kapitel 11 sagte, als Beispiel für eine *fides quaerens intellectum* gelten. Wie jedermann sonst glaubt auch er natürlicherweise an die Existenz der Außenwelt und an die anderer Wesen mit Bewußtsein; doch stellt er zu Recht fest, daß es für diesen Glauben keine offensichtliche, unmittelbare, zureichende Rechtfertigung gibt, und fragt vernünftigerweise, ob sich nicht eine scharfsinnigere finden läßt. Anders als Phillips meint, mißversteht er nicht die Bedeutung unserer normalen Sprache – was sich dadurch korrigieren läßt, daß man seine Aufmerksamkeit auf die übliche Verwendungsweise der betreffenden Wörter lenkt. Phillips vergleicht magische und religiöse mit metaphysischen Äußerungen im Hinblick auf diese Vorstellung: Auch wer die religiöse Sprache verwende, suche etwas auszusagen, was sich nicht sagen lasse (S. 109). Aber da die Vorstellung eines metaphysischen Gesprächs nicht-existent ist, gibt der Vergleich nichts her. Dann stellt er beide Arten von Äußerungen einander gegenüber: Die metaphysische Sprache sei nicht alltäglich und provoziere die Frage: ›Weshalb redest du eigentlich in dieser Weise?‹, während die magische Sprache (in Gesellschaften, in denen sie zu Hause sei) und die religiöse alltäglich seien (S. 118–120). Doch stellt die Tatsache, daß eine bestimmte Art, zu denken oder Sätze zu gebrauchen, konventionell ist, keine Garantie dafür dar, daß sie auch unproblematisch ist. Man löst nicht die echten Probleme des Skeptikers dadurch, daß man ihn an die normale Verwendungsweise der Sprache erinnert; ebenso läßt auch die Tatsache, daß der magische oder religiöse Sprachgebrauch ganz normal ist, die Frage ungelöst, was er denn bedeutet, wenn er nicht, um nicht abergläubisch zu sein, wortwörtlich verstanden werden darf.

Phillips' klarste positive Aussage scheint auf eine Deutung des Gebrauchs der magischen und religiösen Sprache im Sinne einer Ausdruckshandlung hinauszulaufen: »Magische und religiöse Überzeugungen und Praktiken sind nicht das verworrene Resultat der Erörterung tiefsinniger Probleme oder des Ringens mit tiefsitzenden Gefühlen, sondern sind selbst Ausdruck dessen, was das menschliche Leben im Innersten betrifft. Wenn ein Mann sein Mißgeschick einer Beleidigung der Geister der erschlagenen Krieger zuschreibt, so ist dies selbst die Form, die bei ihm menschliche Tiefe annimmt; darin drückt sich aus, was die Toten ihm und seinem Volk bedeuten. Wenn jemand sagt, Gott sorge für ihn in allen Lebenslagen, so drückt er darin aus, wie er den Unwägbarkeiten des Lebens begegnet und ihnen einen Sinn abgewinnt« (S. 114). Das ist zweifellos richtig; doch werden hier fälschlicherweise zwei Sachverhalte einander entgegengesetzt: Da diese Sprache expressiv sei, könne sie nicht zugleich auch deskriptiv oder beschreibend sein. Warum sollte nicht beides richtig sein? Tatsächlich wäre das das Natürlichste von der Welt. Wer den Unwägbarkeiten des Lebens in einer Haltung tiefen Vertrauens und letzter Gewißheit begegnet, würde natürlicherweise darin bestärkt, wenn er den Glauben an eine allmächtige und fürsorgende Macht und an eine jenseitige Welt wörtlich verstünde. Auch wenn Phillips schreibt: »Glaubensüberzeugungen scheinen eine bestimmte Art und Weise zu sein, dem Glück und dem Unglück zu begegnen, nicht aber eine von vielen Weisen, einzelne Glücks- und Unglücksfälle zu erklären« (S. 106), so ist auch dies eine falsche Entgegensetzung: Glaubensüberzeugungen können ohne weiteres beides sein, und natürlicherweise sind sie es auch meist.

Folgt man trotz dieser Einwände Phillips' Ansicht, so gelangt man schließlich zu der klassischen Deutung des religiösen Glaubens durch R. B. Braithwaite.[3] Sie entspricht in etwa der oben beschriebenen ›zweiten Möglichkeit‹. Danach besteht der Kern des christlichen Glaubens in der Entschlossenheit, nach den Prinzipien der christlichen Moral zu leben; mit diesem Entschluß gehe das Nachdenken über »christliche Erzählungen« einher. Doch brauche der Christ »nicht zu glauben, daß den empirischen Aussagen in diesen Erzählungen auch empirische Tatsachen entsprechen« (Braithwaite, zit. bei Phillips, S. 141). Phillips erscheint diese Deutung zu nüchtern und einfach. Er hält sie für »einen Grenzfall zwischen bewußtem und unbewußtem Reduktionismus« (S. 140). Der bewußte Reduktionist sei ein Humescher Skeptiker, der meine, die Religion sei eine bloße Einbildung, deren Entstehung sich erklären lasse und die wir dann ausmerzen könnten, um ohne sie auszukommen. Dagegen suche der unbewußte Reduktionist den religiösen Glauben zu interpretieren, nicht auszumerzen; dabei aber »reduziert er die Religion so, daß einige Grundmerkmale des religiösen Glaubens verlorengehen« (S. 140). Phillips meint, Braithwaites Deutung der religiösen Erzählungen »verringert in ungebührlicher Weise den Status, der ihnen tatsächlich im religiösen Glauben zukommt«, obwohl er selbst dies nicht bemerke (S. 142). Sein Fehler sei darin zu sehen, daß »er denselben Begriff von wahr und falsch vertritt« wie die Philosophen, deren Untersuchungen durch Humes begrifflichen Rahmen begrenzt würden; er »bemerkt nicht, daß in diesen religiösen Überzeugungen die Grammatik von ›glauben‹ und ›Wahrheit‹ nicht dieselbe ist wie im

3 R. B. Braithwaite, »An Empiricist's View of the Nature of Religious Belief«, in: B. Mitchell (Hrsg.), *The Philosophy of Religion*, Oxford 1971 (Nachdr. der Ninth Arthur Stanley Eddington Lecture, Cambridge 1955).

Fall empirischer Aussagen oder der Vorhersage zukünftiger Ereignisse« (S. 142 f.).

Jetzt aber verlieren wir allen festen Grund unter den Füßen und versinken hilflos im Morast. Natürlich vertritt Braithwaite den einfachen, gewöhnlichen Begriff von Wahrheit und Falschheit zu Recht. Wer von einer anderen Grammatik von ›Wahrheit‹ spricht, plädiert für Ausflucht und Mehrdeutigkeit. Braithwaite, so schreibt Phillips, »erwägt überhaupt nicht die Möglichkeit, daß der religiöse Glaube als solcher Ausdruck einer moralischen Vision ist. Die Lehre vom Jüngsten Gericht ist keine weitere Tatsacheninformation über zukünftige Dinge. Es wird einem gesagt, es sei notwendig, unausweichlich, etwas, das uns alle angehe. [...] Mit dieser Lehre behauptet man nicht, daß jeder am Ende schließlich doch ertappt wird. Vielmehr drückt sich in ihr die Überzeugung aus, daß man jederzeit in allem erkannt ist. [...] Das Wort ›Gott‹ gewinnt von dieser Überzeugung her seinen Sinn; es ist die Überzeugung von einer Prüfung in Liebe und Güte, die sich von jeder Prüfung durch Menschen darin unterscheidet, daß für sie die Möglichkeit des Irrtums oder Fehlers ausgeschlossen ist« (S. 143). Das klingt beeindruckend; was aber sagt Phillips genau? Vielleicht steht die Rede von einem Jüngsten Gericht als Metapher für eine ständige Prüfung. Doch wenn man jederzeit in allem erkannt ist, muß man von irgend jemandem oder von irgend etwas erkannt sein. Wenn der Erkennende kein (anderer) Mensch ist, muß es entweder der Handelnde selbst sein oder irgendein übernatürliches Wesen. Wenn Phillips meint, der Inhalt dieser Überzeugung sei buchstäblich wahr, dann muß er letztlich doch die wortwörtliche, objektive Existenz eines Gottes oder eines ihm ähnlichen Wesens verteidigen. Meint er aber statt dessen, das, wovon man erkannt sei, sei man selbst oder ein Teil von einem selbst, dann fällt seine Auffassung im wesentlichen mit der Braithwaites zusammen: Die religiösen Erzählungen und Behauptungen stehen für moralische Gefühle und Entschlüsse und fördern sie, doch sind sie nur in metaphorischem Sinn wahr. Eine leichte Variante von Braithwaites Ansicht ergibt sich dann, wenn man sagt, die Behauptung, man sei jederzeit in allem erkannt, sei als solche nicht wahr – es mag sein, daß man sich in dieser Weise noch nicht einmal selbst erkennt –, sondern in *dieser* Behauptung drücke sich ein moralisches Gefühl oder ein moralischer Entschluß aus und werde dadurch gefördert. In Wahrheit also gibt es keine widerspruchsfreie Alternative zu denjenigen, die Phillips verwirft. Entweder behauptet der religiös Gläubige für seine religiösen Erzählungen und Behauptungen – oder für einige von ihnen – Wahrheit im buchstäblichen Sinn oder er tut es nicht. Behaupte er sie aber als wahr, so Phillips, dann verfalle er dem Aberglauben, tue er es aber nicht, so reduziere er wie Braithwaite »die Religion so, daß einige Grundmerkmale des religiösen Glaubens verlorengehen«. Phillips' Gerede von einer anderen Grammatik von ›Wahrheit‹ ist ein vergeblicher Versuch, diesem einfachen und unausweichlichen Dilemma zu entgehen.

Phillips läßt noch einige ähnlich dunkle Behauptungen folgen. »Es genügt nicht, eine solche Sprache als Hilfe für moralisches Bemühen zu charakterisieren, denn für jene, die sie verwenden und das glauben, was sie ausdrückt, ist die Bedeutung ihrer Bemühungen in dieser Sprache gegeben« (S. 145). »Diese Sprache ist nicht zufällig mit dem Verhalten des religiös Gläubigen als psychologische Hilfe verbunden. Vielmehr ist sie innerlich dadurch auf sein Verhalten bezogen, daß es im Licht dieser Sprache verstanden werden muß« (S. 144). Wenn aber diese »innere Beziehung« bedeutet, daß der Gläubige gar nicht anders kann als sein Verhalten im Licht religiöser Aussagen zu verstehen – etwa als Gehorsam gegenüber Gott oder als Suche nach göttlicher Führung –, so folgt daraus, daß *er* nicht anders kann als wenigstens einige dieser Aussagen wörtlich zu nehmen und damit dem Aberglauben zu verfallen. Und wenn nicht einmal ein außenstehender Beobachter dieses Verhalten anders verstehen kann, so muß auch er diese Aussagen für wahr halten und damit dem Aberglauben verfallen. Vielleicht aber ist nur gemeint, daß der Beobachter dieses Verhalten nur dann angemessen beschreiben und verstehen kann, wenn er auch wiedergibt, was es für den Gläubigen bedeutet; er muß dann die vom Gläubigen verwendeten Begriffe verstehen, braucht ihre Anwendung aber nicht für richtig zu halten. In dem Fall aber *kann* der Beobachter die Sprache des Glaubens als psychologische Hilfe zu moralischem Bemühen charakterisieren. Vielleicht sieht sich der religiös Gläubige *in seinem moralischen Denken* – wie im Fall unserer skeptischeren Lesart Kants – gezwungen, einen Gott usw. im buchstäblichen Sinn zu postulieren; dennoch könnte selbst er außerhalb dieses Denkens zu der Einsicht fähig sein, daß die Frage nach der Wahrheit dieser Postulate zumindest noch offen ist. Dann aber befindet sich sogar der Gläubige selbst im wesentlichen in der Position Braithwaites. Phillips fügt noch hinzu: »Es ist grammatisch irreführend zu meinen, diese Sprache verweise auf irgendwelche Tatsachen oder sei deskriptiv. Sie ist ein Wertungsausdruck. Auf die Frage, was sie besagt, läßt sich nur antworten, daß sie sich selbst aussagt« (S. 147). Aber wenn so diese Sprache – im Hinblick auf eine Klasse von Gläubigen – rein expressiv verstanden wird, dann müssen sie doch die von Braithwaite beschriebene Position einnehmen. Phillips wechselt von der einen Alternative zur anderen und hüllt beide in einen Nebel, da er vergeblich nach einer von ihnen verschiedenen dritten Ausschau hält. Was *er* sagen will, läßt sich tatsächlich nicht sagen; doch ist dies kein Zeichen für Tiefe, sondern für Widersprüchlichkeit.

Bis hierher bin ich Phillips darin gefolgt, daß ich viele verschiedene Arten religiöser Aussagen und Überzeugungen zusammengefaßt und sie auch in engem Zusammenhang mit der Magie anderer Kulturen gesehen habe. Doch sollte wenigstens eine Unterscheidung getroffen werden. Zahlreiche religiöse Aussagen lassen sich als Ausdruck moralischer Überzeugungen, Gefühle und Entschlüsse deuten; als solche stützen sie – wie auch Braithwaite gezeigt hat – eine Lebenshaltung, die auch aus sich selbst heraus Sinn macht. Doch gilt dies nicht – trotz Kant – für die zentralen Aussagen des Theismus. Von ›Gott‹ reden heiße nicht, so Phillips, sich auf ein Einzelwesen, ein Objekt beziehen. Worum aber handelt es sich dann? Rhees' Äußerung »Es handelt sich um ein Bekenntnis oder einen Ausdruck des Glaubens« (zit. S. 174) ist wenig hilfreich. Selbst wenn der Glaube primär als Vertrauen und weniger als Überzeugtsein von Tatsachen zu verstehen ist, so braucht er doch einen Bezugsgegenstand: Man kann sich nicht verlassen, ohne sich auf etwas zu verlassen. Phillips spricht von einem »Sinn für das Gegebensein«: Der Gläubige verstehe jeden Tag, alle Talente, alle Möglichkeiten usw. als Geschenk Gottes. »Angesichts des Gegebenen kniet der Gläubige nieder. Die Rede von ›Gott‹ gewinnt in dieser Reaktion ihren Sinn.« Und weiter schreibt er: »Lob und Preis richten sich nicht auf einen Bezugsgegenstand, genannt Gott. Vielmehr ist der Ausdruck solcher Lobpreisung das, was wir Gottesverehrung nennen« (S. 147–149). Jetzt aber verstehen wir rein gar nichts mehr. Wie kann der Ausdruck von Lob und Preis ohne Bezug auf ein wirkliches lobens- und preisenswertes Wesen einen Sinn machen? Es ist richtig, Loben erfordert logisch nur die Gegebenheit eines Bewußtseinsgegenstands. Man kann nicht loben, ohne etwas zu loben; aber was man lobt, könnte nur im eigenen Denken existieren. Es ist aber nicht widerspruchsfrei möglich, Lob und Preis eines Gottes zu verkünden, von dem man gleichzeitig zu wissen meint, daß er wie die Gestalt eines Mythos oder einer Legende nur im eigenen Denken oder in dem einer Gruppe von Menschen existiert.

Diese Schwierigkeit, der sich diejenigen gegenüber sehen, die Phillips Ansicht teilen, wird durch eine ungewöhnliche Kritik an Anselms Argument deutlich. Nach Norman Malcolm spricht Phillips von Anselms »grammatischer Einsicht«; doch handelt es sich dabei keineswegs um eine grammatische, sondern um eine begriffliche Einsicht: Der von Anselm verwendete Begriff Gottes läßt sich, wie wir in Kapitel 3 gesehen haben, so verstehen, daß er die Existenz in sich einschließt. Doch wirft man Anselm eine Verdrehung vor: »Er löste die Glaubenszustimmung aus ihrem angestammten Kontext;« sein Ausdruck »ein Wesen, über das hinaus Größeres nicht gedacht werden kann« entstamme »einer entstellenden Deutung des Lob- und Preisvokabulars«; man habe ihn »aus dem Kontext des Lobens und Preisens herausgerissen und in den des Beweises hineingezwungen«.[4] Anselms Beweis wird deswegen verworfen, weil er nicht, wie Kierkegaards Argument, auf dem Gefühl basiert. Doch genau in dem Punkt, in dem Phillips Anselm kritisiert, hatte dieser Recht; dessen wirklicher Fehler liegt an anderer Stelle. Der Begriff Gottes, wie er ihn kannte und im Kontext des Lobens und Preisens verwendete, schließt die Existenz ein: Man könnte Gott nicht in Anselms oder des Psalmisten Weise preisen, wenn man nicht ›Gott‹ als Name eines objektiv realen Wesens verstünde, wenn man nicht annähme, daß dieser Begriff realisiert ist. Wie wir in Kapitel 3 gesehen haben, hat Anselm geirrt, als er meinte, der Narr könne nicht widerspruchsfrei diesen Begriff *haben* und zugleich bestreiten, daß er realisiert ist. Anselms Beweis war wenigstens ein hervorragender Argumentationsversuch; demgegenüber geht Kierkegaards »Beweis auf der Basis des Gefühls« jede argumentative Kraft ab.

Vielleicht aber läßt sich ›loben und preisen‹ weniger buchstäblich verstehen, so daß es so etwas auch ohne Bezugsgegenstand geben kann. Man könnte tatsächlich einen »Sinn für das Gegebensein« aller Dinge haben. Man mag durchaus dem Leben erwartungsvoll und duldsam entgegensehen und über alles Gute, das einem begegnet, froh und sogar verwundert sein, ohne zu meinen, man hätte ein Anrecht darauf oder man dürfe sich zu Recht beklagen, wenn etwas schief

4 Phillips, *Religion without Explanation*, S. 175–180; N. Malcolm, »Anselm's Ontological Arguments«, in: *Philosophical Review* 69 (1960).

geht. Eine solche Haltung ist jedoch sowohl dem Atheisten als auch dem religiös Gläubigen möglich. Dem Theisten liegt sie sogar eher fern, da er in allem die Fügung Gottes am Werk sieht. Dennoch könnte man eine solche Haltung durchaus in entsprechenden Lobgesängen zum Ausdruck bringen, man muß es aber nicht tun; auch könnte man in Braithwaites Sinn solche Preisgesänge selbst dann noch beibehalten, wenn man nicht mehr ernsthaft an den Tatsachenbehauptungen festhält, die in ihnen enthalten zu sein scheinen.

Phillips geht auch auf den Vorwurf ein, seine Folgerungen »seien nur ein verschleierter Atheismus« (S. 149). Er verteidigt sich dagegen unter Berufung auf »den begrifflichen Charakter seiner Untersuchung«. »Wenn es, *per impossibile*, einen Gegenstand gäbe, der diesen Bildern und Perspektiven entspräche, so könnte es sich dabei doch nicht um den Gott der Religionen handeln. [. . .] Was sich als existierend verifizieren läßt, kann niemals Gott sein.« Hier aber liegt seiner begrifflichen Untersuchung ein irreführender Positivismus zugrunde. Die Frage lautet nicht, ob sich Aussagen über einen Gott verifizieren lassen oder nicht, sondern, ob sie wahr sind – einfach wahr sind, nicht ›wahr‹ in einer besonderen Grammatik. Alle charakteristischen Aussagen über »den Gott der Religionen« sind (wie wir in der Einleitung sahen) von solcher Art, daß sie wahr sein *könnten* – obwohl sie darüber hinaus möglicherweise auch expressiv und handlungsanleitend sind und in dieser Hinsicht weder wahr noch falsch sein können. Auch sind sie einer rationalen Prüfung zugänglich: Selbst wenn es unmöglich wäre, sie schlüssig zu verifizieren, könnte es doch sein, daß sie sich auf weniger direkte Weise empirisch erhärten oder nicht erhärten, absichern oder untergraben lassen. Phillips hat keine guten Gründe für seine Behauptung angeführt, daß »der Gott der Religionen« kein möglicher Gegenstand von Wahrheit und Falschheit ist. Folglich hat er auch nur entweder einen verschleierten Atheismus oder einen unbegründeten Theis-

mus – da er es ja ablehnt, dessen Tatsachenbehauptungen rational abzusichern – oder aber ein unentschlossenes Hin- und Herschwanken zwischen beiden anzubieten.
Nur wenig verschleiert Phillips den Atheismus in seiner Erörterung des Weiterlebens nach dem Tod. Er stellt John Wisdoms Beschreibung des Glaubens eines Kindes, sein verstorbener Vater lebe in einer anderen Welt – durch den Übergang irgendwie geläutert – weiter, eine von Simone Weil und Peter Winch vertretene Auffassung entgegen. Die Heilung, so meint Weil, bestehe darin, daß man den Verlust selbst als Realitätsvermittler begreife. Gegenwärtig sei einem der Tote im Bewußtsein, abwesend sei er dagegen sehr real; seine Realität sei von nun an die Art und Weise, wie er erscheine (zit. S. 125). Winch fügt hinzu (und ändert dabei das Geschlecht des geliebten Toten): »Ihre Abwesenheit verändert die Welt« (zit. S. 126). Phillips selbst bemerkt dann dazu: »Wer an die Realität des Toten glaubt, braucht nicht zu versuchen, die entstandene Leere dadurch zu füllen, daß er sich einredet, der für tot Gehaltene sei dennoch am Leben. Daher braucht der Glaube an die Realität der Toten nicht offensichtlich falsche Überzeugungen einzuschließen« (S. 130). »Wisdoms Beispiel zeigt einen Verlust an Realitätsbewußtsein, während in Winchs Beispiel gerade die Realität angenommen wird – trotz der Tatsache, daß die anzunehmende Wirklichkeit in der Sehnsucht nach einer Toten und in dem Bewußtsein besteht, daß die Tote innerhalb dieses Kontextes nur in der Form der Abwesenheit gegenwärtig sein kann« (S. 126).
Läßt man die romantischen Ausdrücke einmal beiseite, so heißt das schlicht, daß die Toten nur im Bewußtsein derjenigen, die sich ihrer erinnern und sie vermissen, weiterleben und daß nichts Absurdes darin liegt, daß man sich seiner toten Freunde erinnert und sie vermißt, sich zugleich aber mit der durch ihren Tod entstandenen Leere innerlich abfindet. Das ist jedoch die traditionelle Haltung nicht des Gläubigen, sondern des Atheisten – oder des Epikureers. (Süß sei

die Erinnerung an einen toten Freund, schreibt Epikur, und man solle seine Zuneigung zu den verstorbenen Freunden nicht durch lautes Klagegeschrei, sondern durch Meditation zum Ausdruck bringen.[5]) Sie ist eben deswegen bewundernswert, weil in ihr echte Zuneigung zu anderen Menschen und das Eingeständnis, daß Menschen in ihrem Leben einander wirklich etwas bedeuten, mit der Anerkennung der Realität, mit der Zurückweisung jeder Ausflucht und Selbsttäuschung verbunden werden. Phillips stellt diese Haltung der Ansicht irgendwelcher ungenannter, sicherlich mythischer Philosophen entgegen, die bis zum Erbrechen immer nur wiederholen könnten, die Toten seien eben tot, und damit nicht nur meinten, daß es kein Weiterleben nach dem Tod gebe, sondern auch, daß man die Toten so schnell wie möglich vergessen solle. Phillips meint die letztere Einstellung dem Atheisten oder Skeptiker, die erstere dagegen dem religiös Gläubigen zuschreiben zu können. Doch gerade die erstere ist die traditionelle Haltung des Ungläubigen; im Namen der Religion sucht Phillips nicht nur die Tatsachenüberzeugungen, sondern auch die moralischen Einstellungen und Wertvorstellungen des Atheismus zu übernehmen.

Es könnte also eine in sich stimmige Form von Religion ohne den Glauben an Tatsachen geben, nämlich jene, die Braithwaite beschreibt. Doch zu Recht macht Phillips darauf aufmerksam, daß dieser Religion eine Reihe von Grundmerkmalen des religiösen Glaubens fehlen und der Status religiöser »Erzählungen« und der der Glaubenszustimmung ungebührlich verkürzt würde. Andererseits ist es ihm nicht gelungen, eine widerspruchsfreie Alternative zu finden, die frei von allen Tatsachenbehauptungen wäre und zugleich dieser Kritik entginge. Noch viel weniger konnte er zeigen, daß diese Alternative eine althergebrachte Form religiösen Glaubens ist.

5 Vgl. Epikur, Frg. 66 (Sententiae Vaticanae), in: Epikur, *Briefe, Sprüche, Werkfragmente*, griech./dt., übers. und hrsg. von H.-W. Krautz, Stuttgart 1980 (Reclams Universal-Bibliothek, 9984 [2]), S. 95.

Kapitel 13

Ersatz für Gott

Religionsformen ohne Tatsachenglauben, wie sie in Kapitel 12 untersucht wurden, die in Kapitel 11 diskutierte Auffassung, der Glaube könne und solle rational unbegründet sein, und selbst die in Kapitel 10 erörterte Betonung der religiösen Erfahrung lassen sich als unterschiedliche Formen des Rückzugs des traditionellen Theismus vor den philosophischen und naturwissenschaftlichen Einwänden verstehen. Eine andere Rückzugsmöglichkeit besteht in einer Neufassung des Gottesbegriffs, speziell in der Aufgabe einer personalen Gottesvorstellung. Zu dieser Auffassung wollte sich schon Humes Skeptiker Philo herbeilassen: »Die gesamte natürliche Theologie« läßt sich reduzieren »auf den einen einfachen, wenngleich einigermaßen unklaren oder doch recht pauschalen Satz *Die Ursache oder Ursachen der Ordnung im Universum besitzen wahrscheinlich irgendeine entfernte Ähnlichkeit mit menschlicher Intelligenz*«.[1] Eine etwas andere Neufassung haben in den letzten Jahren einige Theologen vorgenommen; zu dieser Gruppe zählen Paul Tillich und, in mehr populärwissenschaftlicher Weise, J. A. T. Robinson.[2] Wenn solche Theologen Gott mit dem »Sein-Selbst«, mit »der Tiefe in der Mitte des Lebens« oder mit dem, »was uns unbedingt angeht«, identifizieren, könnte es scheinen, als hätten sie ihre Aussagen über Gott so sehr verwässert, daß diese nicht nur nicht mehr der Erörterung wert, sondern auch völlig uninteressant sind. Wenn

1 Hume, *Dialoge über natürliche Religion*, T. 12.

2 P. Tillich, *Systematische Theologie*, 3 Bde., Stuttgart 1955–66; P. T., *In der Tiefe ist Wahrheit*, Stuttgart 1952; J. A. T. Robinson, *Honest to God*, London 1963, dt. *Gott ist anders*, übers. von Ch. und G. Hahn, München 1964.

Gott nur das ist, was einen am meisten angeht, wird nicht einmal Anselms Tor die Existenz Gottes bestreiten. Aber natürlich lohnt es nicht, einen so leichten Sieg zu erringen. Vielleicht haben wir ihre Aussagen mißverstanden. Möglicherweise ist gemeint, daß irgend etwas oder irgendein Prinzip uns *objektiv* unbedingt angeht und gleichzeitig die unbedingte Realität *ist*. In diesem Fall führen diese Theologen eine Tradition weiter, die mindestens bis auf Platon zurückgeht. Platon hält die Idee des Guten für eine objektive Wesenheit oder ein objektives Prinzip, das nicht nur das Universum lenkt, sondern auch für die Existenz aller Dinge schöpferisch verantwortlich ist: »Und so räume denn auch nun ein, daß den durch die Vernunft erkennbaren Dingen von dem eigentlichen Guten nicht nur das Erkanntwerden zuteil wird, sondern daß ihnen dazu noch von jenem das Sein und die Wirklichkeit kommt, ohne daß das höchste Gut Wirklichkeit ist: es ragt vielmehr über die Wirklichkeit an Hoheit und Macht hinaus.«[3] Platon vergleicht die Idee des Guten mit der Sonne, die uns nicht nur das Licht, aufgrund dessen wir die Dinge sähen, spende, sondern auch die schöpferische Energie, die Pflanzen und Tiere leben lasse. Entsprechend mache das objektiv Gute nicht nur alle Dinge verstehbar, sondern gebe ihnen auch schöpferisch ihre Existenz; selbst aber sei es auf der jenseitigen Seite des Seins.

Diese metaphysische Theorie ist eine wirkliche Alternative zur Behauptung eines personalen Schöpfers oder eines göttlichen Geistes. Ihr Grundgedanke, daß objektiver Wert die Dinge sowohl erklärt als auch schafft, ist über die Jahrhunderte hin im philosophischen und religiösen Denken erhalten geblieben, obwohl er oft mit einem personalen Theismus verbunden wurde oder in ihm aufging. Er verdient aber ausgesondert und eigens untersucht zu werden. John Leslie

3 Vgl. Platon, *Der Staat*, Buch VI; 509b.

hat ihn in dieser Weise nicht nur klar gefaßt, sondern auch mit guten Argumenten verteidigt.[4]

Leslie bezeichnet diese Theorie als *extremen Axiarchismus*. Unter Axiarchismus versteht er alle Theorien, nach denen die Welt zu einem großen Teil oder vollständig vom Wert bestimmt wird. (Dazu zählt sowohl der Glaube an einen allmächtigen und guten Schöpfer als auch die Ansicht, daß alle Dinge durch das Streben nach dem Guten belebt werden.) Extremer Axiarchismus ist die Auffassung, daß »bestimmte ethische Notwendigkeiten schöpfungsmächtig sind« (S. 6), oder pointierter, daß »das Universum existiert, weil es existieren sollte« (S. 1).

Diese Theorie setzt natürlich die Objektivität von Werten voraus und steht und fällt mit ihr. Auch deutet sie Werthaftigkeit oder Gutheit als ethisches Erfordernis oder als Sein-Sollen. Etwas (in irgendeiner Hinsicht) als gut bezeichnen heißt erklären, daß es ethisch gefordert ist oder sein soll. Darüber hinaus aber besagt diese Theorie, daß dieses ethische Merkmal auch in einem anderen Sinn Existenz erforderlich oder notwendig macht – ungefähr in dem Sinn, wie eine Ursache die Existenz ihrer Wirkung erforderlich oder notwendig macht.[5] Doch natürlich nicht in genau demselben Sinn; denn eine Ursache geht normaler- und vielleicht sogar notwendigerweise ihren Wirkungen zeitlich voraus und ist als Ereignis, Bedingung oder Umstand etwas tatsächlich Gegebenes. Demgegenüber könnte das ethische Gefordertsein von etwas diesem zeitlich nur als hypothetische Tatsache vorausgehen, als die Tatsache, daß es sich bei ihm um etwas Gutes handeln würde, daß seine Existenz oder sein Gege-

4 J. Leslie, *Value and Existence*, Oxford 1979; die mit Seiten- oder Kapitelangabe versehenen Zitate sind dieser Ausgabe entnommen. Leslie hat seine Überlegungen auch in zwei Artikeln kurz zusammengefaßt: »Efforts to Explain All Existence«, in: *Mind* 87 (1978) S. 181–194, und »The World's Necessary Existence«, in: *International Journal for the Philosophy of Religion* 11 (1980) S. 207–224.

5 Vgl. Kap. 8 meines Buches *The Cement of the Universe*.

bensein von wert, hingegen seine fortbestehende Nicht-Existenz von übel wäre.
Dieser Begriff, daß das bloße ethische *Gefordertsein* von etwas dieses *aus sich heraus*, ohne Einwirkung einer Person oder eines Bewußtseins, das sich dieses Erfordernisses bewußt wäre und auf seine Verwirklichung hin handelte, in die Existenz rufen könnte, klingt zweifellos zunächst recht merkwürdig und paradox. Dennoch ist gerade das das stärkste Argument zugunsten des extremen Axiarchismus. Leslie meint nämlich, dieser gebe die einzig mögliche Antwort auf die Frage, die allen Formen des kosmologischen Arguments zugrunde liege: ›Warum gibt es überhaupt etwas?‹ oder ›Weshalb gibt es überhaupt eine Welt und nicht keine?‹ Offensichtlich läßt sich diese Frage nicht mit einer kausalen Erklärung beantworten. Wie wir in Kapitel 5 gesehen haben, sind viele Philosophen und Theologen der Ansicht, die Postulierung eines Gottes sei eine hinreichende Antwort. Doch ergeben sich für alle Antworten dieser Art zwei grundlegende Schwierigkeiten. Erstens muß man bei der von Swinburne so genannten personalen Erklärung annehmen, daß der Wille allein, ohne instrumentale Vermittlung, irgendwie die eigenen Absichten verwirklichen und aus dem Nichts etwas erschaffen kann. Doch hat dieser Begriff nirgendwo eine empirische Grundlage; vielmehr scheint er in Analogie zu einer Mißdeutung menschlichen Wollens gebildet zu sein, wenn nämlich jemand anscheinend unvermittelt, dennoch aber über komplizierte materielle Zwischenursachen seine Absichten verwirklicht. Zweitens lädt die Postulierung eines Gottes zu der Gegenfrage ein: ›Aber weshalb gibt es einen Gott mit dieser außergewöhnlichen Fähigkeit?‹ Darauf erhält man dann die Antwort, diese Frage sei falsch gestellt, denn ein Gott beende das Zurückschreiten in der Reihe der Erklärungen in einer Weise, wie nichts anderes es vermöge. Doch braucht man dazu den wenigstens umstrittenen Begriff eines notwendigen Wesens und darüber hinaus den meiner Ansicht nach nicht zu rechtfertigenden Begriff

eines Wesens, dessen Existenz sich selbst erklärt; das heißt aber, diese Antwort muß sich auf Begriffe stützen, die den Kern des ontologischen Arguments ausmachen.

Läßt man jedoch den (zugestandenermaßen schwierigen) Begriff zu, daß die Werthaftigkeit eines Dinges, sein ethisches Gefordertsein, seine Existenz sowohl hervorbringen als auch erklären könnte, so stellt dies eine mögliche Antwort auf diese letzte Frage dar, ohne daß diese beiden Einwände aufkommen könnten. Die Gutheit der Welt, der Umstand, daß sie einem ethischen Erfordernis genügt, könnte eine letzte, notwendige Tatsache sein, die keiner weiteren Erklärung mehr bedürfte. Darüber hinaus könnte die Möglichkeit einer solchen Antwort schon die Frage selbst respektabler machen. »Die bloße Tatsache, daß es überhaupt eine Welt gibt, könnte so verstanden werden, daß sie nach Erklärung geradezu schreit. Wenn die Menschen für diesen Schrei taub sind, so ist ein Hauptgrund dafür darin zu sehen, daß sie den Versuch, *alle* existierenden Dinge *absolut* zu erklären, von vornherein für logisch absurd halten. Durch seine bloße Möglichkeit könnte jedoch der extreme Axiarchismus diese Taubheit, die so oft als antimetaphysisch beklagt worden ist, in ein so spekulatives metaphysisches Interesse verwandeln, wie es der Axiarchismus selbst ist« (S. 64).

Leslie behauptet nicht, zwischen ethischem und schöpferischem Erfordernis bestünde irgendeine analytische Beziehung. Es handle sich vielmehr um zwei unterschiedliche Merkmale, zwei verschiedene Weisen, wie etwas »zur Existenz bestimmt sein mag«. Er denkt an das Vorliegen einer synthetischen, doch notwendigen Beziehung. Notwendig, aber nicht *a priori*: Er behauptet nicht, wir könnten mit apriorischer Gewißheit wissen, daß ethisches Gefordertsein schöpferisch wirksam ist. Dennoch bestehe eine Ähnlichkeit zwischen ethischem und schöpferischem Erfordernis – etwa darin, daß sie in gleicher Weise auf Existenz abzielen; dies genüge, um dem Gedanken, daß sie zusammengehen, eine anfängliche Plausibilität zu verleihen. Und ganz gewiß sei es ein großer Irrtum, *a priori* zugunsten des Gegenteils zu argumentieren, nämlich zu behaupten, nur weil ethisches und schöpferisches Erfordernis begrifflich oder logisch voneinander verschieden seien, könne es zwischen ihnen keine reale und vielleicht notwendige Beziehung geben.

Obwohl Leslie im ganz gewöhnlichen Sinn von schöpferischer Wirksamkeit spricht, räumt auch er wie schon Thomas von Aquin ohne weiteres ein, daß von einem zeitlichen Anfang des Universums für die korrekte Anwendung des Begriffs der Schöpfung nichts abhängt. »Eine Gottheit wäre dann Schöpfer, wenn die Existenz von etwas die notwendige Folge ihres Schöpfungswillens wäre, eines möglicherweise ewigen Willens. Ganz ähnlich besagt die Behauptung, daß ein ethisches Gefordertsein das Universum ›erschaffen hat‹, nur, daß es nicht existieren würde, wenn es kein solches Erfordernis gegeben hätte, selbst wenn das Universum tatsächlich schon immer existieren sollte« (S. 51).

Seine Variante des kosmologischen Arguments faßt Leslie dann folgendermaßen zusammen: »Wir scheinen dann vor folgender Wahl zu stehen: (1) Das Universum oder ein Teil von ihm, das schöpferisch für alles übrige verantwortlich ist, ist einfach da. (2) Das Universum (vielleicht einschließlich einer göttlichen Person) existiert dank seines ethischen Gefordertseins. Möglicherweise ist es noch nötig, (2) so abzuwandeln, daß dieses Gefordertsein nur auf eine göttliche Person zutrifft, die dann ihrerseits alles andere erschaffen hat [. . .]« (S. 79).

Leslie entwickelt auch Varianten des teleologischen Arguments und des Arguments aus dem Bewußtsein. Die bloße Tatsache kausaler Regelmäßigkeiten verlange nach einer weiteren Erklärung. »Von den denkbaren Universen wären die weitaus meisten chaotisch; was bringt dann die Dinge in unserem Universum dazu, sich gesetzmäßig zu verhalten?« (S. 106). »Ich räume ein, daß ein vom Zufall beherrschtes Universum bei entsprechender Größe Flecken aufweisen würde, die sich leicht beschreiben ließen, so wie es Affen mit Schreibmaschinen schließlich doch einmal gelingen könnte, einige wenige Sonette zu Papier zu bringen. Nimmt man aber diese Erklärung der von uns bislang festgestellten Ordnung ernst, so müßten wir erwarten, daß in der allernächsten Sekunde schon wieder das Chaos beginnen würde« (S. 109). Es sei daher nicht unvernünftig, nach einer weiteren Erklärung für die Gegebenheit kausaler Gesetzmäßigkeiten zu suchen, und als Kandidat komme die Werthaftigkeit der Existenz solcher Gesetze in Frage (Kap. VI). Diese Erklärung sei vor allem auch deswegen angemessen, weil die charakteristischen Gesetzmäßigkeiten unseres Universums für die Entstehung von Leben und Bewußtsein geeignet seien, obwohl dies so leicht hätte anders sein können (Kap. VII). Leslie geht auch auf den Einwand ein, von Wert lasse sich nur in der Sphäre des Bewußtseins sprechen; daher sei es schwierig, sich auf Werthaftigkeit als Erklärung für ein Universum zu berufen, das, soweit wir wüßten, nur zu einem sehr geringen Teil Bewußtsein enthalte. Er liebäugelt dann mit dem Phänomenalismus als Möglichkeit, diesem Einwand zu begegnen – denn wenn der Phänomenalismus wahr ist, besteht das Universum einzig aus verschiedenen Geistern mit Bewußtsein als den grundlegend realen Substanzen (Kap. X); doch ist dieser Ausweg aus der Schwierigkeit wenig überzeugend.

Der extreme Axiarchismus hat auch mit einer ihm eigenen Variante des Übel-Problems zu kämpfen (Kap. V). Man möchte meinen, diese Schwierigkeit würde sich ihm nicht stellen; denn nur wenn man Gott Allmacht und Allwissenheit zuschreibt, ergibt sich dieses Problem. Es ist daher kennzeichnend für den orthodoxen Theismus. Bei einer radikalen Revision des Gottesbegriffs könnte man diese Merkmale aber durchaus fallenlassen. Insbesondere gibt es keinen Grund, einem nicht-personalen Prinzip schöpferischer Werthaftigkeit Allwissenheit zuzuschreiben. Dennoch hat Leslie Recht, wenn er auf dieses Problem eingeht. Denn wenn Gutheit, ethisches Gefordertsein, das einzige schöpferische Prinzip ist und die einzige Erklärung dafür darstellt, weshalb es überhaupt eine Welt gibt, dann läßt sich durchaus fragen, woher denn das Übel kommt. Offensichtlich wäre es weniger zufriedenstellend, da weniger einfach, einzuräumen, Wert sei, selbst im Prinzip, nur eine Teilerklärung dessen, was existiere, es gebe auch ein Element der bloßen unerklärten nackten Tatsache, es gebe Dinge, die einfach existierten. Denn die Anerkennung solcher unerklärten nackten Tatsachen stellte gerade die von Leslie abgelehnte Alternative zu der von ihm befürworteten Hypothese dar, ethisches Gefordertsein sei schöpferisch. Leslie beantwortet das Problem des Übels ähnlich, wie wir es in Kapitel 9 kennengelernt haben. Er meint, es gebe vielleicht keine nicht-absorbierten Übel, wenn wir nämlich den Wert des Lebens von Menschen, die wirkliche Wahlen treffen könnten, auf dem Hintergrund der von uns feststellbaren kausalen Gesetzmäßigkeiten berücksichtigten – gleichgültig, ob diese Wahlen kausal determiniert seien oder nicht; denn Leslie räumt als möglich ein, daß eine kompatibilistische Freiheitstheorie wahr ist.

Dieser Überblick mag genügen, um zu zeigen, daß der extreme Axiarchismus ein ernsthafter Rivale für den traditionellen Theismus darstellt, der Gott als Person oder Geist versteht. Ich habe bereits angemerkt, daß auch in ihm Platz für einen personalen Gott bleibt – oder richtiger: es bleiben zwei mögliche Plätze. Es könnte nach ihm einen Gott als *eine* Komponente unter anderen in einem Universum geben, dessen letzte Quelle und Erklärung sein ethisches Gefordertsein ist; oder ein allmächtiger und guter Geist könnte das einzige unmittelbare Produkt des schöpferischen Wertes sein, alles andere dann dessen Schöpfung. Doch gibt schon Leslie zu bedenken, daß die zweite Alternative »z. B. für das Christentum unzulänglich und unwesentlich wäre; denn es verehrt Gottes Güte, nicht Gottes bloße Allmacht – selbst dann nicht, wenn es Gott als Person versteht« (S. 79). Leslie hätte sich hier durchaus schärfer ausdrücken können. Eine göttliche Person wäre im Rahmen des Erklärungsschemas des extremen Axiarchismus etwas völlig Überflüssiges, da allein der Wert, ohne bewußte Wertsetzung, als schöpferisch gilt. Und auch die Annahme eines direkt wirksamen Willens, welcher ohne Zwischenursachen seine Ziele verwirklicht, wäre nach unserer Erörterung von Swinburnes »personaler Erklärung« in den Kapiteln 5 und 7 eine äußerst unwahrscheinliche Zutat zu dieser Theorie. Noch unbegründeter wäre es zuzugestehen, daß das vorgebliche Prinzip schöpferischen Wertes selbst Gott *genannt* würde. Dies käme der Verwischung einer wirklichen Änderung des Glaubensinhalts gleich und wäre höchstwahrscheinlich nur eine Entschuldigung dafür, daß man zwischen dem traditionellen Theismus und dieser Alternative hin- und herschwankt, praktisch jenem weiterhin anhängt, in der Theorie jedoch nur diese verteidigt. Dies bedeutete nicht Ehrlichkeit gegenüber Gott, sondern Unredlichkeit sowohl gegenüber dem Theismus als auch dem extremen Axiarchismus. Dieser sollte als das gesehen und erörtert werden, was er ist, nämlich als eine grundverschiedene Alternative und als ein Konkurrent zum Theismus, mit einer erlesenen Ahnenreihe, die, wie wir gesehen haben, bis auf Platons Vision der Idee des Guten zurückreicht.

Die Möglichkeit dieser Alternative sollte jeden, der aus welchen Gründen auch immer eine naturalistische oder skeptische Einstellung zur Welt für unannehmbar hält, vor dem traditionellen Theismus zurückschrecken lassen. Wer mit Leibniz und anderen nach einer letzten Erklärung verlangt, könnte durchaus im extremen Axiarchismus eine bessere Lösung sehen als in der Postulierung eines göttlichen Geistes. Für uns jedoch heißt die entscheidende Frage, ob diese Theorie im Vergleich zur naturalistischen oder skeptischen grundlegende Vorzüge aufweist.

Wir wir gesehen haben, steht auch der extreme Axiarchismus vor dem Problem des Übels. In Wahrheit ist er ihm sogar in besonderer Weise ausgesetzt; denn seine Vertreter können sich nicht, wie es Theisten oft versuchen, mit der Theorie kontra-kausaler Freiheit verteidigen. Auf den ersten Blick hin *scheint* es möglich, selbst ein allmächtiges Wesen von der Verantwortung für die Fehlentscheidungen seiner frei handelnden Geschöpfe freizusprechen; wenn aber objektiver Wert das einzige schöpferische Prinzip ist, kann es von nichts, was existiert, freigesprochen werden. (Es ist natürlich richtig, daß *am Ende* auch der Theismus scheitert, da sich, wie wir in Kapitel 9 gesehen haben, diese Verteidigungsstrategie nicht halten läßt.) Das heißt, ein extremer Axiarchist muß behaupten, daß es keine nicht-absorbierten Übel gibt. Leslie ist tatsächlich dieser Meinung; daher ist seine Theorie zumindest widerspruchsfrei. Ob sie aber in Einklang steht mit einer realistischen Sicht der Welt, so wie sie ist, und mit einer einleuchtenden Deutung des ethischen Erfordernisses, ist eine andere, viel umstrittenere Frage.

Paradoxerweise wird jedoch der Axiarchismus vielleicht weniger durch das Problem des Übels als viel mehr durch das, was wir als das Problem der Indifferenz bezeichnen könnten, in Verlegenheit gebracht. Dieses Problem hat zwei Aspekte. Das schöpferische ethische Erfordernis kann vermutlich wie Leibniz' Gott nichts ohne zureichenden Grund schaffen. Leibniz hatte gemeint, es könne so etwas wie einen Newtonschen absoluten Raum nicht geben; denn gäbe es ihn, hätte Gott vor der Wahl gestanden, das Universum gerade an der Stelle zu erschaffen, wo es sich heute befindet, oder aber an anderer Stelle – bei gleicher Lage der Körper zueinander, d. h. bei gleicher relativer Lage und Bewegung; doch hätte Gott keinen Grund gehabt, den einen Standort dem anderen vorzuziehen.[6] Schöpferischer Wert, so scheint es, stünde unzähligen in ähnlicher Weise in Verlegenheit führenden Wahlmöglichkeiten zwischen Alternativen gegenüber, von denen keine besser oder schlechter als die andere wäre.

6 Vgl. Alexander (Hrsg.), *The Leibniz-Clarke Correspondence*, z. B. Leibniz' drittes Schreiben.

Den zweiten Aspekt des Problems der Indifferenz haben wir bereits erwähnt: Es scheint große raum-zeitliche Abschnitte und materielle Gebilde zu geben, die kaum irgendeinen Wert besitzen. Dieses Problem stellt sich für Leslie in aller Schärfe; denn er ist der Meinung, daß »nur Erfahrungen, Bewußtseinszustände, in sich wertvoll sein können« (S. 153). Daher ist er mit Berkeley darin einig, daß die Zustimmung zur gewöhnlichen Theorie einer materiellen Welt »voraussetzen hieße, Gott habe unzählige Wesen geschaffen, die durchaus nutzlos sind und in keiner Art zu irgendeinem Zweck dienen«.[7] Um jede Voraussetzung dieser Art hinsichtlich des schöpferischen Wertes zu vermeiden, plädiert Leslie, wie schon erwähnt, für einen Phänomenalismus. Doch ist diese Theorie unter den Erklärungshypothesen für die Gesamtheit unserer Erfahrungen weitaus weniger zufriedenstellend als *irgendeine* Form des Realismus. Erfahrungen in sich sind bruchstückhaft und ungeordnet, voller unerklärter Zufälligkeiten; nur durch Ergänzung ihrer Inhalte gelangen wir überhaupt zu einer annähernd in sich zusammenhängenden und geordneten Welt.[8] Doch weiter: Unter den Theorien des Realismus spricht vieles, wie wir in Kapitel 4 gesehen haben, zugunsten des materiellen Realismus im Gegensatz zu Berkeleys Theorie eines göttlichen Geistes, der dem menschlichen Geist kleine Bruchstücke seiner eigenen vollständigen idealen Welt eingibt. Wenn weder der Phänomenalismus noch eine Berkeleysche Theorie genügen kann, müssen wir die Existenz zahlloser Dinge anerkennen, die keinerlei Zweck dienen. Das aber ist ein starkes Gegenargument gegen den extremen Axiarchismus.

Ein noch größeres Problem für diese Theorie ist die mangelnde Plausibilität ihres eigenen Grundprinzips, daß objek-

7 Berkeley, *Eine Abhandlung über die Prinzipien der menschlichen Erkenntnis*, § 19.

8 Vgl. Hume, *Ein Traktat über die menschliche Natur*, Buch I, T. 4, Abschn. 2; vgl. dazu Kap. 2 meiner Arbeit *Problems from Locke*.

tives ethisches Gefordertsein schöpferisch ist: Der Wert eines Sachverhalts könne als solcher dahin tendieren, diesen in Existenz zu bringen oder darin zu erhalten, und könne daher eine letzte Erklärung für die Tatsache seines Existierens darstellen, unabhängig von seiner Verursachung oder Erschaffung durch irgendein anderes existierendes Ding. Leslie bestreitet zu Recht sowohl die Auffassung, daß dieses Prinzip analytisch oder in anderer Weise *a priori* ist, als auch die gegenteilige Behauptung, daß es *a priori* unmöglich ist. Dennoch bleibt es reine Spekulation. Es läuft auf die Theorie einer inneren immanenten Teleologie hinaus (S. 25): Die Dinge existieren und sind so, wie sie sind, aufgrund eines Ziels, Zwecks oder einer Zielursache; doch liegt dieser Zweck weder in irgendeinem (fremden) Bewußtsein, noch wird er dadurch zum Zweck, daß irgendein aktives Wesen sich ihn zum Ziel setzt, ihn wünscht oder anstrebt, noch dadurch, daß er ein mögliches Ziel oder eine mögliche Befriedigung irgendwelcher Wünsche darstellt. Viele Philosophen und Theologen haben an eine solche rein immanente Teleologie geglaubt; doch ist dies ein Begriff, der sich im eigentlichen Sinn und normalerweise sonst auf nichts anwenden läßt. Erklärungen etwa für biologische Strukturen, für pflanzliche oder tierische Verhaltensweisen oder für automatisch ihr Ziel ansteuernde Raketen, welche auf den ersten Blick teleologischer Art zu sein scheinen, beruhen bei näherer Betrachtung ausschließlich auf wirkursächlichen Zusammenhängen, und zwar entweder direkt oder indirekt durch Rückführung auf bewußtes zweckgerichtetes Handeln, das sich selbst wieder auf eine Art wirkursächlichen Prozesses zurückführen läßt.[9] Die Vorstellung von einer axiarchischen Schöpfung ist daher einem *Mißverständnis* bestimmter natürlicher Prozesse nachgebildet. Die vorgeschlagene Erklärung der Welt und aller ihrer Einzeldinge durch den extremen Axiarchismus ist ganz ähnlich zu beurteilen wie Swinburnes personale Erklärung: Auch

9 Ausführlich habe ich dies in meinem Buch *The Cement of the Universe*, Kap. 11, dargelegt.

diese beruhte, wie wir in den Kapiteln 5 und 7 gesehen haben, auf einer Analogie, der ein Mißverständnis der gewöhnlichen Abläufe bei der Verwirklichung menschlicher Absichten zugrunde lag. In Wahrheit handelt es sich bei dem, was zunächst wie drei miteinander konkurrierende, voneinander unabhängige Arten von Erklärungen ausschaut – kausale, personale und teleologische –, tatsächlich, wenn man ihre gewöhnlichen Anwendungen richtig versteht, um nur eine einzige Art von Erklärung, und zwar beruhend auf der wirkursächlichen. Gewöhnliche ›personale‹ und ›teleologische‹ Erklärungen stellen nur verkürzende Sichtweisen komplizierter kausaler Erklärungen dar. Es gibt daher keine einleuchtende empirische Grundlage, von der her – selbst bei mutiger Ausweitung – das axiarchische Prinzip entwikkelt werden könnte; es bleibt eine reine, unbegründete Spekulation.

Schließlich beruht der Axiarchismus wesentlich auf der Annahme, es gebe objektiv präskriptive Werte. Diese Annahme ist falsch.[10] Eine eingehende Erörterung dieses Problems würde die Grundlagen der Ethik berühren. Ich habe an anderer Stelle gezeigt, daß die theologische Grenze der Ethik dennoch offen bleibt;[11] ebenso bleibt die ethische Grenze der Theologie offen. So wie man am Ende verschiedene ethische Fragen nicht lösen kann, wenn man sich nicht zuvor ein Urteil darüber gebildet hat, ob es einen Gott gibt oder nicht, ebenso lassen sich verschiedene theologische Fragen, wie etwa die nach der Haltbarkeit des Axiarchismus, letztlich nicht klären, solange man sich nicht hinsichtlich des Status ethischer Werte festgelegt hat.

Zu Recht meint Leslie (Kap. XII), weder der ethische Naturalismus noch der Non-Kognitivismus (Präskriptivismus, Emotivismus usw.) biete eine angemessene Analyse dessen, was wir meinen, wenn wir moralisch oder allgemei-

10 Dies habe ich in Kap. 1 meines Buches *Ethik* und in *Hume's Moral Theory* eingehend begründet.

11 Vgl. *Ethik*, Kap. 10.

ner ›wertend‹ reden. Die Deutung unserer ethischen Begriffe durch diese Theorien ist – ob man nun jede für sich betrachtet oder sie miteinander kombiniert – nicht erschöpfend. Wir verstehen Werthaftigkeit oder Gutsein im Sinne eines objektiven Gesolltseins. Wenn wir etwas als gut bezeichnen, unterstellen wir stillschweigend, daß es in sich und objektiv gefordert ist oder daß es existieren sollte, unabhängig davon, ob eine menschliche oder göttliche Person oder eine Gruppe von Personen es fordert, verlangt, vorschreibt oder bewundert. Einige Philosophen meinen, ein solcher Begriff sei trotz unserer Neigung, ihn zu verwenden, in sich widersprüchlich; Fordern oder Verlangen sei etwas, das nur ein Bewußtsein – oder etwas von einem Bewußtsein Konstituiertes, wie ein Rechtssystem – zu leisten vermöge. Meines Erachtens ist dieser Begriff in sich stimmig; ich kann in ihm keinen tatsächlichen Widerspruch entdecken. Dennoch läßt sich nicht leugnen, daß er bei klarer Abgrenzung von verschiedenen Begriffen relativen oder subjektiven Werts äußerst merkwürdig ist.
Leslies Ontologie der Werte ähnelt sehr stark derjenigen Samuel Clarkes.[12] Einige Beziehungen seien vollkommen sekundär zu ihren Bezugspunkten. Daß eine Schachtel in eine andere hineinpasse, hänge ausschließlich von den inneren Merkmalen (Form und Größe) der beiden Schachteln ab. Dies gelte auch für die Beziehung vergleichbarer Ähnlichkeit etwa zwischen Farben. Ethisches Gefordertsein sei in ähnlicher Weise, so meint er, eine vollkommen sekundäre Beziehung zu den inneren Merkmalen dessen, das es besitzt; folglich lasse sich Werthaftigkeit synthetisch, doch notwendig mit der Natur dessen, das sie besitzt, verknüpfen, obwohl diese Beziehung nicht *a priori* einsichtig zu sein brauche – und es auch nicht sei.
Allerdings ist dieser Vergleich nicht sehr überzeugend. Objektive Werthaftigkeit scheint sich von den anderen Bei-

12 Vgl. beispielsweise den Auszug aus S. Clarke, *The Being and Attributes of God*, in: D. D. Raphael (Hrsg.), *British Moralists 1650–1800*, Oxford 1969.

spielen sekundärer Beziehungen zu sehr zu unterscheiden. Diese sind kaum synthetischer Art, sondern eher *a priori* bestimmbar. Man sollte äußerst zurückhaltend mit der Annahme sein, dieser seltsame Begriff sei in irgendeiner Weise exemplifiziert, wenn sich zeigen ließe, daß sich unsere Neigung, ihn anzuwenden, auf andere Weise zureichend erklären läßt. Tatsächlich liegt eine solche Erklärung vor, und zwar im wesentlichen bereits bei Hume. Moralisches und wertendes Denken entwickelt sich aufgrund menschlicher Gefühle und Zielsetzungen; es schließt eine Vielzahl von Einstellungen und Haltungen ein, welche sich besonders durch das Aufeinandereinwirken der Menschen in den verschiedenen Gesellschaften bilden. Der Begriff eines inneren Gefordertseins ergibt sich dann aus der Übertragung dieser Einstellungen auf ihre Gegenstände, durch Abtrennung der Forderung von den Personen oder den aus Menschen gebildeten Institutionen, die tatsächlich diese Forderungen stellen.

Diese Humesche Erklärung unseres Begriffs der Werthaftigkeit oder des objektiven Gefordertseins ist weitaus annehmbarer als die konkurrierende Theorie, daß Dingen oder Sachverhalten tatsächlich solches objektive Gesolltsein als sekundäre Beziehung zukommt und daß wir in einer bislang unerklärten Weise fähig sind, diese zu erkennen und entsprechend zu beantworten. Diese Deutung erklärt aber auch jene von Leslie behauptete Plausibilität des axiarchischen Prinzips, des Begriffs, daß das, was ethisch ausgezeichnet ist zu existieren, *damit* zugleich auch schöpferisch dazu ausersehen sein könnte. Denn wenn wir etwas fordern oder verlangen, streben wir notwendigerweise auch danach, es, wenn möglich, zu verwirklichen. Die gleichzeitige Vergegenständlichung beider Strebungen zu vorgeblich objektiven Merkmalen führt genau zu jenem Begriff, daß es ein objektives ethisches Gefordertsein gibt, welches aufgrund synthetischer Notwendigkeit ein schöpferisches Gefordertsein nach sich zieht, mit anderen Worten, daß Wert wenigstens in einem gewissen Maß schöpferisch wirksam sein muß. Da sich so die axiarchischen Grundideen leicht anders und damit wegerklären lassen, müssen wir sowohl den Begriff objektiv präskriptiver Werthaftigkeit, auf dem der Axiarchismus beruht, als auch *a fortiori* die Annahme, solche Werthaftigkeit sei schöpferisch, zurückweisen.

Die eindeutige Ablehnung des Theismus läßt sich also nicht abmildern durch die Annahme dieser Alternative oder durch die freudige Übernahme weniger klar gefaßter Auffassungen, welche zwischen dem extremen Axiarchismus und dem traditionellen Theismus hin- und herschwanken.

Kapitel 14

Folgerungen und Implikationen

(a) *Die Gefahr des Nihilismus*

Die Erörterung von Hans Küngs umfassendem Werk *Existiert Gott?* mit dem Untertitel »Antwort auf die Gottesfrage der Neuzeit«[1] mag uns an unsere eigenen Schlußüberlegungen heranführen. Nicht nur fließen in diesem Buch zahlreiche Gedankengänge zusammen, die für die Beantwortung dieser Frage von Bedeutung sind, sondern es versucht auch eine Deutung unserer gesamten gegenwärtigen moralischen und geistigen Situation. In ihm ist eine phantastische Menge an Gelehrsamkeit angehäuft, aber es ist auch äußerst verworren. Immer wieder geschieht es, daß Küng, nachdem er ein Problem aufgeworfen hat, es allmählich verschiebt; häufig speist er uns dort, wo ein Argument gefordert wäre, mit einem Zitat, der Wiedergabe der Ansicht noch eines weiteren Autors oder gar einer biographischen Notiz ab. Meines Erachtens nimmt Küng auch Modernität viel zu wichtig; er neigt dazu, uns zu erklären, eine Behauptung oder ein Argument sei unmodern, wo es nur darauf ankommt, ob es wahr oder falsch, vernünftig oder unvernünftig ist. Dennoch findet sich in seinem Buch, wie wir sehen werden, ein argumentativer roter Faden, und wenigstens seine Schlußantwort ist eindeutig (S. 767):

> »Nach dem schwierigen Gang durch die Geschichte der Neuzeit seit Descartes und Pascal, Kant und Hegel,
> im ausführlichen Bedenken der religionskritischen Einwände von Feuerbach, Marx und Freud,

1 H. Küng, *Existiert Gott?*, München ^{2}1983.

> in ernster Konfrontation mit dem Nihilismus Nietzsches,
> im Suchen dann nach dem Grund unseres Grundvertrauens und der Antwort im Gott-Vertrauen,
> im Vergleich schließlich mit den Alternativen der östlichen Religionen,
> im Sicheinlassen auch auf die Frage ›Wer ist Gott‹ und auf den Gott Israels und Jesu Christi:
> nach alldem wird man verstehen, warum jetzt auf die Frage ›Existiert Gott?‹ ein vor der kritischen Vernunft verantwortetes, klares, überzeugtes Ja als Antwort gegeben werden kann.«

Doch befriedigt die Substanz dieser Diskussion weitaus weniger. Eine entscheidende Frage lautet, ob sich Küngs abschließendes Ja auf den Gott des traditionellen Theismus oder auf irgendeinen Ersatz für Gott bezieht; die Antwort auf diese Frage ist nun keineswegs eindeutig und klar. Beispielsweise finden wir in seiner »Zwischenbilanz II: Thesen zur Weltlichkeit und Geschichtlichkeit Gottes« folgende Ausführungen (S. 215 f.):

> *»Gott ist kein überirdisches Wesen über den Wolken, im physikalischen Himmel! Die naiv-anthropomorphe Vorstellung ist überholt.* [...] *Für Sein und Handeln des Menschen bedeutet dies: Gott ist kein allmächtig-absolutistischer Herrscher, der mit Welt und Mensch in unumschränkter Gewalt nach völligem Belieben verfährt.*
> *Gott ist kein außerirdisches Wesen jenseits der Sterne, im metaphysischen Himmel! Die aufgeklärt-deistische Vorstellung ist überholt.* [...] *Für Sein und Handeln des Menschen bedeutet dies: Gott ist nicht ein jetzt gleichsam konstitutionell regierender Monarch, der seinerseits durch eine natur- und moralgesetzliche Verfassung gebunden ist und sich aus dem konkreten Leben von Welt und Mensch weithin zurückgezogen hat.*
> *Gott ist in dieser Welt und diese Welt in Gott! Es gilt ein*

einheitliches Wirklichkeitsverständnis: Gott ist nicht nur als Teil der Wirklichkeit ein (höchstes) Endliches neben Endlichem. Vielmehr ist er das Unendliche im Endlichen, die Transzendenz in der Immanenz, das Absolute im Relativen. Gerade als der Absolute kann Gott zu Welt und Mensch in Beziehung treten. [...] *So ist Gott der Absolute, der Relativität einschließt und schafft, der gerade als der Freie Beziehung ermöglicht und Beziehung verwirklicht: Gott als die absolut-relative, diesseitig-jenseitige, transzendent-immanente, allesumgreifend-allesdurchwaltende wirklichste Wirklichkeit im Herzen der Dinge, im Menschen, in der Menschheitsgeschichte, in der Welt.* [...] *Für Sein und Handeln des Menschen bedeutet dies: Gott ist der nah-ferne, weltlich-unweltliche Gott, der gerade als der Tragende, Haltende, Geleitende uns in allem Leben und Bewegen, Scheitern und Fallen schon immer gegenwärtig ist und uns umfängt.«*

Und nach Ablehnung sowohl des »griechisch-metaphysischen« als auch des »mittelalterlich-metaphysischen« Gottesbegriffs fügt er hinzu (S. 218):

»Gott ist der in Identität Lebendige, der in der Geschichte dynamisch Wirkliche und stetig Wirkende. Gerade als der ewig Vollkommene hat er in seiner Freiheit die ›Möglichkeit‹, geschichtlich zu werden. [...] *Für Sein und Handeln des Menschen bedeutet dies: Gott ist der lebendige Gott, der in aller Unverfügbarkeit und Freiheit den Menschen erkennt und liebt, in seiner Geschichte handelt, bewegt und anzieht.«*

Beim Vergleich mit den Religionen des Ostens stellt Küng »die westliche Tradition einer negativen Theologie von Pseudo-Dionysios bis Heidegger« dar und scheint ihr zuzustimmen (S. 659):

»Gott ist durch keinen Begriff zu begreifen, durch keine Aussage voll auszusagen, durch keine Definition zu defi-

nieren: er ist der Unbegreifliche, Unaussagbare, Undefinierbare.
Auch der Seinsbegriff übergreift ihn nicht; [...] *er ist kein Seiendes: er ist allem transzendent.* [...] *Er ist jedoch nicht getrennt von Welt und Mensch; er ist nicht außerhalb alles Seienden; der Welt und dem Menschen innewohnend, bestimmt er ihr Sein von innen.* [...]
So fallen bei Gott Transzendenz und Immanenz ineins. [...] *Vor Gott kommt alles Reden aus hörendem Schweigen und führt hinein ins redende Schweigen.«*

Und wiederum bei der Erörterung »des Gottes der Bibel« schreibt Küng (S. 692):

»Gott ist gewiß nicht Person, wie der Mensch Person ist: Der Allesumfassende und Allesdurchdringende ist nie ein Objekt, von dem sich der Mensch distanzieren kann, um über ihn auszusagen. Der Urgrund, Urhalt und das Urziel aller Wirklichkeit [...] *ist nicht eine Einzelperson unter anderen Personen, ist kein Über-Mensch oder Über-Ich.«*

Doch auch (S. 692 f.):

»Ein Gott, der Personalität begründet, kann nicht apersonal sein. [...] *Gott ist kein Neutrum, kein Es, sondern ein Gott der Menschen.* [...] *Er ist Geist in schöpferischer Freiheit, die Ur-Identität von Gerechtigkeit und Liebe, ein alle zwischenmenschliche Personalität übergreifend-begründendes Gegenüber.* [...] *Besser als personal oder apersonal wird man die wirklichste Wirklichkeit – falls einem an einem Wort gelegen ist* – transpersonal, überpersönlich *nennen.«*

Doch trotz allem akzeptiert Küng auch in irgendeinem Sinn den Gott der Bibel, der, so schreibt er »ganz und gar wesentlich ein *Gott mit menschlichem Antlitz* ist«. Es sei *»kurzschlüssig, den Gott der Philosophen und den Gott der*

Bibel einfach zu dissoziieren«, aber auch *»oberflächlich«*, sie *»einfach zu harmonisieren«*. *»Alles kam und kommt darauf an, das Verhältnis* wahrhaft dialektisch *zu sehen: Der Gott der Philosophen ist im Gott der Bibel im besten, dreifachen Sinn des Wortes*, ›aufgehoben‹ – affirmiert, negiert und transzendiert in einem!« (S. 728). Mehr noch: Er »wagt« sogar »ohne Zögern zu sprechen: *Credo in Jesum Christum, filium Dei unigenitum*« (Ich glaube an Jesus Christus, Gottes eingeborenen Sohn) und kann »getrost auch heute sagen: *Credo in Spiritum Sanctum*« (Ich glaube an den Heiligen Geist) (S. 752 und 763). Das heißt also, trotz allen gegenteiligen Anscheins bestätigt er seinen eigenen orthodoxen Glauben.

Küng hält sich ganz offensichtlich einiges darauf zugute, daß er alles zugleich zu haben versucht. Dies zeigt sich auch an seinen Bemerkungen über Wunder (S. 710–712): »Wunder als Durchbrechungen von Naturgesetzen lassen sich historisch in der Bibel nicht erweisen.« »Ein ›Wunder‹ [. . .] bedeutet alles, worüber sich der Mensch ›verwundert‹«, nicht notwendigerweise ein Durchbrechen der Naturgesetze durch göttliches Eingreifen. Die Wundererzählungen seien »unbekümmerte volkstümliche Erzählungen, die glaubendes Staunen hervorrufen sollen«. (Wäre dies alles, könnten wir anmerken, so stützten sie in keiner Weise irgendeine Art von Supernaturalismus oder Theismus.) Dennoch »soll keiner, der seinen Gottesglauben an die Wunder bindet, in seinen religiösen Gefühlen verletzt werden. Hier soll nur dem modernen Menschen, dem die Wunder für seinen Glauben an Gott ein Hindernis sind, eine hilfreiche Antwort gegeben werden.« Das heißt dann also: Wenn Sie Ihren Glauben an Gott auf Wunder stützen, will Küng sie gerne für Sie entsprechend herausstellen; wenn Wunder für Sie aber eher ein Glaubenshindernis sind, wird Küng sie für Sie ebenso gerne wegerklären! So zitiert er auch zustimmend Bultmanns Bemerkung: »Durch den Glauben kann ich einen Gedanken oder Entschluß als eine göttliche Eingebung verstehen, ohne den Gedanken oder Entschluß von seiner Verbindung mit der psychologischen Begründung zu lösen« (S. 714).

Ein immer wiederkehrender Gedanke führt Küng in die Nähe von Humes Demea; dieser plädiert gegen den Anthropomorphismus Cleanthes' zugunsten eines unendlichen und unfaßbaren Gottes. Doch sei daran erinnert, daß Hume mit Hilfe von Demeas Überlegungen den Skeptizismus Philos vorzubereiten sucht. Ein so unfaßbarer und unbestimmbarer Gott, wie Küng ihn zu vertreten scheint, bietet keinen Ansatzpunkt für vernünftige Argumentation, nichts, an dem ein Argument ansetzen könnte, um die Behauptung, es gebe einen solchen Gott, zu rechtfertigen.

Dennoch behauptet Küng, ein Argument vorgelegt zu haben. Wie gesagt, meint er, seine Zustimmung sei »ein vor der kritischen Vernunft verantwortetes, klares, überzeugtes Ja«. Gegen Philosophen wie Norman Malcolm und D. Z. Phillips beharrt er darauf: »*Die Wahrheitsfrage kann nicht umgangen werden!* Und diese Wahrheit läßt sich auch an der Erfahrung – wie wir sehen werden: durch indirekte Verifikation an der erfahrenen Wirklichkeit – testen« (S. 556 f.). Und später heißt es (S. 582):

> »Nein, die Theologie darf den Forderungen nach Bewahrheitung des Gottesglaubens nicht ausweichen: *Kein blinder, sondern ein* verantwortbarer Glaube: *Der Mensch soll nicht geistig vergewaltigt, sondern mit Gründen überzeugt werden, damit er eine verantwortete Glaubensentscheidung fällen kann. Kein wirklichkeitsleerer, sondern ein* wirklichkeitsbezogener Glaube.«

Teil von Küngs Argumentation bilden seine Einwände gegen die verschiedenen Argumente für den Atheismus, und zwar vor allem gegen die verschiedenen Vorschläge zur Naturgeschichte der Religion, die hier in Kapitel 10 erörtert wurden. Dort hatten wir bereits festgestellt, daß sich trotz der Schwäche mancher einseitiger Theorien dennoch eine zufriedenstellende natürliche Geschichte der Religion skizzieren läßt. Küngs Kritik läuft am Ende nur auf das hinaus, was ich ausdrücklich zugestanden und hervorgehoben habe: Eine solche Erklärung der Religionen sei kein primäres Argument gegen ihre Wahrheit. Küng braucht also noch einen positiven Beweis für die Wahrheit des Theismus – und tatsächlich sucht er auch ein solches Argument zu entwickeln.

Er räumt ein: *»Eine direkte Erfahrung Gottes ist nicht gegeben«* (S. 587). Auch lehnt er ausdrücklich (obwohl aus unzulänglich dargelegten Gründen) das kosmologische, teleologische und ontologische Argument ab (S. 588–590). Dennoch schreibt er: »Der *Beweischarakter der Gottesbeweise* ist heute *erledigt. Nicht aber ihr Gehalt*« (S. 588). Für den ontologischen Beweis macht er nur den (bedauernswerten) Vorschlag, ihn »weniger als Beweis denn als Ausdruck vertrauenden Glaubens [. . .] zu verstehen« (S. 589). Wir werden jedoch sehen, daß er das kosmologische und teleologische Argument in veränderter Form tatsächlich verwendet – und zwar in einer Form, die der Swinburnes darin nahekommt, daß auch Küng beabsichtigt, den Glauben an Gott zu verifizieren, nicht zu beweisen. Er verbindet dies jedoch mit Anklängen sowohl an den moralischen Gottesbeweis als auch an den Willen zum Glauben: *»Nicht unmöglich erscheint hingegen eine induktive Anleitung, welche die einem jeden zugängliche Erfahrung der fraglichen Wirklichkeit auszuleuchten versucht, um so – gleichsam auf der Linie der ›praktischen Vernunft‹, des ›Sollens‹, besser des ›ganzen Menschen‹ – den denkenden und handelnden Menschen vor eine rational verantwortbare Entscheidung zu stellen, die über die reine Vernunft hinaus den ganzen Menschen beansprucht«* (S. 603). Da so in diesem Argument verschiedene Argumentationslinien zusammenfließen, mag seine Erörterung hier zum Anlaß genommen werden, das in der Einleitung angekündigte Vorhaben wahrzumachen, nämlich nicht nur die einzelnen Argumente für die Existenz Gottes gesondert zu prüfen, sondern vor einem abschließenden Urteil ihr argumentatives Gesamtgewicht zu überdenken und es gegen die verschiedenen Gegenargumente abzuwägen. Zu einem abschließenden Urteil möchte ich dann unter (b) gelangen.

Für Küng lautet die Frage nicht, ob es möglich ist, von dem bereits erreichten Wissen um die natürliche Welt, um das Bewußtsein oder um die Moral auf weitergehende, spezifisch theistische Hypothesen oder Folgerungen zu schließen. Die von ihm eingeschlagene Strategie besteht vielmehr darin, daß er meint, im modernen Denken sei sowohl die spekulative als auch die praktische Vernunft zusammen mit dem Theismus durch eine alles beherrschende Tendenz zum Nihilismus bedroht. Dieser Nihilismus, dessen bedeutendster Vertreter Nietzsche gewesen sei, lasse sich in der Bestreitung der drei klassischen Transzendentalien zusammenfassen: Es gebe keine Einheit, keine Wahrheit, keine Gutheit. Der Mensch mache sich Illusionen, wenn er eine »*Ganzheit*, eine *Systematisierung*, selbst eine *Organisierung* in allem Geschehen« voraussetze; er habe einen Sinn in allem Geschehen gesucht, obwohl es darin keinen gebe; es gebe »keine absolute Beschaffenheit der Dinge, kein ›Ding an sich‹«; die Welt sei wert- und zwecklos. Der Nihilismus stelle sich dar als »Einsicht in die Nichtigkeit, die Zwiespältigkeit, Sinnlosigkeit, Wertlosigkeit der Wirklichkeit« (S. 465).

Küng beharrt aber darauf: »*Der Nihilismus ist* möglich: *Die durchgehende Fraglichkeit der Wirklichkeit selbst ermöglicht den Nihilismus, sei er nun faktisch gelebt* [. . .] *oder auch philosophisch oder unphilosophisch reflektiert*« (S. 467). Er sei sogar unwiderlegbar: »*Es gibt kein rational zwingendes Argument gegen die Möglichkeit des Nihilismus. Es ist eben doch zumindest möglich, daß dieses Menschenleben letztlich sinnlos ist, daß der Zufall, ein blindes Schicksal, Chaos, Absurdität und Illusion die Welt regieren*« (S. 468). Andererseits sei der Nihilismus auch nicht beweisbar. Es sei nicht *a priori* unmöglich, »*daß alles letztlich doch identisch, sinn-*

voll, wertvoll, wirklich ist« (S. 469). Folglich lautet für ihn die Grundfrage: »Kann der Nihilismus überwunden werden, und wie?« (S. 471).

Die Grundalternative sei »eine *Sache des Vertrauens oder Mißtrauens*, in der ich mich ohne Sicherheit und Garantie selbst aufs Spiel setze. [. . .] Entweder ich halte [. . .] die Wirklichkeit für vertrauenswürdig und verläßlich – oder nicht« – eine Wahl, die er ausdrücklich mit Pascals Argument der Wette vergleicht (S. 485). Das Grundvertrauen, fügt er hinzu, sei dem Menschen natürlich, es mache ihn »offen für die Wirklichkeit«, und *»das Ja«* sei *»in der Praxis konsequent durchzuhalten«*, während das »Nein zur Wirklichkeit« zu einem fundamentalen Mißtrauen führe (S. 493 f.). *»Es gibt folglich einen Weg zwischen einem irrationalen ›unkritischen Dogmatismus‹ und einem letztlich ebenfalls irrational fundierten ›kritischen Rationalismus‹: den Weg der* kritischen Rationalität«; dieser sei ein *»durchaus* vernünftiges Wagnis [. . .], *das aber immer Wagnis bleibt«* (S. 499).

So weit so gut, obwohl Küng die Bedrohung doch etwas übertrieben hat. Daß es *irgendeine* Wirklichkeit gibt, steht außer Zweifel. Nur in seiner extremsten Form würde der Nihilismus bestreiten, daß sich die Wirklichkeit erfassen, verstehen läßt; doch ist diese Position unhaltbar. Küng unterscheidet die von ihm verteidigte kritische Rationalität von dem von ihm abgelehnten »kritischen Rationalismus« (den er in dieser Form wohl irrigerweise Karl Popper und Hans Albert unterstellt); er glaubt, der kritische Rationalismus verzichte, anders als seine kritische Rationalität, auf jede kritische Überprüfung der Grundlagen unserer Erkenntnis und schließe daher einen irrationalen Glauben an die Vernunft ein. Man kann dem zustimmen, daß nichts, selbst nicht die kritische Methode, der Kritik enthoben ist, obwohl sich natürlich nicht alles zugleich in Frage stellen läßt: Wer diese oder jene Frage prüft, muß immer einiges andere als gegeben voraussetzen. Damit aber ist es unmöglich, Gewißheit zu erlangen, und folglich sollte sie dann auch nicht angestrebt werden. Doch ist dies weder besonders geheimnisvoll noch besonders modern. Einige wesentliche Punkte hat, wie wir in Kapitel 11 gesehen haben, bereits William James mit seiner Verteidigung eines fallibilistischen, experimentellen, dennoch aber optimistischen und risikofreudigen Empirismus herausgestellt. Ein Risiko, welches uns die einzige Chance bietet, die Wahrheit zu entdecken oder uns ihr anzunähern, ist, wie er sagt, in der Tat ein vernünftiges Risiko.

Weiterhin ist die Annahme, in der Welt gebe es Ordnung, Regelmäßigkeit – nicht notwendigerweise streng kausale Determination –, sowohl ein regulatives Prinzip, das sich zur Entwicklung und Überprüfung anderer Hypothesen verwenden läßt und tatsächlich verwandt wird, als auch eine sehr weitreichende Hypothese, die selbst wieder zum Gegenstand kritischer Prüfung und Bestätigung gemacht werden kann.[2] Vor allem das scheint Küng unter ›Einheit‹ zu verstehen, so daß auch dies in den Begriff der kritischen Rationalität eingeht, d. h. in den eines fallibilistischen, dennoch aber optimistischen Empirismus. Man mag eine solche Theorie benennen, wie man will, sie läßt sich jedenfalls als in sich vernünftig und als keiner weiteren Rechtfertigung bedürftig betrachten.

Küngs Antwort auf den Nihilismus hinsichtlich Einheit und Wahrheit wirft demnach keine Probleme auf, und so können wir dem Kern seiner Aussagen zustimmen. Seine Antwort auf den Wertnihilismus ist verwickelter und eher umstritten. Zustimmend zitiert er H. Sachsse, es gebe heute ein dringendes Bedürfnis nach der Entwicklung »sachgemäßer und praktikabler Normen« (S. 516). Er räumt ein: »Wir können heute *weniger denn je fixe Lösungen aus dem Himmel holen*

2 Vgl. den Anhang zu meinem Buch *The Cement of the Universe* sowie meinen Artikel »A Defence of Induction«, in: G. F. Macdonald (Hrsg.), *Perception and Identity: Essays Presented to A. J. Ayer*, London 1979, S. 113–130.

oder theologisch von einer unveränderlichen allgemeinen Wesensnatur des Menschen her deduzieren.« Und dann weiter: »Es gibt in der Tat eine ›Genealogie der Moral‹ (Nietzsche)« – d. h., die bestehenden moralischen Systeme hätten sich in einem soziohistorischen Prozeß entwickelt – und wir müßten »heute mehr denn je für all die schwierigen Probleme und Konflikte *›auf Erden‹ differenzierte Lösungen suchen und erarbeiten*: Wir sind für unsere Moral verantwortlich« (S. 519 f.). All das ähnelt in erstaunlicher Weise der zentralen These meines Buches *Ethik. Auf der Suche nach dem Richtigen und Falschen.*[3] Wichtiger aber ist, daß es sich dabei um eine zureichende *Antwort* auf den Wertnihilismus handelt. Dann aber scheint Küng zu einer ganz anderen These überzuwechseln (S. 521):

> »*Jegliche Annahme von Sinn, Wahrheit und Rationalität, von Werten und Idealen* [...] *setzt ein* Grundvertrauen *zur fraglichen Wirklichkeit voraus: im Gegensatz zum Nihilismus ein grundsätzliches Ja zu ihrer grundlegenden Identität, Sinnhaftigkeit und Werthaftigkeit.* [...] *Nur wenn die Wirklichkeit von Welt und Mensch, wie im Grundvertrauen angenommen, von einer letzten Identität, Sinnhaftigkeit und Werthaftigkeit bestimmt ist, lassen sich in sinnvoller Weise einzelne Normen echt menschlichen Verhaltens und Handelns von dieser Wirklichkeit und, entscheidend, von den wesentlichen menschlichen Erfordernissen, Dringlichkeiten und Notwendigkeiten ablesen.*«

Das ist nun etwas völlig anderes. Jetzt behauptet Küng, es müsse schließlich doch *objektiver* Wert vorausgesetzt werden, aus dem sich dann (zusammen mit den empirischen Tatsachen menschlicher Bedürfnisse usw.) spezifische Normen *ableiten* ließen. Das aber ist einfach falsch; im Gegensatz dazu müssen wir an der These festhalten, daß aller Wert

3 Vgl. *Ethik*, Kap. 1.

ein menschliches und soziales Produkt ist. Damit soll allerdings nicht bestritten werden, daß es eine ethische Variante des »Grundvertrauens« gibt, die unseren Moralsystemen zugrunde liegen muß. So bedürfen wir vielleicht einer sicheren Hoffnung, daß sich inmitten aller Rivalität dennoch Prinzipien des Zusammenwirkens finden lassen. Dies wäre eine Verallgemeinerung des praktischen vorausgehenden Vertrauens, von dem William James spricht: Nur wenn die Menschen einander vertrauen, bevor jeder einzelne sicher sein kann, daß die anderen vertrauenswürdig sind, haben sie eine Chance, erfolgreich miteinander zu kooperieren.

Es gibt demnach eine Antwort auf den Wertnihilismus, die ebenfalls als in sich vernünftig gelten kann und daher keiner weiteren Rechtfertigung bedarf. Sie unterscheidet sich aber erheblich von der Antwort, die Küng gibt; oder richtiger: auch Küng gibt diese Antwort, doch wechselt er dann zu einer ganz anderen über.

Wo aber kommt Gott überhaupt ins Spiel? Merkwürdig gönnerhaft gesteht Küng dem Atheisten zu: *»Aus dem Grundvertrauen kann auch ein Atheist ein echt menschliches, also humanes und in diesem Sinn moralisches Leben führen.* [. . .] *Auch Atheisten und Agnostiker müssen folglich keineswegs Nihilisten, sondern können Humanisten und Moralisten sein: ernsthaft um Humanität und Moralität bemüht«* (S. 523). Dennoch tut er dann den entscheidenden Schritt in Richtung auf den Theismus: »Man muß es schon deutlich sehen: Das Grundvertrauen zur Identität, Sinnhaftigkeit und Werthaftigkeit der Wirklichkeit, welches Voraussetzung ist für menschliche Wissenschaft und autonome Ethik, ist nur dann letztlich begründet, wenn die Wirklichkeit selbst, zu der auch der Mensch gehört, nicht grundlos, haltlos und ziellos bleibt« (S. 527).

Nein, das ist nun keineswegs deutlich zu sehen. Es ist einfach falsch, und sogar Küngs eigenes Argument zeigt, daß es falsch ist. Jenes Grundvertrauen, das den Nihilismus in bezug auf die Wahrheit und »Einheit« widerlegt, die »kritische Rationalität«, von der er spricht, ist aus den von ihm selbst genannten Gründen *in sich* vernünftig. Dasselbe gilt für die Motive zur Entwicklung von Werten. Es bedarf keiner Suche nach einem weiteren Grund, Halt oder Ziel der Wirklichkeit oder ihrer Postulierung. Die umfassende Hypothese, daß es Ordnung in der Welt gibt, läßt sich mit der nötigen Zurückhaltung vernünftigerweise akzeptieren – und auch testen; sie kann aufgrund der (impliziten) Überprüfung als weitestgehend bestätigt gelten. Obwohl das Entwickeln und Erfinden moralischer Werte in aller Regel spontan erfolgt, ist auch dies in dem Sinn vernünftig, daß ein Zusammenleben ohne gegenseitige Vernichtung nur aufgrund des Vorhandenseins jener bisher entwickelten und angeeigneten Haltungen möglich ist. Dies alles läßt sich aus sich selbst heraus verteidigen; eine weitergehende Begründung ist überflüssig.

Doch gerade auf diese unhaltbare Überlegung gründet Küng seine weitere Argumentation zugunsten der Existenz eines Gottes. Er will keinen demonstrativen Beweis, sondern nur eine indirekte Verifikation für Gott als angeblich geforderten Urgrund, Urhalt und als Urziel aller Wirklichkeit bieten.

Zunächst behauptet er: »*Wenn Gott existierte, dann wäre die gründende Wirklichkeit selbst nicht mehr letztlich unbegründet* [...], *die sich haltende Wirklichkeit nicht mehr selber letztlich haltlos* [...], *die sich entwickelnde Wirklichkeit nicht mehr letztlich ziellos* [...] und *die zwischen Sein und Nichtsein schwebende Wirklichkeit nicht mehr letztlich der Nichtigkeit verdächtig*« (S. 622). Er fügt hinzu, obwohl diese Hypothese dem Nihilismus entgegenstehe, vermöge sie auch den *Anschein* des Nihilismus zu erklären: Die Wirklichkeit erscheine letztlich unbegründet, halt- und ziellos, »weil die fragliche Wirklichkeit selbst *nicht Gott* ist« (S. 623). Ganz ähnlich vermöge die Hypothese, daß Gott existiert, dem eigenen Leben letzten Sinn und Hoffnung zu geben; doch könne sie auch den *Anschein* der Sinnlosigkeit und der Leere hier erklären, »weil der Mensch *nicht Gott ist*« (S. 624).

Im Gegensatz dazu, meint Küng, schließe der Atheismus ein letztlich unbegründetes Grundvertrauen in die Wirklichkeit ein und setze sich daher der Gefahr »der möglichen Zwiespältigkeit, Sinnlosigkeit, Wertlosigkeit, Nichtigkeit der Wirklichkeit überhaupt« aus (S. 628).

Küng kommt zu dem Schluß: *»Das Ja zu Gott bedeutet ein* letztlich begründetes *Grundvertrauen zur Wirklichkeit.* [. . .] *Wer Gott bejaht, weiß, warum er der Wirklichkeit vertrauen kann.«* Folglich gibt es »kein Patt zwischen Gottesglauben und Atheismus« (S. 628 f.). Obwohl diese Zustimmung »zutiefst auf einer Entscheidung« beruhe (S. 625), da es kein schlüssiges Argument dafür oder dagegen gebe, sei doch »das Gott-Vertrauen keineswegs irrational«. Ich erkenne »zwar *nicht bevor*, aber auch *nicht nur erst danach*, sondern *indem* ich dies tue, daß ich das Richtige, ja im Grunde das ›Allervernünftigste‹ tue. Denn, was sich *im voraus* nicht beweisen läßt, das erfahre ich *im Vollzug*«; dies gewähre *»eine grundlegende Gewißheit«*. So verstanden, sei *»auch der Gottesglaube eine Sache nicht nur der menschlichen Vernunft, sondern des ganzen konkreten lebendigen Menschen«* (S. 630 f.).

Ich habe Küngs Argument, soweit es ging, in wörtlichen Zitaten wiedergegeben, da eine Zusammenfassung in meinen eigenen Worten nicht nur viel von Küngs Beredsamkeit verlorengehen ließe, sondern auch die Gefahr heraufbeschwören würde, eine so vielschichtige und in sich so gegensätzliche Auffassung zu verzerren. Meine Kritik kann und muß kürzer sein.

Küngs letzter Schritt scheint auf die Behauptung hinauszulaufen, im Vollzug des Glaubens selbst erweise sich dieser als wahr; doch nennt er dafür keinen einzigen Grund. Der Glaubensakt mag die Überzeugung, Gewißheit zu haben, einschließen: Die Erleichterung, die sich einstellt, wenn die

Zweifel aufhören, geben angenehme Sicherheit. Diese Gewißheit ist aber rein subjektiv: Beriefe Küng sich darauf, so verträte er nur in anderer Weise die von uns in Kapitel 10 kritisierte und auch von ihm selbst zu Recht abgelehnte (S. 587) Auffassung, es gebe eine Art von Erfahrung, die die objektive Gültigkeit ihres eigenen Gehalts garantiere. Er könnte aber auch meinen, indem man Gott postuliere, postuliere man etwas, *das sowohl sich selbst als auch alles andere sonst begründe*. Doch wer annimmt, allein der Gehalt dieser Postulierung verleihe ihm schon objektive Gewißheit, verwendet wieder das ontologische Argument, das Küng zu Recht ebenfalls ablehnt (S. 589 f.).

Läßt man diesen letzten Schritt einmal außer acht, so nimmt Küngs Argument im Kern die Form der Bestätigung einer Hypothese an, speziell der relativen Erhärtung der Hypothese, daß ein Gott existiert, im Gegensatz zu derjenigen, daß es nur eine objektive natürliche Welt (einschließlich des Menschen) ohne weiteren Grund, weiteren Halt oder weiteres Ziel gibt. Hinsichtlich der Erklärung des *Anscheins* des Nihilismus befindet sich diese Gott-Hypothese in genau der gleichen Lage wie ihre naturalistische Rivalin. Die eine besagt, Gott sei, obwohl es ihn gebe, doch nicht offenkundig und die »fragliche Wirklichkeit« sei nicht dieser Gott, d. h. sei nicht sich selbst Urgrund, Urhalt oder Urziel; die andere besagt schlicht, es gebe so etwas wie Urgrund, Urhalt oder Urziel nicht. In beiden Fällen aber bleibt aufgrund des Fehlens eines offenbaren Urgrunds die Möglichkeit zum Nihilismus offen. Die beiden rivalisierenden Hypothesen würden auch in gleicher Weise den *Anschein* der Sinnlosigkeit im menschlichen Leben erklären. Obwohl also beide in gleicher Weise den Anschein des Nihilismus erklären können, ist die Gott-Hypothese doch die weniger ökonomische. Wenn sie überhaupt irgendwelche Vorzüge haben sollte, müssen diese auf ihre anderen Aspekte zurückgehen, d. h. darauf, daß sie der Wirklichkeit Grund, Halt und Ziel und dem Menschen einen objektiv geltenden Daseinssinn zu nennen vermag. Doch erklärt Küng in keiner Weise, *wie* die Gott-Hypothese dies bewerkstelligen sollte. Die Demea-ähnliche Unbestimmtheit seines Gottesbegriffs würde ihm dies sogar recht schwer machen. Insgesamt verweist er auf Theorien, die wir bereits ausdrücklich dargestellt und kritisiert haben; besonders zu nennen sind hier Swinburnes induktive Versionen des kosmologischen und teleologischen Arguments, Leslies extremer Axiarchismus und die in Kapitel 6 erörterten verschiedenen moralischen Argumente. Um zu vermeiden, die »Grund- und Haltlosigkeit der gesamten Wirklichkeit« voraussetzen zu müssen, hält Küng »die Annahme einer Ursache aller Ursachen« für vernünftig (S. 588), und zur Vermeidung der Voraussetzung einer »Sinn- und Ziellosigkeit« die Annahme »eines Zieles aller Ziele« (S. 589) oder eines Gottes, »*der Welt und Mensch vollenden wird*« (S. 718). »An Gott als Vollender der Welt glauben, heißt, in aller Nüchternheit und allem Realismus, und ohne gar dem Terror gewaltsamer Volksbeglücker zu verfallen, für eine bessere Zukunft, eine bessere Gesellschaft in Frieden, Freiheit und Gerechtigkeit zu arbeiten und zugleich illusionslos zu wissen, daß diese von Menschen immer nur angestrebt, aber nie voll realisiert werden kann« (S. 720).

Doch werden die Erklärungen, auf die Küng anspielt, von der von uns an den jeweiligen Argumenten in den Kapiteln 5 bis 8 und 13 geübten Kritik vollständig untergraben. Die Behauptung einer direkten, unvermittelten Verwirklichung willentlicher Entschlüsse hat keine empirische Grundlage; daher läßt sich diese Idee auch nicht zu so etwas wie Swinburnes personaler Erklärung ausziehen, um so einen Gott zur Erklärung der Welt oder einzelner ihrer Merkmale einzuführen. Entsprechend fehlt jede empirische Basis für die axiarchische Annahme, daß Wert als solcher in sich schöpferisch ist. Auch ließ sich letztlich nicht plausibel machen, wie moralische Werte in einem Gott gründen oder von ihm geschaffen und erhalten sein sollten. Noch weniger bedürfen wir eines Gottes, um der angeblichen Gefahr der Ziellosigkeit zu begegnen. Menschen sind selbst wert- und zielstiftende Wesen. Aufgrund ihrer Natur verfolgen sie unvermeidlich Zwecke und Ziele; diese brauchen ihnen nicht erst von außen gegeben zu werden. Gewiß, ihre Ziele sind begrenzt, spezifisch und vor allem einander widerstreitend: Die verschiedenen Strebungen und Anstrengungen der Menschen münden nicht von selbst in einen großartigen, harmonischen, ewigen Zweck. Daher ist es eine sehr ernste und auch bleibende Aufgabe, Normen und Prinzipien immer wieder neu zu erfinden, mit deren Hilfe sich dann gewisse Annäherungen an einen harmonischen Zustand erreichen oder wenigstens die unvermeidlichen Zielkonflikte in erträglichen Grenzen halten lassen.[4] Wir begrüßen durchaus Küngs realistische Einschätzung dieser Aufgabe und seine Bereitschaft, daran mitzuwirken. Doch hängt weder die Teilnahme an dieser Aufgabe noch die Generalisierung von William James' »vorausgehendem Vertrauen«, dessen wir vielleicht bedürfen, um sie in Angriff zu nehmen, in irgendeiner Weise von einem Glauben an »Gott als Vollender« ab; vielmehr ergibt sich ihre Vernünftigkeit direkt aus der Würdigung der Situation des Menschen, wie Küngs eigenes Argument zeigt. Auch werden die schwierigen Einzelprobleme dieser Aufgabe um keinen Deut dadurch leichter, daß man irgendeine Art von Gott postuliert.

Wenn die Ideen einer personalen Erklärung, eines schöpferischen Wertes und der verschiedenen Formen des moralischen Arguments unhaltbar sind, dann postuliert man nur noch einen Gott als *etwas, das* irgendwie der Wirklichkeit Grund, Halt und Ziel gibt. Wer aber etwas nur als *das, das* irgend etwas tut, postuliert, bietet damit keine weitergehende Erklärung. Wer z. B. sagt, die Wirklichkeit sei des-

4 Vgl. Kap. 6 meines Buches *Hume's Moral Theory* sowie meinen Artikel »Cooperation, Competition, and Moral Philosophy«, in: A. Colman (Hrsg.), *Cooperation and Competition in Humans and Animals*, London 1982.

wegen nicht haltlos, weil es irgend etwas gebe, das sie halte, wiederholt mit dieser angeblichen Erklärung nur das, was erklärt werden sollte; es handelt sich dabei bestenfalls um eine Leerstelle für eine wirkliche Erklärung. Doch selbst wenn diese Gott-Hypothese irgendwie die Welt oder die moralischen Werte oder die Ziele des Menschen erklären würde, stünden wir doch wieder vor dem geläufigen Einwand: Weshalb bedarf dann dieser (fragliche) Gott nicht ebenso einer weiteren Erklärung wie die »fragliche Wirklichkeit«? Die Antwort, Gott sei als das definiert, das sich selbst erkläre und daher das Zurückgehen in der Reihe der Erklärungen beende, ist auch hier wieder leer und nutzlos. Würde man statt dessen zu erklären und zu rechtfertigen versuchen, daß ihm tatsächlich ein so eigenartiger Status zukommt, so hätte man sich dabei wieder auf den Zentralbegriff des ontologischen Arguments zu stützen; doch haben wir in Kapitel 3 gesehen, daß ein solcher Versuch zum Scheitern verurteilt ist.

Küngs Strategie bestand darin, die Frage nach der Existenz Gottes mit der umfassenderen Frage zu verbinden, wie der heutige Mensch der Gefahr des Nihilismus entgehen könne; Küng meinte, dies sei nur möglich auf der Basis einer Entscheidung zugunsten einer positiven Antwort auf die Frage nach Gott. Das aber ist einfach falsch. Ironischerweise hat gerade Küng alles Material zusammengetragen, um zu zeigen, daß der Gefahr sowohl des theoretischen als auch des praktischen Nihilismus auf rein humaner Ebene begegnet werden kann, und zwar durch das, was er »Urvertrauen« nennt, ein Vertrauen, das schon aus sich selbst heraus vernünftig ist – d. h. durch einen fallibilistischen Empirismus auf theoretischer und durch die Erfindung von Werten und Normen auf praktischer Ebene. Die Postulierung selbst eines unbestimmten und mysteriösen Küngschen Gottes bedeutet nur eine unbegründete Zutat zu dieser Lösung, den Versuch einer Untermauerung, die so überflüssig wie unverständlich ist.

(b) *Das Abwägen der Wahrscheinlichkeiten*

Wir müssen nun noch die hier diskutierten verschiedenen Argumente zugunsten des Theismus zusammen überblicken und ihr argumentatives Gesamtgewicht abschätzen. Es lassen sich allerdings nicht alle Argumente miteinander verbinden. Die These, es gebe einen Berkeleyschen Gott, unterscheidet sich so grundlegend von jeder Theorie, die zusätzlich zur materiellen oder raum-zeitlichen Welt entweder einen immanenten oder einen transzendenten (oder wie Küng einen sowohl immanenten als auch transzendenten) Gott annimmt, daß die Argumente zugunsten der einen Annahme nicht zugleich zugunsten der anderen sprechen können. Eine ähnliche Diskrepanz besteht zwischen Swinburnes (oder Cleanthes') ausdrücklich personalem Gott und dem schöpferischen Wert des extremen Axiarchismus – obwohl Küng seinen Gott vielleicht gerade so zwischen beiden Auffassungen angesiedelt hat, daß er von beiden Seiten einige Argumente übernehmen könnte. Darüber hinaus hat sich das ontologische Argument in allen seinen Formen einfach als fehlschlüssig erwiesen; es trägt zum Gesamtgewicht der theistischen Argumente nichts bei. Ganz im Gegenteil, sein Scheitern untergräbt sogar, wie bereits Kant gesehen hat (allerdings nicht genau in der Weise, wie Kant meinte), die verschiedenen Formen des kosmologischen Arguments: Selbst wenn der Begriff eines Wesens, dessen Wesen die Existenz einschließt, zulässig sein sollte, würde ein solches Wesen doch *nicht* in allen logisch möglichen Welten existieren und wäre seine Existenz in der tatsächlich existierenden Welt nicht *a priori* gewiß; er würde das Zurückgehen in der Reihe der Erklärungen nicht beenden.

Es gibt aber wenigstens eine interessante und wichtige Möglichkeit des Zusammenlaufens verschiedener Argumente. Zusammenlaufen könnten (1) Wunderberichte; (2) induktive Versionen des teleologischen und des Arguments aus dem

Bewußtsein, wenn als ›Anzeichen für Planung‹ sowohl die Tatsache angeführt wird, daß es überhaupt kausale Regelmäßigkeiten gibt, als auch die Tatsache, daß die grundlegenden Naturgesetze und physikalischen Konstanten gerade so sind, daß sie die Entwicklung von Leben und Bewußtsein möglich machen; (3) eine induktive Version des kosmologischen Arguments, die auf die Frage zu antworten sucht: ›Weshalb gibt es überhaupt eine Welt?‹; (4) die Annahme, daß es objektive moralische Werte gibt, deren Vorgegebenheit nach weiterer Erklärung verlangt; (5) die Auffassung, daß sich einige Arten religiöser Erfahrung am besten als direktes Erfassen von etwas Übernatürlichem verstehen lassen. Diese verschiedenen Überlegungen könnten vielleicht insgesamt die Hypothese stützen, daß es einen personalen oder quasi-personalen Gott gibt.

Will man diese Möglichkeit abschätzen, so hat man sich zunächst klarzumachen, wie sich überhaupt eine Hypothese durch das Zusammenlaufen verschiedener Argumente erhärten läßt, von denen jedes einzelne, für sich genommen, die Hypothese unwahrscheinlicher sein läßt als die gegenteilige Annahme. Angenommen, man habe verschiedene Beweismittel b_1, b_2 und b_3, von denen jedes zu einer Hypothese h passen würde, doch jedes, für sich genommen, aus irgendwelchen Gründen g_1, g_2 und g_3 mit geringerer Ausgangsunwahrscheinlichkeit anders erklärt werden könnte. Wenn jedoch die mit der Postulierung von h verbundene Unwahrscheinlichkeit geringer ist als die *Summe* der mit den konkurrierenden Erklärungen g_1, g_2 und g_3 verbundenen Unwahrscheinlichkeiten – obwohl sie größer ist als jede einzelne dieser Unwahrscheinlichkeiten, für sich genommen –, so spricht das Gewicht der Wahrscheinlichkeiten, wenn man b_1, b_2 und b_3 zusammennimmt, zugunsten der Hypothese h. Es ist wichtig, daß genau diese eine Ausgangsunwahrscheinlichkeit von h nacheinander gegen die Unwahrscheinlichkeiten von g_1, g_2 und g_3 und dann gegen deren Summe abgewogen wird.

Das hier ins Auge gefaßte Zusammenfallen der theistischen Argumente genügt jedoch nicht den Erfordernissen dieser formalen Analyse. Wie wir gesehen haben, sind das erste und das fünfte Argument äußerst schwach: Ihre gesamte Beweiskraft läßt sich leicht natürlich erklären, ohne daß dabei irgendwelche Unwahrscheinlichkeiten zu berücksichtigen wären. Das Bewußtsein und die Phänomene der Moral und des Wertens als menschliche Aktivitäten lassen sich ohne einen Rest von Unwahrscheinlichkeiten erklären, vorausgesetzt, die natürliche Welt ist von der Art, daß sich in ihr Leben entwickeln kann. Die gegen eine naturalistische Erklärung ins Gewicht fallenden Unwahrscheinlichkeiten beziehen sich also ausschließlich auf die Tatsache, daß es kausale Regelmäßigkeiten gibt, daß nämlich die Kausalgesetze und physikalischen Konstanten gerade so sind, wie sie sind, und auf die Tatsache, daß es überhaupt eine Welt gibt. Gegen die konkurrierende theistische Hypothese hätten wir sowohl die (beachtliche) Unwahrscheinlichkeit zu berücksichtigen, daß ein Gott, wenn es ihn gäbe, eine Welt mit Kausalgesetzen, und zwar mit den uns bekannten Kausalgesetzen und Konstanten erschaffen würde, als auch die große Unwahrscheinlichkeit einer unvermittelten Erfüllung von Willensentschlüssen und schließlich noch die grundlegende Unwahrscheinlichkeit, daß es überhaupt einen Gott gibt. Denn zugestandenermaßen hat der Naturalist keine Antwort auf Leibniz' Frage, weshalb es überhaupt eine Welt gibt; doch in gleicher Weise steht der Theist, wenn ihm einmal die Täuschung des ontologischen Arguments aufgegangen ist, vor der Frage, weshalb es überhaupt einen Gott gibt. Wie groß die Ausgangsunwahrscheinlichkeit der nackten, unerklärten Tatsache, daß es eine Welt gibt, auch sein mag, weitaus unwahrscheinlicher ist immer noch die theistische Behauptung, es gebe als nackte, unerklärte Tatsache einen Gott, der die Macht habe, eine Welt zu erschaffen.

Am Ende können wir demnach dem Laplaceschen Ausspruch über Gott zustimmen: Wir bedürfen dieser Hypothese nicht. Zu diesem Schluß kann man schon aufgrund der bloßen Prüfung der zugunsten des Theismus vorgetragenen Argumente gelangen; man muß nicht unbedingt die stärksten Gegenargumente, das Problem des Übels und die verschiedenen natürlichen Erklärungen der Religion, ins Spiel bringen. Wirft man diese Gegenargumente noch in die Waagschale, so senkt sie sich noch mehr zuungunsten des Theismus. Obwohl wir (in Kapitel 9) nicht die Möglichkeit ausschließen konnten, daß mit irgendeiner annehmbaren Modifizierung des traditionellen Theismus das Vorkommen von Übeln in Einklang zu bringen wäre, mußten wir doch feststellen, daß bislang keine überzeugende Lösung dieser Art vorgelegt worden ist; die ungeheuren Schwierigkeiten des Theismus, in dieser Hinsicht *seine eigenen* Lehren miteinander zu versöhnen, müssen ganz erheblich gegen ihn ins Gewicht fallen. Und obwohl die unverkennbare Möglichkeit, Ursprung, Entwicklung und Fortdauer des religiösen Glaubens natürlich zu erklären, kein primäres Argument gegen den Theismus darstellt, da es sogleich durch ein zwingendes Argument zugunsten der Existenz eines Gottes beiseite gefegt würde, hilft sie doch aufgrund des Fehlens eines solchen Arguments die Gegenposition zu stärken. Diese natürliche Erklärung beseitigt das vage, doch hartnäckige Gefühl, es müsse doch etwas daran sein, daß so viele Menschen so fest – und manchmal so inbrünstig – geglaubt haben und daß religiöses Denken und religiöse Organisation sich als so zählebig und unausrottbar erwiesen haben. Wir brauchen nicht die »höhere Weisheit« zu bemühen, auf die Machiavelli mit viel Ironie den Bestand der geistlichen Fürstentümer zurückführt.[5] Das Aufkommen und die Fortdauer des Theismus sind keineswegs – in Humes Worten – ein fortdauerndes Wunder, das allen Prinzipien unseres Denkens widerstreitet.

5 N. Machiavelli, *Der Fürst* [*Il Principe*, 1532], Kap. 11.

Nach Abwägen der Wahrscheinlichkeiten gelangt man demnach zu dem Ergebnis, daß weitaus mehr gegen die Existenz eines Gottes spricht als dafür. In Kapitel 11 haben wir gesehen, daß sich dieses Ergebnis nicht durch die Erklärung unterlaufen läßt, es sei dennoch ein willentlicher Glaube vor der Vernunft vertretbar. Wenn überhaupt, ließe sich nur James' experimenteller Glaube verteidigen; doch wäre davon kaum ein günstiges Ergebnis zu erwarten. In Kapitel 12 haben wir das Scheitern einiger populärer Versuche nachgewiesen, die Religion von der Notwendigkeit zu befreien, ihre traditionellen Tatsachenbehauptungen zu verteidigen, und in Kapitel 13 erörterten, doch verwarfen wir einige Ersatzvorschläge für den Gott traditioneller Art. Jedenfalls ist es nicht leicht, die Religion zu verteidigen, wenn man einmal eingeräumt hat, daß sich die als Tatsachenbehauptung verstandene Aussage, es gebe einen Gott, vor der Vernunft nicht aufrechterhalten läßt.

(c) *Die moralischen Konsequenzen des Atheismus*

Selbst manche bedächtig und unvoreingenommen urteilende Leser werden damit nicht zufrieden sein. Ich vermute, das hartnäckigste Hindernis für die Annahme des Atheismus ist die immer noch vorherrschende Meinung, die moralischen und praktischen Konsequenzen des Atheismus seien verhängnisvoll. Daher scheint es angebracht, die moralischen Konsequenzen des Atheismus kurz darzustellen.

Über Wesen und Status der Moral gibt es vier verschiedene Grundauffassungen. Nach der ersten Auffassung sind moralische Regeln und Prinzipien – unabhängig davon, welche anderen Funktionen sie sonst noch haben mögen – im wesentlichen Befehle oder Forderungen von Gott (oder von Göttern), deren Geltung durch die Aussicht auf Belohnung bzw. Bestrafung entweder im irdischen oder im jenseitigen Leben sichergestellt wird. Nach der zweiten (Kantischen, rationalistischen oder intuitionistischen) Auffassung stellen moralische Prinzipien objektiv geltende Vorschriften dar, die von der menschlichen Vernunft aufgestellt oder entdeckt werden und, unabhängig von jedem göttlichen Willen, eine autonome Verpflichtung erzeugen. Vertreter dieser Auffassung, die zugleich glauben, daß es einen Gott gibt, werden die moralische Güte dieses Gottes darin erblicken, daß er diese unabhängig geltenden Prinzipien in vollkommener Weise verwirklicht. Die dritte Auffassung besagt, daß zwar objektiv geltende Prinzipien im Sinne der zweiten Auffassung *existieren*, daß diese jedoch in irgendeiner Weise von Gott geschaffen und aufrechterhalten werden. Nach der vierten (auf Hume zurückgehenden emotiven, subjektivistischen oder naturalistischen) Auffassung ist die Moral wesentlich eine menschliche, soziale Errungenschaft. Moralische Begriffe, Prinzipien und Verhaltensweisen sind hiernach das Resultat eines biologischen und gesellschaftlichen Entwicklungsprozesses. Sie verdanken ihren Ursprung und ihre fortdauernde Geltung der Tatsache, daß sie die Menschen, in deren Natur eine Mischung aus konkurrierenden und kooperativen Tendenzen angelegt ist und die des Zusammenwirkens bedürfen, befähigen, durch Abbau der Konkurrenz und Erleichterung der Kooperation besser zu überleben und sich zu entfalten. Doch besagt diese Auffassung nicht, daß diejenigen, die sich den Regeln der Moral verpflichtet fühlen, diese auch ihrerseits im Humeschen Sinne verstehen müssen: Es könnte durchaus der Fall sein, daß sie selbst eine der drei anderen Auffassungen für richtig halten und daß sich ihr Denken und Verhalten dennoch *von außen* in dieser naturalistischen Weise deuten läßt.

Wenn sich nun jemand der Moral im Sinne der ersten oder der dritten Auffassung verpflichtet fühlt und somit meint, die Moral hänge wesentlich von der Existenz Gottes ab, dann ist es allerdings möglich, daß *seine* Treue zur Moral untergraben wird, wenn er den Glauben an Gott aufgibt: Die unmittelbaren Folgen *seines* Atheismus können bedauerlich sein. Hierin liegt ein guter Grund dafür, die Moral in einer Zeit, in der der Glaube selbst fragwürdig wird, nicht mehr an religiöse Lehren zu binden. Das kommt treffend in einer Geschichte Richard Robinsons von einem Priester zum Ausdruck, der zwei moralisch untadeligen Atheisten entgegenhält: »Ich verstehe euch Burschen nicht; wenn ich nicht an Gott glaubte, würde ich mir ein tolles Leben machen.«[6]

Wenn andererseits die zweite Auffassung (die einer autonomen, objektiven Ethik) oder die vierte (naturalistische oder emotive) Auffassung richtig ist, dann spricht nichts für die Annahme, das Schwinden des religiösen Glaubens untergrabe allgemein oder auf Dauer die Moral. Ja es ist nicht einmal notwendig, daß eine dieser beiden Auffassungen *richtig* ist: Es würde schon genügen, daß der Atheist von ihr überzeugt ist.

Wenn nun aber, wie ich in meinem Buch *Ethik* zu zeigen versucht habe, tatsächlich die vierte Auffassung die richtige ist, dann hat die Moral einen durchaus eigenständigen, spezifischen Ursprung.[7] Und zwar gründet sie sich auf Gefühle und Einstellungen teils instinktiver Art, die sich im Laufe der biologischen Evolution entwickelt haben, und teils erworbener Art, die im Laufe der sozialgeschichtlichen Evolution entstanden und von Generation zu Generation weniger durch bewußte Erziehung als durch die automatische Übertragung kultureller Traditionen weitergegeben worden sind. Angesichts dieses Ursprungs, der von der Religion völlig unabhängig ist, wird die Moral mit Sicherheit auch dann überleben, wenn die Religion in Verfall gerät.

Dies mag manchem jedoch als ein zu abstraktes, zu apriorisches Argument erscheinen. Gibt es bessere, mehr empiri-

6 R. Robinson, *An Atheist's Value*, Oxford 1964, S. 137. Diese Geschichte ist zweifellos gut erfunden. Das Buch als ganzes gibt eine umfassende Antwort auf die Frage nach den moralischen Konsequenzen des Atheismus. Die im Text mit Seitenangaben versehenen Zitate sind dieser Ausgabe entnommen.

7 Vgl. die in Fußn. 3 und 4 genannten Arbeiten.

sche Anhaltspunkte für die unterschiedlichen moralischen Konsequenzen von Theismus und Atheismus? Die einzige einfache Antwort auf diese Frage lautet: Es gibt keine einfache Antwort. Weder Theisten noch Atheisten haben ein Monopol auf Tugend oder Laster. Auch wird wohl keine Statistik eine eindeutige kausale Tendenz dahingehend nachweisen können, daß der religiöse Glaube bzw. Unglaube entweder Tugend oder Laster fördert. Das liegt zum Teil daran, daß das, was als Tugend oder Laster zu gelten hat, sowie die relative Bedeutung einzelner Tugenden oder Laster selbst umstritten sind; gerade diese Fragen sind ja zwischen Gläubigen und Ungläubigen kontrovers. Und es liegt auch daran, daß es unzählig viele Abstufungen von Glauben und Unglauben gibt. Doch selbst wenn wir unsere Statistik auf einige unstreitige Tugenden und Laster sowie auf eindeutige Prototypen von Theisten und Atheisten beschränkten, so wäre das Ergebnis immer noch ungewiß. Denn wenn sich dann, wie ich vermute, eine positive Beziehung zwischen *Atheismus* und *Tugend* herausstellen würde, so würde das noch nicht unbedingt eine kausale Tendenz des Atheismus *als solchen* zur Förderung der Tugend beweisen. Dieses Ergebnis ließe sich ohne weiteres auch durch die Tatsache erklären, daß unter sonst gleichen Umständen aus den von Hume in seinem Essay über Wunder angedeuteten Gründen die »Weisen und Gebildeten« eher zum Unglauben als zum Glauben neigen.[8]

Da die Aussicht auf verläßliche und unmittelbare empirische Beweise gering ist, müssen wir doch wieder auf allgemeine Erwägungen zurückgreifen. Welche Unterschiede würden sich für die Moral ergeben, wenn ein Gott existierte bzw. nicht existierte, wenn die Menschen ihre Moral mit einem religiösen Glauben verknüpften bzw. nicht verknüpften?

Die Unzulänglichkeit der ersten Auffassung der Moral, nach der moralische Regeln göttliche Gebote darstellen, wurde

8 Hume, *Eine Untersuchung über den menschlichen Verstand*, Abschn. 10; vgl. Kap. 1.

von Platon aufgezeigt,[9] dessen Einwände sich viele spätere Denker zu eigen gemacht haben. Wären moralische Werte *vollständig* in göttlichen Geboten begründet, so daß sittliche Güte in der Übereinstimmung mit dem Willen Gottes *bestünde*, so wäre für uns die Aussage des Theisten, Gott sei gut und auf das Wohl seiner Schöpfung bedacht, inhaltsleer. Widerspruchslos aber läßt sich die Auffassung vertreten, der Wert bestimmter Sachverhalte – etwa einer bestimmten Form des Lebens – sei zwar unabhängig vom Willen Gottes, doch brächten Gottes Gebote das präskriptive Element in die Moral hinein. Oder man könnte diese Gebote als Quelle eines *zusätzlichen* präskriptiven Elements verstehen. Eine religiöse Moral würde dann in einem strengeren Sinn verpflichten.

Beide Varianten aber bringen, worauf Kant hingewiesen hat, die Gefahr mit sich, die Moral zu verderben, indem sie die spezifisch moralischen Motive – ob diese nun im Sinne eines rational begründbaren Pflicht- oder Fairneßbewußtseins, im Sinne spezifischer Tugenddispositionen oder im Sinne altruistischer, kooperativer und mitfühlender Empfindungen verstanden werden – ersetzen durch ein rein eigennütziges Interesse des Handelnden am eigenen Wohlergehen, in Form des Wunsches, im Diesseits oder im Jenseits göttliche Strafen zu vermeiden und göttlicher Belohnungen teilhaftig zu werden. Auch kann diese Auffassung der Moral als göttlicher Gebote die Menschen dazu führen, Forderungen als moralisch zu akzeptieren, die in keiner ersichtlichen, ja in überhaupt keiner Beziehung zu menschlichen Zielsetzungen oder zum Wohlergehen sei es des Menschen oder eines anderen fühlenden Wesens stehen. Mit anderen Worten, sie kann eine tyrannische, irrationale Moral fördern.

9 Vgl. Platon, *Euthyphron* [zweispr. Ausg., übers. und hrsg. von O. Leggewie, Stuttgart 1978 (Reclams Universal-Bibliothek, 9897)]. Die Beweiskraft des »Euthyphron-Dilemmas« habe ich in Kap. 10 meiner Arbeit *Ethik* dargestellt.

Natürlich wäre es, falls es nicht nur einen gütigen Gott, sondern auch eine verläßliche Offenbarung seines Willens gäbe, vielleicht möglich, von daher sachkundigen moralischen Rat in schwierigen Fragen zu erlangen, in denen wir, auf uns selbst gestellt, nicht herausfinden können, wie wir am besten vorgehen sollen. Eine solche verläßliche Offenbarung aber gibt es nicht. Sogar ein Theist muß einsehen, daß vorgebliche Offenbarungen wie die Bibel oder der Koran sich ein schlechtes Zeugnis ausstellen, indem sie Regeln enthalten, die wir als engstirnig, veraltet oder barbarisch ablehnen müssen. Mit Recht schreibt Hans Küng, daß wir für unsere Moral selbst verantwortlich sind. Allgemein kann man sagen: Die Bindung der Moral an den religiösen Glauben bringt die Gefahr einer Entwertung der Moral mit sich – nicht nur dadurch, daß die Moral zeitweilig untergraben wird, falls der Glaube schwindet, sondern auch dadurch, daß sie anderen Belangen untergeordnet wird, solange der Glaube besteht.

In der Religion findet sich sogar eine Tendenz, die Sünde als Vorbedingung der Erlösung willkommen zu heißen. Von Jesus wird berichtet, er habe gesagt: »Ich bin gekommen, die Sünder zu berufen, nicht die Gerechten« (Mt. 9,13). Luther schreibt in seinem *Kommentar zum Galaterbrief*: »Gott ist der Gott der Demütigen, der Elenden, der Bedrängten, der Verzweifelten, der ganz Niedergeschlagenen. [. . .] Aber jene teuflische Meinung von der eigenen Gerechtigkeit des Menschen [. . .] läßt Gott nicht zu seinem natürlichen, eigensten Werk kommen.« Und William James berichtet (aus zweiter Hand) von einem orthodoxen Geistlichen, der über Dr. Channing, den bedeutenden Unitarier, gesagt habe: »Ihm bleibt infolge seiner außerordentlichen Rechtschaffenheit die höchste Form religiösen Lebens versagt.«[10]

10 Das Luther-Zitat findet sich bei James, *Die religiöse Erfahrung in ihrer Mannigfaltigkeit*, S. 198, die Äußerung über Dr. Channing ebd., S. 383, Anm. 1.

Es wird weithin angenommen, die christliche Moral sei in besonderer Weise bewundernswert. Hier ist es wichtig, zwischen den ursprünglichen Lehren Jesu, soweit sie sich ermitteln lassen, und späteren Entwicklungen in der christlichen Tradition zu unterscheiden. Richard Robinson hat in seinem Buch *An Atheist's Values* (1964) die synoptischen Evangelien (Matthäus, Markus und Lukas) als die besten Quellen für Jesu eigene Lehren untersucht und findet in ihnen fünf Hauptgebote: »Liebt Gott; glaubt an mich; liebt die Menschen; seid reinen Herzens; seid demütig.«

Die dafür genannten Gründe, so schreibt Robinson, seien »ausschließlich Versprechungen und Drohungen« – nämlich daß »das Reich Gottes nahe ist« und daß, »wer diese Gebote befolgt, im Himmel belohnt wird, wer sie hingegen mißachtet, Heulen und Zähneknirschen zu erwarten hat«. Robinson bemerkt, daß »bestimmte Ideale, die anderswo eine große Rolle spielen, in den synoptischen Evangelien auffallenderweise fehlen«. Zu diesen Idealen gehören Schönheit, Wahrheit, Erkenntnis und Vernunft: »So wie Jesus niemals Erkenntnis empfiehlt, empfiehlt er auch niemals jene Tugend, die nach Erkenntnis strebt und zu Erkenntnis hinführt, nämlich Vernunft. Ganz im Gegenteil; er hält sogar bestimmte Überzeugungen für in sich sündhaft [. . .], wohingegen es für das Ideal der Vernunft wesentlich ist, daß keine Überzeugung moralisch verwerflich sein kann, wenn sie in dem Bestreben, die Wahrheit zu suchen, gewonnen wurde. Jesus fordert immer wieder Glauben; und er versteht darunter die Annahme bestimmter sehr unwahrscheinlicher Dinge, ohne daß man nach Beweisen fragt oder Wahrscheinlichkeiten abwägt; das aber widerspricht der Vernunft« (S. 149).

Weiter heißt es bei Robinson: »Außer zur Ehescheidung äußert sich Jesus zu keiner sozialen Frage. Wer ihm irgendeine politische Lehre unterstellt, irrt. Er nimmt nicht Stellung zum Krieg, zur Todesstrafe, zum Glücksspiel, zu Fragen der Gerechtigkeit oder der Rechtspflege, zur Güterverteilung, zum Sozialismus, zur Gleichheit des Einkommens, zur Gleichberechtigung der Geschlechter, zur Gleichberechtigung der Rassen, zur Chancengleichheit, zur Gewaltherrschaft, zur Freiheit, zur Sklaverei, zur Selbstbestimmung oder zur Empfängnisverhütung. Wenn man unter ›christlich‹ das versteht, was Jesus nach den synoptischen Evangelien gelehrt hat, dann ist weder eine positive noch eine negative Einstellung auch nur zu einer dieser Fragen spezifisch christlich. – Der Jesus der Synoptiker sagt wenig zur Sexualität. Die Ehescheidung lehnt er ab. Ehebruch ist für ihn ein Laster, und vielleicht versteht er unter ›Ehebruch‹ jeden außerehelichen Geschlechtsverkehr. Die Geschichte von der auf frischer Tat ertappten Ehebrecherin, die sich zwar im Johannesevangelium findet, jedoch synoptische Züge trägt, predigt Milde und Vergebungsbereitschaft gegenüber sexuellen Fehltritten. Wir finden bei Jesus keine Anzeichen jenes fürchterlichen Hasses auf alles Sexuelle, der die spätere Geschichte der christlichen Kirchen so sehr entstellt hat« (S. 149).

Robinson bezieht dann zur Moral der Bibel selbst Stellung: »Kardinal Newman hat einmal gesagt, wenn Nichtchristen die christliche Bibel läsen, seien sie ›tief beeindruckt von dem hehren Klang ihrer Gebote‹. Dies steht im Gegensatz zu meiner eigenen Erfahrung. Ich werde niemals vergessen, wie ich zum ersten Mal, nachdem ich unabhängig zu urteilen gelernt hatte, das Alte Testament las. Ich war entsetzt von seiner Barbarei und verwundert darüber, daß es weithin als Fundgrube hoher Ideale betrachtet werden konnte. Es schien mir ein Naturvolk zu beschreiben, wild und grausam, das nicht mehr Bewunderung verdient als die schlimmsten Naturvölker, von denen uns die Ethnologen heute berichten, und weitaus weniger Bewunderung als die liebenswerteren dieser Völker, von denen wir hören.

Newmans Worte entsprechen auch nicht dem Eindruck, den die synoptischen Evangelien auf mich gemacht haben. Diese sind gewiß ein schönes und faszinierendes Stück Literatur.

Auch verkünden sie das hohe Gebot der Nächstenliebe. Dieses Gebot aber wird überschattet sowohl von der harten, lieblosen Haltung seines Verkünders Jesus als auch von der absoluten Unterordnung ebendieses Gebotes unter die uneinsichtigen Gebote der Gottesliebe und des Glaubens an den Verkünder« (S. 150 f.).

Robinson fordert uns auf, diese Gebote und die mit ihnen verknüpften Tugenden der Frömmigkeit, des Glaubens und des rückhaltlosen Gottvertrauens abzulehnen. Er erinnert daran, daß »viele der schrecklichsten Taten in der Menschheitsgeschichte aus Frömmigkeit heraus begangen wurden und daß Frömmigkeit für unsere schändlichen Religionskriege verantwortlich ist«. Auch bezeichnet er die Ansicht, etwas zu glauben oder nicht zu glauben könne sündhaft sein, als eine »Lästerung der Vernunft«. Er meint, wir sollten das Gebot der Nächstenliebe akzeptieren »in dem umfassenden Sinn, daß es auf alle Menschen ausgedehnt wird (was Jesus vielleicht intendierte), ja daß es auf alles Leben überhaupt ausgedehnt wird (was Jesus gewiß *nicht* intendierte)« (S. 152), sowie außerdem solche aus diesem Gebot sich ergebende Einstellungen wie Großmut, Güte, Barmherzigkeit und die Bereitschaft zur Beachtung der Goldenen Regel.

Im Unterschied zu Robinson möchte ich das Gebot, den Nächsten im wörtlichen Sinn *wie sich selbst* zu lieben, mit einem Fragezeichen versehen. Es erscheint unrealistisch, einen Grad von Altruismus vorzuschreiben, der den meisten Menschen unmöglich ist. Man macht so die Moral zu einem Phantasiegebilde – anstatt zu etwas, dessen Befolgung die Menschen ernsthaft anstreben und gegenseitig voneinander verlangen können. Robinson selbst stellt kritische Fragen hinsichtlich der Forderungen, reinen Herzens und demütig zu sein: Es sei besser, sich selbst und andere realistisch einzuschätzen und niemandem etwas vorzumachen, wobei es in der Öffentlichkeit »gewöhnlich richtig ist, die Aufmerksamkeit weder auf die eigenen Vorzüge noch auf die eigenen Fehler zu lenken« (S. 153 f.).

Die spätere Tradition der christlichen Ethik hat zur Lehre Jesu einige bedauernswerte Elemente hinzugefügt, wie die Sexualfeindschaft, doch auch viele eher bewundernswerte Elemente, wie das Bemühen um Gerechtigkeit und um die übrigen Voraussetzungen für ein gedeihliches soziales Zusammenleben sowie außerdem die Ideale der Schönheit, der Wahrheit, der Erkenntnis und (bis zu einem gewissen Grad) der Vernunft. Generell aber hat auch die spätere Tradition das Hauptgewicht weiter auf die Erlösung und auf das Leben nach dem Tod gelegt; auch hat sie an der Auffassung festgehalten, Unglaube, ja auch nur Zweifel oder Kritik am Glauben seien sündhaft, was tendenziell dazu beitrug, Gegner – einschließlich der Anhänger rivalisierender christlicher Bekenntnisse und anderer Religionen – zu verfolgen, die freie Diskussion zu unterbinden, gut begründete wissenschaftliche Wahrheiten wie die Evolutionstheorie (stellenweise selbst heute noch) zu bekämpfen, Irrtümer zu fördern sowie in intellektueller Unredlichkeit zu versuchen, die eigenen wohlbegründeten Glaubenszweifel zu unterdrükken. Viele Menschen sind schockiert über die Art und Weise, in der die sogenannte Vereinigungskirche (die Moon-Sekte) Anhänger wirbt und sie geistig und emotional versklavt; derselben Methoden aber haben sich auch orthodoxe Glaubensrichtungen bedient und tun es immer noch.
Die Religionen haben in der Tat eine beachtliche Fähigkeit entwickelt, Lastern den Anstrich von Tugenden und einigen der abscheulichsten menschlichen Motive ein geweihtes Betätigungsfeld zu geben. Es ist üblich geworden, die Schrecken des Nazismus einem atheistischen Nationalismus anzulasten. In Wahrheit aber war die sich im Nazismus ausdrückende Einstellung zu den Juden innerhalb der christlichen Tradition in Deutschland und anderswo längst fest etabliert. So empfahl etwa Martin Luther in seiner Schrift *Von den Juden und ihren Lügen* die Verbrennung von Synagogen und jüdischen Wohnhäusern, die Beschlagnahme jüdischer Bücher, das Verbot jüdischer Gottesdienste und

jüdischer Unterweisung bzw. die Vertreibung der Juden aus dem Lande. Und im Alten Testament selbst wird von zahlreichen Scheußlichkeiten berichtet, die Gott nicht nur gebilligt, sondern ausdrücklich angeordnet haben soll. (Siehe etwa Jos. 8, 10 und 11 sowie 1. Sam. 15.)

Während ich hier, Robinson folgend, vor allem auf die christliche Ethik verwiesen habe, ist es nur zu offenkundig, daß uns heute der islamische Fundamentalismus noch deutlicher als in letzter Zeit das Christentum die übelsten Aspekte einer religiösen Moral vor Augen führt. Wir brauchen nicht in die Vergangenheit zu blicken, um den Ausspruch von Lukrez bestätigt zu finden: »Zu so viel Unheil hat die Religion die Menschen verleitet.«[11]

Im Gegensatz hierzu steht die lange Tradition einer humanistischen Moral, angefangen von Epikur bis hin zu John Stuart Mill und modernen Autoren wie Richard Robinson, welche die Bedingungen für menschliches Wohlergehen in den Mittelpunkt stellt und auf intellektuelle Redlichkeit, Toleranz, Freiheit des Forschens und die Rechte des einzelnen besonderes Gewicht legt.

Eine spezifisch religiöse Moral ist also deutlichen Gefahren ausgesetzt. Doch hierbei handelt es sich lediglich um Gefahren, nicht um unvermeidliche Folgen der Verknüpfung von Moral und Religion. Wir können, allerdings mit umgekehrtem Vorzeichen, Küngs Zugeständnis aufnehmen: Selbst ein *gläubiger* Mensch kann ein wirklich menschliches, d. h. humanes und in diesem Sinn moralisches Leben führen. Auch Theisten sind nicht notwendigerweise engstirnige Dogmatiker, intolerante Verfolger oder Propagandisten ängstlicher Leichtgläubigkeit und einer primitiv kalkulierenden, eigennützigen Einstellung. Selbst innerhalb des Islam haben bedeutende Denker versucht, seine humanen und liberalen Tendenzen zu entwickeln und seine Grausamkeit, Intoleranz und Ungleichbehandlung von

11 Lukrez, *De rerum natura*, Buch I, Z. 101.

Mann und Frau zu mildern, obwohl ihr Einfluß zur Zeit zurückgeht.

Drohen aber nicht ganz entsprechende Gefahren einer spezifisch nicht-religiösen Moral? Selbstverständlich, solche Gefahren gibt es. Robinson sagt nicht zu Unrecht, daß die katholische Kirche »unter den von Intoleranz und Aktivismus geprägten Systemen in der heutigen Welt nur den zweiten Rang einnimmt«. Kommunistische Parteien sind ausdrücklich antireligiös und bekennen sich zum überragenden Stellenwert menschlichen Wohlergehens. Doch zugleich sind sie intolerant und skrupellos; auch sie machen, einmal an der Macht, Zwangsherrschaft und Verfolgung zu Tugenden. Außerdem ist in diesem Zusammenhang anzuerkennen, daß die katholische Kirche trotz ihrer eigenen illiberalen Neigungen manchmal tyrannischen Staaten, ob kommunistisch oder nicht, erheblichen Widerstand entgegensetzt.

Allgemeiner gesprochen: Eine humanistische Moral ist sowohl für Illusionen über einen notwendig kommenden Fortschritt als auch für einen zu optimistischen Voluntarismus anfällig, d. h. für die Annahme, daß »wir« (wer immer damit gemeint sein mag) die Welt so gestalten oder neugestalten können, wie wir sie uns wünschen, wobei übersehen wird, daß die Wechselwirkung zwischen vielen verschiedenen Zielen leicht dazu führen kann, daß keines dieser Ziele verwirklicht wird.

Eine angebliche Schwäche zwar nicht außer-religiöser Moralsysteme im allgemeinen, aber doch jener außer-religiösen Moralsysteme, die in der oben skizzierten naturalistischen Weise erklärt und verstanden werden, besteht darin, daß unterschiedliche Gruppen von Menschen unterschiedliche moralische Auffassungen entwickeln können, die zu Konflikten führen, wenn diese Gruppen miteinander in Berührung kommen, und daß es auf einer solchen Basis keinen klaren Weg gibt, diese Konflikte zu lösen. Die Behauptung ist richtig. Doch handelt es sich hier keineswegs um eine *spezifische* Schwäche des naturalistischen Ansatzes. Auch absolutistische und objektivistische Moralsysteme, einschließlich solcher mit religiösem Bezug, unterscheiden sich voneinander, und auch in diesem Fall gibt es keinen klaren Weg zur Konfliktlösung. Daß jede Seite *glaubt*, nur *eine* Moral sei objektiv richtig, garantiert noch lange nicht, daß man sich darauf einigen kann, welche Moral dies ist. Ja, Konflikte zwischen rivalisierenden Absolutisten sind wahrscheinlich schwerer lösbar als Konflikte zwischen Leuten, die die Moral naturalistisch verstehen; denn Naturalisten wissen eher die Vorzüge von Kompromiß und Ausgleich zu schätzen und neigen eher zur Entwicklung eines übergreifenden Normenkodex – im Sinne eines gemeinsamen Nenners moralischer Prinzipien, auf den man sich einigen kann.

Eine weitere Schwäche der naturalistischen Sichtweise soll darin bestehen, daß es besonders schwierig sei, von einem rein diesseitig-menschlichen Standpunkt aus irgendeine Achtung vor nichtmenschlichem Leben oder irgendeine Wertschätzung der Natur allgemein abzuleiten. Dazu sei immerhin angemerkt, daß etwa Robinson zu seinen »Werten eines Atheisten« ausdrücklich »die Liebe zu allem Leben« zählt (S. 152 und 186 f.). In Wahrheit geht es aber gar nicht darum, aus den Tatsachen der menschlichen Lebenssituation eine Moral *abzuleiten*. Wir können nur zu *verstehen* versuchen, wie sich das moralische Denken entwickeln kann und welchen Funktionen es dient; verständlich aber ist es durchaus, wie dieses Denken sich durch das, was Hume »Sympathie« genannt hat, auf natürliche Weise über ein vertragsähnliches System hinaus ausweitet.[12]

Neben solchen tatsächlichen oder angeblichen Schwächen einer nicht-religiösen Moral sollten wir aber ihre spezifischen Vorzüge nicht außer acht lassen, vor allem nicht ihr Eintreten für einen mutigen Realismus angesichts der weniger angenehmen Tatsache des Lebens – und Sterbens. Doch brauchen wir gerade diesen Vorzug kaum noch beson-

12 Vgl. meine Arbeit *Ethik*, S. 247–250, sowie meinen in Fußn. 4 genannten Artikel.

ders zu betonen; er kommt in dramatischer Weise in D. Z. Phillips' Versuch zum Ausdruck, im Namen der Religion die traditionelle Einstellung des Ungläubigen etwa zum Verlust eines Freundes zu übernehmen, nämlich die Einstellung, mit einem solchen Verlust fertig zu werden, ohne ihn zu leugnen oder zu verdrängen. Mit der Unvermeidlichkeit seines eigenen Todes wird der Ungläubige in entsprechender Weise fertig. Ganz ähnlich wie Phillips hat Küng versucht, im Namen der Religion sogar den Kern des traditionellen Moralverständnisses des Ungläubigen zu übernehmen, indem er sagt, daß wir für unsere Moral selbst verantwortlich sind.

Bei Robinson heißt es: »Der Hauptwiderspruch zwischen Religion und Vernunft liegt darin, daß die Religion den Trost der Wahrheit vorzieht« (S. 117). Phillips und Küng erkennen diese traditionelle Schwäche der Religion stillschweigend an und schlagen vor, die Religion solle dem Atheismus darin folgen, daß sie ohne einen solchen Trost auskommt. Bei Phillips ist der Übernahmeversuch in Sachen Moral mit einer starken Neigung zu einem verkappten Atheismus auf der theoretischen Seite verbunden. Bei Küng andererseits ist der Gottesbegriff so verwickelt und so unbestimmt, daß auch *seine* Auffassung vom Atheismus nicht allzu weit entfernt zu sein scheint.

Sollen wir uns unter diesen Umständen gegen solche Übernahmeversuche wehren? Was macht es aus, wenn der übernommene Standpunkt als Religion *bezeichnet* wird, solange er in der Substanz atheistisch ist? Schließlich hatte auch Epikur keine Bedenken, die Existenz glücklicher und unsterblicher Götter zu postulieren, die er von jeder Berührung mit menschlichen Angelegenheiten sorgsam fernhielt; und Spinoza sprach ohne weiteres von »Deus sive natura«, wobei er die Natur mit Gott identifizierte. Ja selbst Hume schlug einen Kompromiß vor: »Der Theist gesteht zu, daß die Urvernunft sehr verschieden von menschlicher Vernunft ist. Und der Atheist gesteht zu, daß das ursprüngliche

Ordnungsprinzip eine entfernte Ähnlichkeit mit ihr hat. Wollt ihr, meine Herren, über die Grade der Ähnlichkeit streiten und euch auf eine Kontroverse einlassen, die keinerlei präzise Deutung und damit auch keinerlei Lösung zuläßt?«[13]

Heute ist es allerdings ehrlicher und weniger irreführend, solche Kompromisse und Ausweichmanöver zurückzuweisen; sie könnten nur zu leicht als Tarnung dienen, um spezifisch theistische Auffassungen sowohl in die theoretische als auch in die moralische Sphäre wiedereinzuführen.

Läßt sich vielleicht eher dem Ansatz R. B. Braithwaites etwas abgewinnen, der darauf hinausläuft, die religiösen »Geschichten« als psychologische Stützen der Moral beizubehalten, ihnen zugleich aber jeden Wahrheitsgehalt ausdrücklich abzusprechen? Dies könnten wir einräumen, vorausgesetzt, daß die so gestützte Moral nicht von der von uns kritisierten spezifisch religiösen Art ist.

Abgesehen von ihren übrigen Mängeln, tendieren religiöse Moralsysteme zu einem übersteigerten, gefährlichen Optimismus. Besonders im Bereich der internationalen Politik könnten Staatsmänner mit einem zu starken oder zu fundamentalistischen Glauben eine Politik betreiben, von der sie wissen, daß sie äußerst risikoreich ist – in der Hoffnung, daß Gott die schlimmsten und für die Menschheit endgültigen Katastrophen schon abwenden werde. Ein solcher Verlaß auf Gott wäre von ganz anderer Art als jenes »Grundvertrauen«, für das Küng auf rein menschlicher Grundlage vernünftigerweise plädiert. Unser Leben ist von unvermeidlichen Unsicherheiten begleitet. Machiavelli kam zu der Einschätzung, daß »unsere Handlungen zur Hälfte vom Schicksal und zur Hälfte oder etwas weniger von uns selbst abhängen«.[14] Damon Runyon hat dasselbe kürzer ausgedrückt: »Nichts Menschliches hat eine bessere Chance als eins zu zwei.« Wenn das aber richtig ist, dann ist es allein

13 Hume, *Dialoge über natürliche Religion*, T. 12.
14 Machiavelli, *Der Fürst*, Kap. 25.

vernünftig, daß wir das Bestmögliche tun und gegen die schlimmsten Katastrophen alle uns möglichen Vorkehrungen treffen – daß wir *dann* allerdings allen Unsicherheiten mit heiterer Zuversicht begegnen. »Vertraue auf Gott und halte dein Pulver trocken« mag in dem Sinn verstanden, wie Braithwaite es vielleicht verstehen würde, ein guter praktischer Rat sein. Aber auf Gott zu vertrauen, daß *er* unser Pulver trocken hält, ist der Gipfel der Torheit.

Biographische Notiz

John Leslie Mackie wurde 1917 in Sydney, Australien, geboren. 1938 schloß er das Studium an der Universität Sydney mit dem B. A. ab. Er erhielt das Wentworth Travelling Fellowship, das ihm 1938–40 den Aufenthalt im Oriel College Oxford ermöglichte. Nach seinem Kriegsdienst wurde er Lecturer, dann Senior Lecturer für Moral- und politische Philosophie an der Universität von Sydney (1946–54). Danach war er Professor für Philosophie an der Otago University, Dunedin, Neuseeland (1955–59), an der Universität Sydney (1959–63), an der Universität York, England (1963–67), seit 1967 Fellow am University College, Oxford, seit 1974 Fellow of the British Academy.
Mackie starb 1981 in Oxford.

Wichtige Veröffentlichungen: *Truth, Probability and Paradox* (1973), *The Cement of the Universe. A study of causation* (1974), *Problems from Locke* (1976), *Ethics. Inventing Right and Wrong* (1977; dt. *Ethik. Auf der Suche nach dem Richtigen und Falschen,* 1981), *Hume's Moral Theory* (1980).

Register